사별을 경험한 아이들과 함께하기

HELPING BEREAVED CHILDREN

사별을
경험한
아이들과
함께하기

HELPING BEREAVED CHILDREN

실천가들을 위한 지침서

낸시 보이드 웹 엮음 차유림 옮김

사회복지 전문출판 나눔의집

차례

4
사별아동을 대상으로 하는 개입

5
상담가, 부모, 교사를 위한 도움

내가 아홉 살 되던 해, 내가 다니던 교회에서 한 장로님의 장례식이 있었다. 나를 포함한 호기심 많은 몇몇 장난꾸러기들은 어른들이 안 계신 틈을 타 장로님의 시신을 만져 보았다. 우리는 시신의 차가움과 부자연스러운 느낌에 대해 이야기를 나누었고, 이 일을 부모님이나 다른 어른들에게는 비밀로 해 두었다. 사실 이 일이 죽음에 대한 나의 첫 번째 경험은 아니었다. 나의 이모가 그보다 5년 전에 돌아가셨고, 반려동물의 죽음도 겪었었다. 하지만 시신을 눈으로 보거나 만진 것은 그것이 처음이었다. 몇 년이 지나 청소년기에 접어들 무렵, 친하게 지내던 친구들 중 한 명이 남자친구와 헤어진 것을 슬퍼하며 강으로 뛰어들려는 것을 친구들과 함께 막은 일이 있었는데 이것 역시 우리 주변의 어른들에게는 이야기할 수 없었다.

어른들은 아동기라는 왕국에서는 어느 누구도 죽지 않는다고 생각하려 한다. 그러나 아동들을 죽음으로부터 보호하려는 이 노력들은 사실은 어른들 자신을 보호하려는 것일지도 모른다. 그러다보니 아동들은 어른들이 죽음을 불편하게 느낀다는 것을 알아차리고 죽음에 대해 침묵하는 것을 당연하게 여기게 된다.

앞에서 말한 나의 경험에서 볼 수 있듯이 아동들은 상실이나 죽음에 대해 모르는 것이 아니다. 그들은 할아버지나 할머니, 이웃, 반려동물의 죽음을 겪었을 수 있다. 혹은 친구나 부모, 형제자매의 죽음도 겪었을 수 있다. 뉴로셸 대학The College of New Rochelle에서 '아동, 청소년, 죽음 그리고 상실'이라는 제목으로 대학원 과정의 강의를 진행하면서 나는 각각의 학생들에게 죽음에 대한 첫 번째 경험을 떠올려 줄 것을 부탁했다. 대부분의 학생들이 6세 이전에 죽음이나 상실을 경험했고, 소수의 학생들만이 12세 이후에 그러한 경험을 했다고 말했다. 아동들이 죽음으로 인해 고통 받은 적은 없다고 하더라도, 이혼이나 별거, 혹은 가족의 이사 등과 같은 상실을 대부분 경험하고 있는 것이다.

아동들 역시 슬픔을 느낀다. 그러나 주변 사람들은 그들의 슬픔을 눈치채지 못하거나 그들에게는 슬픔을 느낄 권리가 없다고 여긴다. 아동들은 공개적으로 애도하거나 슬픔을 표현할 기회조차 얻지 못할 수도 있다. 죽음에 대한 반응을 누군가 이해해 주거나 지지해 주는 기회가 적은 상황에서 그들의 슬픔은 수면장애, 육체적 불편함, 외현화 행동, 퇴행 행동 등의 간접적인 모양으로 나타나게 된다.

우리는 아동들이 그들의 슬픔을 다룰 수 있도록 돕는 효과적인 방법을 찾을 필요가 있다. 그러나 슬퍼하고 있는 아동을 돕는다는 것은 쉬운 일이 아니다. 그것은 어렵기도 한 일이고, 성인들이 슬픔을 극복하도록 돕는 것과는 여러 가지 이유에서 다른 일이기도 하다. 먼저, 아동들에게는 상담을 선택할 수 있는 기회가 많지 않다. 부모님이나 보호자가 선택권을 가지고 있기 때문이다. 상담계약과 관련된 이러한 권리침해는 아동과 상담자, 보호자 간의 협상이 이루어져야 하는 비밀보장의 이슈를 다룰 때 더 복잡해지게 된다.

애도과정에 있는 아동을 돕는 방법과 접근법 역시 달라야만 한다. 알지 못하는 어떤 어른이 방에 들어와 옆에 앉더니 다짜고짜 "우리 이야기하자."라고 말하는 것은 아동의 마음에 커다란 두려움을 불러일으킨다. 아동들은 놀이, 예술, 이야기 등과 같은 그들만의 언어로 말한다. 따라서 이와 같은 방법을 활용하여 표현하도록 돕는 것이 아동들과 일할 때 훨씬 나은 접근법이 된다. 그러나 이러한 방법들 역시 의도적이고 규범적이어야만 한다. 아동들은 각자만의 특별한 방식을 가지고 있다. 따라서 상담자는 아동들과 일할 때 '절충적으로 표현할' 필요가 있다.

아동들은 발달의 과정 중에 있다. 나이가 들면서 인지적으로 발달하게 되고, 상실과 죽음의 의미에 대해서도 보다 성숙하고 풍부한 개념을 얻게 된다. 아동들은 정서적인 영역에서도 발달한다. 아주 어린 아동들은 자신들이 겪고 있는 감정이 무엇인지 정의내리기 어려울 것이다. 그들은 '짧은 감정의 기간'을 가지고 있기 때문에 오랜 기간 동안 강력한 감정을 유지하기 쉽지 않다. 공감하고 감정을 이입하는 능력도 발달한다. 어린 아동들은 상실을 자신들의 관점으로만 이해하여 개인적인 의미에만 치중하는 반면, 그보다 연령이 높은 아동들은 상실이 다른 사람에게 미치는 영향까지 이해하게 되어 가족체계 안에서 지지를 제공하는 역할을 하기도 한다. 뿐만 아니라 아동들은 영적으로도 발달한다. 아주 어린 아동들은 "왜 그가 죽어야만 했나요?"와 같은 질문을 던지고, 그 질문에 대답하기 위해 노력하면서 세상을 이해하려고 애쓴다. 그들은 나이가 들어 가면서 마주하게 되는 다양한 위기에 적용될 수 있는 영적 구조와 신념을 발전시키게 된다. 즉, 아동들은 상실과 죽음을 마주하고 있으면서도 그들이 그런 상황에 처하게 되었을 때 도움을 받는 것이 쉽지만은 않은 모순적인 상황에 처해 있는 것이다.

이것이 이 책이 환영받는 이유다. 이 책을 엮은 낸시 보이드 웹은 매우 세심한 최고의 치료자일 뿐만 아니라 놀이치료의 선구자다. 또한 그녀는 자신들의 특별한 전문성을 공유하는 뛰어난 동료들을 조직화한 바 있다. 또한 웹 박사는 정기적으로 이 책을 재검토하고 있어 현장에 큰 도움이 되었던 초판의 내용을 보완하여 이번 3번째 개정판에는 현대 아동의 경험을 이해하는 데 도움이 되는 부분을 덧붙였다. 이를 구체적으로 살펴보면 전쟁과 관련된 죽음, 테러와 학교폭력이 아동에게 미치는 영향 등에 대한 부분이 포함되었다. 또한 슬퍼하고 있는 아동을 도울 수 있는 집단활동과 캠프, 혁신적인 치료적 접근방법 등과 같은 다양한 방법들이 기술되어 있고, 부모나 교사 등과 같은 아동의 자연적인 지지체계가 역량강화 되는 것에 초점을 두는 부분도 추가되었다. 또한 치료자들은 최근 정보가 수록된 자원목록을 통해 도움을 얻을 수 있을 것이다.

이 책은 슬퍼하고 있는 아동을 돕는다는 목표를 이루는 데 있어 다섯 가지 기여를 하고 있다. 첫째, 이 책은 확실한 이론과 개념을 설명한다. 특히 죽은 사람과 계속적인 유대를 유지하는 것의 중요성, 이야기 접근의 가치, 상실 중에서도 성장할 수 있는 가능성 등을 강조하는 통찰력 있는 내용들이 포함되어, 슬픔치료에 있어 최신의 이론을 배울 수 있다. 웹 박사는 이 책에서 자신이 주장하는 개념적 틀 중의 하나인 '장애를 초래하는 슬픔'이라는 개념을 계속 발전시켜 나가고 있다. 슬픔에 대한 반응을 측정하는 주요한 요인 중의 하나는 그러한 반응이 얼마나 장애를 초래하는 것인지, 즉 개인이 기능할 수 있는 능력을 슬픔 반응이 얼마나 손상시키는지를 파악하는 것이다. 이러한 주장은 병리적 슬픔과 관련된 소모적인 논쟁에 대한 대안으로 환영받고 있다.

둘째, 이 책은 아동의 세계에 대한 감수성을 지니고 있다. 아동들은 가족과 함께 살고 학교에 간다. 따라서 슬퍼하는 아동에 대한 학교의 세심함과 가족의 지지 능력은 상실이 아동의 이후 삶에 미치는 결과에 영향을 주는 중요한 요인이 된다는 점이 이 책을 통해 강조되고 있다.

셋째, 이 책은 치료자들의 욕구에 대해 세심하게 설명한다. 치료자의 자기 돌봄과 이차적 외상 예방을 다루는 부분에서 이와 같은 내용이 다루어진다.

넷째, 근거이론을 포함한 다양한 연구방법들이 이 책에서 소개되고 있다. 앞서 말한 바와 같이, 아동들은 모두 다르고, 다양한 방법들에도 서로 다르게 반응할 것이다. 어떤 아동들은 미술치료에 반응할 것이고, 어떤 아동들은 놀이에, 또 어떤 아동들은 이야기하기에 반응할 것이다. '모든 사례에 딱 떨어지는 것'은 존재하지 않는다. 궁극적으로 독자들은 여러 방법들의 절충안을 발견하여 그들의 어린 당사자에게 가장 효과적인 접근방법을 선택하게 될 것이다.

마지막으로 예전에 웹 박사는 "많은 학생들이 각각의 상황에서 무엇을 해야 하는지에 대한 공식을 알기 원하지만 이것은 불가능하고 위험한 생각이다."라고 지혜롭게 말한 바 있다. 감수성과 기술을 대신할 만한 공식이란 존재하지 않는다. 이 책은 정확한 공식 대신 도구들, 사례 기술, 분명한 방법적 접근들과 같은 더 많은 것들을 알 수 있게 해 준다. 이 책은 사별을 경험한 아동들과 함께하기 원하는 이들에게 많은 도움이 될 것이다. 무엇보다 이 책에서 소개하고 있는 사례들을 통해 독자들의 창의성이 자극받게 될 것이고, 이것이 이 책의 가장 커다란 선물일 것이다.

케네스 도카 박사
뉴로셀 대학교 노년학 교수,
미국호스피스협회 선임 자문위원

서문

21세기가 시작된 지 10여 년이 흐른 지금, 어른들은 죽음에 대해 아이들과 이야기하는 것을 여전히 꺼리고 있다. 시인 에드나 세인트 빈센트 밀레이Edna St. Vincent Millay가 "어린 시절은 아무도 죽지 않는 왕국이다."라고 말한 것처럼, 많은 어른들은 모든 사람이 결국엔 죽게 되는 현실로부터 아이들을 보호하려고 노력한다. 죽음에 관한 주제를 회피하는 이유는 아이들을 보호하기 위한 것뿐만 아니라 어른들 역시 죽음이라는 진실에 직면하지 않기 위해서다. 죽음의 보편성에도 불구하고 죽음에 대해 이야기하는 것은 여전히 불편하고, 신비와 두려움에 대해서도 침묵하게 되는 것은 참으로 모순된 일이다.

밀레이가 낸시 보이드라는 필명으로 초기 작품을 발표한 일도 있었기 때문에 그녀의 시는 나에게 특별한 의미를 갖는다. 게다가 그녀의 아버지는 내가 태어나기도 훨씬 전에 메인주 킹맨Kingman, Maine에 있던 내 할아버지의 집에 세를 들어 살았던 적도 있다. 밀레이는 여성 최초로 시 부분 퓰리처상을 수상하였고, 특히 죽음이라는 주제에 강한 흥미를 갖고 있었으며, 상실의 의미를 이해하기 위해 고민한 다수의 시들을 남겼다. 이 책이 비록 상실을 경험한 아동들과 함께 일하는 실천가들을 대상으로 하고는 있지만, 말레이처럼 창의적인 예술가의 지혜는 죽음과 같은 심오한 주제에 대한 통찰력을 제공해 주기도 한다.

이 책의 2판이 출판된 지 8년이 지난 지금, 자연재해, 전쟁, 약물과 관련된 살인 등과 같은 폭력적인 죽음은 계속 증가하고 있다. 더욱이 많은 군인들이 이라크전, 아프가니스탄전에서 목숨을 잃고 있고, 그들의 어린 유가족들에게는 사별과 관련된 단기적·장기적 지원이 요구되는 상황이다. 학교와 지역사회는 살인, 폭탄, 자연재해, 테러공격 등의 사건 이후 아동들에게 특별한 서비스를 제공해야 한다는 것에 점차 인식을 같이 하고 있다. 이 책의 2판에서는 몇 장을 통해 외상적인 죽음을 다룬 바 있으며, 3판에서는 전쟁과 테러공격, 학교에서의 갑작스럽고 폭력적인 죽음을 경험한 아동의 사별에 대한 내용을 새롭게 포함함으로써 이러한 초점을 확장시켰다. 이 외에도 인지행동치료, 부모자녀 관계 개입, 사별캠프 등의 내용도 새롭게 소개하였고, 모든 장들에 걸쳐 최근 문헌과 사별 아동을 돕기 위한 방법을 보완하였다.

나는 최근 수많은 학회와 워크숍에서 발표를 하는 기회를 통해, 어떻게 하면 사별을 경험한 아동을 가장 잘 도울 수 있는지 질문하는 실천가들의 질문을 직접 들을 수 있었고, 이들로부터 많은 것을 얻게 되었다. 따라서 이번 개정판에서는 실천가들과 상담자들의 욕구에 대해 더 많은 것을 다루게 되었고, 아홉 개의 새로운 장을 할애하여 이전 판에서는 다루지 않았던 주제들을 다루었다. 열 두 명의 새로운 저자들(그리고 다섯 명의 새로운 공저자들)은 자신들의 지식과 전문성을 공유하여 주었다. 통일된 형식을 유지하기 위해 각 장은 실제 대화를 기록한 상세한 사례, 토론과 질문, 교실과 워크숍에서의 상호작용을 촉진하기 위한 역할극 연습 등과 같은 동일한 개요로 구성하였다.

이 책은 크게 다섯 부분으로 나뉜다. 이전 판과 마찬가지로 Part 1에서는 죽음에 대한 아동의 관점을 이해하고 사별을 경험한 아동을 사정하기 위한 이론적 틀을 설명한다. 이 장에서는 사별을 경험한 아동을 사정하면서 아동의 배경, 죽음의 상황과 관련된 특별한 점, 가족과 사회, 종교적 지지 등과 관련된 주요한 정보를 기록하기 위한 몇 가지의 양식들을 소개한다. 각각의 죽음은 생존자들에게 독특한 영향을 미치는 맥락 가운데에서 발생하기 때문에 아동의 사별경험을 이해하고 치료자 혹은 상담자의 적합한 역할을 규정하기 위해서는 맥락을 철저하게 살펴보는 것이 중요하다.

Part 2에서는 예견된 죽음이나 조부모의 노환으로 인한 죽음, 자살이나 전쟁 등으로 인해 갑자기 발생한 부모의 죽음 등 가족 안에서 발생한 죽음에 초점을 둔다. 뿐만 아니라 형제나 자매의 죽음, 반려동물의 죽음을 경험한 아동을 돕기 위한 방안도 제시한다. 죽음에 대해 애도할 수 있는 상황이 허락되지 않는 죽음의 경우, 가족구성원들이 수치심을 느끼는 부분이 복잡하게 연관되어 있기 때문에 이때 활용할 수 있는 가족치료, 놀이치료, 아동의 집단운영 등의 다양한 개입 방법을 소개한다.

Part 3에서는 지역사회나 학교에서 폭력적인 죽음으로 인해 또래친구나 상담자, 교사, 혹은 알지 못하는 많은 이들의 죽음을 경험하는 다수의 학생들이 발생할 경우에 대해 이야기한다. 이와 같은 경우 언론이 주요한 역할을 하게 된다는 것과, 개인, 소집단, 대집단을 포함하는 다양한 수준의 개입이 필요하다는 것이 논의된다. 이 과정에서 아동의 연령이나 독특한 개인력이 죽음에 대한 반응에 영향을 미치게 되므로 학교에 기반을 둔 상담자들은 사후관리나 정신건강전문가에게 의뢰가 필요한 개인이 누구인지 밝혀내는 것이 중요하다는 점도 강조된다.

Part 4에서는 사별을 경험한 아동을 대상으로 하는 구체적인 개입방법들이 소개된다. 부모-자녀관계치료, 개인상담 및 치료, 인지행동치료, 놀이치료, 아동을 위한 사별집단과 캠프, 예술치료와 이야기치료 등이 이에 포함된다.

Part 5에서는 상담자, 부모, 교사를 돕는 데 초점을 둔다. 사별상담을 진행하는 상담자의 자기돌봄과 사별을 경험한 아동의 부모와 교사를 위한 지침 및 도서자료들을 제안하고 있다.

부록에서는 놀이치료, 애도상담, 외상 및 위기상담을 위한 교육 프로그램의 위치, 죽음과 관련된 서로 다른 종교, 문화, 윤리적 실천들에 대한 정보를 제공한다.

이 책은 사별을 경험한 아동들과 일하는 심리학, 정신의학, 사회복지학, 목회상담학, 교육상담학 등의 훈련을 받은 전문가들을 위한 책이다. 또한 사별을 경험한 아동들을 만나게 되는 학교에서 근무하는 이들을 위한 책이기도 하다. 그들은 학교에서 사별상담을 실시할 수도 있고, 애도가 외상적이고 복합적이어서 위험한 상황에 있는 아동의 경우 정신건강 전문가에게 학생을 의뢰할 수도 있다. 시기적절한 의뢰는 이후의 애도작업을 가능하게 하는 것이므로 매우 중요한 작업이라고 하겠다.

이 책의 중요한 "다 마치지 못한 작업"은 죽음이 발생하기 전에 아동을 돕는 것의 중요성을 강조하는 것이다. 학생들이 죽음의 개념과 생존자들을 도울 수 있는 반응유형을 알 수 있도록 예방적인 심리교육적 접근을 하는 것이 필요하다. 이 책이 초등학교 수준에서부터 죽음에 대한 교육을 정기적으로 실시하는 데 기여하게 된다면 나는 무척 행복할 것이다. 우리는 아동들이 죽음의 경험에서 제외되는 일이 더 이상 일어나지 않도록 해야 한다. 죽음과 관련된 주제를 더욱 공개적으로 논의할수록 아동들은 상실로 인한 고통을 알게 되고 미리 준비할 수 있게 될 것이다. 죽음은 아동의 삶에 여러 가지 영향을 미친다. 따라서 어느 누구도 결코 피할 수 없는 죽음의 경험 이전, 과정, 그리고 이후에 아동들을 도울 수 있는 모든 것들을 시도해야만 한다.

낸시 보이드 웹

참고문헌

Millay, E. S. V. (1969). Childhood is the kingdom where nobody dies. In *Edna St. Vincent Millay collected lyrics*. New York: Harper & Row. (Original work published 1934)

감사의 말

석사과정을 마치고 수년간 호스피스 병동에서 근무하고 있던 제자가, 어린 아이들을 둔 아버지로서 사별을 경험한 아동들과 함께 일하는 것이 너무도 고통스럽다고 말하던 순간, 나는 이 책을 써야할 필요가 있다고 느끼게 되었다. 이 책을 통해 내 제자와, 사별가정을 상담하는 다른 이들이 사별을 경험한 아동들을 만날 때 보다 많은 지식을 얻게 되고, 편안함을 느끼게 되기를 바란다.

이 책의 1, 2판과 마찬가지로, 3판에서도 20명의 저자들이 풍부한 실천경험과 연구결과를 바탕으로 각 장을 써주었다. 나는 이 과정을 통해 사별을 경험한 아동들과 직접 만나 실천을 하고 그것을 글로 기록한 유능한 실천가들을 더 많이 알게 되었고, 그들에게 고마움을 느낀다. 또한 다른 이들을 위해 자신들의 상담/치료 경험을 나누기로 기꺼이 결정한 그들의 아동, 청소년 당사자들에게도 깊은 감사의 마음을 전한다.

질 크레멘츠Jill Krementz는 그녀의 책『부모가 죽게 되면 어떤 느낌일까How It Feels When a Parent Dies』의 내용들을 인용하는 것을 기쁘게 허락해 주었다.

내가 만난 아동, 가족들 역시 우리가 함께 했던 내용들을 책에 기록해도 좋다고 흔쾌히 허락해 주었다. 나는 그들이 내게 보여준 신뢰를 값지게 생각하고, 사별을 경험한 다른 아동들을 돕도록 치료사들과 상담자들을 훈련하는 과정에서 그들의 상실 경험이 크게 기여할 수 있다는 점에서 자부심을 가질 수 있기를 바란다. 특별히 표시해 둔 경우를 제외한 다른 모든 사례들은 아동과 가족의 비밀을 보장하기 위해 상황이나 역동은 실제에 기반을 두되 개인에 대한 구체적인 사항들은 바꾸어 기록하였다.

이런 책을 펴낼 때는 시간에 대한 압박을 많이 느끼게 되는데, 특히 이와 같은 일을 하는 것의 어려움과 만족감을 잘 알고 있는 남편이 나에게 보여준 지지와 도움에 특별히 고마움을 전한다. 그는 논리적으로 그리고 실질적으로 나를 많이 도와주었고, 나를 북돋아 주고, 앞으로 나아갈 수 있도록 힘을 주었다.

길포드 출판사The Guilford Press의 편집자들과 일하는 것은 나에게 기쁨이었다. 편집장 시모어 와인갈튼Seymour Weingarten, 수석 편집자 짐 너좃Jim Nageotte에게 감사드린다. 지난 18년간, 길포드 출판사와 일하면서 나는 모든 직원들의 높은 전문가적 기준에 감동을 받아왔다. 이 책이 나오도록 수고한 모든 이들에게도 감사드린다. 나는 그들이 아동에게 죽음에 대해 말하는 것과 관련된 금기를 깨뜨리는 일에 참여한 것에 자부심을 느낄 수 있기를 바란다. 사별을 경험한 아동은 마땅히 도움을 받을 수 있어야 하고, 이 책이 그 도움의 과정에 잘 사용될 수 있기를 바란다.

일러두기

1. 본문의 각주에서 옮긴이가 추가한 부분은 '옮긴이 주'로 표시하였습니다.
2. 인명과 지명 및 외래어는 관례로 굳어진 것을 빼고, 국립국어원의 외래어 표기법과 용례를 따랐습니다.

PART

1

서론

CHAPTER 1

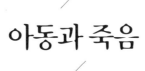

아동과 죽음

낸시 보이드 웹 *Nancy Boyd Webb*

> 한 아이
> 아이가 태어난다
> 생명이 온 몸에 있다
> 이 아이가 죽음에 대해 알아야 하는가?
> _워즈워드(Wordsworth, 1798/1928, pp.74-75)

아동이 죽음에 대해 무엇을 알아야 할까, 언제 알아야 할까, 그리고 어떤 방법으로 알아야 할까? 워즈워드의 시에서 볼 수 있듯이 우리는 어린이들이 죽음에 대해 모르기를 바라고, 안다고 해도 그것을 최대한 늦추고 싶어 한다. 에드나 세인트 빈센트 밀레이Edna St. Vincent Millay는 "아동기는 아무도 죽지 않는 왕국이다."라고 말한 바 있고(1934/1969), 베커Becker는 죽음에 대한 두려움이 늘 존재하는 것이 성인기라고 말한 바 있다(1973, p.17). 만약 어른들이 삶의 마지막을 직면할 수 없거나 죽음에 대한 두려움에 대해 평안함을 느끼지 못한다면, 어떻게 아동들이 현실을 이해하도록 도울 수 있을 것인가? 대다수의 어른들이 죽음에 대해 갖고 있는 자신의 불안함 때문에 아동들과 죽음에 대해 이야기하기를 꺼려 하고, 자신들도 답을 모르는 질문에 대해서는 이야기하기를 주저한다. 많은 부모들이 오히려 죽음보다 섹스에 대해 이야기하기를 편안해하기도 할 정도로, 죽음에 대해 이야기 나누는 것은 오늘날 강력한 금기사항 중 하나로 대표된다.

앞선 단락은 이 책의 초판이 출판되던 1991년 처음으로 쓰여졌고, 2002년 2판이 출판될 때 쓰여진 부분이다. 3판을 준비하던 2009년, 우리는 아동들과 죽음에 대해 공개적으로 이야기하는 것이 어느 정도 나아졌을 것이라고 기대하였고, 실제로 그동안 아동들이 죽음을 경험할 때 어른들이 어떻게 이들을 도울 수 있는지 안내하는 책들이 출판되기도 하였다. 그러나 이와 동시에 아동들이 자연재해나 비행기 사고 혹은 전쟁 등의 사건으로 인해 많은 사람들이 죽어 가는 것을 보거나 들을 수 있는 기회들 역시 증가하였다. 위험한 도심지역에 사는 아동들은 약물과 관련된 죽음을 경험하고 있고, 만화나 뉴스 등의 다양한 텔레비전 프로그램, 보호자 지도하에 관람하는 영화 등을 통해서 너무나 많은 가상의 혹은 현실의 죽음을 매일 경험하고 있다. 이와 같은 죽음의 이미지들은 아동들의 마음과 정신에 영향을 미치고, 아동들마다 죽음에 대해 서로 다른 반응을 보이지만, 어른들은 여전히 아동들과 죽음에 대해 이야기하는 것을 피하고 싶어 하는 것이 현실이다.

아동들이 죽음을 많이 접한다고 해서 죽음에 대해 둔감해지거나 죽음을 쉽게 받아들이게 될까? 현실은 그렇지 않다. 아동들은 죽음이 모르는 사람에게나 일어나는 일이고, 텔레비전에서나 볼 수 있는 일이라고 여기는 것에서부터 시작하여, 죽음이 모든 사람에게 일어나는 일이고, 그 모든 사람에는 자신의 가족 역시 포함된다는 것, 그리고 텔레비전에서 본 것과는 다르게 죽은 사람이 다시는 돌아오지 않는다는 것을 깨닫게 되기까지 사고의 커다란 비약과정을 거치게 된다.

아동의 발달단계에 따른 죽음에 대한 이해

모든 이들이 죽음은 되돌릴 수 없고, 피할 수 없으며, 누구에게나 일어나는 일이라는 것을 언젠가는 알게 된다. 대부분의 아동들도 7~8세가 되면 정상적인 인지적 발달과 인생의 경험을 통해 이것을 알게 된다. 반려동물이 죽거나(Yalom, 1980), 가족 중 누군가가 사망하는 일을 겪게 되면(Kane, 1979), 일부 아동들은 그보다 어린 나이에 죽음의 개념을 알게 되기도 한다(Wass & Stillion, 1988). 대부분의 아동들은 합리적으로 사고하는 능력이 향상되면서 죽음에 대해 성숙한 이해를 하게 된다.

인지적 발달: 미성숙함에서 개념 이해로

비록 피아제Jean Piaget의 연구가 아동의 죽음에 대한 이해에 초점을 둔 것은 아니었지만, 나는 아동의 인지적 발달과 관련된 그의 이론을 접목하여 피아제가 밝힌 세 가지 주요한 발달단계를 아동이 죽음에 대해 생각하는 특성과 연결하여 살펴보고자 한다.

영유아 시기(2~7세): 전조작기

피아제에 따르면, 학령전기 아동들은 마술적 사고와 자기중심적 사고를 보인다. 이 시기의 아동들은 사고와 행동을 구별하지 않기 때문에 여동생이 사고로 갑자기 죽는 경우 자기가 동생에게 화를 냈기 때문에 동생이 죽게 되었다고 생각하게 된다(Kaplan & Joslin, 1993의 예를 참조할 것). 이 시기의 아동들은 죽음을 되돌릴 수 없다는 점을 이해하지 못하기 때문에 자기가 큰 소리로 소리를 지르면 잠자고 있는 아빠가 깨어날 것이라고 생각하기도 한다(Saravay, 1991의 예를 참조할 것). 또한 관 속에 묻힌 시신이 아무 것도 느끼지 못하고 몸도 움직일 수 없다는 것을 이해하지 못하기 때문에 땅 속에 묻힌 사람이 흙 아래에서 어떻게 숨을 쉬고, 어떻게 화장실을 가는지를 묻기도 한다(Fox, 1985). 마이 걸My Girl 이라는 영화를 보면 한 어린아이가 관 속에 누워 있는 죽은 친구가 볼 수 있도록 계속 안경을 씌워주려고 하는 장면이 나오기도 한다.

이러한 행동들은 피아제가 말한 전조작기와 관련이 있다. 전조작기에 아동들은 자신이 이해한 것들을 확실히 하기 위해 모순이 있음에도 불구하고 현실을 왜곡한다. 피아제는 이런 사고유형을 자기중심적 사고로 명명하면서 다른 사람들도 자신처럼 세상을 바라본다고 믿는 아동들의 특성을 설명한다.

아동의 죽음에 대한 이해를 논할 때 마리아 네기(Maria Nagy, 1948)의 연구가 종종 인용되는데, 네기가 말하는 첫 번째 단계(3~5세)가 피아제가 말하는 전조작기와 대략 일치한다. 네기는 이 연령대의 아동들은 죽음이 최종적인 상황인 것을 부정하고, 죽음이 일시적인 것이고 되돌릴 수 있는 것이라고 생각하기 때문에 아빠의 장례식에 참여했던 아이일지라도 아빠가 언제 집에 오는지 질문하게 된다고 설명한다. 학령전기 아동이 죽음에 대해 어떻게 생각하는지를 요약하면 다음과 같다.

- 죽음이 최종적인 것임을 이해하지 못한다.
- 죽음이 되돌릴 수 있는 것이고 일시적인 것이라고 믿는다.
- 마술적 사고를 하기 때문에 소원이 이루어질 것이라고 믿는다.
- 죽은 사람이 어디 있는지를 반복적으로 묻는다.
- 죽은 사람이 돌아올 것이라고 기대하기 때문에 애도와 관련된 표현을 간헐적으로만 밖으로 보인다.
- 다른 사람도 죽을지 모른다고 생각하기 때문에 퇴행적으로 밀착되는 모습을 보인다.
- 죽은 사람이나 남아 있는 부모, 자매 등에게 화를 내기도 한다.

그러나 이와 같은 내용들을 문자 그대로 받아들이는 것은 주의해야 한다. 발달은 전반적인 틀 안에서 개인적인 편차에 따라 이루어지는 과정이기 때문이다.

아동의 죽음에 대한 이해 역시 미성숙한 수준에서 성숙한 수준으로 점차적으로 발전하게 된다. 따라서 아동들이 죽음에 대해 성숙한 이해를 가지고 있으리라고 기대하는 것은 비현실적인 일임을 아는 것이 중요하다.

초등학생 시기(7~11세): 구체적 조작기

초등학생 시기가 되면 자기중심적 사고가 감소하고 추론할 수 있는 능력이 증가하면서 아동들은 죽음이 되돌릴 수 없는 것임을 깨닫게 된다. 폭스Fox는 이에 대해 "이 시기의 아동들은 죽음이 무엇인지 알게 되고, 우리 모두 언젠가는 죽게 된다는 것을 알게 된다. 그러나 힘과 통제에 대한 관념이 증가하면서 죽음이 그들 자신에게도 닥칠 수 있다는 것을 믿는 것은 어려워한다."라고 말한다(1985, p.11). 솔닛Solnit은 이에 대해 "우리 모두가 죽을 수밖에 없다는 개념은 미래를 위협적이고, 불쾌하고, 말하기 불편한 것으로 받아들이게 한다. 대부분의 아동들은 죽음이 먼 미래에나 일어날 일이라고 부정하면서 이에 대한 피할 수 없는 답답함을 멀리한다. 인생의 즐거움과 기쁨을 누리는 것이 죽음에 대한 두렵고 고통스러운 신념들을 잊는 데 도움이 된다."라고 말한다(1983, p.4). 초등학생 시기의 아동들은 시간의 개념에 대해 이해하게 되면서 미래라는 것이 앞으로 오랜 시간 이후에 일어나는 것임을 알게 된다.

피아제는 6~8세의 아동들이 추론하고, 순서대로 조직하고, 글을 읽고 쓰는 것을 익히면서 인지적 능력을 발달시켜 간다고 설명한다(1955, 1972). 이러한 발달은 읽기나 쓰기, 계산하기 등의 능력만 향상시키는 것이 아니고, 삶과 죽음의 신비에 대해서도 보다 정확하게 이해할 수 있는 생각도 향상시킨다. 학령전기 아동들이 어떻게 죽은 사람이 무덤에도 있고 천국에도 있는지 이해하기 어려워하면서 몸과 영혼의 개념에 대해 혼란스러워하는 반면(Saravay, 1991), 9~10세의 아동들은 자신의 부모가 무덤에 있는 것을 분명히 알면서도 천국에서 다시 부모를 만날 수 있기를 바라는 것을 표현할 수 있게 된다(Bluestone, 1999).

초등학생 시기의 아동들은 죽음이 끝이고, 누구에게나 언젠가는 일어나는 일임을 알게 된다. 그러나 이 시기의 아동들은 죽음이 나이가 많거나 약한 사람들, 혹은 귀신이나 천사, 우주생명체가 사람들을 잡으러 올 때 빨리 뛰지 못해 잡히는 사람들에게 주로 일어나는 일이라고 여긴다(Fox, 1985; Nagy, 1948). 6~8세 아동들은 자신들이 빨리 뛸 수 있기 때문에 죽지 않는다고 믿게 된다. 로네또Lonetto는 "6~8세 아동들에게 죽음은 의인화되고 외현화되는 개념이기 때문에 해골, 유령 등의 다양한 외부형태로 받아들여진다."고 설명한다(1980, p. 100). 할로윈 시즌에 해골 모양의 의상이 인기를 끄는 것은 이 연령대의 아동들이 죽음을 매력적으로 느끼는 동시에 죽음에 대한 두려움을 통제하려는 데에서 그 원인을 찾을 수 있다. 아동들이 9~10세가 되면 다소간의 어려움이 여전히 남아 있지만 죽음에 대해 더욱 현실적으로 이해하게 된다. 초등학교 시기 아동들의 죽음에 대한 전형적인 반응들을 열거하면 다음과 같다.

- 죽음을 다루는 것과 관련된 무능력
- 상실을 극복하기 위해 부정이라는 방어기제를 사용함으로써 죽음이 일어나지 않았던 것처럼 행동하는 것
- 유치하게 보이지 않으려고 감정을 숨기고 사적인 공간에서 애도하는 것 (특히 남자아이들의 경우)
- 죄책감을 느끼거나 자신은 또래 친구들과 다르다고 여기는 것
- 슬픔보다 분노, 과민반응을 보이는 것
- 다른 사람을 지나치게 돌보면서 애도의 감정을 과도하게 보상하는 것(특히 여자아이들의 경우)
- 신체화 증상이나 건강염려증을 보이는 것
- 죽음에 대한 두려움으로 불안이 증가하는 것

사춘기를 앞둔 시기(9~12세): 피아제의 형식적 조작기와 맞닿는 시기

아동의 정신발달은 세 가지 단계에 걸쳐 연속적으로 일어난다. 각각의 단계에서는 이전 단계에 있었던 발달을 한 수준 높이면서 더 나아지고, 결국에는 가장 높은 수준에 이르게 된다(Piaget & Inhelder, 1969, p.152). 따라서 피아제가 말하는 마지막 인지적 발달단계인 형식적 조작기는 앞선 단계에 기반을 두고 형성되고, 이를 통해 아동들은 성숙한 사고와 이해력을 갖추게 된다.

피아제에 의하면 형식적 조작기는 아동들이 합리적으로 사고할 수 있게 되고, 많은 변인들을 한 번에 다룰 수 있게 되며, 추상적인 것들과 가설들을 이해할 수 있게 되는 11~12세 즈음에 시작된다. 아동의 죽음에 대한 이해를 연구한 많은 학자들(Anthony, 1971; Grollman, 1967; Kastenbaum, 1967; Lonetto, 1980; Nagy, 1948; Wolfelt, 1983)은 아동들이 9~10세가 되면 죽음이 최종적인 것이며 되돌릴 수 없는 것임을 현실적으로 이해하게 된다고 설명한다. 스피스와 브렌트(Speece & Brent, 1996)는 100명 이상의 아동들을 대상으로 연구를 실시한 결과, 대부분의 아동들이 7세가 되면 죽음에 대해 성숙한 이해를 하게 된다고 밝혔다. 이것은 피아제가 11~12세경이 되면 아동들이 형식적 사고를 하게 된다고 한 것보다 다소 이른 연령대인데(1968, p.63), 이는 죽음의 복합적인 특징 — 몸이 더 이상 기능하지 않는다는 '구체적인' 요소와 영성 및 죽음 이후의 인생과 관련된 '추상적인' 요소가 연결되는 — 을 증명하는 것이라 하겠다. 로네또가 서로 다른 연령대의 아동들의 그림을 살펴본 연구(1980)에 의하면, 추상적인 단어를 활용하여 죽음을 묘사하는 12세 아동들의 그림에서 흥미를 끄는 변화가 관찰된다. 로네또는 9~12세 아동들의 경우 죽음을 생물학적이고, 우주적이고, 피할 수 없는 것으로 이해할 수 있을 뿐만 아니라, 죽음의 추상적인 특징을 이해할 수 있고, 죽음으로 생겨나는 감정들을 묘사할 수도 있다고 말한다. 이들은 자신도 죽음을 피할 수 없는 존재임을 알게 되지만, 여전히 자신의 죽음은 나이가 든 먼 미래에나 벌어지는 일이라고 생각한다고 그는 말한다(1980, p.157).

사춘기를 앞둔 아동들이 청소년기에 접어들면서 사고의 성숙과 더불어 사별에 대해 더욱 복잡한 반응을 보이게 되는데 이를 요약하면 다음과 같다.

- 무기력감, 두려움, 마비 등을 느끼게 됨
- 자기 나이보다 어린 아이들처럼 행동함(퇴행)
- 어른처럼 행동하고 싶은 마음과 아이로서 돌봄을 받고 싶은 마음 간에 갈등이 일어남
- 개인의 발달과정에서 정상적인 십대들이 보이는 행동을 보인 것에 대한 죄책감을 경험하게 됨
- 무기력감을 방어하기 위해 화를 낼 수도 있음
- 자기중심적이거나 냉담한 방식으로 반응할 수 있음

아동들이 죽음에 대해 정서적으로 어떻게 반응하는가

사랑하는 사람의 죽음을 애도하는 능력에 아동의 인지적 발달이 어떤 영향을 미치는가? 아동들은 애도할 수 있는가? 만약 그렇다면 아동들은 어떻게 애도하는가? 아동들의 애도는 어른들의 애도와 다른가? 아동의 연령과 인지발달 이외에 어떤 요인들이 아동의 죽음에 대한 감정적 반응에 영향을 미치는가? 이 장에서는 사별bereavement, 슬픔grief, 애도mourn 등의 개념을 정의한 후 이와 같은 질문에 대해 자세하게 살펴볼 것이다. 앞선 세 가지 단어들은 모두 죽음에 따른 상실과 관련된 용어들이고, 동의어가 아님에도 불구하고 일반인들 사이에서 심지어 전문가들 사이에서도 혼용되고 있기 때문이다.

사별

사별은 상실로 고통을 당하고 있고, 의미 있는 사람의 죽음으로 인해 심리적, 신체적, 사회적 스트레스를 겪고 있는 개인의 상태를 뜻하는 용어다(Kasten-baum, 2008). 사별에는 ① 가치있는 사람이나 사물과 맺은 관계, ② 종결, 별거 등과 같은 관계의 상실, ③ 상실로 인해 불행해진 생존자 등의 세 가지 요소들이 포함된다(Corr, Nabe, & Core, 2000, p.212).

슬픔

보울비Bowlby는 슬픔을 '상실 이후 애도와 함께 연속적으로 일어나는 주관적인 상태'라고 말한다(1960, p.11). 울펠트(Wolfelt, 1983)는 슬픔이 두려움이나 슬픔과 같은 구체적인 감정이라기보다 다양한 사고, 감정, 행동으로 표현될 수 있는 일련의 과정이라고 본다. 간단하게 정의하면 슬픔은 상실에 대한 반응이라고 할 수 있다(Corr, Nabe, & Core, 2000, p.213). 이러한 반응은 감정, 신체적 감각, 인지, 그리고 행동들에서 나타날 수 있다(Worden, 1991).

애도

애도는 정신분석적으로 '사랑하는 대상을 죽음으로 인해 상실한 것에 뒤따르는 정신적 작업'으로 정의된다(Furman, 1974, p.34; Freud, 1915/1954에서 재인용). '정신적 작업'은 종종 '슬픔 작업'으로 불리기도 하는데 '내적 이미지로부터 리비도를 분리시키는 고통스럽고 점진적인 과정'을 통해 새로운 관계를 위해 본능적인 에너지를 자유롭게 한다(A. Freud, 1965, p.67). 슬픔에 대한 이와 같은 이론적 모델은 슬픔이 해소되기 위해서는 죽은 사람과의 애착을 끊어 내는 것이 필요하다고 본다. 즉, 애도에 대한 정신분석적 정의는 상실에 대한 최초의 슬픔 반응을 포함할 뿐만 아니라, 슬픔에 대한 앞으로의 해결책도 포함한다 (Grossberg & Crandall, 1978). 크루거Krueger에 의하면, 애도를 해결하기 위해서는 사별을 경험한 사람이 자신의 상실이 중요하고, 심각하며, 영원하고, 되돌릴 수 없는 것임을 반드시 이해해야 한다(1983, p.590). 달리 말하면, 슬픔과 분노 같은 전형적인 슬픔 반응을 느끼는 것 이외에도 죽은 사람이 다시 돌아오지 않는다는 것을 이해하고, 그럼에도 불구하고 인생이 의미 있는 것임을 이해할 수 있어야 하는 것이다(1960, p.11).

사별에 대한 또 다른 모델은 애도과정 중에 있는 사람이 죽은 사람과 계속적인 유대관계를 맺어야 한다고 강조하는 입장이다(Klass, Silverman, & Nickman, 1996). 이러한 접근은 애착을 끊어 내고 단절하는 것을 슬픔의 해결책으로 개념화한 접근과 근본적으로 차이를 보인다. 이 모델은 애도과정 중에 있는 사람이 죽은 사람과 지속적인 연결을 유지하게 되고(p.18), 이러한 연결은 평생 동안 지속된다고 설명한다. 이와 같은 개념화는 죽은 사람과의 소중한 기억들을 기리고 높이는 것을 강조하는 측면에서 사별상담에 커다란 영향을 미치고 있다.

아동들도 애도할 수 있는가?

이 질문은 '애도'를 어떻게 정의내릴 것인지, 애도하는 사람에 대한 구체적인 이론적 틀을 어떻게 개념화할 것인지 등을 기준으로 활발하게 논의되고 있다. 크루거(1983)가 말한 것과 같이, 애도를 정의내릴 때 죽음의 최종적인 특징에 대한 성숙한 이해가 수반되어야 한다고 가정하면, 사춘기를 앞둔 시기 정도가 되어야 긍정적인 애도 반응을 보일 수 있다고 할 수 있다. 반면, 보울비는 아주 어린 아이들에게서도 슬픔과 애도반응이 존재한다고 강력하게 주장한다. 10년간 18~24개월 된 아동들이 겪는 엄마와의 분리 경험을 살펴본 로버슨Roberston의 연구 결과를 바탕으로 보울비는 다음과 같은 주장을 펼친다.

어머니와의 애착관계에 대해 강한 소유욕을 보이는 이 연령대의 아동이 어머니로부터 보호받지 못하게 되면 그것은 마치 자신의 세상이 산산이 깨어지는 것과 같은 일이 벌어지는 것이다. 어머니와의 애착관계를 형성하려는 욕구가 만족되지 못하고, 그로 인한 좌절과 간절함이 심해지면 아동은 엄청난 슬픔을 경험하게 된다. 이것은 어른들이 사랑하는 사람의 죽음을 경험하는 것과 마찬가지의 경험이라고 볼 수 있다. 죽음에 대해서는 알지 못하지만 부재에 대해서는 분명히 알고 있는 아동에게 자신의 절박한 욕구를 만족시켜 줄 수 있는 사람이 없다는 것은 곧 죽음을 의미하는 것이 될 수 있다(Bowlby, 1960, p. 15; Roberston, 1953에서 재인용).

지그문트 프로이트Sigmund Freud는 아동이 어머니의 부재에 대해 반응하는 것에 대해 이야기하면서, 아동들이 울거나 다른 표정을 짓는 것이 불안과 고통의 증거라고 주장하였다. 프로이트는 "이 연령대의 아동들은 일시적인 부재와 영원한 상실 간의 차이를 구분할 수 없기 때문에 엄마가 눈에 안 보이는 순간 아이들은 엄마를 다시 볼 수 없는 것처럼 행동한다."라고 말했다(1926/1959, p. 169). 이러한 반응들은 대상항상성object constancy이 충분히 완성되지 못한 것에 기인하기도 하고, 심적 표상mental representation 능력이 온전하지 못한 것에 기인하기도 한다. 대상항상성은 보통 한 살 반경에 시작되지만, 아동이 엄마가 옆에 없을 때 엄마의 이미지를 회상할 수 있는 능력은 25개월경이 될 때까지는 완전한 수준에 이르지 못하기 때문이다(Furman, 1974; Masur, 1991). 안나 프로이트(Anna Freud, 1960)는 아동이 현실검증과 대상항상성을 발전시킨 이후에야 애도할 수 있다고 말한 바 있고, 펄만(Furman, 1974) 역시 이 의견에 동의하고 있다.

아주 어린 아동들도 의미 있는 사람의 부재나 상실에 강하게 반응한다는 것이 명백하고, 그 반응들이 보울비(1960)의 저항, 불안, 분리단계와 일치하지만, 필자는 아동들이 상실의 궁극적인 결말이나 그것이 자신들의 삶에 어떤 주요한 의미를 갖는지 이해하지 못하는 상태이기 때문에 이것을 '애도'라고 부르는 것은 정확하지 않다고 본다. 따라서 상실의 결말과 의미에 대해 성숙한 수준의 이해가 없이 나타나는 슬픔, 분노, 갈망 등의 감정은 '애도'라고 부르기보다는 '슬픔반응'이라고 부르는 것이 정확할 것이다.

이것이 단어의 의미를 지나치게 자세히 따지는 것으로 보여질 수도 있지만 애도상담가나 치료사들에게는 아동들의 발달단계에 맞추어 그들의 감정을 존중하는 것이 중요하다는 점을 부각시키는 데 그 함의가 있을 것이다. 따라서 "아동들도 애도할 수 있는가?"라는 질문 대신 "아동들도 슬퍼할 수 있는가?"라는 질문을 사용하는 것이 적절할 것이다.

아동에게 '대상을 단념하는 것Relinquishing the Object'이라는 표현이 적절한가 혹은 '유대관계를 지속하는 것Continuing Bonds'이라는 표현이 더 나은가?

애도가 '해결'될 수 있다고 여기면서 죽은 사람에 대한 감정을 단념시키는 방법으로 아동들의 애도를 해결하는 것은 문제가 될 수 있다. 몇몇의 전통적인 아동치료자들(Buchsbaum, 1987; Nagera, 1970; Wolfenstein, 1969)은 아동들이 발달과업을 성공적으로 완수하기 위해서는 부모들과의 관계를 지속하는 것이 심리적으로 필요하다는 점을 지적한다. 사망한 부모와 그런 공상적인 관계를 유지하게 되면 청소년기 시기가 끝날 때까지 리비도를 철수하는 것에는 어려움이 발생하게 된다. 나게라(1970, p.381)는 후기 아동기에 해당하는 아동들의 경우, 사망한 부모를 상상 속의 존재라고 여기면서도 동시에 살아 있다고 생각한다는 점을 강조하면서, 청소년기에 사망한 부모와의 완전한 분리가 이루어지기 전까지는 애도가 불가능하다고 설명한다(Nagera, 1970, p.362).

또 다른 학자들(Baker, Sedney, & Gross, 1992)은 아동의 슬픔을 반복적으로 완성되어야 하는 일련의 심리적 과업이라고 말한다. 이들은 많은 아동들의 경우, 사망한 부모의 이미지에 대해 형성하고 있는 내적 애착이 그들의 발달과정에서 주요한 기능을 담당한다는 것을 발견하였고, 이를 근거로 분리가 애도 과정에 꼭 필요한 것은 아니라고 말한다. 이와 같은 주장은 지속적인 유대에 대한 이전 논의들과 맥락을 같이 한다(Klass et al., 1996).

따라서 나는 분리와 '대상을 단념하는 것'이 아동의 애도를 표현할 때 적절한 표현이 아니라고 생각한다. 아동이 사망한 사람의 부재를 슬퍼하고 그 사람과 함께 있기를 원한다고 해서 이러한 감정들이 아동의 발달과정을 방해하는 것은 아니다. 이것은 사별상담가로서 활동한 나의 경험에 비추어볼 때, 사랑하는 사람이 죽은 후에도 그와 지속적인 애착 관계를 형성하는 것은 다음의 사례들에서 보여지는 것과 같이 아동들이 다양한 스트레스를 극복하고 견뎌내는 데 오히려 도움이 된다고 할 수 있다.

사례

4살 아동의 슬픔

이 사례는 아버지의 갑작스러운 죽음을 경험한 네 명의 남매에 대한 이야기로, 당사자들의 동의를 얻어 기록되었다(Webb, 2002). 남매들 중 가장 막내였던 4살 난 리사Lisa는 장례식과 발인식에 참여했음에도 불구하고 아버지의 죽음을 이해하는 것이 불가능했다. 화재사고로 아버지가 돌아가신 후 몇 개월이 지난 후에도 리사는 아버지가 퇴근하던 시간쯤에 누군가가 문을 열고 집에 들어오는 소리가 들리면 "아빠가 집에 왔다!"며 흥분하여 소리치곤 했다. 그럴 때면 리사의 6살, 9살 난 오빠들은 "아빠는 돌아가셨어. 왜 아빠가 집에 올 수 있다고 생각하는 거야?"하며 화를 내곤 했고, 리사의 생각을 바꿀 수 있을까 싶어 가끔 리사를 때리기도 했다. 아이들의 어머니는 이런 상황에 어떻게 대처해야 할지 몰라

리사를 애도 상담에 의뢰하였다. 나는 어린 아동들의 경우 놀이치료가 적절한 개입방법이라고 생각하고, 아이들이 슬픔을 표현하는 데 있어 발달상의 특징을 반영하는 특정 행동들에 대해 설명한다.

리사와의 상담

놀이치료 1회기에 리사는 움직일 수 있는 가구와 사람 모양의 인형들로 가득 찬 인형 집에 흥미를 보였다. 놀이치료사는 리사에게 인형 집과 인형을 원하는 대로 배치할 수 있다고 말해 주었고, 그 말을 들은 리사는 부엌에 엄마 인형과 서로 크기가 다른 네 명의 아이들 인형을 세워 두었다. 남자 인형이 없는 것을 보고 치료사가 "이 집에 아빠는 어디 계시지?" 하고 묻자 리사는 "아빠를 찾을 수가 없어요. 아빠가 길을 잃어버렸어요."라고 곧바로 말했다. 가족 중 누군가가 이렇게 말한 것일 수도 있겠다 싶어 치료사가 리사에게 "아빠가 돌아가신 것일 수도 있겠다. 그래서 가족들하고 아빠가 같이 계실 수 없는 것일 수도 있고."라고 말했다. 그러자 리사는 "맞아요. 아빠는 돌아가셨어요. 하지만 나는 아빠가 길을 잃어버린 것 같고 그래서 우리가 아빠를 찾아야 해요."라고 대답했고, 이에 치료사는 "사람이 죽으면 어떤 경우에도 다시는 돌아올 수 없는 거란다."라고 말해 주었다. 이후 치료사는 리사가 죽음이 무엇인지 이해할 수 있을 만큼의 나이가 아니므로 어머니와 오빠들이 리사에게 사람이 죽으면 가족에게 돌아올 수 없다는 것을 인내심을 갖고 반복적으로 말해 주는 것이 필요하다는 점을 설명해 주었다.

설명

리사의 반응들은 미취학 아동의 경우 죽음의 결말을 이해할 수 없다는 특성을 보여 준다. 이 개입을 통해 리사는 아버지가 사망한 지 세 달이 지난 후에도 아버지가 집에 돌아오기를 간절히 원하고 있지만 그것이 이루어지지 않아 고통스러워하고 있으며, 여전히 아버지를 생생하게 기억하고 있고, 아버지를 매우 그리워한다는 것을 알 수 있었다.

6살 아동의 슬픔

브라이언Brian은 리사의 6살 난 오빠다. 브라이언의 나이를 고려할 때 놀이치료가 적절할 것으로 판단되어 개별 애도 상담을 진행하면서 놀이치료 방법을 활용하였다. 브라이언은 상담 회기 중 매우 활발했으며, 한 활동에서 다른 활동으로 빠르게 전환하는 모습을 보였다. 그림을 그리기도 하고, 나무 블록으로 정사각형 건물을 지었다가 무너뜨리기도 했다. 특히 블록들을 바닥 중간에 던지고 그곳에 사람 모양의 인형, 차, 동물들을 던진 후 "다 엉망진창이야!"라고 소리를 지르곤 했다. 치료사는 브라이언이 자신의 삶을 이렇게 상징적으로 나타내는 것일 수도 있겠다 싶어서 "그래, 다 엉망진창이네. 우리 이 불쌍한 사람들을 좀 도와주자."라고 말하면 브라이언은 매우 슬프고 절망적인 목소리로 "이 사람들은 다 죽은 거예요. 죽은 거라고요."라고 대답했다. 그럴 때면 치료사는 이것이 정말 슬픈 일이고, 자신이 이 슬픔을 도울 수 있는 방법을 얼마나 찾고 싶은지를 말해 주곤 했다. 브라이언은 수 주간 놀이치료에 참여했고, 놀이를 통해서 자신이 느낀 감정들을 보여 주었다. 한 달 정도가 지난 후 치료사는 죽은 사람들에 대해 보다 자세하게 말할 필요가 있다고 느끼고 죽은 사람들의 가족들이 죽은 사람을 그리워하기 때문에 무척 슬플 것 같다고 말했다. 그러자 브라이언이 눈을 맞추고 "장례식을 치러주면 되겠어요."라고 말했다. 이에 두 사람은 장난감 관에 남자 인형을 넣고, 조심스럽게 그 위를 덮은 후 가족들이 작별인사를 하는 내용을 포함하여 회기를 진행하였다.

설명

6살 된 브라이언은 아버지를 잃었다는 슬픈 감정 때문에 힘겨워하고 있었다. 처음에는 자신의 삶이 엉망진창이라는 혼란스러운 감정만을 표현할 수 있었지만, 반복적으로 놀이치료에 참여하고, 애도상담가로부터 언어적, 정서적 지원을 받은 후에야 비로소 아버지의 장례식을 준비하고 작별인사를 건네는 것을 준비할 수 있었다. 이것은 아버지가 사망했을 때 자신이 보기는 했지만 아직 이해는 할 수 없었던 장면들을 스스로 재구성할 수 있도록 돕는 매우 의미 있는 활동이었다.

9살 아동의 슬픔

브라이언의 형인 그렉Greg 역시 놀이치료와 토론이 병행된 애도 상담에 참여하였다. 아버지가 돌아가신 이후 그렉이 학교 운동장에서 몇몇 아이들을 때렸는데, 그렉이 이전에는 이런 행동을 보인 적이 없었기 때문에 선생님이 걱정하면서 어머니에게 전화를 걸기도 했다. 그렉과의 첫 번째 회기에서 그렉은 화산을 그렸고, 분노가 꾹꾹 눌려 있다가 결국은 화산처럼 폭발할 수 있다는 이야기가 오고갔다. 치료사는 그렉에게 누군가가 갑자기 죽으면 사람들은 매우 화가 날 수 있다고 말해 주면서, 어떻게 하면 그렉이 문제를 일으키지 않고 화를 표현할 수 있을지에 대해 이야기를 나누었다. 이후 상담에서 그렉은 자동차를 갖고 놀면서 아버지에 대해 갖고 있는 즐거운 추억들에 대해서도 이야기했지만, 다른 사람들이 자신에게 네가 이 집에서 가장 나이가 많은 남자이기 때문에 가장의 역할을 해야 한다고 말했는데 그것이 염려되고, 자신은 아직 어른도 아니고 가장이 되기도 싫다는 생각도 이야기했다. 치료자 역시 그렉의 생각에 동의한다고 하면서, 어머니에게도 그렉에게 소년으로서의 역할을 잘하기를 기대하시라고 전하겠노라고 이야기해 주었다.

설명

9살 된 그렉은 죽음의 의미를 온전히 이해하고 있다. 그렉은 아버지가 이제 다시 집에 돌아올 수 없다는 것을 알고 있고, 아버지에 대한 좋은 추억을 이야기함으로써 아버지의 죽음을 애도할 수 있는 기회를 누리기도 했다. 치료사는 그렉이 아버지의 죽음으로 인해 느끼게 되는 분노의 감정을 이해할 수 있도록 도우면서, 다른 이들이 그렉의 작은 어깨에 올리려 했던 비현실적인 기대들이 무엇인지 대해서도 이해할 수 있도록 도왔다.

12살 아동의 슬픔

메리Mary는 네 명의 남매 중 첫째로, 어린 동생들을 보호하려는 태도를 취했다. 처음에는 애도 상담을 받기를 거부했지만 1년 후 스스로 상담을 요청했다. 상담을 시작했을 무렵, 메리는 그 또래 아이들과 마찬가지로 친구들과의 관계에 몰두하고 있었는데, 그녀는 친구들이 자신의 아버지가 돌아가신 것을 불쌍하게 여겨서 자기에게 친절하게 대해 주는 것은 아닌지 염려하고 있었다. 이 주제에 대해 치료사와 이야기를 나눈 후, 메리는 아버지가 돌아가신 이후 자신이 이전과는 다르게 생각했던 것들이 있었던 것 같다고 말하면서, 몇 년간에 걸쳐 친하게 지내고 있는 친구들이 있는 걸 보면 친구들이 자기를 불쌍하게 생각해서가 아니라 나를 있는 그대로 좋아하기 때문에 친하게 지내고 있다는 것을 깨닫게 되었다고 이야기해 주었다. 메리는 이 주제에 대해 치료사와 이야기 나누기를 잘했다면서 기분이 훨씬 좋아졌다고 말했다.

설명

이 사례는 친구를 사귀고 친구와의 관계를 유지하는 것과 관련된 연령에 적합한 주제를 다루고 있다. 사별을 경험한 아동들은 또래와는 매우 다르게 생각하기도 하고, 가족의 죽음이 자신들을 다른 사람들로부터 멀어지게 할 것이라고 믿는 경향이 있다. 이러한 경향 때문에 사별을 경험한 아동은 불안을 경험하게 되고, 일반 아동들은 사별을 경험한 친구에게 애도의 마음을 전하는 것에 어려움을 느끼게 된다.

아동의 슬픔이 어른들의 슬픔과 다를까?

사별을 경험한 아동들에 대한 사례나 강의, 임상경험들을 통해서 아동의 슬픔과 어른들의 슬픔에는 유사점과 차이점이 있다는 것을 알 수 있다. 울펠트 (1983)는 "슬픔은 '이해'할 수 있는 능력이 아닌 '느낄' 수 있는 능력임에 초점을 둔다. 따라서 사랑을 할 수 있을 만큼 성숙한 아동은 슬퍼할 수 있을 만큼 성숙하다는 것을 의미한다."라고 강조한다(1983, p. 20).

어른과 아동 모두 사랑하는 사람이 죽고 난 후에는 부정, 분노, 죄책감, 슬픔, 갈망 등의 감정을 느낀다. 아동들이 사별과 관련하여 자신과 같은 감정을 느낄 것이라고 생각하는 어른들은 아동들이 그러한 감정들을 느끼는 것을 너무나도 당연하게 여길 수 있지만, 대부분의 아동들이 자신의 감정을 언어로 표현하는 데에 제한된 능력을 갖고 있고, 그들이 그런 감정을 참아내는 것에 한계가 있다는 것도 알고 있는 것이 매우 중요하다. 실제로 많은 사례에서 아동들이 자신들의 상실에 대해 이야기하지 않기 위해 애쓰는 것을 확인할 수 있다.

우리는 메리의 사례에서 부모님 중 한 분이 돌아가셨다는 점에서 자신이 또래 친구들과 다르다는 것을 염려하는 아동의 두려움에 대해 살펴보았다. 어른들은 친구들의 애도에서 위안을 얻는 반면, 아동들은 이 과정을 무서워하고, 아동의 친구들 역시 사별을 경험한 친구에게 말하는 것을 불편하게 생각한다. 아동들은 뭐라고 말해야 할지 모르고, 자기 자신이나 친구가 울면 어쩌나 하는 생각을 하게 된다. 특히 후기 아동기나 청소년기에 접어드는 아동들은 감정을 통제하기 위해 노력하기 때문에 자신들의 감정을 공개적으로 표현해야 하는 것을 불편하게 여기고 저항하기도 한다. 펄만(1974)은 아동들이 우는 것을 유치하다고 여기기 때문에 아무도 없는 곳에서 혼자 울 수도 있다고 하고, 울펜스타인(Wolfenstein, 1966)은 아동들이 보이는 '짧은 슬픔 기간'은 깊은 고통을 오랫동안 참아내는 능력이 낮은 아동기의 특징에 기인한 것이라고 설명하기도 한다. 란도(Rando, 1988/1991)는 아동들이 고통스러운 감정에 접근했다가 다시 회피하는 것을 반복하면서 수년간 간헐적으로 슬픔을 보일 수 있다고 말한다.

아동들은 고통으로부터 탈출하는 방법이자 죽음에 대한 복잡하고 혼란스러운 감정들을 다스리는 방법으로 놀이를 사용한다. 놀이는 아동의 언어이며, 아동들은 놀이를 통해 그들의 감정을 위장된 방법으로 다룰 수 있게 된다. 훈련된 치료사는 놀이치료를 통해 이와 같은 상징적 언어를 이해하고 의사소통함으로써 아동들이 자신의 고통스러운 감정을 다루는 것을 도울 수 있어야 한다. 이 책은 사별을 경험한 아동들을 도울 수 있는 다양한 놀이치료 사례를 담고 있다.

아동들과 어른들의 슬픔에 차이를 만드는 특징들을 요약하면 다음과 같다.

- 아동들은 그들의 미성숙한 인지적 발달 수준으로 인해 죽음이 되돌릴 수 없는 것이고, 누구에게나 찾아오는 것이며, 피할 수 없는 것임을 이해하는 데 어려움을 느낄 수 있다.
- 정서적 고통을 참는 아동들의 능력에는 한계가 있다. 즉, 아동들은 슬픔에 긴 시간을 보낼 수 없다는 것을 뜻하며, 나는 이것을 '짧은 슬픔 기간'이라고 부른다.
- 상실과 관련된 아동들의 심각한 감정들은 수년에 걸쳐 표출될 수 있다.
- 아동들은 그들의 감정을 언어로 표현하는 데 제한된 능력을 갖고 있다.
- 아동들은 또래 집단과 다르다는 것에 민감하다. 가족구성원의 죽음이 아

동들로 하여금 다름, 불편함 등의 감정을 느끼게 할 수 있기 때문에 아동들은 죽음에 대해 인지하려 하지 않을 수도 있다.

• 아동들은 놀이치료를 통해 감정을 표현할 수 있다.

아동의 죽음 인식에 영향을 미치는 종교적 · 문화적 요인

죽음에 대한 아동의 인식에 대해서 진행된 연구는 아동의 인지적, 정서적 발달과 관련된 개인적 요인뿐만 아니라, 아동의 가정에 영향을 미치는 문화적, 종교적 요인들까지도 포함하여 이루어진다. 이 주제는 2장에서 보다 깊이 다루게 될 것이다.

아동의 죽음 이해에 영향을 미치는 내적, 외적 요인들을 살펴보기 위해 심리사회적 사정이 이루어지는데, 맥골드릭McGoldrick 등은 각 문화권별로 애도의 적절한 방법이나 기간으로 여겨지는 것들이 서로 다르기 때문에 실천가들이 가족의 죽음에 대한 반응을 사정하면서 '정상성'을 정의할 때 주의해야 한다고 말한다(1991, p.176-177). 그들은 슬픔을 공적 · 사적으로 표현하는 데 문화별로 많은 차이가 있다고 보고(p.178), 이러한 차이 때문에 치료사는 각 가족구성원들이 죽음의 특성에 대해 무엇을 믿고, 어떤 의식을 치러야 한다고 여기고, 죽음 이후에 대해 무엇을 기대하고 있는지 등을 알아낼 필요가 있다고 강조한다(p.178). 아동들은 가정의 이러한 신념과 풍습을 받아들이게 되고, 분명하지 않은 것을 질문하게 되며, 그 질문에 대한 답이 모호하거나 이해하기 어렵다고 느끼는 경우 자신만의 답을 말하게 된다.

이 책의 부록에는 서로 다른 문화권에서 각 종교별로 취하는 애도의식에 대해 정보를 얻을 수 있는 자료들이 실려 있다. 다양한 종교와 문화에 대해 포괄적으로 이해하는 것이 실용적인 것은 아니지만, 사별을 경험한 아동들과 일하는 애도상담가와 치료사는 자신이 만나는 아동의 가정이 속한 문화적, 종교적 특징에 대해 반드시 알고 있어야 한다. 특히 아동이 공식적 혹은 비공식적 애도의식에 참여하는 것이 자연스러운 가정환경인지, 아니면 아동이 힘들어할 것을 우려하여 이러한 애도의식에 아동들이 참여하지 못하도록 하는 가정환경인지에 대해 알고 있는 것은 매우 중요하다. 대부분의 서구 연구자들은 아동들이 죽은 사람의 장례식이나 기타 의식에 참여하는 것이 애도과정에 도움이 된다고 본다 (Rando, 1988/1991; Wolfelt, 1983; Kastenbaum, 2008). 아동들 역시 애도의식에 참여할 것인지 선택하도록 했을 때 많은 아동들이 참여 의사를 밝히는데, 이와 관련하여 란도는 애도의식이 아동들에게 매우 잘 맞아 떨어진다고 말한다 (1988/1991, p. 216). 물론 장례식에 열려 있는 관이 놓여 있는 경우, 아동들에게 이것을 미리 말해 주어 그들이 준비될 수 있게 해야 하고, 가족들이 죽은 사람에게 작별인사를 하는 사적인 시간을 가질 것이라는 점도 알려 주는 것이 좋다. 퓰리처상을 받은 제임스 에이지James Agee의 소설 『가족 속의 죽음』에는 5살짜리 아이가 관 속의 아버지 모습을 보면서 처음으로 죽음이라는 단어의 의미를 깨닫게 되는 장면이 묘사되어 있다(1938/1969, p. 288-298).

아동들이 장례식에 참여하게 되면 죽음에 대한 양가감정이 드러나게 된다. 그들은 사랑하는 사람이 살아 있던 때를 기억하길 원하면서도 동시에 이 의식에 포함되고 싶어 하기도 한다. 9살에 어머니가 돌아가셨던 15살 된 소년은 다음과 같이 말한다.

"장례식 전날 밤, 우리는 다 같이 장의사에게 갔고, 저는 엄마의 관 옆에서 많은 시간을 보냈어요. 엄마는 하얀색 드레스를 입고 있었는데 그게 제가 기억하는 전부예요. 저는 엄마가 살아 계셨을 때의 기억이 더 많이 나는데 그건 아마도 제가 엄마가 돌아가셨을 때보다 살아 계시던 때를 더 기억하고 싶기 때문일 거예요. 그래도 엄마의 마지막 모습을 볼 수 있었던 것을 기쁘게 생각해요. 저는 그때 엄마에게 그림도 그려 주었고, 천국에서 우리 모두를 기다려달라고 짧은 글을 써 주기도 했어요. 저는 그림과 글을 아빠에게 드리면서 엄마의 관 속에 넣어달라고 했어요. 엄마가 돌아가시기는 했지만 내 그림과 글을 받으셨을 거라고 생각하고 싶어요."(Krementz, 1981/1991, p.54).

아동들이 죽은 가족들을 어떻게 기억하고 싶은지에 대해서는 많은 차이가 있지만, 무덤을 떠올리고 싶어 하지 않는 것은 많은 아동들에게서 반복적으로 관찰되는 내용이다. 11살 때 엄마가 돌아가셨던 16살 된 푸에르토리코 출신 소녀는 다음과 같이 말한다.

"엄마를 땅 속에 묻는 게 떠올라서 무덤은 가장 기억하고 싶지 않은 곳이에요. 내가 그걸 왜 기억하고 싶겠어요? 이모는 아주 종교적이라서 무덤에도 자주 가고 교회에서 양초에 불을 붙이는 것도 자주 해요. 하지만 나는 무덤에 정말 가고 싶지 않아요. 나는 사람에게는 기쁜 순간이 가장 선명해야 한다고 생각해요. 그런데 무덤에 가면 슬픔이 몰려 와요. 나는 묘비를 보면서 엄마를 떠올릴 수 없어요. 엄마의 몸이 땅 속에 있다는 걸 상상하기 어려워요. 몸은 나에게 그리 중요한 건 아니에요. 영혼이 중요해요. 엄마가 화장되었으면 더 좋았을 것 같아요."(Krementz, 1981/1991, p.48-49).

이 소녀는 죽음에 대해 분명하게 이해하고 있고, 이 상실이 영원할 것임을 알면서도 엄마가 살아 있을 때의 '행복한 순간들'을 감사하고 기억하고 있다는 것을 알 수 있다.

참고문헌

Agee, J. (1969). *A death in the family*. New York: Bantam. (Original work published 1938)

Anthony, S. (1971). *The discovery of death in childhood and after*. London: Penguin.

Baker, J. E., Sedney, M. A., & Gross, E. (1992). Psychological tasks for bereaved children. *American Journal of Orthopsychiatry, 62*(1), 105-116.

Becker, E. (1973). *The denial of death*. New York: Free Press.

Bluestone, J. (1999). School-based peer therapy to facilitate mourning in latency-age children following sudden parental death: Cases of Joan, age 10½, and Roberta age 9½, with follow-up 8 years later. In N. B. Webb (Ed.), *Play therapy with children in crisis: Individual, group, and family treatment* (2nd ed., pp. 225-251). New York: Guilford Press. 권영민·김미정·노혜숙 외 역. 2006. 『위기에 처한 아이들을 위한 놀이치료』. 학지사.

Bowlby, J. (1960). Grief and mourning in infancy and early childhood. *Psycho-analytic Study of the Child, 15,* 9-52.

Buchsbaum, B. C. (1987). Remembering a parent who has died: A developmental perspective. *Annual of Psychoanalysis, 15,* 99-112.

Corr, C. A., Nabe, C. M., & Corr, D. M. (2000). *Death and dying, life and living*. Belmont, CA: Wadsworth.

Fox, S. S. (1985). *Good grief: Helping groups of children when a friend dies*. Boston: New England Association for the Education of Young Children.

Freud, A. (1960). Discussion of Dr. John Bowlby's paper. *Psychoanalytic Study of the Child, 15,* 53-62.

_____ (1965). *Normality and pathology in childhood*. New York: International Universities Press.

Freud, S. (1954). Mourning and melancholia. In *Standard Edition* (Vol. 14, pp. 237-258). London: Hogarth Press. (Original work published 1915)

_____ (1959). Inhibitions, symptoms and anxiety. In *Standard Edition* (Vol. 20, pp. 77- 175). London: Hogarth Press. (Original work published 1926)

Furman, E. (1974). *A child's parent dies*. New Haven, CT: Yale University Press. Grollman, E. (Ed.). (1967). *Explaining death to children*. Boston: Beacon Press. Grossberg, S. H., & Crandall, L. (1978). Father loss and father absence in preschool children. *Clinical Social Work Journal, 6*(2), 123-134.

Kane, B. (1979). Children's concepts of death. *Journal of Genetic Psychology, 134,* 141-153.

Kaplan, C. P., & Joslin, H. (1993). Accidental sibling death: Case of Peter, age 6. In N. B. Webb (Ed.), *Helping bereaved children: A handbook for practitioners* (pp. 118-136). New York: Guilford Press.

Kastenbaum, R. J. (1967). The child's understanding of death: How does it develop? In E. Grollman (Ed.), *Explaining death to children* (pp. 89-109). Boston: Beacon Press.

_____ (2008). *Death, society, and human experience* (10th ed.). New York: Merrill.

Klass, D., Silverman, P. R., & Nickman, S. L. (1996). *Continuing bonds: New understandings of grief.* Washington, DC: Taylor & Francis.

Krementz, J. (1991). *How it feels when a parent dies.* New York: Knopf. (Original work published 1981)

Krueger, D. W. (1983). Childhood parent loss: Developmental impact and adult psychopathology. *American Journal of Psychotherapy, 37*(4), 582-592.

Lonetto, R. (1980). *Children's conceptions of death.* New York: Springer. Masur, C. (1991). The crisis of early maternal loss: Unresolved grief of 6-year-old Chris in foster care. In N. B. Webb (Ed.), *Play therapy with children in crisis: A casebook for practitioners* (pp. 164-176). New York: Guilford Press.

McGoldrick, M., Almeida, R., Hines, P. M., Garcia-Preto, N., Rosen, E., & Lee, E. (1991). Mourning in different cultures. In F. Walsh & M. McGoldrick (Eds.), *Living beyond loss: Death in the family* (pp. 176-206). New York: Norton.

Millay, E. St. V. (1969). Childhood is the kingdom where nobody dies. In *Edna St. Vincent Millay collected lyrics* (p. 203). New York: Harper & Row. (Original work published 1934)

Nagera, H. (1970). Children's reactions to the death of important objects: A developmental approach. *Psychoanalytic Study of the Child, 25,* 360-400.

Nagy, M. (1948). The child's theories concerning death. *Journal of Genetic Psychology, 73,* 3-27.

Piaget, J. (1955). *The child's construction of reality.* New York: Basic Books. Piaget, J. (1968). *Six psychological studies.* New York: Vintage Books.

_____ (1972). Intellectual evolution from adolescent to childhood. *Human De-*

velopment, 15, 1-12.

Piaget, J., & Inhelder, B. (1969). *The psychology of the child.* New York: Basic Books.

Rando, T. A. (1991). *How to go on living when someone you love dies.* New York: Bantam. (Original work published 1988)

Robertson, J. (1953). Some responses of young children to the loss of maternal care. *Nursing Times, 49,* 382-389.

Saravay, B. (1991). Short-term play therapy with two preschool brothers following sudden paternal death. In N.B. Webb (Ed.), *Play therapy with children in crisis: A casebook for practitioners* (pp. 177-201). New York: Guilford Press.

Solnit, A. J. (1983). Changing perspectives: Preparing for life or death. In J. E. Schowalter, P. R. Patterson, M. Tallmer, A. H. Kutscher, S. V. Gullo, & D. Peretz (Eds.), *The child and death* (pp. 4-18). New York: Columbia University Press.

Speece, M. W., & Brent, S. B. (1996). The development of children's understanding of death. In C. A. Corr & D. M. Corr (Eds.), *Handbook of childhood death and bereavement* (pp. 29-49). New York: Springer.

Wass, H., & Stillion, J. (1988). Dying in the lives of children. In H. Wass, F. Berardo, & R. Neimeyer (Eds.), *Dying: Facing the facts* (pp. 201-228). Washington, DC: Hemisphere.

Webb, N. B. (Ed.). (2002). *Helping bereaved children: A handbook for practitioners.* New York: Guilford Press.

Wolfelt, A. (1983). *Helping children cope with grief.* Muncie, IN: Accelerated Development.

Wolfenstein, M. (1966). How is mourning possible? *Psychoanalytic Study of the Child, 21,* 93-126.

_____ (1969). Loss, rage and repetition. *Psychoanalytic Study of the Child, 24,* 432-460.

Worden, J. W. (1991). *Grief counseling and grief therapy: A handbook for the mental health practitioner* (2nd ed.). New York: Springer.

Wordsworth, W. (1928). Now we are seven. In *The complete poetical works of William Wordsworth.* London: Macmillan. (Original work published 1798)

Yalom, I. D. (1980). *Existential psychotherapy.* New York: Basic Books. 임경수 역. 2007. 『실존주의 심리치료』. 학지사.

CHAPTER 2

사별을 경험한 아동 사정하기

낸시 보이드 웹 *Nancy Boyd Webb*

죽음에 대해 연구하는 학자들은 개인적, 문화적, 종교적, 환경적 요인에 따라 사람들에게서 슬픔을 표현하는 형식과 기간이 다양하게 나타난다는 것에 동의한다(Wolfelt, 1983; Fox, 1985; Rando, 1988/1991). 그렇다면 사별을 경험한 아동의 특정 반응에 대해 우리는 어떤 기준으로 아동이 정상적인 슬픔반응 과정을 거치고 있다고 말할 수 있고, 혹은 정신건강 전문가에게 의뢰할 필요가 있는 수준의 반응을 경험하고 있다고 말할 수 있을 것인가. 이 질문에 대한 답은 아동과 죽음을 둘러싼 환경, 그리고 그 두 가지 변수를 측정하는 전문가의 능력 등과 관련된 요인 간의 복잡한 상호작용을 통해 결정된다.

이 장에서는 아동에게 무엇이 '정상적인' 슬픔이고, '장애가 되는' 슬픔이며, '복합적인' 슬픔인지에 대한 첨예한 질문을 다루면서 전문가의 사정이 언제 이루어져야 하는지에 대한 지침을 제공할 것이다. 이후 Part 4에서는 사별을 경험한 아동들을 만나는 치료사나 애도상담가들에게 도움이 될 만한 유용한 치료적 접근들을 소개하게 될 것이다.

정상적인 슬픔과 장애가 되는 슬픔, 복합적인 슬픔을 구분하기

애도의 특성이나 기간에 대한 개인의 다양성을 고려할 때, 정상적인 슬픔이 언제 개인의 삶을 심각하게 방해하는 장애가 되는 슬픔 혹은 복합적인 슬픔으로 변하게 되는지 그 정확한 시점을 결정할 수 있을까? 나아가, 어른의 애도에 대한 문헌들이 아동의 슬픔을 정상적인 것과 장애가 되는 것 그리고 복합적인 것으로 구분하는 것에 있어 얼마나 관련성을 갖고 있을까? 죽음에 대한 반응이 적당한 범위와 기간, 표현의 수준을 훨씬 넘어서는 경우, 그것을 '장애가 되는' 슬픔이라고 명명하는 것이 유용할까 아니면 그렇지 않을까? 후자의 질문에 대해 먼저 생각해 보자.

용어

린드만Lindemann은 그의 획기적인 연구논문에서 전쟁, 비참한 화재사건 등과 같은 외상경험 이후 심각하게 나타나는 정상적인 슬픔반응의 증상과 조치를 병적인 슬픔반응으로 일컬어지는 지연되고 왜곡된 슬픔반응들과 비교하여 자세하게 다루고 있다(1944, 1965, p.8-16). 이 연구는 군인들 그리고 보스턴에서 있었던 코코넛 그로브 화재사건Coconut Grove fire in Boston의 생존자와 친척 101명을 대상으로 진행되었다. 린드만은 다음과 같은 결론을 내린다.

- 급성으로 나타나는 슬픔acute grief은 심리적, 신체적 증상을 동반하는 분명한 증후군이다.
- 이 증후군은 위기 이후에 즉각적으로 나타날 수도 있고, 지연되어 나타날 수도 있고, 과장되어 나타날 수도 있으며, 아예 나타나지 않을 수도 있다.

- 이러한 상황에서는 슬픔 증후군의 특별한 부분을 대표하는 왜곡된 모습이 나타날 수 있다.
- 적절한 기술을 사용함으로써 이와 같은 왜곡된 모습들이 해결 가능한 정상적인 슬픔 반응으로 전환될 수 있다(1944, 1965, p.7).

이 책에서 린드만의 연구를 자세히 다루지는 않겠지만, 그는 "지연된 슬픔반응은 예측할 수 없는 순간에 나타날 수 있고, 처음에는 그다지 위험해 보이지 않는 왜곡된 슬픔반응들이 이후에 파괴적인 모습으로 나타날 수 있기 때문에 사별을 경험한 사람이 보이는 과잉반응뿐만 아니라 과소반응까지도 주의를 기울여야 한다."고 강조한다(1944, 1965, p.18). 란도Rando는 '해결되지 않은 슬픔'에 대해 이야기하면서 나타나지 않은 슬픔, 사회적으로 인정받지 못하는 슬픔, 지연된 슬픔, 왜곡된 슬픔, 만성적인 슬픔, 예상치 못한 슬픔 등이 이에 해당된다고 말한다(1988/1991, p.81-84). 이 책에 등장하는 많은 아동들의 사례가 해결되지 않은 슬픔의 다양한 형태를 보여준다. 실제로, 나타나지 않은 슬픔, 사회적으로 인정받지 못하는 슬픔, 지연된 슬픔 등은 고통이나 오랜 슬픔을 견디기 어렵다는 아동들의 특성상 그들의 전형적인 모습일 수 있다.

보울비Bowlby는 린드만이나 란도와는 대조적으로 상실이 아동기에 미치는 영향에 주목했다. 그는 초기 아동기에 발생하는 부모와의 분리나 죽음이 성인기의 정신질환 발병으로 이어지는 불리한 성격발달 형성에 영향을 미칠 수 있다고 말한다(1963, p.500). 상실이 이후 슬픔에 영향을 미칠 수 있다는 보울비의 관점은 21세기에 계속 적용될 수 있는 용어에 대한 이론적 근거를 제시하였다.

만약 상실의 경험이 상처를 입거나 화상을 입는 것과 같은 종류의 경험이라면, 상실 이후의 애도과정은 상처가 나아가는 과정과 유사할 것이다. 상처가 나아가는 과정은 시간이 지나면서 온전히 혹은 거의 다 기능이 회복되는 단계를 밟는다. 혹은 이와는 반대로 어느 정도 기능이 손상되는 상태를 거치기도 한다. 애도과정 역시 사랑하는 관계를 새롭게 만들어 가고 유지시키는 능력을 회복할 수 있는 수준에까지 이르기도 하고, 기능이 손상되는 상황이 벌어지기도 한다. 건강함과 병적인 것이 상처의 치유과정에서 나타나는 것처럼, 애도과정에서도 동일하게 나타나는 것이다(p. 501).

아동기에 경험하는 분리와 상실이 가져올 수 있는 파괴적인 영향에 대해 우려하는 보울비의 의견을 인정하면서도, 영구적인 혹은 일시적인 상실을 경험한 모든 아동들이 건강하지 않은 성인으로 자라는 것은 아니라는 그의 의견을 참고하는 것은 매우 중요하다(1963, p. 527). 이 책은 이와 같은 주장을 바탕으로 사별을 경험한 아동들이 상실에도 불구하고 건강하게 발달할 수 있도록 돕는 과정에 초점을 두고 있다.

그렇다면 아동이 경험하는 해로운 슬픔을 정의하는 정확한 용어는 무엇일까? 무엇보다 많은 아동들이 그들의 혼란스러운 감정을 직면하기를 회피하고, 큰 불편함들을 참아내는 것이 어렵다는 점을 고려할 때, '해결되지 않은', '나타나지 않은', '지연된' 슬픔 등의 용어를 아동의 슬픔에 사용하는 것은 적절하지 않다는 점을 짚어두고 논의를 이어 가려 한다.

첫째, 아동들이 무언가를 표현하고 해결하기 위해서는 일련의 시간들이 반드시 필요하다. 따라서 아동의 슬픔을 평가할 때 시간의 적절성을 고려하는 것은 유용한 방법이 아니며, 슬픔반응의 기간을 측정하기보다 슬픔이 아동의 삶에 영향을 미치는 정도를 평가할 필요가 있다. 구체적으로, 슬픔반응이 있음에도 불구하고 아동이 일반적인 활동들을 수행하고, 발달과업을 달성하고 있는지의 여부를 파악해야 한다는 것이다. 만일 아동에게서 사회적, 정서적, 신체적 발달이 차단되는 징후가 발견된다면 그 아동은 장애가 되는 슬픔을 경험하고 있다고 볼 수 있으며, 무언가 문제를 겪고 있다는 것을 암시하는 것일 수 있으므로, 이를 신중하게 탐색해 보아야 한다. 둘째, 아동이 슬픔에 빠져 있고, 이것을 가족 구성원들이 도울 수 없을 때, 해결 가능한 정상적인 슬픔반응으로 전환될 수 있도록 돕는 것이 가능하다는 점을 알고 있는 것이 중요하다(1944, 1965, p.7).

나는 이 책의 1판과 2판에서 아동의 정상적인 발달과정을 방해할 수 있는 일련의 슬픔반응들을 '장애가 되는 슬픔'이라고 명명한 바 있는데 이것은 '해결되지 않은 슬픔'이나 '지연된 슬픔'이라는 용어사용을 피하기 위함이었다. '해결되지 않은 슬픔'이나 '지연된 슬픔'이라는 용어를 사용할 경우, 치료사들이 아동의 무기력감과 절망감과 함께 빠져 아동이 생각하는 시간에 따라 문제가 해결되기만을 기다리게 될 수 있는데, '장애가 되는 슬픔'이라는 용어를 사용하게 되면 이것을 방지할 수 있다는 점에서 실천가들이 보다 적극적이고 능동적인 입장을 취할 수 있게 된다. 하지만 최근 들어 사별로 인한 상실의 어려움을 해결하는 데 문제를 겪고 있는 개인을 의미하는 '복합적 슬픔complicated grief'이라는 용어가 등장하면서 '장애가 되는 슬픔'이라는 용어의 의미를 뛰어넘어 외상성 상실과 관련된 사별도 포함하게 되었다.

아동들의 외상성 슬픔과 외상후스트레스장애

사망한 그 사람 없이는 자신이 살아남을 수 없다는 생각 때문에 아동들이 격렬한 두려움과 무기력감, 혹은 공포와 같은 감정(American Psychiatric Association, 2000)을 갖게 되는 죽음이라면 그것을 모두 외상성 죽음이라고 보아야 하는지에 대해서는 많은 논쟁이 벌어질 수 있다. 이러한 두려움은 외상후스트레스장애PTSD: Posttraumatic stress disorder로 나타나는 일부 혹은 대부분 증상의 원인이 될 수도 있다. 하지만 아동들이 외상후스트레스장애에서 관찰되는 재경험, 마비, 회피, 각성증상, 기능손상 등을 보일지라도, 장애의 징후는 연령과 기타 변수들에 의해서도 다양하게 나타날 수 있다는 점을 기억하고 있어야 한다(Nader,

2007, p. 25). 뿐만 아니라 외상후스트레스장애는 주요 애착 형성 인물의 상실로 인해 만성적인 슬픔을 겪고 있는 사람들의 독특한 경험을 충분히 설명하기에는 부족한 것이 사실이다(Gray, Prigerson, & Litz, 2004, p. 71).

복합적 슬픔

'복합적 슬픔CG: complicated grief'은 사별 경험 이후 상실 이전의 수준으로 기능이 회복되지 못하는 개인의 상태를 의미한다(Prigerson et al., 1995). 이것은 성인을 대상으로 실시된 연구에서 생겨난 개념이지만 아동 및 청소년에게도 적용 가능성이 높다. DSM-V에서는 슬픔을 분리에 따른 고통과 외상의 증상이 동반되는 것으로 정의하고 있는데(Prigerson, Shear, & Jacobs, 1999; Prigerson et al., 1997), 복합적 슬픔은 주요 우울증이나 불안, 외상후스트레스장애와는 구분된다(Melhem, Moritz, Wlaker, Shear, & Brent, 2007). 연구자들은 최근 아동과 청소년의 복합적 슬픔을 파악할 수 있는 유용한 사정도구 — 복합적 슬픔 척도ICG-R: Inventory of Complicated Grief-Revised(Melhem et al., 2007) — 를 개발하였는데, 이 책의 6장에서 자살생존자의 경우를 대상으로 이 척도를 사용하는 경우에 대해 보다 상세히 살펴보게 될 것이다.

장애가 되는 슬픔, 지연된 슬픔, 복합적 슬픔 모두 사별로 인한 상실에 적응하는 것에 어려움을 겪고 있는 개인에게 도움이 필요하다는 신호일 수 있다. 그렇다면 개인을 정신건강 전문가에게 의뢰할 수 있는 지표는 무엇이고, 그러한 사정과정에는 어떠한 요소들이 포함되어 있는가?

전문가 사정을 위한 지표

복합적 슬픔의 개념이 등장하기 한참 전, 그롤만(Grollman, 1967)은 '사별의 정상적인 심리적 측면'이라는 개념과 '왜곡된 애도반응'이라는 개념 간의 차이는 그리 크지 않다고 설명하면서 다음과 같이 말한 바 있다.

> 차이는 그 증상에 있지 않고 강도에 있다. 장례식 이후 몇 달이 지난 후에도 현실을 계속적으로 부정하는 것, 장기간의 신체적 고통을 호소하는 것, 지속적인 공황증상을 보이는 것, 계속 죄책감을 느끼는 것, 사망한 사람을 끊임없이 이상화하는 것, 계속되는 무관심과 불안을 보이는 것, 사망한 사람과 다른 이들을 향한 적개심을 품는 것 등의 증상이 나타날 수 있다. 그러나 각 증상 자체가 왜곡된 슬픔반응을 결정짓는 것은 아니고, 전문가들이 전체적인 구성을 관찰하여 그 여부가 결정되는 것이다(p.21).

이것은 복합적 슬픔의 특징과 매우 흡사하다. 이와 같이 고통스러운 반응을 경험하고 있는 아동에게 전문가는 어떤 반응을 보여야 하는가? 일부 치료사들은 아동에게 자살 위험이 있거나 다른 사람의 죽음에 연관이 되어 있는 경우 정신건강 전문가의 개입이 필요하다고 주장한다(Fox, 1985, p.17). 다음과 같은 일들을 경험하고 있는 아동들 역시 전문가의 도움을 받아야 한다.

- 아동이 생명을 위협하는 질병이나 말기질환을 앓고 있는 경우
- 아동이 정서적으로 불안한 것으로 확인된 경우
- 아동에게 발달장애가 있어 무슨 일이 일어났는지 이해하는 데 어려움을 겪는 경우
- 대부분의 사람들이 일상생활로 돌아간 이후에도 아동이 충격에서 빠져나오지 못하고 있는 경우(Fox, 1985, p.39-42).

폭스는 위와 같은 경우에 속하는 아동들을 잠재적으로 취약한 아동으로 인

식하는 한편, '적신호'를 보이는 아동들의 경우 보다 신중하게 사정할 필요가 있다고 말한다. 적신호로 볼 수 있는 증상들은 다음과 같다.

- 자살충동
- 정신적 문제들
- 학업수행의 어려움
- 악몽 혹은 수면장애
- 식습관의 변화
- 일시적 퇴행

비록 이런 증상들을 통해 정신적 문제에 대한 공식적인 진단을 내릴 수는 없지만, 각각의 증상은 아동의 애도작업이 제대로 진행되지 않고 있다는 것을 보여 주는 지표가 될 수 있기 때문에 정신건강 영역에서 훈련을 받은 사람은 늘 주의를 기울이고 있어야 하고, 개입이 필요하다고 여겨지면 즉시 서비스를 제공할 수 있어야 한다(Fox, 1985, p.42). 란도(1988/1991)는 질문이 있을 때는 언제든지 전문가로부터 자문을 구하는 것이 바람직하다고 말한다.

우울의 증상들

폭스(1985)가 언급한 적신호들과 그롤만(1967)이 열거한 왜곡된 반응들은 DSM-IV-TR에서 말하는 임상적 우울증상과 중첩된다(DSM-IV-TR; American Psychiatric Association, 2000). 라포포트와 이스몬드(Rapoport & Ismond, 1990)는 아동들에게서 우울증이 과소진단되었다고 주장한다. DSM-IV-TR에서 말하듯 우울증 진단을 위해서는 2주간 9개 중 적어도 5개의 증상을 보여야 하고 이전 기능수준에서의 변화가 있어야 한다(〈표 2-1〉 참고).

표 2-1 DSM-IV-TR 주요우울의 증상

2주간 9개 증상 중 5개의 증상을 보이는 것
1. 하루의 대부분 시간 동안 우울한 기분을 느낌
2. 즐거움이 감소함
3. 체중이 감소함
4. 불면증 혹은 과식증
5. 흥분 혹은 지체
6. 피로 혹은 낮은 에너지 수준
7. 무가치함 혹은 죄책감을 느낌
8. 집중력 감소
9. 죽음 혹은 자살에 대한 반복적 사고

아동이 장애가 되는 슬픔을 경험하고 있는지의 여부를 결정하는 데 있어 중요하면서도 혼란스러울 수 있는 점은 DSM-IV-TR에서 말하고 있는 "증상들이 사별에 의해 더 잘 설명되지 않아야 한다."는 사항이 충족되어야 한다는 것이다 (American Psychiatric Association, 2000, p.356). 즉, 비록 일부 사별반응이 주요 우울증상과 같은 양상을 보인다고 하더라도 상실이 발생했다면 그 증상들은 이차적인 것으로 간주된다는 것을 의미하고, 아동의 사별 이전 적응상태가 어떠했는지에 대해 주의 깊게 살펴보아야 한다는 것을 뜻한다.

앞서 언급한 바와 같이, DSM에는 아직 '복합적 슬픔'이나 '장애가 되는 슬픔'이 장애범주로 구분되어 있지 않다. 하지만 DSM에서 말하는 '우울 상태'와 이 책에서 말하고 있는 '장애가 되는 슬픔' 간에는 겹치는 부분이 매우 많다. DSM-IV-TR에서는 사별을 '주요 우울 삽화(예를 들어, 불면증, 식욕부진, 체중감소 등의 증상을 동반하는 슬픈 감정 등)의 특징 증상을 보이는 슬픔 중에 있는 개인'이라고 정의내리고 있다(American Psychiatric Association, 2000, p.740).

아동과 가족을 만나서 일하는 치료사로서 나는 DSM에 매우 익숙하며, 사별을 포함한 다양한 문제를 호소하는 당사자들을 만날 때 사정도구로 DSM을 정기적으로 사용하고 있다. 내가 만난 몇몇 아동들은 상담과정 중 사별을 경험하기도 했는데, 사별을 경험한 아동들을 만나는 상담가라면 DSM에서 말하고 있는 우울증에 대해 잘 알아둘 필요가 있다고 여겨진다. DSM에는 애도과정 중에 있는 아동들 특히 장애가 되는 슬픔이나 복합적 슬픔을 경험하고 있는 아동들에게서 나타날 수 있는 행동과 반응들이 자세하게 기록되어 있기 때문이다.

이미 존재했던 우울

가끔 몇몇 아동들은 사별 이전부터 혹은 사별과는 관계없이 우울증상을 보이기도 한다. 대부분의 이런 아동들은 관심을 끌만큼 심각한 행동을 보이지 않은 상태에서 최소한의 성적 혹은 학년을 마칠 수 있는 수준의 학업성적을 유지하기 때문에 우울증으로 진단받지 않은 상태로 지내곤 한다. 이런 아동들은 다른 아이들과 잘 어울리지 못하는 것처럼 보이지만 동시에 그럭저럭 지내는 것으로 보일 수 있으며, 친구가 거의 없거나 아예 없고, 다른 아이들로부터 '다르다'는 이유로 희생양이 되거나 따돌림을 받는 경우도 있다.

이러한 아동들은 사별 이전에 이미 자신들의 생존 자체가 불안정한 상태였기 때문에 사별을 경험할 때 극도의 위험에 처하게 된다. 웹(Webb, 2002)의 저서에는 학습장애로 인해 자존감이 매우 낮았던 한 소년이 1년간 할아버지 두 분의 죽음을 겪으면서 삶의 위기를 경험하지만, 가족들의 지지와 이전부터 형성해오던 치료사와의 지지적 관계를 통해 애도과정을 거치는 사례가 소개되어 있다.

사별 이후 나타나는 우울증상

정신과적으로 어떠한 진단도 받지 않았던 아동들에게서도 우울증상이 나타날 때가 있다. 따라서 정확한 진단을 위해서는 치료사들이 아동의 이전 개인력을 주의 깊게 살펴보는 것이 중요하다고 하겠다. 웹(2002)의 저서에는 정상적으로 생활하던 아동 수잔이 친구의 갑작스럽고 폭력적인 죽음을 경험한 후 우울증상을 동반한 슬픔반응을 보이자 놀이치료를 통해 우울 수준을 감소시킨 사례가 등장한다.

자살 위험

폭스(1985, p. 16)는 사별을 경험한 모든 아동이 잠재적인 자살 위험 상태에 있는 것으로 여겨져야 한다고 단호하게 말한다. 이 주장이 극단적으로 들릴 수도 있지만 실천에서 나온 지혜는 새겨둘 필요가 있다. 어린 아동들은 죽음의 불가역성에 대해 이해하지 못하기 때문에 종종 죽은 어머니나 아버지와 함께 있기 위해 천국에 가고 싶다고 말한다. 죽음에 대해 이해할 수 있는 학령기 아동들도 죽은 부모님과 만나고 싶다는 말과 함께 자살 의도를 내비칠 수 있다. 블루스톤 (Bluestone, 1999, p. 225-251)의 책에는 두 명의 아동을 대상으로 손가락 인형을 활용한 놀이치료를 통해 부모님 사망 이후 그들이 느끼는 그들의 고통, 그리고 부모님을 다시 만나고 싶은 간절한 마음을 놀이 형식으로 풀어낸 사례가 담겨 있다. 이 사례에서는 치료사가 놀이를 통해 아동들의 슬픔을 해결하였을 뿐만 아니라, 치료 과정에서 한 아동의 자살 위험 정도를 평가한 과정도 다루어지고 있다. 내가 이 사례를 1992년 죽음교육과 상담협회Association of Death Education and Counseling 학회에서 발표했을 때, 한 참가자는 사별을 경험한 아이들 중에는 사망한 부모와 다시 만나기를 상상하는 경우가 빈번하기 때문에 사례의 치료사가 아동의 자살 생각을 심각하게 다룬 것이 매우 놀랍다고 말하였다.

우리는 아동이 부모와 다시 만나고 싶다는 그 상상을 언제 실현하려고 할지 알 수가 없다. 나는 아동들의 모든 상상 — 특히 상실에서 오는 고통에서 탈출하고 싶다는 마음을 담고 있다면 더욱 더 — 을 심각하게 받아들일 필요가 있다는 블루스톤의 의견에 동의한다. 자살 위험의 정도를 평가하는 것은 자살 의도의

표 2-2 자살 위험의 사정: 다섯 가지 질문 던지기(Webb)

---

1. 자살하는 것을 생각할 때 화가 많이 나니? [더 말해 주겠니?]
2. 계획을 생각해 보았니? 방법이나 시기도?
3. 이전에 자살을 시도해 본 적이 있니?
4. 술을 얼마나 마시니? 사용하는 약물이 있니? 복용하는 약이 있니?
5. 네가 원하는 대로 행동하지 못하게 하는 것이 무엇이니?

정도를 파악하는 데 도움이 될 뿐만 아니라, 아동이 부모님을 다시 만나고 싶어 하는 그 바람과 실제로 자살을 하게 되는 행동 간에는 커다란 차이가 있음을 설명해 주는 데에도 도움이 되기 때문이다.

자살 위험의 정도를 사정하는 것에 익숙지 않은 상담가들은 위의 〈표 2-2〉와 이 장의 마지막 부분에 나와 있는 참고문헌들을 활용해야 한다(Goldman, 2001; Pfeffer, 1986; Peck, Farberow, & Litman, 1985). 상담가나 치료사가 아동의 의도에 대해 확신이 서지 않는다면 아동의 안전을 위해 자문을 얻으려는 자신의 목적을 가족과 아동 당사자에게 알려 양해를 구하고 다른 전문가의 의견을 구하는 것이 지혜로운 방법이다. 이러한 상황에서는 소극적인 반응보다 과도한 반응이 바람직하다.

나는 사회복지학 석사과정생들을 대상으로 이 다섯 가지 질문을 아동 연령에 따라 서로 다른 방법으로 묻는 것을 역할극을 통해 훈련시키고 있다. 아주 어린 아동들은 자살을 위한 정교한 계획을 상상하기보다 죽은 부모와 다시 만나는 것에 더 초점을 맞추기 때문에 위의 질문들은 초등학교에 다니는 아동들이나 청소년들에게 더 적합할 것이다(Pfeffer, 1986, p. 187-188). 페퍼Pfeffer는 청소년 집단과의 풍부한 토론을 도울 수 있는 몇 가지 질문들을 다음과 같이 제시하고 있다.

사람이 죽을 때 어떤 일이 일어날까? 죽은 사람이 다시 돌아올 수 있을까? 그들은 더 나은 곳으로 가는 것일까? 그들은 행복한 곳으로 가는 것일까? 너는 사람들이 죽는 것에 대해 자주 생각하니? 너는 너 자신의 죽음에 대해서 자주 생각하니? 너는 다른 사람이나 네가 죽어 가는 것에 대해 종종 꿈을 꾸기도 하니? 죽은 사람을 알고 있니? 그 사람은 무엇 때문에 죽었니? 그 사람은 언제 죽었니? 너는 언제 죽을 것 같아? 네가 죽으면 어떤 일이 벌어질까?(1986, p. 187-188).

물론, 위와 같은 질문들은 이 책의 1장에서 논한 바와 같이 죽음에 대해 성숙한 이해를 하고 있는 아동들에게만 의미가 있을 것이다.

가족구성원의 자살로 아동이 사별을 경험하게 되는 경우

헐리(Hurley, 1991)는 가족구성원의 자살로 사별을 경험하는 아동은 일반 아동에 비해 자살과 우울의 위험이 매우 높기 때문에 긴급한 개입이 필요하다고 주장한다. 특히 부모가 자살한 아동의 경우, 죽음의 의미가 아동의 마음속에서 왜곡되어 그 특성을 직면할 수 없게 되므로 전문적인 기술과 민감성이 요구된다고 그는 말한다(1991, p. 238). 또한 가족 전체가 그런 상황에서는 감정적으로 황폐화되어 아동에게 필요한 정보와 지지를 제공하는 것이 어려워진다. 가족이 자살에 대해 수치심을 느낄 때 가족들은 진실을 숨기거나 왜곡하게 되는데, 사랑하는 사람이 어떻게 죽었는지에 대한 정확한 정보를 알고 싶어 하는 아동들에게 이러한 태도는 혼란을 가중시키게 된다. 자살과 같이 낙인이 찍히는 죽음에 대한 수치심은 그 일과 관련된 모든 이들의 애도과정을 복잡하게 만들고, 아동에게는 박탈감과 분노를 느끼게 한다. 도카(Doka, 1989)는 이 과정을 '사회적으로 인정받지 못하는 슬픔$^{disenfranchised\ grief}$'이라고 부르는데, 이것은 공개적으로 인정받거나 애도할 수 없고, 사회적으로 용인되지 못하는 슬픔을 말한다. 이러한 상황에 처한 아동들은 평가와 치료를 위해 정신건강 전문가에게 의뢰될 필요가 있다(Hurley, 1991, 아버지의 자살로 놀이치료를 받게 된 4살 아동의 예를 참조할 것).

사별아동에 대한 세 가지 요인의 사정

정신건강 전문가, 종교지도자, 교사, 간호사 등은 일을 하면서 사별을 경험한 아동을 상담할 기회가 종종 있을 것이다. 그들은 애도상담이나 아동발달에 대한 훈련을 받았을 수도 있고 그렇지 않았을 수도 있지만, 타인에 대한 동정심이나 아동의 감정을 존중하는 타고난 능력 덕분에 효과적으로 아동들을 만나 왔을 수 있다. 하지만 퀴블러 로스(Kubler-Ross, 1969)의 연구가 발표된 이후, 1970년대 이후부터 죽음에 대한 대중적 인식이 증가하면서 죽음에 대한 다양한 학문 간의 협력이 확대되고 있으며, 아동을 어떻게 전문적으로 도울 것인가에 대한 주제도 주목을 받고 있다. 특히 9/11 사태가 발생한 이후, 외상성 죽음 및 이것이 삶 전체에 어떤 영향을 미치는지에 대한 관심이 싹트기 시작했다.

나는 상담이나 치료에 앞서 철저한 사정이 필요하다고 믿기 때문에 사정의 요소에 대해 자세히 살펴보고자 한다. 나는 다양한 위기상황에 처한 아동 평가를 위해 개발된 위기사정틀을 수정 보완하여 사별을 경험한 아동을 대상으로 하는 세 가지 차원의 사정도구를 개발하였으며, 이것은 다음의 세 가지 요인으로 구성된다(Webb, 1991, 1993, 1999, 2004, 2007).

- 개인요인
- 죽음과 관련된 요인
- 가족, 사회, 종교, 문화적 요인

그림 2-1 사별아동에 대한 세 가지 차원의 사정(Webb)

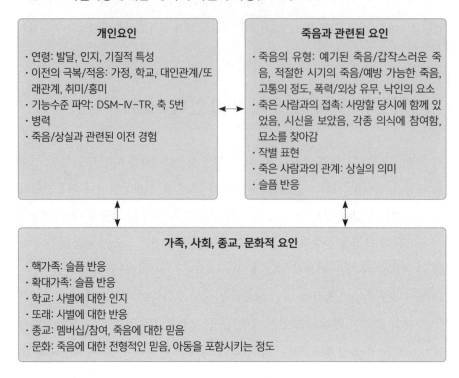

개인요인

· 연령: 발달, 인지, 기질적 특성
· 이전의 극복/적응: 가정, 학교, 대인관계/또래관계, 취미/흥미
· 기능수준 파악: DSM-IV-TR, 축 5번
· 병력
· 죽음/상실과 관련된 이전 경험

죽음과 관련된 요인

· 죽음의 유형: 예기된 죽음/갑작스러운 죽음, 적절한 시기의 죽음/예방 가능한 죽음, 고통의 정도, 폭력/외상 유무, 낙인의 요소
· 죽은 사람과의 접촉: 사망할 당시에 함께 있었음, 시신을 보았음, 각종 의식에 참여함, 묘소를 찾아감
· 작별 표현
· 죽은 사람과의 관계: 상실의 의미
· 슬픔 반응

가족, 사회, 종교, 문화적 요인

· 핵가족: 슬픔 반응
· 확대가족: 슬픔 반응
· 학교: 사별에 대한 인지
· 또래: 사별에 대한 반응
· 종교: 멤버십/참여, 죽음에 대한 믿음
· 문화: 죽음에 대한 전형적인 믿음, 아동을 포함시키는 정도

개인의 사별경험을 완벽히 파악하기 위해서는 이 세 가지 요인을 모두 평가해야 하고, 위의 〈그림 2-1〉은 세 가지 요인들과 각 차원 간의 상호작용에 대해 설명하고 있다.

아동기 사별의 개인요인

사별을 경험한 아동에 대한 사정은 당사자의 현재 상황과 배경에 대한 조사로부터 시작되고, 이 외에도 아동의 인지적 능력, 이해수준, 전반적인 적응 등과 같이 죽음 이전의 삶을 확인할 수 있는 내용들을 포함한다. 나는 사별상담가가 아동에 대한 개인적 정보를 쉽게 기록할 수 있도록 양식을 개발하였으며(〈그림 2-2〉 참조), 다섯 가지 하위범주는 다음과 같다.

- 연령/발달 요인/인지 요인/기질 요인
- 이전의 극복/적응
- 기능수준 파악: DSM-IV-TR, 축 5번
- 병력
- 죽음/상실과 관련된 이전 경험

연령/발달 요인/인지 요인/기질 요인

우리는 이 책의 1장에서 연령과 발달요인, 인지요인이 아동의 죽음 이해에 어떠한 영향을 미치는지에 대해서 살펴보았다. 기질요인은 체스와 토마스(Chess & Thomas, 1986)가 언급한 개념으로, 아동이 일상적인 삶과 스트레스적 경험에 접근하는 양식을 뜻한다. 체스와 토마스는 아동의 반응수준을 ① 다루기 어려운 아이^{the difficult child}, ② 다루기 쉬운 아이^{the easy child}, ③ 활기를 띠는 데 시간이 걸리는 아이^{the slow-to warm child} 세 가지로 나누었다. 아동을 이 세 가지 기준으로 구분한다는 것이 지나치게 단순하기는 하지만, 사별상담가에게 이 구분은 유용할 수 있다. 평소에도 새로운 상황에 다가가는 것을 어려워했던 아동이라면 죽음을 맞이했을 때 새롭고 스트레스가 되는 상황에 잘 적응하는 아동보다 더 많은 어려움을 겪게 될 것임을 예측할 수 있기 때문이다.

이전의 극복/적응

과거가 미래를 결정한다는 것이 전적으로 옳은 이야기는 아니지만, 삶의 스트레스를 성공적으로 다루어 보았던 사람이라면 새로운 도전 앞에서도 자신감과 결단력을 가질 수 있다는 점은 공감되는 부분이다. 반대로, 과거에 삶의 어려움들을 지나가는 데 어려움을 느꼈던 사람이라면 죽음을 경험하게 되었을 때 더 많은 문제를 겪게 될 수 있을 것이다. 이와 관련하여 다소 가혹한 성경적 가르침은 "무릇 있는 자는 받아 넉넉하게 되되 없는 자는 그 있는 것도 빼앗기리라."라고 말한다(마태복음 13장 12절, 25장 29절). 자아강도의 개념은 평소에 잘 적응하는 아동이 일상의 스트레스 극복에 어려움을 느끼는 아동보다 죽음과 관련된 스트레스를 잘 다루는 것에 대해 설명해 주기도 한다.

전반적인 기능 사정: DSM-IV-TR, 축 5

아동이 평가 당시, 그리고 그 이전에 심리적, 사회적, 학업적으로 어떻게 기능하고 있는지에 대해 전반적으로 평가하기 원하는 정신건강 실천가들이 사용하는 척도이다(척도에 대한 설명과 사용법을 알기 원하는 경우 DSM-IV-TR[American Psychiatric Association, 2000, p.34]을 참조할 것). 이 척도는 현재와 이전 기능을 함께 측정하여 수준을 비교하기 때문에 적응 수준에 따라 현재 치료를 받을 필요가 있는지 살펴보고, 앞으로의 예후를 내다볼 때 도움을 받을 수 있다는 점에서 유용하다. 전반적인 기능을 사정하기 위해서는 이와 같이 공식화되고 적합성이 확보된 방법으로 대처/적응을 살펴보게 된다.

병력

질병, 부상, 입원 등은 아동이 아프거나 다친 일 때문에 자신의 현실을 극복해 나가야 했던 상실의 경험을 포함한다. 우리 중에는 어느 누구도 아프게 되거나 입원하게 되기를 바라는 사람이 없다. 강하고 유능한 사람이 되기를 원하는 것은 모든 아동들도 마찬가지다. 건강상태가 좋지 않았거나 장애가 있었던 경험을 한 아동들은 죽음을 직면했을 때 자신감을 갖기 어려울 것이고, 심각한 질병에 걸려있거나 말기 질환을 앓고 있는 아동들의 경우 다른 사람들의 죽음을 슬퍼할 여력이 없을 것이다.

그림 2-2 아동기 사별에 영향을 미치는 개인적 요인들(Webb)

1. 연령 _____ (_____년 _____개월) 생년월일 _____ 사정일 _____
   a. 발달단계: 프로이트 _____ 에릭슨 _____
   b. 인지적 수준: 피아제 _____
   c. 기질 특성: 체스와 토마스 _____

2. 과거 대처/적응
   a. 가정(부모님이 말하는 것) 좋음 _____ 보통 _____ 나쁨 _____
   b. 학교(부모님과 교사가 말하는 것) 좋음 _____ 보통 _____ 나쁨 _____
   c. 대인관계/또래관계 좋음 _____ 보통 _____ 나쁨 _____
   d. 취미/흥미(나열하기) _____

3. 전반적인 기능 사정: DSM-IV-TR 축 5
   현재 _____ 과거 _____

4. 병력(부모님과 소아과의사가 말하는 것)-출생 이후 있었던 심각한 질병, 수술, 부상에 대해 발생 시기와 결과까지 기술하기
   _____
   _____
   _____

5. 죽음/상실과 관련된 과거의 경험-날짜와 결과까지 자세하기 기술하기. 울펠트의 상실 척도를 작성해도 좋음
   _____
   _____
   _____

※ 이 표는 사별을 경험한 아동을 사정하는 세 가지 요인들 중 하나이다. 죽음과 관련된 요인들(〈그림 2-3〉), 가족/사회/종교/문화적 요인들(〈그림 2-5〉)도 살펴보게 된다.
※ 낸시 보이드 웹이 편집한 책『사별을 경험한 아이들과 함께하기-실천가들을 위한 지침서』(3판)에 실린 것으로 저작권은 길포드 출판사The Guilford Press에 있다. 이 책을 개인적 용도로 구매한 경우에만 촬영을 허가한다. 도서 구매자의 경우 길포드 출판사 홈페이지에서 보다 큰 표를 내려 받을 수 있다.

죽음/상실과 관련된 이전 경험

신체적으로 취약했던 경험 이외에도 아동의 죽음 및 상실과 관련된 과거 경험(그것이 아무리 사소해 보여도)에 대해서도 반드시 이해해야 한다. 울펠트(1983)는 부모의 죽음과 같은 커다란 상실뿐만 아니라 방을 누군가와 함께 사용하게

되는 사소한 수준의 상실까지도 아우르는 상실 척도를 개발하였다. 그는 영향의 정도, 상실 이후로부터 흘러간 시간 등을 기준으로 척도의 점수를 매기도록 했는데, 이를 통해 아동들로 하여금 상실이나 슬픔반응이 죽음이라는 사건뿐만 아니라 겉보기에는 사소하게 여겨지는 매일의 삶 속에서 경험하는 문제들 때문에 발생한다는 것을 이해하도록 도울 수 있다(Wolfelt, 1983, p.83-85). 개인에게 누적되어 온 상실이 미칠 수 있는 영향들을 종합적으로 살펴볼 수 있다는 것에 이 척도의 의의가 있다고 하겠다.

죽음과 관련된 요인들

죽음은 단순하면서도 복잡하다. 한 사람이 호흡을 멈추는 하나의 사건이 남아 있는 이들에게는 안도감 혹은 공포심을 불러일으킨다. 사랑하는 사람이 희망이나 회복의 여지없이 혼수상태에 빠져 있다면 가족들은 죽음을 예측하게 되고 실제로 그 사람이 죽었을 때 다소간의 안도감을 느낄 수 있다. 반대로 자동차 사고로 자신의 형이 길에 쓰러져 숨이 끊어져 가는 것을 보는 것은 아동으로 하여금 커다란 공포심을 느끼게 할 수 있다.

죽음이 아동에게 미치는 영향을 평가할 때 우리는 개인적 배경과 경험 간의 상호작용, 죽음 자체와의 상호작용, 그리고 그것들이 가족/종교/문화/지역사회와 또 어떤 상호작용을 거쳐 슬픔을 표현하는 것을 중재하게 되는지를 살펴보아야 한다. 죽음과 관련된 요인들은 다음과 같고, 〈그림 2-3〉은 이 요인들을 기록하는 양식의 한 예다.

- 죽음의 유형
- 죽은 사람과의 접촉
- 작별표현

그림 2-3 죽음과 관련된 요인들(Webb)

1. 죽음의 유형
   예기된 죽음이었나? 예 _____ 아니요 _____ 예라고 응답했다면 그 기간은? _____
   혹은 갑작스러운 죽음 _____
   적절한 시기의 죽음: 죽은 사람의 나이는 _____
   예방 가능한 죽음: 예방할 수 있었다 _____ 아마도 그럴 것이다 _____ 예방할 수 없었다 _____
   죽음과 관련된 고통의 정도: 없었다 _____ 어느 정도 _____ 많았다 _____
   폭력/외상 유무: 예 _____ 아니요 _____
      만일 예라고 대답했다면 아동이 그것을 목격했는지, 들었는지, 그 자리에서 자신도 그 외상
      을 경험했는지에 대해 자세하게 기술하시오.
      _____
      _____

   낙인의 요소: 예 _____ 아니요 _____
      만일 예라고 대답했다면 가족들이 죽음에 대해 공개적으로 이야기하는 정도를 기술하시오.
      _____
      _____

2. 죽은 사람과의 접촉
   그 사람이 죽었을 때 아동이 그 자리에 있었나? 예 _____ 아니요 _____
      만일 예라고 대답했다면 그 자리에 또 누가 있었는지, 죽은 사람이 아동에게 어떤 말을 했
      는지 자세하게 기술하시오.
      _____
      _____

   아동이 시신을 보았는가? 예 _____ 아니요 _____
      만일 예라고 대답했다면 그때 아동과 다른 사람들의 반응은 어땠는지 자세하게 기술하시오.
      _____
      _____

   아동이 장례식/추도식 등의 의식에 참여했는가? 예 _____ 아니요 _____
      어떤 의식에 참여했었나? _____
      아동의 반응은 _____
   아동이 그 이후에 묘소에 찾아간 일이 있었나? 예 _____ 아니요 _____
      만일 예라고 대답했다면 환경을 기술하시오.
      _____

3. 아동이 죽은 사람에게 자발적으로든 혹은 제안에 의해서든 작별인사를 했나?
   예 _____ 아니요 _____ 만일 예라고 대답했다면 내용을 기술하시오.
   _____

※ 이 표는 사별을 경험한 아동을 사정하는 세 가지 요인들 중 하나이다. 죽음과 관련된 개인적 요인들(〈그림 2-2〉),
   가족/사회/종교/문화적 요인들(〈그림 2-5〉)도 살펴보게 된다.
※ 낸시 보이드 웹이 편집한 책 『사별을 경험한 아이들과 함께하기-실천가들을 위한 지침서』(3판)에 실린 것으로 저
   작권은 길포드 출판사The Guilford Press에 있다. 이 책을 개인적 용도로 구매한 경우에만 촬영을 허가한다. 도서 구매
   자의 경우 길포드 출판사 홈페이지에서 보다 큰 표를 내려 받을 수 있다.

- 죽은 사람과의 관계
- 슬픔반응

죽음의 유형

아동들은 죽음과 관련된 상황에 대해 가족이나 친구들이 하는 수많은 말을 듣게 되고 이를 이해하려고 애쓴다. 란도는 '죽음의 환경'에 대해 언급하면서 장소, 죽음의 유형, 죽음의 이유, 남아 있는 사람들이 죽음에 대해 준비된 정도 등이 이에 해당된다고 설명한다(1988/1991, p.52). 나는 아동들이 죽음에 대해 이해하는 데 영향을 미치는 중요한 요인들이 다음과 같다고 생각한다. 그 죽음이 예기된 것이었는지 혹은 갑작스러운 것이었는지, 가족구성원들이 그 죽음을 시기적절한 것으로 여기는지, 예방할 수 있는 것이었는지, 죽음에 고통과 폭력, 외상이 동반된 것이었는지, 낙인이 포함되는 죽음이었는지 등이 그것이다.

갑작스러운 죽음은 남아 있는 이들로 하여금 이를 부정하게 하는 경향이 있다. 어제는 건강했던 친구가 오늘 수영장에 빠져 죽었다면 그 반 학생들 모두의 취약성이 자극받게 되겠지만, 암으로 투병 중이던 친구가 죽었다면 그 정도의 불안감은 느끼지 않을 수도 있다. 죽음을 예방할 수 있었던 정도는 성인과 아동 모두에게 중요하다. 이와 관련하여 부겐(Bugen, 1983)은 죽음을 예방할 수 있었던 정도와 죽은 사람과의 친밀한 관계 간의 상호작용이 슬픔 반응을 예측할 수 있는 변인이라고 말한다.

아동들은 고통에 대해 매우 예민하다. 아동들은 고통스러운 죽음에 대해 이야기를 듣게 되면 공감 수준에 따라 불안감이 높아지게 된다. 죽음과 관련된 폭력 및 외상요소들 역시 불안수준을 높이고 슬픔과정을 방해하게 된다. 에스와 파이누스(Eth & Pynoos, 1985, p.179)는 아동들이 외상과 관련된 슬픔과정에 취약하며, 외상성 불안을 감소시키려는 의무적인 노력들이 오히려 애도과정을 복잡하게 만들고 병적인 슬픔반응을 증가시킬 수도 있다고 경고한다. 실제로 외상성 죽음에 노출된 아동들이 외상후 스트레스 반응을 보여 특별한 개입을 받았던 사례가 보고되고 있다(Pynoos & Nader, 1993; Nader, 1997).

죽음의 유형과 관련하여 중요하게 고려할 또 다른 사항은 죽음이 낙인과 관련이 있는지의 여부다. 낙인이 찍힐 수 있는 죽음의 예는 자살, AIDS, 약물남용, 살인 등으로 인한 죽음이다. 이와 관련하여 도카(1989)는 '사회적으로 인정받지 못하는 슬픔'이라는 개념을 사용해 살아 있는 사람이 느끼게 되는 수치심이 슬픔과정을 복잡하게 만들고 죄책감과 분노반응을 만들어 내는 현상을 설명한다.

죽은 사람과의 접촉

가족구성원들은 죽음과 관련된 여러 가지 의식에 아동을 어느 정도 참여시켜야 할지에 대해 의견이 분분할 것이다. 나는 중요한 네 가지 의식, 즉 죽음이 발생할 당시에 그 자리에 있을 것, 시신을 보는 것, 각종 의식에 참여하는 것, 묘소를 찾아가는 것에 아동이 참여하여 죽은 사람과의 개인적인 접촉을 갖는 것이 허용되어야 한다고 생각한다.

란도(1988/1991)는 아동을 모든 의식에 참여시키고 죽음을 둘러싼 환경들을 볼 수 있도록 하는 것이 바람직하다고 강력하게 주장한다. 그는 아동들이 가족들과 분리되어 정확한 정보를 얻지 못하게 되면 오히려 '상실을 해결하는 데 더 많은 어려움을 겪게 된다고 말한다. 장례식에 참여하기를 꺼려 하는 아동들도 있는데, 그는 각각의 상황에서 어떤 일이 벌어질지에 대해 충분히 알려 주고 아동이 선택할 수 있도록 하는 것이 필요하다고 설명한다.

작별 표현

죽은 사람에게 작별인사를 고하는 작업은 아동이 죽음의 실재를 이해하는 것을 돕기도 한다. 장례식을 통해 죽은 사람에게 마지막으로 경의를 표하면서 작별을 고하는 것이 가능하다. 익사하여 시신을 찾을 수 없는 죽음의 경우와 같은 갑작스러운 죽음이나 장례식을 치르지 않는 죽음의 경우, 가족구성원들이 죽음의 실재를 확인하지 못하는 상황이 발생하기도 한다.

아동들은 추상적인 개념인 죽음을 이해하지 못하기 때문에 보다 명백한 표현을 하는 것이 죽음을 이해하는 데 도움이 되기도 한다. 크레멘츠(Krementz, 1981/19991)가 소개한 아동들의 사례를 살펴보면, 아동들이 관 위에 장미를 놓거나 시를 쓴 쪽지를 올려 두는 것에 만족감을 표현한 것을 알 수 있다. 보웬(1976)은 젊은 어머니가 심장마비로 사망한 후 어린 아이들이 각자 어머니의 시신을 보면서 이야기를 건네고 작별인사를 한 것이 많은 도움이 된 사례를 소개하고 있다. 이러한 행동들은 어떤 누구도 통제할 수 없는 죽음이라는 상황에서 개인적으로 무언가를 실행했다는 점의 가치를 나타내고 있는 것인지도 모르겠다.

죽은 사람과의 관계

죽은 사람과의 관계가 가까웠을수록 살아 있는 사람이 받게 되는 영향은 더 깊어진다. 울펠트의 상실척도(1983)를 보면 부모나 형제자매의 죽음이 가장 큰 영향을 미치고, 가까운 친척의 죽음이 그 뒤를 잇고 있으며, 친구의 죽음은 그보다 낮은 수준의 영향을 미치는 것으로 나타난다. 그러나 아동이 자라면서 가장 먼저 경험할 수 있는 죽음인 반려동물의 죽음이 미치는 영향은 이 척도에 반영되어 있지 않다.

죽은 사람과 아동이 맺었던 독특한 관계에 따라 상실이 갖는 개인적인 의미를 고려하는 것은 매우 중요하다. 상담가는 아동에게 죽은 사람과 무엇을 함께 하곤 했는지를 물어봄으로써 그 관계를 파악할 수 있다.

슬픔반응

사별을 경험한 아동을 사정하면서 치료사는 아동이 현재 보이고 있는 슬픔

그림 2-4 아동슬픔반응 기록양식(Webb)

아동의 연령 _____ 생년월일 _____ 면접일 _____

사망일 _____

죽은 사람과의 관계 _____
   죽은 사람과 함께 했던 좋아하는 활동들 _____
   아동이 가장 그리워할 것은 _____
   죽은 사람을 한 시간 동안 만날 수 있다면 무엇을 하고 싶고 말하고 싶을까?

_____

슬픔반응의 특성

_____
_____

   다음과 같은 감정이 관찰되는가? (예=○, 아니요=×)
   슬픔 _____ 분노 _____ 혼란 _____ 죄책감 _____ 안도감 _____ 기타 _____
   이 정보는 누구를 통해 얻어진 것인지 쓰시오.
   부모 _____ 관찰자 _____ 기타 _____

※ 이 표는 죽음과 관련된 요인들(〈그림 2-3〉)의 연장이며, 아동의 슬픔반응 특성에 초점을 두고 있다.
※ 낸시 보이드 웹이 편집한 책 『사별을 경험한 아이들과 함께하기-실천가들을 위한 지침서』(3판)에 실린 것으로 저작권은 길포드 출판사The Guilford Press에 있다. 이 책을 개인적 용도로 구매한 경우에만 촬영을 허가한다. 도서 구매자의 경우 길포드 출판사 홈페이지에서 보다 큰 표를 내려 받을 수 있다.

반응과 함께 아동의 감정, 자기보고식 행동특성, 가족이나 상담가가 관찰한 행동특성 등을 기록해 두어야 한다. 〈그림 2-4〉는 아동의 슬픔을 기록하는 양식으로 활용할 수 있다.

가족, 사회, 종교, 문화적 요인

아동은 자라면서 가족과 학교, 지역사회의 성인들이 가지고 있는 신념체계에 사회화된다. 실제로 아동의 사별을 다룬 많은 책들은 문화와 종교에 따른 다양한 신념과 실천방법들을 기록하고 있는데, 치료사나 상담가는 자신이 만나고

그림 2-5 가족, 사회, 종교, 문화적 요인(Webb)

---

1. 가족의 영향

    핵가족: 죽음에 어떻게 반응하고 있는가?

        매우 많은 표현 _____ 중간 정도의 표현 _____ 쉽게 표현하지 않음 _____

    확대가족: 죽음에 어떻게 반응하고 있는가?

        매우 많은 표현 _____ 중간 정도의 표현 _____ 쉽게 표현하지 않음 _____

    확대가족과 핵가족 간에 장례식 절차나 아동을 장례식에 참여시키는지 등에 대한 의견이 서로 달랐는가?

        매우 다름 _____ 매우 유사함 _____

        매우 달랐다면 어떤 부분에서 의견이 일치되지 않았는지 기술하시오.

        _____

        _____

2. 학교/또래의 영향

    아동의 학년 _____

    아동의 친구가 장례식에 참여했는가? 예 _____ 아니요 _____

    교사가 죽음에 대해 알고 있는가? 예 _____ 아니요 _____

    아동이 친구들로부터 위로의 메시지를 받았는가? 예 _____ 아니요 _____

    아동이 자기 또래 친구 중 이미 사별을 경험한 친구를 알고 있는가? 예 _____ 아니요 _____

    만약 예라고 대답했다면 그 친구와 죽음 경험 이후 이야기를 나누어본 적이 있는가?

        예 _____ 아니요 _____

    아동이 친구들이 죽음에 대해 알았으면 좋겠다 혹은 몰랐으면 좋겠다라고 자신의 감정을 표현했는가? 예 _____ 아니요 _____

        만약 예라고 대답했다면 아동이 무엇이라고 말했는가?

        _____

3. 종교/문화의 영향

    아동의 종교는 무엇인가? _____

    아동이 갖고 있는 종교에서 죽음에 대해 무엇이라고 믿는가? _____

    _____

    죽음 이후의 삶에 대해서 무엇이라고 말하는가?_____

    _____

    아동이 이에 대해 생각이나 감정을 표현한 적이 있는가?_____

※ 이 표는 사별을 경험한 아동을 사정하는 세 가지 요인들 중 하나이다. 죽음과 관련된 개인적 요인들(〈그림 2-2〉), 죽음과 관련된 요인들(〈그림 2-3〉)도 살펴보게 된다.

※ 낸시 보이드 웹이 편집한 책 『사별을 경험한 아이들과 함께하기-실천가들을 위한 지침서』(3판)에 실린 것으로 저작권은 길포드 출판사The Guilford Press에 있다. 이 책을 개인적 용도로 구매한 경우에만 촬영을 허가한다. 도서 구매자의 경우 길포드 출판사 홈페이지에서 보다 큰 표를 내려 받을 수 있다.

있는 아동이 속한 문화나 종교에서 유지하고 있는 특정한 신념체계에 대해 잘 알고 있어야 한다. 다음의 세 가지 측면, 즉 ① 가족의 영향, ② 학교와 또래의 영향, ③ 종교와 문화의 영향이 사별을 경험한 아동에게 미치는 영향의 중요성 역시 사정과정에서 파악되어야 하며, 〈그림 2-5〉 양식을 활용하여 기록할 수 있다.

가족의 영향

보웬(1976)은 죽음을 단순히 개인 안에서 일어나는 과정이라고 보는 종래의 심리학 이론에 비해 가족체계이론이 보다 넓은 관점을 제시한다고 말한다 (Walsh & McGoldrick, 1991, p.92에서 재인용). 나는 개인과 가족체계 두 가지가 모두 파악되어야 한다고 본다. 실천가는 해당 가족이 죽음을 어떻게 인식하고 아동이 애도의식에 어느 정도 참여하는 것이 바람직하다고 여기는지에 대해 분명하게 알아야 한다. 아동이 느낄 고통을 걱정하여 할머니의 장례식에 아동이 참여하지 못하도록 결정한 가족을 비난할 수는 없다. 가족 구성원들이 공개적인 감정표현을 편안하게 느끼는 정도가 모두 다르고, 어른들이 슬픔으로 힘겨워하는 것을 지켜보는 것을 아동이 힘들어 할 수도 있다. 죽음과 같이 인생의 주요한 사건에 아동이 어느 정도 참여해야 하는지에 대한 가족구성원들의 생각과 신념은 각자의 문화적 배경에 따라 서로 다를 것이다. 이런 상황에서 어떤 부모들에게는 죽음의 고통에서 '순진한 아동을 보호하는 것'이 가장 좋다고 여기는 전통적인 관점을 고수하는 가족구성원을 설득할 수 있을 만큼의 충분한 정서적 힘이 없을 수도 있다. 그러나 이상적인 상황에서는 어른과 아이 모두가 함께 모여 울고 상호지지를 통해 힘과 위안을 얻기도 한다. 따라서 앞으로는 아동들을 죽음과 관련된 모든 의식에 참여시키고, 개인적 감정을 나누는 작업에도 포함하는 가정이 늘어날 필요가 있겠다.

학교와 또래의 영향

아동들은 유치원이나 어린이집에 다니기 시작하면서 가족 너머의 더 넓은 세상에 대해 알아가기 시작하지만 여전히 가정 안에서 친밀한 애착관계를 맺는 사람으로부터 주된 영향을 받게 된다. 하지만 아동이 초등학교에 입학하고 나면 그들은 교사나 친구들의 의견에 예민해지게 되고, 사랑하는 사람의 죽음을 겪고 난 후에도 친구들이나 학교 관계자들의 반응이 중요한 영향을 미치게 된다. 아동들은 어딘가에 소속되고 친구들에게 받아들여지는 것에 대한 강한 욕구를 가지고 있다. 그래서 아동들은 가까운 사람이 죽고 나면 이 일로 인해 자신이 친구들과 달라지게 되었다고 여기고 이것을 불편하게 느끼게 된다. 따라서 이 시기에는 아동에게 그들의 존재 자체로 존중받을만하고 칭찬받을만한 사람이라는 것에 대한 재확인을 해 주고, 그들이 계속 보살핌을 받게 될 것이라는 점을 알려 주는 것이 필요하다. 교사나 친구들도 우정에 변함이 없음을 상기시켜 주는 것이 좋다. 가족이나 친구의 죽음을 슬퍼하고 있는 아동은 자신의 가치와 중요성을 알아주고 우정을 계속 이어 가려는 이들의 진실된 대화를 고맙게 여길 것이다.

종교와 문화의 영향

사별을 경험한 아동을 상담할 때, 아동이 배운 것뿐만 아니라 가정 안에서 종교적, 문화적으로 고수하고 있는 것들이 무엇인지 아는 것은 매우 도움이 된다. 아동들은 혼란스러울 때 자신들이 가지고 있는 특유한 논리로 이것을 해결하기 때문이다. '마이 걸'이라는 영화에 등장하는 한 소녀의 경우, 친구가 벌에 쏘인 후 알레르기 반응으로 죽자, 자신을 낳다가 죽은 엄마가 천국에서 그 친구를 돌봐 줄 것이라고 생각하고 편안함을 느끼게 되는 것이 이 예가 될 수 있을 것이다. 실버만과 워든(Silverman & Wordon, 1992), 클래스와 실버만과 닉만(Klass, Silverman, & Nickman, 1996) 등의 연구자들은 사별을 경험한 많은 아동들이 죽은 부모가 천국에서 자신들을 내려다보고 있다고 생각한다는 것을 보여 주면서, 아동들이 죽은 부모를 초자아 혹은 자신을 사랑하는 보호자로 여긴다는 것을 설명하고 있다.

요약

사별을 경험한 아동을 사정하기 위해서는 개인적 요인, 죽음과 관련된 요인, 가족/사회/종교/문화적 요인 간의 상호작용을 종합적으로 살펴보아야 한다. 상담가나 치료사가 이와 관련된 모든 정보를 완벽하게 알고 있을 수는 없지만, 그들이 알고 있는 것과 모르고 있는 것 모두가 아동의 슬픔반응에 잠재적으로 영향을 미칠 수 있다는 점을 알고 있어야 한다.

참고문헌

American Psychiatric Association. (2000). *Diagnostic and statistical manual of mental disorders* (4th ed., text rev.). Washington, DC: Author. 이근후 역. 1995. 『정신장애의 진단 및 통계 편람(4판)』. 하나의학사.

Bluestone, J. (1999). School-based peer therapy to facilitate mourning in latency-age children following sudden parental death: Cases of Joan, age 10½, and Roberta age 9½, with follow-up 8 years later. In N. B. Webb (Ed.), *Play therapy with children in crisis: Individual, group, and family treatment* (2nd ed., pp. 225-251). New York: Guilford Press. 권영민 · 김미정 · 노혜숙 외 역. 2006. 『위기에 처한 아이들을 위한 놀이치료』. 학지사.

Bowen, M. (1976). Family reaction to death. In P. Guerin (Ed.), *Family therapy* (pp. 335-348). New York: Gardner Press.

Bowlby, J. (1963). Pathological mourning and childhood mourning. *Journal of the*

American Psychoanalytic Association, 11, 500-541.

Bugen, L. A. (1983). Childhood bereavement: Preventability and the coping process. In J. E. Schowalter, P. R. Patterson, M. Tallmer, A. H. Kutscher, S. V. Gullo, & D. Peretz (Eds.), *The child and death* (pp. 358-365). New York: Columbia University Press.

Chess, S., & Thomas, A. (1986). *Temperament in clinical practice.* New York: Guilford Press.

Doka, K. (Ed.). (1989). *Disenfranchised grief: Recognizing hidden sorrow.* New York: Free Press.

Eth, S., & Pynoos, R. (1985). Interaction of trauma and grief in childhood. In S. Eth & R. S. Eth (Eds.) *Post-traumatic stress disorder in children* (pp. 171-183). Washington, DC: American Psychiatric Press.

Fox, S. (1985). *Good grief: Helping groups of children when a friend dies.* Boston: New England Association for the Education of Young Children. Goldman, L. (2001). *Breaking the silence: A guide to help children with complicated grief—suicide, homicide, AIDS, violence, and abuse* (2nd ed.). New York: Brunner-Routledge.

Gray, M. J., Prigerson, H. G., & Litz, B. T. (2004). Conceptual and definitional issues in complicated grief. In B. T. Litz (Ed.). *Early intervention and traumatic loss* (pp. 65-84). New York: Guilford Press.

Grollman, E. A. (Ed.). (1967). *Explaining death to children.* Boston: Beacon Press.

Hurley, D. J. (1991). The crisis of paternal suicide: Case of Cathy, age 4½. In N. B. Webb (Ed.), *Play therapy with children in crisis: A casebook for practitioners* (pp. 237-253). New York: Guilford Press.

Klass, D., Silverman, P. R., & Nickman, S. L. (1996). *Continuing bonds: New understandings of grief.* Washington, DC: Taylor & Francis.

Krementz, J. (1991). *How it feels when a parent dies.* New York: Knopf. (Original work published 1981)

Kübler-Ross, E. (1969). *On death and dying.* New York: Macmillan. Lindemann, E. (1944). Symptomatology and management of acute grief. *American Journal of Psychiatry, 101,* 141-148.

Melhem, N. M., Moritz, G., Walker, M., Shear, M. K., & Brent, D. (2007). Phenomenology and correlates of complicated grief in children and adolescents. *Journal of the American Academy of Child and Adolescent Psychiatry, 46*(4), 493-499.

Mitchell, A. M., Kim, Y., Prigerson, H. G., & Martimer-Stephens, M. (2004). Complicated grief in survivors of suicide. *Crisis, 25*(1), 12-18.

Nader, K. O. (1997). Childhood traumatic loss: The interaction of trauma and grief. In C. R. Figley, B. E. Bride, & N. Mazza (Eds.), *Death and trauma: The traumatology of grieving* (pp. 17-41). Washington, DC: Taylor & Francis.

Nader, K. (2007). Assessment of the child following crisis: The challenge of differential diagnosis. In N. B. Webb (Ed.), *Play therapy with children in crisis: Individual, group, and family treatment* (3rd ed., pp. 21-44).

Parad, H. (Ed.). (1965). *Crisis intervention: Selected readings.* New York: Family Service Association of America.

Peck, M. L., Farberow, N. L., & Litman, R. E. (1985). *Youth suicide.* New York: Springer.

Pfeffer, C. R. (1986). *The suicidal child.* New York: Guilford Press.

Prigerson, H. G., Bierhals, A., Kasl, S., Reynolds, C., Shear, M., Day, N., et al. (1997). Traumatic grief as a disorder distinct from bereavement-related depression and anxiety: A replication study. *American Journal of Psychiatry, 154,* 616-623.

Prigerson, H. G., Frank, H., Kasl, S. V., Reynolds, C. F. III, Anderson, B., Zubenko, G. S., et al. (1995). Complicated grief and bereavement-related depression as distinct disorders: Preliminary empirical validation in elderly bereaved spouses. *American Journal of Psychiatry, 152*(1), 22-31.

Prigerson, H. G., Shear, M. K., & Jacobs, S. C. (1999). Consensus criteria for traumatic grief: A preliminary empirical test. *British Journal of Psychiatry, 174,* 67-73.

Pynoos, R. S., & Nader, K. O. (1993). Issues in the treatment of posttraumatic stress in children and adolescents. In J. P. Wilson & B. Raphael (Eds.), *International handbook of traumatic stress syndromes* (pp. 535-559). New York: Plenum Press.

Rando, T. A. (1991). *How to go on living when someone you love dies.* New York: Bantam. (Original work published 1988)

Rapoport, J. L., & Ismond, D. R. (1990). *DSM-III-R training guide for diagnosis of childhood disorders.* New York: Brunner/Mazel.

Silverman, P., & Worden, J. W. (1992). Children's reactions in the early months after the death of a parent. *American Journal of Orthopsychiatry, 62*(1), 93-104.

Walsh, F., & McGoldrick, M. (Eds.). (1991). *Living beyond loss: Death in the family.* New York: Norton.

Webb, N. B. (1991). Assessment of the child in crisis. In N. B. Webb (Ed.), *Play therapy with children in crisis: A casebook for practitioners* (pp. 3-25). New York: Guilford Press.

_____ (1993). *Helping bereaved children. A handbook for practitioners.* New York: Guilford Press.

_____ (Ed.). (1999). *Play therapy with children in crisis: Individual, group, and family treatment* (2nd ed.). New York: Guilford Press. 권영민 · 김미정 · 노혜숙 외 역. 2006.『위기에 처한 아이들을 위한 놀이치료』. 학지사.

_____ (Ed.). (2004). *Mass trauma and violence: Helping families and children cope.* New York: Guilford Press.

_____ (Ed.). (2007). *Play therapy with children in crisis: Individual, group, and family treatment* (3rd ed.). New York: Guilford Press.

Wolfelt, A. (1983). *Helping children cope with grief.* Muncie, IN: Accelerated Development.

가족의 죽음

CHAPTER 3

조부모나 부모의 죽음

로이스 캐리 *Lois Carey*

이 장은 조부모 혹은 부모의 죽음을 경험한 어린 아동(8세 이하의 아동)을 대상으로 모래놀이를 활용하는 방법에 초점을 맞추고 있다. 많은 아동들에게 조부모의 죽음이나 반려동물의 죽음이 가장 처음으로 경험하는 죽음이 될 수 있고, 이것은 매우 충격적인 경험이 될 수 있다. 때로는 부모의 죽음을 경험하는 아동들도 있다. 어느 경우든 아동의 연령과 가족구성원들의 반응이 죽음을 이해하고 해결하는 데 중요한 영향을 미치게 된다.

7세 혹은 8세 이하의 아동들은 피아제(Piaget, 1955)가 말한 전조작기 단계에 있기 때문에 죽음에 대해 성숙한 이해를 하는 것이 어렵다. 이 시기 아동들은 상상을 가장 중요하게 여기고, 죽음은 일시적인 것으로 간주한다. 이 시기의 아동들은 영웅들이 죽은 다음에도 다시 살아 나타나는 만화나 영화를 수없이 보기 때문에 죽음의 의미를 비현실적으로 이해하게 되고, 이러한 유형의 상상은 실제로 죽음이 발생했을 때 아동을 혼란스럽게 만든다.

아동들이 겪게 되는 죽음 중 조부모의 죽음이 가장 첫 번째일 경우가 많기 때문에 이러한 상황에서 아동들이 보이는 반응은 매우 중요하다. 아동들은 이 죽음이 가족들에게 어떤 일들을 불러일으키는지 이해하기 위해 어른들을 살펴보고 난 후 자신의 감정을 표현하거나 억압하는 것을 선택하게 된다. 그러나 어른들은 "그 아이가 이해하기에는 너무 어려."라는 말로 아동들의 감정을 깎아내리곤 한다.

4살짜리 아동의 경우를 소개하고자 한다. 아이의 외할머니와 외증조할머니가 6개월 사이에 모두 돌아가셨고, 아이의 어머니는 이 일로 인해 심각한 우울증을 앓게 되면서 아이의 욕구를 채워줄 수 없는 상태가 되었다. 1년 후 어머니의 하나뿐인 남동생이 젊은 나이에 사망하면서 상황은 더욱 심각해져서 5살이 된 이 아동은 심각한 무력감을 느끼게 되었다. 삼촌의 장례식에서 이 아동은 "우리 엄마가 여기 있는 사람 중에서 제일 슬픈 사람 같아요."라고 말했고, 그 말을 들은 아동의 친할머니는 아동이 미처 말하지 못한 슬픔을 알아차리고 손녀를 지지하며 돌보아 주었다. 그날 이후 두 사람은 아이가 얼마나 슬펐는지에 대해 이야기를 나눌 수 있게 되었다.

1살짜리 아이들도 그들의 대처능력을 손상시키고 전반적인 발달을 지연시킬 수 있는 상실을 경험한다. 이와 관련하여 보울비(Bowlby, 1969)는 영아들이 엄마로부터 분리되면 '의존우울증'으로 고생하게 된다고 말한 바 있다.

모래놀이는 장면을 구성할 때 언어가 필요 없다는 점에서 모든 아동들에게 매력적인 소재가 된다(Kalff, 1971; Lowenfeld, 1979; Carey, 1999). 아동들은 무언가를 만들고 나면, 항상 무엇을 만들었는지, 어떤 생각이 들었는지에 대해 이야기해 주는데, 이와 같이 비유를 사용하여 자신의 관심을 말로 표현함으로써 감추어 두었던 감정을 드러내게 하는 데 유용하다. 예를 들어, 4~5세경의 아동은 곰에 대해 표현하면서 "곰이 사라졌는데 나중에 다시 돌아올 거예요."라고 말할 수 있다. 이 연령대의 아동은 죽은 사람이 돌아올 것이라고 믿기 때문에 연령에 적합한 표현이라 할 수 있다. 요즈음 아동들은 영웅 캐릭터들이 죽었다가도 다시 살아나서 활약하는 내용을 그린 만화나 영화를 많이 보기 때문에 죽음에 대해 더 혼란스러워 할 수도 있다.

모래놀이치료

모래놀이는 융Jung의 분석심리학을 공부한 도라 칼프Dora Kalff에 의해 20세기 중반에 만들어졌다. 그는 영국 정신과의사였던 마가렛 로웬필드(Margaret Lowenfield, 1979)의 세계기법the World Technique에 대한 강연을 듣고 이 방법에 관심을 갖게 된 후 융의 권유로 런던으로 가 연구를 계속하였고, 1951년 스위스에 돌아와 아동들을 대상으로 실천을 시작하였다. 칼프(1971/1980)는 융의 상징과 원형의 개념을 덧붙여 자신만의 모래놀이 이론을 만들어냈으며, 특히 선불교Zen Buddhism 신자로서 아동들의 모래놀이를 해석하지 않는 태도를 취했다. 선불교에서는 구도자가 질문을 하면 승려는 그 질문을 다시 구도자에게 함으로써 구도자가 다른 사람에게 의지하지 않고 스스로 답을 발견해낼 수 있도록 하는데 이것을 모래놀이에 접목시킨 것이다. 즉, 치료사가 아동의 모래놀이를 해석하기 시작하면 아동들은 자신의 내면에 있는 것을 꺼내기보다 치료사의 의견에 맞춘 이야기를 하게 되므로 해석을 하지 않는 것이 중요하다고 본 것이다. 그녀는 에릭 뉴만(Erich Neumann, 1973)의 아동심리 발달에 대한 개념에서 모래놀이의 이론적 근거를 발견하고, 연구를 진행하려 하였으나 뉴만의 사망으로 그것을 이루지는 못했다. 이후 칼프의 연구는 전 세계에 소개되면서 문제를 갖고 있는 아동과 성인을 도울 수 있는 치료기법으로 받아들여졌다. 조부모나 부모의 죽음은 아동에게 첫 번째의 외상이 될 수 있으며, 이때 모래를 매개체로 치유를 도울 수 있다.

모래놀이 비품

모래놀이를 위해서는 두 개의 모래상자(하나에는 젖은 모래를 넣고, 하나에는 마른 모래를 넣어 둠)가 필요하다. 다양한 연령, 인종, 직업의 사람, 야생동물, 반려동물, 원시동물, 교통수단, 건물, 바위, 돌, 나뭇가지 등의 다양한 모형들도 필요하다. 나는 이 외에도 관과 묘비모형들도 가지고 있는데, 치료사들마다 개인의 관심사나 경험을 반영할 수 있는 독특한 모형을 갖고 있는 것이 중요하다. 칼프는 치료사가 자신과는 관계가 없는 모형을 갖고 있어서는 안 된다고 말한다(칼츠와의 사적인 대화, 1980년 7월). 즉, 모형이 모형에만 그친다면 그것은 소용이 없다는 말이다. 개인적으로 의미가 있는 모형이어야만 치유의 가능성이 생겨난다.

과정

아동과 개인치료를 시작할 때, 지침은 매우 간단하다. 먼저 아동은 두 개의 모래상자를 만진 후 어느 상자의 모래를 사용할 것인지 결정한다. 아동이 결정을 하고난 후 치료사는 "사용하고 싶은 만큼의 모형을 골라서 모래에 장면을 만들어보렴."이라고 말한다. 4~5세경의 아동들은 처음에는 터무니없이 많은 수의 모형을 가지려 하지만 3~4회기가 지난 후에는 보다 신중하게 모형을 선택한다. 아동이 장면 만들기가 끝났다고 하면 사진을 찍어둔 후 완성된 장면에 대해 설명해 줄 것을 부탁한다. 초기면접을 하면서 아동과 부모에게 이렇게 사진을 찍는 이유(기록이나 이후 책 출판의 자료로 활용될 수 있음)를 설명하고, 부모로부터 허가동의서를 받아 둔다(〈그림 3-1〉 참조). 비밀보장에 대한 주제도 이때 다루어지는데, 살아 있는 부모가 언제 자신이 만든 장면들을 보아도 되는지 당사자인

그림 3-1 사진 사용 허가서

로이스 캐리(임상사회복지사, 모래놀이치료사)가 나와 내 자녀의 모래놀이 사진을 이후 연구논문이나 책에 담는 것을 허락하며 아래에 서명합니다. 자녀의 이름은 _____이고, 생년월일은 _____입니다. 실명이나 날짜, 장소, 자녀 혹은 나의 얼굴이 보이는 사진은 사용되지 않고, 정보들은 위장된 형태로 실리게 될 것임을 이해하였습니다.

서명 _____
주소 _____
사인 _____
날짜 _____

아동이 결정하게 한다. 이외에도 모래치료에 대한 다양한 자료들을 참고하는 것이 도움이 될 것이다(Kalff, 1971/1980; Carey, 1999; Bradway, 1981).

죽음이 발생했을 때 아동의 연령

중요한 사람이 사망하는 것은 아동에게 일반적으로 외상으로 남게 되고, 상실이 발생했을 당시 아동의 연령에 의해 영향을 받게 된다. 8~9세 이하의 아동은 죽음을 이해하는 능력이 낮으므로 이 시기에 상실이 발생하면 아동과 그 보호자는 커다란 혼란을 느끼게 된다. 2~7세 사이의 아동은 추론력이 발달하지 않고 상상력이 우세한 시기이기 때문에 죽은 사람이 잠시 사라진 것이거나 다시 돌아올 것이라고 믿는다. 이런 이유로, 남아 있는 가족들이 아동이 그 나이에 적합한 반응 이상의 모습을 보일 것이라고 기대하지 않는 것이 중요하다.

8세 이하의 어린 아동들에게서 나타나는 전형적인 애도행동

- 아동이 산발적으로 울다가 다시 친구들과 노는 것
- 뚜렷한 이유 없이 두통이나 복통을 호소하는 것
- 이전 발달단계로 퇴행하는 것
- 조용하고 바르게 행동했던 아동이 공격적이고 거침없이 말하게 되는 것
- 공격적이던 아동이 철회행동을 보이는 것
- 자기가 친구들과 다르게 보일지 모른다는 것을 두려워하여 친구들에게 자신의 일을 이야기하기를 어려워하는 것, 친구들 역시 무슨 말을 해야 할지 몰라서 더 이상 같이 놀지 않게 되는 것

이와 같은 행동을 보이는 아동의 경우 치료를 받는 것이 도움이 된다.

아동의 개인력 이해하기

상실 이후 아동의 치료를 시작하기에 앞서 죽음 이전의 시기까지 포함한 아동의 개인력을 이해하는 것이 중요하다. 낸시 보이드 웹은 사별을 경험한 아동을 만나는 실천가들에게 매우 유용한 세 가지 차원의 사정도구를 개발하였다. 죽음의 원인을 알아내는 것이 중요한데 예컨대 죽음이 예기된 것이었는지, 갑작스러운 것이었는지, 사고였는지, 자살이었는지, 약물남용이었는지, 9/11과 같은 지역사회의 재난이었는지, 학교에서의 총기난사 사건이었는지, 지진이나 태풍 등의 자연재해였는지 등에 대해 아는 것이 필요하다. 모든 아동들은 죽음에 대해 상세하게 알아야 할 자격이 있는데 이것은 아동의 연령이나 이해능력에 따

라 다루어져야 한다. 아동이 죽음에 대해 이해하기 전까지 아동의 질문은 계속될 것이므로 죽음에 대한 상세한 내용을 축소하거나 무시하거나 숨겨서는 안 될 것이다.

모래놀이에서의 가계도

모래놀이에서 가계도를 사용하는 것은 맥골드릭과 거슨(McGoldrick & Gerson, 1985)의 체계적 가족치료모델에서 시작되었다. 이 방법은 아동들이 조부모나 부모의 사망과 같은 충격적인 사건을 시각화할 수 있도록 돕는 데 유용하다. 필자는 사별을 경험한 아동들과의 모래놀이를 시작할 때 아동들에게 동물들로 각각의 가족구성원을 묘사하여 모래 위에 가계도를 만들어 보도록 한다. 치료사가 먼저 큰 종이 위에 가계도를 그리고 "동물들을 골라서 가족들을 표현해 보자. 아빠, 엄마, 오빠, 누나, 동생, 할아버지, 할머니, 이모, 삼촌, 사촌들을 표현해 보렴. 그리고 너를 표현하는 동물도 하나 골라 보렴."이라고 아동에게 말한다. 아동이 동물을 선택하고 나면 가계도 위에 동물들을 놓도록 한다. 예를 들어, 아동이 엄마를 표현하는 동물로 토끼를 골랐다면 가계도에 있는 엄마 자리에 그 인형을 놓게 한다. 가계도에 인형을 놓는 작업이 끝나면 모래 위에서 이 모형들을 가지고 장면을 만들게 하고 일어난 일에 대해 이야기하도록 한다. 죽은 조부모나 부모가 가계도에 포함되었는지 여부를 기록하고, 만일 그렇지 않다면 죽은 사람을 공간 어디엔가 배치하도록 돕는 것이 중요하다.

상실로 고통 받는 아동에게
모래놀이가 끼치는 유익

사별을 경험한 아동에게 모래놀이를 사용할 때 기대할 수 있는 유익은 무엇일까? 첫째, 아동들이 쉽게 이 방법에 참여할 수 있다. 실제로 사별을 경험한 아동들에게서 긍정적인 결과를 얻은 연구도 발표되고 있다(Carey, 1990). 둘째, 아동이 어릴수록 감정을 말로 표현하는 것이 어렵다. 이들에게 모래놀이를 통해 감정을 표현할 수 있도록 하고, 특히 발달지체나 자폐증상을 보이는 아동들의 경우 더욱 유용하게 사용될 수 있다. 셋째, 장례식에 참석했던 아동은 그 고통스러운 사건을 재현하면서 감정의 정화를 얻을 수 있다. 만약 아동이 장례식에 참여하지 못했었다면 자신이 느꼈던 혼란에 대해 만족할만한 답을 얻는 방법이 될수 있다. 이 부분에서 아동이 그동안 무감각했던 부분에 대해 이해하도록 돕는 치료사의 기술이 매우 중요하다.

사례*

6살 된 알라나^Alana는 아버지와 함께 상담실을 찾았다. 알라나는 막내이며, 두 명의 십대 오빠가 있다. 알라나의 어머니는 1년 전 교통사고를 당한 후 즉사했고, 알라나는 이 일에 대해 어떤 반응도 보이지 않았었다. 그런데 최근 들어 알라나는 학교에서 공부를 따라가지 못하고 사회적 기술 부족으로 인한 문제들을 경험하기 시작했다. 알라나는 특별한 일 없이 갑자기 울음을 터트리고 그것을 스스로 가라앉히는 것도 어려워했다. 알라나의 아버지는 아내가 죽은 이후

---

* 합성된 사례이며, 이름은 가명임을 밝혀둔다.

사진 3-1 알라나의 모래놀이 사진

우울감을 느껴왔고, 본인과 알라나를 돌보고 있는 할머니가 함께 참여하는 가족 치료를 통해 점차 우울감이 나아지고 있었다. 할머니는 알라나 가족을 위해 매일 저녁식사를 준비해 왔고 알라나는 자신의 집과 할머니 집 중 원하는 곳에서 잠을 잤다. 가족치료가 시작되고 나서 6개월 동안 이런 행동이 계속되었고, 6개월이 지나자 알라나는 자신의 집에서 자기 시작했다. 알라나의 오빠들은 주말 동안 자신들의 친부와 시간을 보내곤 했는데 친부의 허가를 받지 못해 두 오빠들은 가족치료에서는 제외되었다. 알라나의 경우 문화적 이슈들도 중요했다. 알라나의 어머니는 카리브해 출신이었고, 아버지는 노르웨이 후손이었다. 사망 당시 알라나의 어머니는 약물과 알코올 남용상태에서 회복 중이었고, 알라나의 아버지 역시 심각한 약물복용 경험이 있다. 알라나는 개인치료시간 동안 모래 놀이만 하려고 했는데 알라나가 가장 좋아하는 동물은 사자 가족이었다. 알라나는 라이언킹 이야기만을 반복적으로 되풀이했다.

〈사진 3-1〉에서 보이듯 알라나는 사자와 다른 동물들이 묘비 아래 묻힌 아빠 사자에게로 나와 추모하는 장면을 만들었다. 알라나는 이것을 촬영한 비디오를 집으로 가져가 다음 장면으로 넘어갈 수 있을 마음의 준비가 될 때까지 몇 번이고 시청하였다.

알라나와 아버지가 함께 한 가족치료 회기에서는 보드게임을 활용하였고, 그 두 사람이 가장 좋아한 게임은 리차드 가드너 박사Dr. Richard Gardner가 만든 말하기, 느끼기, 행동하기 게임이었다. 이와 같은 방법을 선택한 것은 내가 관찰하기에 두 사람 모두 진단받지는 않았지만 언어표현장애가 있는 것으로 판단되었기 때문이고, 실제로 알라나의 경우 학교에서 이와 관련된 추가적인 도움을 받기도 하였다.

가족치료 회기 중, 알라나가 아버지에게 어머니가 쓰던 십자가를 달라고 부탁했고, 그것을 침대 맡에 걸어둔 뒤로는 어머니가 자신의 곁에 가까이 있다는 생각 때문에 회복에 큰 도움이 되었다. 알라나는 이런 방법으로 어머니가 자신과 함께 있다는 것을 느낄 수 있었다. 알라나의 할머니는 이것이 좋지 않은 방법이라고 말했지만 치료사는 이것이 아동으로 하여금 어머니와 연결된 느낌을 갖게 하기 때문에 알라나가 원하는 대로 하도록 권유하였다.

두 번째 사례는 3살 된 매리 앤Mary Ann의 이야기다. 매리 앤은 필자가 모래놀이치료를 하면서 만난 첫 번째 아동이었는데, 아버지가 암으로 오랜 기간(매리 앤 인생의 거의 전체 기간 동안) 투병하다가 1~2개월 전 사망한 사례였다. 매리 앤의 어머니는 남편이 죽은 후 개인상담을 받아 왔고, 상담을 받으면서 매리 앤 역시 분리와 관련된 문제가 있음을 알아차렸다. 그녀는 나를 찾아오기 전 많은 곳에 매리 앤의 상담을 의뢰했었지만 아이가 너무 어리다는 이유로 상담을 받지 못했었다고 말했다. 나 역시 이렇게 어린 아동은 만나본 적이 없다는 것을 알리면서도 어머니만 괜찮다면 해 보겠다고 했고, 그 이후로 3년간 상담을 진행했다.

매리 앤의 사례는 예기된 죽음의 경우에 해당된다. 죽음이 예기된 것이었음에도 불구하고 매리 앤은 아버지가 죽은 후 악몽을 꾸고, 기분 변화가 심해졌으며, 배변훈련 단계가 퇴행하는 모습을 보였고, 하루에도 몇 번씩 젖병을 달라고 했으며, 잠드는 것에도 도움을 필요로 하는 등 심각한 반응을 보였다. 매리 앤은 종교시설에서 운영하는 어린이집을 다니고 있었는데 그곳에서는 아버지의 죽음에 대해 이야기 나누는 것이 금지되어 있었고, 심지어 매리 앤이 아버지의 죽음에 대해 적은 글도 다른 아이들과 그 부모들의 기분을 상하게 할 수 있다는 이유로 교실에 게시조차 하지 않았다. 이에 치료사와 어머니는 곧바로 다른 어린이집을 알아 보았다. 물론 새로운 어린이집을 다니게 되는 것이 또 다른 상실의 경험이 될 수도 있지만 장기적으로 보면 그것이 더 낫다고 판단했기 때문이었다.

매리 앤은 괴물이 무서워서 잠자기가 어렵다고 반복적으로 이야기했는데 이에 치료사는 다음과 같이 보다 직접적인 접근방법을 선택했다. 치료사는 매리 앤에게 상담실에 있는 공룡인형이 매리 앤의 잠을 방해하는 무서운 괴물이라고 가정하고 여기서 공룡에게 음식을 주면 공룡들이 더 이상 매리 앤을 찾아오지 않을 것이라고 말해 주었다. 매리 앤은 이 제안을 좋아했고, 치료사와 함께 음식을 만들어 공룡을 먹이고 난 후 공룡을 자신이 만들어 둔 장난감 화장실로 데려가 씻기고 침대에 눕혀서 잠들게 하는 활동을 몇 개월간 진행했으며, 이것은 상실을 다루는 의식으로까지 발전하였다(〈사진 3-2〉 참조).

매리 앤은 항상 두 마리의 공룡을 모래상자 맨 위에 배치해 두었는데 하나는 아빠이고, 또 다른 하나는 하느님이라고 말했다(그녀는 아빠가 천국에서 하느님과 함께 있다는 이야기를 들어 옴). 이와 같은 의식을 통해 몇 달 후 퇴행행동이 해결되었고, 갑자기 화를 내는 일도 사라졌으며, 젖병이나 기저귀도 더 이상 찾지 않게 되었다. 〈사진 3-3〉은 매리 앤이 죽음을 이해하기 위해 사용한 또 다른 방법

사진 3-2 매리 앤의 모래놀이 사진 1

사진 3-3 매리 앤의 모래놀이 사진 2

중 하나이다. 커다란 돌들을 모래 위에 놓고 다른 돌들을 그 위에 놓은 후 작은 돌들을 각각의 돌 사이사이에 배치하였는데 매리 앤은 그것이 천국에 있는 영혼들이라고 표현하였다. 나는 이것이 3~4세 아동들의 대표적인 예가 될 수 있다고 믿는다.

매리 앤은 매우 밝고, 표현도 잘 하는 아동이었지만 모래놀이를 통해 말로 표현하는 것보다 훨씬 효과적으로 두려움을 표현할 수 있었다. 마음 속 깊이 자리 잡은 두려움을 해소할 길이 없었던 매리 앤은 모래놀이를 통해 구체적으로 그 문제를 말할 수 있게 된 것이다. 치료가 끝나고 몇 년이 흐른 뒤, 매리 앤의 어머니는 4학년이 된 매리 앤이 학교 숙제로 제출한 글의 복사본을 치료사에게 보내 주었다. 내용은 다음과 같다(Carey, 1999, p.183-184).

특별한 도우미와 친구에게

아버지가 돌아가신 이후, 나는 매우 슬펐어요. 어머니는 나를 모래놀이치료사 선생님에게 데려갔고, 그 시간은 아버지의 죽음을 극복하는 데 많은 도움이 되었어요. 아버지는 내가 세 살 때 암으로 돌아가셨어요. 정말 슬펐지요. 나는 정말 혼란스러웠어요. 어머니는 나를 로이스 캐리Lois Carey라는 심리학자에게 데려가셨어요. 그녀의 남편 이름이 데이비드 캐리David Carey였는데 내 아버지의 이름도 데이비드David였답니다. 로이스는 집에서 일을 했기 때문에 나는 가끔 음악가인 데이비드의 연주도 들을 수 있었지요. 로이스의 방에는 젖은 모래가 담긴 상자와 마른 모래가 담긴 상자가 있었어요. 나는 그곳에서 모래를 가지고 놀기도 했고, 작은 모형들을 가지고 장면들을 만들기도 했어요. 로이스는 내가 만든 장면들을 사진 찍기도 했고, 나는 내 감정을 표현한 장면들을 설명해 주었지요. 나는 가끔 사무실처럼 생긴 곳에 가서 게임도 하고, 그림도 그리고, 이야기를 하기도 했어요. 아버지가 돌아가시고 나서 나는 로이스에게 갔지요. 나는 로이스와 즐거운 시간을 보냈고, 내 마음이 아버지에게서 벗어나게 해 주었고, 모든 것이 다 잘 될 거라고 이야기해 주었어요. 로이스는 내 기분을 편안하게 해 주었고, 무슨 일이 일어난 것인지 더 잘 이해할 수 있도록 도와주었어요. 어린 아이들이 죽음을 이해한다는 것은 참 어려운 일이에요. 하지만 로이스처럼 아이들이 그런 시간을 지나갈 수 있도록 도움을 주는 특별한 사람이 있다는 것이 정말 기쁩니다.

또 다른 사례는 8세 된 발달지체 아동 잭[Jack]의 이야기이다(Carey, 1990, p. 197-209). 잭은 40세의 아버지가 갑작스런 심장마비로 사망한 후 대소변을 가리지 못하게 되었고 이 이유로 치료실을 찾게 되었다. 잭은 발달지체 아동을 위한 특수학급에 편성되어 있었고, 언어장애와 학습장애로 인해 상담을 받고 있었지만 학교에서는 잭이 아버지의 죽음 이후 더욱 집중적인 치료를 받을 필요가 있다고 이야기했다. 남은 가족으로는 곧 다시 출근을 해야 하는 어머니와 세 명의 형들이 있었다. 잭의 사례는 예기치 못한 죽음에 해당하는 것으로, 가족들이 이와 같은 커다란 상실에 미처 준비할 기회가 없었던 경우이다. 이 가족의 종교적, 문화적 배경은 아일랜드계 가톨릭이고, 잭의 세 형들은 모두 가톨릭계 고등학교를 다니고 있었다.

잭의 아버지는 집 화장실에서 심장마비로 사망하였다. 잭은 신경손상 때문에 성숙한 추론능력을 갖추지 못했고, 피아제(1955)가 말한 전조작기 단계에 머물러 있는 상태였으며, 특히 화장실에서 대소변 보는 것을 거부하는 상황이었다.

나는 상담회기 중 사람의 몸과 소화기관을 그려서 잭에게 보여 주면서 사람이 음식을 입으로 먹으면 그 음식이 소화기관을 타고 움직이고, 필요 없는 것들은 소변이나 대변으로 나오게 된다는 것을 설명해 주었다. 일반적으로 심장마비 증세가 오게 되면 사람들은 매스껍고 토할 것 같은 기분이 들어서 화장실에 가게 되는데 잭의 아버지는 화장실에 들어섰을 때 심장이 멈추었기 때문에 그곳

사진 3-4 잭의 모래놀이 사진

사진 3-5 잭의 모래놀이 사진: 땅에 묻힌 사람을 보여 주기 위해 피라미드 모양을 치워둔 것

에서 돌아가셨다는 것을 알려 주었다. 이것은 모든 사람들이 화장실에 가서 대소변을 보는 정상적인 것과는 아주 다른 일이었다고 말해 주자 잭은 이것을 이해했고, 다시 화장실에서 대소변을 보는 것이 가능해졌다.

〈사진 3-4〉를 보면 잭이 어떻게 아버지를 편히 잠들도록 했는지를 알 수 있다. 잭은 모래상자에 촛불이 켜진 탑과 성, 두 입에 촛불을 물고 있는 용, 피라미드 모양의 초, 그 초를 둘러싼 사람들을 배치하였다. 피라미드 모양의 초 아래에는 한 사람을 묻어두었는데 (〈사진 3-5〉는 그것을 사진 찍기 위해 피라미드 모양의 초를 옆으로 옮겨둔 것임) 아버지의 장례식을 재현한 모습처럼 보였다.

톰Tom은 우울증 진단을 받은 32세의 어머니가 치료실에 데리고 온 6세 남자 아동이었다. 톰은 한부모가정의 자녀로, 어머니가 일을 하는 동안 집에서 함께 살면서 톰을 돌보아 주시던 외할머니가 심장마비로 갑작스럽게 돌아가신 후, 친구들과 노는 것을 꺼리기 시작했고, 소변을 가리지 못하게 되었으며, 학교에서 집중하는 것에도 문제가 생기기 시작했다. 톰은 어머니로부터 어떠한 지지도 받지 못하고 있는 상태였고, 가까운 친척도 없었으며, 아버지의 거주지 역시 알 수 없었다.

이 아동의 경우 가족체계치료와 놀이치료가 모두 필요하다고 판단되어 톰의 어머니에게 이를 제안하였다. 그녀는 처음에는 '놀' 시간이 없다고 거절하였으나, 치료사는 이러한 접근이 그녀와 아이 모두를 돕게 될 것이고, 가족을 재구성하는 데 도움이 될 것이라고 설득하였으며, 결국 어머니는 이에 동의하게 되었다. 치료사는 어머니의 적극적인 참여를 유도하기 위해 6회기의 짧은 상담회기를 진행하되, 필요하다면 회기를 연장할 수 있다는 내용의 계약서를 작성하였다. 치료사는 첫 번째 회기에 아이와 어머니가 함께 가계도를 완성하도록 하였다. 톰의 어머니는 고양이로 자기 자신을, 군인으로 아들을, 용으로 자신의 어머니를 표현하였다. 톰은 사자로 자기 자신을, 늑대로 어머니를, 곰으로 할머니를 표현하였다. 톰의 어머니는 용으로 자신의 어머니를 표현한 이유에 대해 "우리 엄마는 늘 화가 나 있었고, 나는 어떻게 하면 엄마를 기쁘게 할 수 있을지 몰랐어요."라고 설명했다. 자신의 아들은 '작고 용감한 군인'이라고 표현했고, 자신은 '부드럽고 털이 많은 고양이'라고 이야기했다.

톰은 "할머니는 나를 많이 안아 주는 커다랗고 위대하고 사랑스러운 곰이에요."라고 말하면서, 엄마는 늘 자신에게 화를 내고 으르렁거리는 늑대로 묘사했고, 자기 자신에 대해서는 '라이온 킹'에 나오는 아빠를 잃은 아기 사자라고 표현했다.

치료사는 분노라는 주제를 택해 다음과 같이 말했다. "두 사람은 할머니에 대해서 서로 다른 관점을 가지고 있군요. 어머니는 할머니를 화가 난 사람으로 보고 있고, 톰은 할머니를 사랑스러운 사람으로 보고 있어요. 할머니에 대해 보았던 것을 각자 이야기해 주세요." 할머니에 대해 이야기하면서 두 사람은 화를 내기도 하고 울기도 하면서 할머니에 대해 다른 관점으로 바라볼 수 있게 되었고, 이 시간을 통해 어머니는 아들이 얼마나 깊은 애도과정을 거치고 있는지 깨닫게 되어 톰을 더 잘 돌볼 수 있게 되었다. 두 사람이 만든 장면에 아버지를 대표하는 물건이 없다는 것을 치료사가 알려 주자 톰의 어머니는 그가 어디에 있는지 알 수도 없고, 톰은 아버지를 만난 적도 없다고 말했다. 치료사가 두 사람에게 아버지를 표현할 수 있는 모형을 고르라고 권하자 어머니는 코브라를, 톰은 슈퍼맨을 집어 들었다. 치료사는 어머니의 경우 아버지를 커다란 독사로, 톰은 영웅으로 인식하고 있다는 점을 일깨워 주면서 두 사람이 아버지를 현실적으로 바라볼 수 있도록 도와 주었다. 톰의 어머니와 아버지는 하룻밤의 성관계를 통해 톰을 임신했고, 그 당시 두 사람 모두 코카인을 사용 중이었으며, 그 이후 톰의 어머니는 아버지를 만나본 적도 없고, 임신으로 인해 톰의 어머니는 재활시설에 입소해야만 했었다. 그러나 그녀는 이 모든 사실들을 톰에게는 말하지 않고 아버지가 군대 작전 중에 사망했다고 말해 두었으며, 이 때문에 톰은 그의 발달단계에서 보일 수 있는 환상적 사고를 통해 아버지를 영웅으로 인식하게 된 것이다. 치료사는 톰이 더 자라면 사실을 말해 주어 진실을 잘 이해할 수 있도록 할 것을 당부하였다.

첫 회기에 진행된 가계도 작업을 통해 톰과 어머니는 할머니가 없는 삶을 재구성하게 되었고, 어머니의 우울증 정도가 낮아져서 톰을 더 잘 돌볼 수 있게 되었다. 톰 역시 다시 소변을 가릴 수 있게 되었고, 친구들과도 좋은 관계를 맺기 시작했다. 할머니가 남겨둔 유산 덕분에 톰의 어머니는 톰을 돌봐 줄 적당한 곳을 찾을 수 있었고, 다시 일도 시작할 수 있게 되었다. 어머니의 우울을 감소시키는 것, 할머니 없이 가족을 재구성하는 것, 어머니와 톰이 상실을 애도할 수 있게 하는 것, 톰이 소변을 가릴 수 있게 하는 것, 톰과 어머니가 하나의 단위로서 유대감을 형성하도록 돕는 것 등이 이 사례를 통해 치료사가 달성하려고 했던 목표들이었다.

다른 사례는 5세 된 게일Gail의 이야기이다. 게일의 어머니는 전화를 걸어 자신이 뇌암으로 죽어 가고 있으며, 딸을 위한 상담을 진행해 줄 수 있는지 물었다. 그녀는 누워 있어야만 해서 초기면접을 위해 상담실에 오는 것이 불가능했기 때문에 나는 그녀와 게일을 만나기 위해 그 집을 방문하였다. 게일의 어머니는 말기암 환자였고, 많이 힘들어했기 때문에 첫 번째 방문은 30분간만 진행되었다. 그녀는 매우 용감한 여성이었다. 그녀는 딸의 생일, 졸업, 16번째 생일 등의 특별한 날들에 전해 줄 편지들을 쓰고 있었고, 그 편지들은 게일의 아버지가 보관하고 있었다. 그녀는 자기가 죽은 이후라도 딸이 자신과 연결될 수 있도록 애쓰고 있었던 것이다. 하지만 그녀를 처음 만나고 난 일주일 뒤 결국 그녀는 사망했다.

게일과의 치료는 게일의 어머니가 죽기 직전에 시작되었다. 가족 모두가 치료에 함께했고, 게일의 아버지 그리고 외할아버지와 외할머니가 참여했다. 이 가족의 경우는 어린 딸이 겪게 될 애도의 시간을 위해 많은 것들을 계획한 매우 좋은 예라고 할 수 있다. 게일은 모래놀이를 하면서 자신의 이야기들을 통해 걱정들을 말로 잘 표현해 주었다. 게일은 다른 아동들의 이야기에서 관찰되는 것과 같이 죽은 어머니를 그리워하는 마음과 자신에게 더 이상 어머니가 없다는 것 때문에 느껴지는 분노, 그리고 결국은 이 상황을 받아들이게 되는 이야기들을 들려주었다.

게일의 치료는 1년 안에 마무리될 수도 있었지만 아버지가 재혼을 하게 되면서 상황은 달라졌다. 게일은 다른 어머니의 존재를 너무도 빨리 받아들여야 하는 상황에서 추가적인 치료를 받아야 했고, 사별과 관련된 이슈들을 해결하는 것뿐만 아니라 새로운 가족이 형성되는 것에 적응하는 문제도 치료를 통해 다루어야만 했다. 새로운 가족들 역시 적응의 한 부분으로 가족치료에 참여하기도 했다. 치료가 종료된 후에도 게일의 외할머니는 게일의 안부를 전해 왔고, 최근에는 대학원 과정을 마친 게일의 사진을 보내오기도 했다.

결론

조부모나 부모가 죽은 이후 아동의 치유 과정을 돕는 것은 매우 중요한 도전이 된다. 치료사가 아동과 비슷한 나이에 비슷한 상실의 경험을 했다면 그것은 두 배로 어려운 일이 된다. 어떤 사람은 치료사가 아동을 만나기 전에 자신의 사별 경험을 잘 해결했었기를 바랄 것이고, 또 어떤 사람은 치료사의 역전이 문제를 염려할 수도 있다.

우리는 각 가정들이 죽음을 어떻게 다루는지에 대해 앞의 예들을 통해 살펴보았다. 알라나는 푸에르토리코와 노르웨이라는 두 개의 문화적 배경을 갖고 있었고, 각 문화들은 서로 다른 모습으로 나타났다. 어머니 쪽의 라틴 문화는 로마가톨릭 전통에 따라 장례식이 며칠간 계속되는 데 영향을 미쳤고, 아버지 쪽의 문화는 노르웨이 개신교 전통에 따라 다소 소극적으로 위기를 다루는 데에 영향을 미쳤는데, 두 문화 모두 치료에 대한 강한 거부감을 표현하였다. 알라나의 할머니는 푸에르토리코 사람들을 싫어해서 알라나가 어머니 쪽 친척들을 만나지도 못하게 했는데 이것이 알라나에게 부정적인 영향을 미쳤다. 알라나가 이미 자신이 두 가지 문화에 속한다는 것을 알고 있었고, 할머니의 그러한 태도는 결국 자신의 일부분이 거부된다는 것을 의미한다고 느끼게 되었기 때문이다.

매리 앤과 톰은 정통파 유대인들이다. 이들은 죽은 사람을 24시간 안에 매장하고, 7일장을 지내면서 애도기간을 갖는다. 그 기간 동안 가족과 친구들은 죽은 사람이 살던 집을 방문하여 애도를 표하고, 유가족들에게 음식을 가져다주기도 한다. 마지막 의식은 사람이 죽은 지 1년이 지난 후 무덤에 묘비를 세우는 것으로 끝난다.

잭은 아일랜드 가톨릭 가정에서 자랐다. 이 문화에서는 장례절차가 장례식장에서 진행되고 유가족들은 장례식장에서 친척들과 친구들의 조문을 받는데 이 과정에서 유가족들은 극도의 피로감을 느낄 수 있다.

톰의 사례에서는 조부모 사망 이후 단기계약을 맺고 개입했던 내용을 볼 수 있다. 유가족들은 할머니의 종교였던 가톨릭과 거리가 멀었지만, 상담이 끝날 무렵, 상실을 치유하는 것에 도움을 줄 수 있을 것이라는 어머니의 판단하에 톰을 성당의 교리교육 프로그램에 등록하도록 했다.

이 책에서 다룬 사례들은 내가 사별을 경험한 아동들을 치료하면서 경험한 내용들이다. 독자들 중에는 지금까지 소개된 것과는 다른 문화권에서 자란 사람들이 있을 것이다. 하지만 치료사는 아동이 속한 각 가정의 문화와 종교적 배경에 관심을 기울여야 할 필요가 있다. 원가족이 가지고 있는 강점에 아동이 융화되도록 돕는 것이 중요하고, 이 과정에서 치료사가 자신의 문화적·종교적 가치를 강요하기보다 아동에게 공감적이고 지지적인 자세를 취하는 것이 중요하다.

이 장에서는 사별을 경험한 아동들을 대상으로 모래놀이치료 방법을 활용하는 것에 대해 소개했으나, 미술치료나 이야기치료, 손가락인형의 활용 등과 같은 그 외의 놀이치료 방법들도 언어표현에 의존하기보다 은유적인 방법을 이용하기 때문에 매우 효과적이다. 특히 죽음에 대해 지적으로 이해하는 것이 아직 어려운 8세 이하의 아동에게는 더욱 그러하다.

아동 대상 치료의 가장 중요한 기능은 아동들이 그들의 이해수준에 맞추어 현재 일어나고 있는 일들을 처리할 수 있도록 돕는 데 있다. 죽음에 관한 문제들을 초기에 해결함으로써 아동은 발달적, 교육적, 사회적 필요를 채워 나갈 수 있게 될 것이고, 이후 인생에서 커다란 방해요인이 될 수도 있는 해결되지 않은 상실이라는 문제를 겪지 않게 될 것이다.

토론을 위한 질문들과 역할극 연습

1. 아동을 사별상담에 의뢰하는 것이 좋겠다고 여겨지는 반응이나 증상들에는 무엇이 있을지 이야기 나누어 보자.
2. 누가 가장 중요한 당사자일까? 아동일까? 가족들일까? 아니면 둘 다일까? 이유는 무엇일까?
3. 서비스전달에 왜 아동의 연령이 영향을 미치게 되는지 이야기해 보자.
4. 자신과 성별이 같은 부모의 죽음이 아동에게 더 큰 영향을 미치게 될까? 즉, 딸에게는 엄마의 죽음이 더 큰 영향을 미치고, 아들에게는 아빠의 죽음이 더 큰 영향을 미치게 될까? 이 상황에서 아동의 연령은 어떤 영향을 미치게 될까?
5. 역할극 연습: 당신은 5세 남자아이다. 유치원에서 집으로 돌아왔는데 아버지가 도둑에게 살해당했다는 이야기를 들었다. 두 사람이 짝을 지어 한 사람은 어머니 역할을 하고, 한 사람은 아동 역할을 해 보자. 아동의 경우 서로 다른 두 가지 반응을 보여 보자.

참고문헌

Bowlby, J. (1969). *Attachment and loss: Vol. 1. Attachment; Vol. 2. Loss.* London: Hogarth Press.

Bradway, K., Signell, K., Spore, G., Stewart, C., Stewart, L., & Thompson, C. (1981). *Sandplay studies: Origins, theory and practice.* San Francisco: C. G. Jung Institute.

Carey, L. (1990). Sandplay therapy with a troubled child. *The Arts in Psychotherapy, 17,* 197-209.

_____ (1999). *Sandplay therapy with children and families.* Northvale, NJ: Aronson. 이정숙·고인숙 역. 2002. 『모래놀이치료: 아동치료와 가족치료』. 하나의학사.

Gardner, R. (1973). *The Talking, Feeling, and Doing Game: A psychotherapeutic game for children.* Englewood, NJ: Creative Therapeutics.

Kalff, D. (1971/1980). *Sandplay: Mirror of a child's psyche.* San Francisco: Browser.

Lowenfeld, M. (1979). *The world technique.* London: Allen & Unwin. McGoldrick, M., & Gerson, R. (1985). *Genograms in family assessment.* New York: Norton. 이영분 역. 1992. 『가계분석가계도(가족치료를 위한)』. 홍익재.

Neumann, E. (1973). *The child.* New York: Harper Colophan Books. Piaget, J. (1955). *The child's construction of reality.* New York: Basic Books.

Piercy, F., Sprenkle, D., Wetchler, J., & Associates. (1996). *Family therapy sourcebook* (2nd ed.). New York: Guilford Press.

CHAPTER 4

형제자매의 슬픔

베티 데이비스 *Betty Davies*
라나 림보 *Rana Limbo*

아이들에게 형이나 누나, 동생들의 어떤 점을 좋아하는지 물어 보면 대부분의 아이들은 이렇게 말한다. "좋아하냐고요? 아니요. 좋은 게 하나도 없어요." 하지만 질문을 더 하다 보면 아이들은 이렇게 말한다. "오빠는 내가 숙제할 때 도와줘요.", "누나는 다른 사람들이 해 주지 않는 이야기들을 나한테 해 줘요." 아이들이 청소년 시기에 접어들면 형제자매들에 대한 감사함을 표현하기도 한다. "오빠는 항상 나를 지켜봐 줘서 나한테 문제가 생기지 않게 해 줘요." 형제자매 간에는 양가감정이 존재한다. 형제자매에 관한 연구들을 살펴보면 그들은 서로에게 애착을 형성하면서도 적이 되기도 하고, 보호자가 되기도 하고, 놀이친구가 되기도 한다(Davies, 1999). 형제자매들은 삶의 시간과 유대감을 공유하고 있기 때문에 그들은 서로에게 깊은 지지와 지도, 정보, 친구관계 등을 제공할 수 있는 잠재력을 가지고 있다. 따라서 형제나 자매가 사망할 경우, 그것이 아주 어린 아이일 때나 임신 중 혹은 출산 직후에 발생한 사망이라도 아동에게 미치는 영향은 지대하다.

동생이 태어날 때쯤, 아동들은 '형'이나 '오빠', '언니'나 '누나'가 되는 것을 기대하게 되고, 부모나 다른 형제들, 심지어 모르는 사람들까지도 새로 태어날 아기에 대해 생각할 수 있도록 아동을 돕는다. 의학기술이 발달하면서 초음파 이미지를 통해 태어날 아기의 얼굴이나 손, 발 등의 모양을 볼 수도 있게 되었다. 따라서 임신 중에 아기가 유산되거나 이제 막 태어난 아기가 죽게 되는 사건은 아동이 물거품이 된 기대감, 슬픔, 죄책감 등과 같은 감정을 이해해야 하는 주요한 상실의 경험이 된다.

형제자매와의 사별이 잠재적으로 깊은 상처를 남길 수 있는 사건임에도 불구하고 지금까지 이에 대한 관심은 매우 적었다. 가장 먼저 형제자매의 사별에 대해 발표된 연구는 1943년 로젠츠바이크Rosenzweig의 것으로, 그는 형제자매 사별과 조현병 간의 관계를 검증하였다. 20년이 지난 1960년대에 들어서야 네 편의 연구들이 발표되었는데(Cain, Fast, & Erikson, 1964; Hilgard, 1969; Pollock, 1962; Rosenblatt, 1969), 모두 정신장애로 치료를 받고 있는 성인에게 어린 시절의 사별이 미치는 영향에 대해 조사한 것들이었다. 1970년대에 들어서 사별을 경험한 형제자매의 병리적인 측면뿐만 아니라 잠재적인 성장능력까지도 살펴보는 연구들이 정신과 의사나 심리학자들을 중심으로 진행되었다(Blinder, 1972; Binger, 1973; Tooley, 1973; Pollock, 1978; Nixon & Pearn, 1977; Krell & Rabkin, 1979). 1980년대에는 많은 양의 연구들이 진행되면서 형제자매의 사별을 경험한 것을 정신과적인 문제로 보는 관점에서 사별을 경험한 아동의 건강을 증진시킬 수 있는 방안을 모색하는 쪽으로 연구의 초점이 옮겨지기 시작했다(Balk, 1983b; Martinson, Davies, & McClowry, 1987). 청소년을 포함한 다양한 연령대의 형제자매 사별아동에 대한 연구가 진행되었고(Balk, 1983a, 1983b, 1996; Mufson, 1985; Hogan, 1988; Hoagn & DeSantis, 1992, 1996), 형제자매들에게 영향을 미칠 수 있는 다양한 변수를 파악하는 연구(Lauer, Mulhern, Bohne, & Camitta, 1985; McCown, 1984; Davies, 1988a, 1988b)들도 진행되었다. 최근에는 사별을 경험한 형제자매들을 위한 개입프로그램을 개발하고 평가하는 쪽으로 연구자들의 관심이 향하고 있다(Gibbons, 1992; Horsley & Patterson, 2006).

아기가 사망했을 때 형제자매가 보이는 반응을 살펴본 연구들은 임신 중에 유산되거나 출산 직후 사망하는 아기들의 죽음보다 영아돌연사증후군에 더 많은 초점을 맞춰왔다(Burns, House, & Ankenbauer, 1986; Hutton & Bradley, 1994; Mandell, Dirks-Smith, & Smith, 1988; Price, 2007). 칼리스터(Callister, 2006)는 임신 중이었던 태아가 사망한 경우 형제자매들은 버려진 느낌을 갖게 된다고 강조한다. 판케와 슬라이드(Pantke & Slide, 2006)는 본인이 5세 이전에 임신 중이나 출산과정에서나 출산 직후에 형제자매가 죽은 것을 경험한 경우 그것이 부모들의 양육에 어떤 영향을 미치는지에 대해 연구하였는데, 응답자들은 그런 경험이 없는 자신의 배우자들보다 자신의 어머니가 높은 수준의 보호와 통제력을 가졌던 것 같다고 대답하였다. 최근에는 아기가 유산된 후 바로 뒤이어 태어난 아동이 어머니와 맺는 애착관계에 대한 연구가 발표된 바 있다(Heller & Zeanak, 1999; O'Leary, Gaziano, & Thorwick, 2006; Pinto, Turton, Hughes, White, & Gillberg, 2006). 앞으로도 형제자매 사별에 영향을 미치는 다양한 요인들 간의 복잡한 상호작용을 파악하고, 형제자매 사별 아동과 그 가족을 대상으로 하는 개입방법을 모색하며, 형제자매 사별의 장기적 영향을 추적하는 연구들이 진행되어야 할 것이다.

형제자매의 반응

초기 발표된 연구들에는 형제자매의 죽음에 대한 아동들의 상반된 반응들이 보고되어 있다. 일부 연구들에서는 아동들이 주요한 행동문제를 보인다고 밝히고 있고(Cobb, 1956; Cain et al., 1964; Binger et al., 1969; Binger, 1973), 다른 연구들에서는 아동들이 어떤 문제도 보이지 않는다고 말하고 있다(Futterman & Hoffman, 1973; Stehbens & Lascari, 1974). 아동의 애도반응 기간이 성인의 애도반응 기간과 유사하다는 연구도 발표되었다(Burns et al., 1986). 이렇게 연구결과가 다양하게 나타나면서 슬퍼하는 형제자매들에게게서 관찰되는 행동들을 병리적인 것으로 보아야 하는지 혹은 사별반응의 범위에 속하는 것으로 보아야 하는지에 대한 질문이 제기되고 있다.

행동의 범위

슬픔, 과민반응, 혼자 있는 느낌, 몸의 불편함을 호소하는 것, 수면장애, 식욕감소 등은 사별로 인해 슬퍼하는 아동과 성인에게서 공통적으로 나타나는 현상이다. 이러한 현상들은 정상적인 슬픔의 표현들이며, 심각한 강도로 나타나거나, 지나치게 오랜 시간 동안 지속되는 것이 아니라면 부적응의 지표라고 볼 수는 없다(Webb, 1993의 2장). 이러한 행동들이 있고 없고를 기준으로 죽음에 대한 아동의 반응을 사정하기보다는 슬픔으로 인해 아동의 삶이 어느 정도 훼방을 받고 있는지를 파악하는 것이 더 중요하다(Webb, 1993). 또한 전형적인 애도행동이 없다고 해서 반드시 놀라고 걱정해야 할 일은 아니다. 모든 아동들이 형제자매의 죽음에 대해 동일한 방법이나 정도로 영향을 받는 것은 아니기 때문이다. 예를 들면, 한 명의 아동이 사망하면 살아 있는 형제자매들은 그 아동과 서로 다른 관계를 맺고 있었기 때문에(Limbo & Wheeler, 1986/2003), 부모들은 각각의 아동들이 서로 다르게 반응하고, 몇몇 아동들은 한참 시간이 흐른 뒤에야 명확한 반응을 보이기도 한다는 것을 알아 두어야 한다.

행동변화가 보이지 않는다고 해서 형제자매의 죽음이라는 사건의 중요성을 부인해서는 안 된다. 어떤 반응들은 내재화되고 눈에 보이지 않기 때문이다. 그러나 어떤 아동들은 분명한 어려움들을 호소하는데 이때 어른들은 아동의 욕구가 무엇인지에 대해 주의할 필요가 있다. 한 연구에 의하면, 사별을 경험한 형제자매 중 25%가 행동문제를 보이는 것으로 나타났는데, 이는 일반 아동집단에서 행동문제를 보이는 아동의 비율이 10%에 그치는 것에 비하면 매우 높은 수치다. 특히 다음의 조짐을 지속적으로 보이는 아동이라면 주의 깊게 관심을 기울일 필요가 있다.

- 계속적인 슬픔, 불행감, 우울
- 계속적인 공격성, 과민반응
- 외로움, 사회적 철회
- 염려
- 계속적인 불안, 신경과민
- 지속되는 식사문제, 반복되는 악몽
- 낮은 자아존중감
- 낮은 학교 성적

특정한 행동 하나 그 자체로 문제가 있다고 말할 수는 없고, 계속적으로 변하는 아동의 행동이 무엇인지, 문제의 유형이 무엇인지 찾는 것이 중요하다. 사별을 경험한 모든 형제자매들이 상담을 받을 필요는 없지만, 대부분의 아동들은 자신의 반응들에 대해서 이야기를 할 수 있는 기회만 얻게 되더라도 많은 도움을 받을 수 있고, 반대로 죽음과 자신의 반응에 대해 이야기할 수 있는 기회가 없었던 아동들은 어려움을 겪게 될 수 있다.

사별기간

형제자매가 사망한 것은 평생 동안 영향을 미친다. 형제자매가 죽고 난 뒤 수

년이 지나서도 아동들은 그들을 여전히 그리워하고 생각한다(Packman, Horse-ley, Davies, & Kramer, 2006). 그들은 졸업이나 결혼, 아이의 출생, 직업의 변화, 퇴직 등 인생에서 중요한 의미를 갖는 일을 겪으면서 새로운 모습의 슬픔 혹은 더 깊어지는 슬픔을 느끼게 된다. 따라서 부모나 나이가 더 많은 형제자매들에게 슬픔이 되풀이될 수도 있고, 이것은 정서장애가 아닌 일반적인 현상임을 알려 주는 것이 좋다.

쌍둥이들이 태어나다가 누군가는 죽고 누군가는 살아남는 일이 생긴다면 이것은 살아남은 아동에게 특별한 상황이 된다. 살아남은 아동은 내가 모든 영양분을 다 빼앗아 온 것은 아닐까 싶은 마음에 죄책감을 느낄 수도 있고, 혹은 자신을 특별한 사람으로 여기게 될 수도 있다(Pector & Simth-Levitin, 2002). 많은 부모들은 쌍둥이들 중에 죽은 아이가 있건 없건 간에 아이들이 함께 있는 사진을 보관하기 원하고, 한 아이의 생일이 곧 다른 아이의 기일이 될 수도 있다. 살아남은 아동은 평생 삶과 죽음이 나란히 놓이는 이러한 상황을 인식하며 살아가게 된다. 실제로 살아남은 아동은 자신의 일부를 잃은 것처럼 느끼기도 하고, 자신이 무언가의 절반이라는 생각을 하기도 한다((Limbo & Wheeler, 1986/2003).

성장잠재력

아동의 죽음이 살아남은 형제자매에게 부정적인 영향을 미치기만 하는 것은 아니며, 때로는 심리적 성장이라는 결과를 낳기도 한다. 실제로 한 연구에 의하면 형제자매 사별을 경험한 아동들의 자아개념이 일반 아동들보다 높은 수준으로 파악되었다(McClowry, Davies, May, Kulenkamp, & Martinson, 1987). 많은 아동들이 자신들의 경험으로 인해 성숙하게 되었고, 역경을 헤쳐 나갈 수 있는 능력을 갖게 되었다고 말한다. 한 십대 소년은 "나는 내 여동생이 죽고 난 후, 인생에 대해서 더 나은 관점을 갖게 되었어요. 인생이 얼마나 중요한 것인지도 깨닫게 되었고요."라고 말한다. 부모들과의 인터뷰를 통해서도 아동들이 형제자매의 죽음 이후 감수성이 풍부해지고, 다른 사람을 살필 줄 알게 되고, 다른 사람의 문제에 공감하며 관심을 갖는 성숙한 아이들로 성장하게 되었다는 것을 발견할 수 있다. 한 어머니는 15세 된 자신의 딸에 대해 이렇게 이야기한다. "그 아이는 오빠가 죽고 난 후 많은 것을 배웠어요. 쉽지는 않았지만 그 일을 통해서 삶과 죽음에 대한 통찰력을 얻게 된 것 같아요. 또래 아이들보다 빠르게 어른이 된 것 같지만, 그 아이는 다른 아이들에 비해 민감하고, 참을성도 많고, 관용적이랍니다." 호간(Hogan, 2008)은 형제자매 사별로 인해 생겨날 수 있는 슬픔-개인적 성장 이론에 대해 말하면서, 커다란 슬픔, 계속적인 유대, 아동의 슬픔에 대한 사회적 지지의 영향 등이 이것에 포함된다고 설명한다. 이와 같이 형제자매 사별아동들이 경험하는 슬픔에서 성장이 가능해지는 현상이 성인들의 경우에서도 발견된다(Büchi et al., 2007; Ferrell & Coyle, 2008; Calhoun & Tedeschi, 2001).

연구자들과 실천가들은 형제자매 사별이 아동에게 미칠 수 있는 좋지 않은 영향들을 최소화하는 것에 공통적인 목적을 둔다. 이것을 위해 연령이나 성별, 죽음의 갑작스러운 정도, 자아존중감, 가정환경 등의 변수들이 정서와 행동에 미치는 영향을 파악하는 연구들이 진행되고 있다. 그러나 이러한 연구들의 경우, 형제자매 사별에 대한 지식을 축적하는 데에는 도움이 되지만 변수들 간의 조합이 아동의 반응에 영향을 주기 때문에 개입을 위한 충분한 지침을 제공해 주지는 못한다. 오히려 변수들 간의 관계와 아동의 반응을 자세하게 살펴보는 것이 사별을 경험한 형제자매를 도울 수 있는 종합적인 방향을 제시할 수 있을 것이다(Davies, 1999). 형제자매 사별을 경험한 아동들은 일반적으로 다음과 같은 반응을 보인다.

"나는 상처를 입었어."

이 반응은 일반적으로 슬픔과 관계된 일반적인 정서적, 정신생리적 반응에 초점을 두는 것으로, 슬픔, 분노, 좌절, 외로움, 두려움, 불안, 과민반응, 죄책감을 포함한다. 이런 반응은 슬퍼하는 모든 이들에게 공통적으로 나타나는 반응이지만 성인들과 달리 아동들은 울거나, 아프다고 하면서 관심을 끌거나, 나쁜 행동을 하거나, 통증을 호소하거나, 잘 싸우거나, 악몽을 꾸거나, 어둠을 무서워하거나, 식욕을 잃거나, 과식을 하는 등의 방법으로 자신들의 상처를 보다 명백하게 드러낸다.

"나는 이해가 되지 않아."

아동들은 대부분 그들의 인지발달수준에 따라 죽음을 이해하게 된다. 아동들이 성숙해지면서 구체적 사고를 하는 것에서 추상적 사고를 하는 것으로 옮겨가는 것이 가능해진다. 예를 들어, 태아가 유산이나 자궁외임신으로 인해 임신 초기에 사망하게 되면 큰 아이들은 아기에 대해 구체적으로 알 수 있는 기회를 놓치게 되는데, 이때 죽음과 관련해 이해할 수 있도록 도움을 받지 못하면 혼란을 느끼게 되고, 혼란은 불안을 가중시키게 되며, 불안은 다시 아동을 혼란스럽게 만든다.

"나는 여기에 속하지 않아."

죽음이라는 사건은 가족의 일상생활을 흐트러뜨린다. 부모들은 고뇌에 빠지게 되고, 익숙하거나 혹은 낯선 사람들이 집을 찾아온다. 아동들은 이러한 갑작스러운 상황과 감정표현들에 압도되면서 자신들이 무엇을 해야할지 모르는 것처럼 느끼게 되고, 자신이 이곳에 속하지 않는다고 여기게 된다. 종종 어른들은 아동들이 보이는 독특한 반응을 받아들이지 못하는데, 예를 들어 위기가 있을 때는 가족들이 함께 뭉쳐 있어야 한다고 여기는 어른들은 가족들과 집에 머무르

그림 4-1 형제자매 사별에 영향을 미치는 변수들(Davies, 1999)

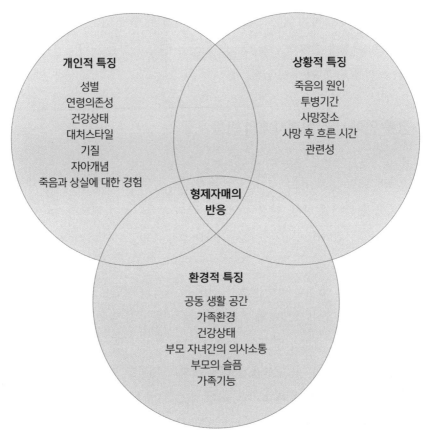

개인적 특징

성별
연령의존성
건강상태
대처스타일
기질
자아개념
죽음과 상실에 대한 경험

상황적 특징

죽음의 원인
투병기간
사망장소
사망 후 흐른 시간
관련성

**형제자매의
반응**

환경적 특징

공동 생활 공간
가족환경
건강상태
부모 자녀간의 의사소통
부모의 슬픔
가족기능

※ 저작권은 테일러 프란시스사(Taylor and Francis, Inc.)에 있으며, 이 그림을 다시 사용하기 위해서는 테일러 프
란시스사의 허가를 받아야 한다.

기보다는 친구들과 밖에서 어울리기를 더 좋아하는 십대 청소년의 행동을 보고
호되게 야단칠 수 있다.

"나는 충분하지 않아."

부모가 자신보다 죽은 아이를 더 좋아했다고 느끼는 아동은 이러한 반응을
보일 수 있다. 죽은 아이가 특별하고 자신은 그렇지 않다고 여기면서 죽어야 할

사람은 바로 나라고 생각하게 될 수도 있고, 자신이 무엇을 하든 부모님을 행복하게 하기에는 충분하지 않은 사람이라고 여기게 될 수도 있다. 동생이 죽은 후 부모님들이 다시 임신하려고 애쓰는 모습을 볼 때도 아동들은 자신이 충분하지 않다는 느낌을 갖게 될 수도 있다.

상황 안에서의 형제자매의 반응

죽음에 대한 형제자매의 반응은 단독적으로 발생하지 않는다. 아동 개인의 특징, 죽음을 둘러싼 상황, 환경적 요소들 간의 상호작용이 형제자매의 반응에 영향을 미치게 된다(E. Davies, 1983; B. Davies, 1995, 1999; Hunter & Smith, 2008; 〈그림 4-1〉 참조).

개인적 특징에 초점을 맞추는 것은 아동을 각각의 개인으로 인식하는 데 있어서 기본적인 작업이다. 성별과 연령, 의존성, 건강상태 등의 신체적 특징과 대처 스타일, 기질, 자아개념 등의 정서적·사회적 측면, 죽음과 상실에 대한 것들이 개인적 특징에 속한다. 죽음을 둘러싼 상황적 특징도 형제자매의 반응에 영향을 미친다. 죽음의 원인, 투병기간, 사망 장소, 사망 이후 흐른 시간, 아동이 죽음 및 죽음과 관계된 일들에 어느 정도 관련성을 갖고 있는지가 여기에 속한다.

환경적 특징은 아동이 처한 상황의 정서적·사회적인 분위기를 형성하는 데 영향을 미치는 것들을 말한다. 이 가운데 사별 이전에 형제자매들이 가져 왔던 관계의 특징이 중요한 요소 중 하나인데, 형제자매들이 가까운 관계였을수록 사별 이후 살아 있는 아동은 더 많은 어려움을 경험하게 된다. 가족환경에 속하는 가족의 사회적 분위기, 가족기능수준, 부모의 슬픔반응 등도 아동의 슬픔반응에 영향을 주는데, 아동들은 가족들로부터 정보를 얻고 지지를 받기 때문에 이러한 요인들에 강력하게 반응하게 된다. 죽음 그리고 그에 따른 감정들을 공개적으로 의사소통하는 가족의 경우, 아동에게 지지적인 환경을 제공해 주는 경향이 있고, 아동들은 부모나 다른 어른들을 통해 죽음과 슬픔, 그리고 그것을 어떻게 다루어 가야 하는지 배우게 된다. 즉, 부모가 그들의 슬픔과 혼란을 솔직하게 이야기하는 것을 보고 듣게 되면, 아동은 그들 자신의 슬픔을 효과적으로 표현하고 다루는 방법들을 익히게 되는 것이다.

죽음의 원인은 그것이 갑작스럽고 예측하지 못한 것이었든지, 질병이 악화되면서 어느 정도 예측되는 것이었든지 간에 일반적으로 사별 결과에 주요한 영향을 미치는 요인이라고 밝혀져 왔다. 성인을 대상으로 한 연구들에서는 갑작스러운 죽음일 경우 더 깊고 오래 슬픔을 느끼게 되는 것으로 보고되고 있는데(Ball, 1976-1977; Carey, 1977; Fulton & Fulton, 1971; Parkes, 1975; Vachon, 1976) 이것은 아동의 경우에도 해당된다. 죽음의 원인과는 상관없이, 형제자매들은 어떤 일이 일어난 것인지에 대해 명확하게 이해하기를 원한다. 그러나 사고 등의 원인으로 죽음이 발생한 경우, 누구의 잘못이었는지 혹은 막을 수 있었는지 등과 관련해서 아동을 포함한 모든 가족구성원들이 책임감을 느끼게 되기도 한다(Kaplan & Joslin, 1993). 외상과 폭력의 요소가 포함된 죽음이라면 형제자매들은 자신들도 같은 운명일지도 모른다고 여기고 높은 수준의 불안감을 느끼게 된다. 자살의 경우, 아동들은 슬픔을 극복해야 할 뿐 아니라 죽은 형제자매로부터 거부당했다는 느낌을 받을 수도 있고, 부정적인 낙인이 뒤따를 수도 있기 때문에 한층 복잡한 슬픔반응을 보일 위험이 있다(Stephenson, 1986; Brent et al., 1993; Doka, 1989).

형제자매가 오랜 기간 동안 투병하다가 사망했을 경우, 아동은 질병에 대해서 이해하고 죽음을 준비할 기회를 가질 수 있다. 그렇다고 해서 이런 경우 애도과정이 반드시 쉬운 것은 아니다. 일반적으로 모든 부모들은 자녀가 결국에는 병을 이기고 회복할 것이라고 믿으면서 죽음이라는 두려움을 떠올리려 하지 않고, 형제자매들 역시 긍정적인 상황을 기대한다(Brett & Davies, 1988). 즉, 자녀의 죽음이란 예기치 못한 결말이 되는 셈이다. 더구나 장기간의 투병생활은 가족 모두에게 스트레스 상황이 된다. 특히 아동에게는 부모가 자신과는 많은 시간을 보내지 못하는 점 때문에 충족되지 않은 욕구나 분노감이 생길 수 있다. 따라서 모든 가족의 상황과 아동의 경험이 개별적으로 사정될 필요가 있다.

유산, 사산, 자궁외임신, 신생아 사망 등으로 인한 분만 전후의 상실은 사람들이 생각하는 것보다 훨씬 많이 발생한다. 미국의 경우 매년 100만 건의 유산, 43,000건의 자궁외임신, 26,000건의 사산, 18,000건의 신생아 사망(출생 후 한 달 이내에 사망하는 경우)이 발생한다. 죽음이 예측되어 신생아집중치료실에서 치료를 받거나 임신 기간부터 시한부임을 진단받은 경우를 제외하고 이 모든 경우가 갑작스럽게 그리고 예측하지 못한 상황에서 발생한다.

형제자매들의 반응은 보다 넓은 가족, 사회적 맥락에서도 나타나는데, 아동이 속한 지역사회와 문화의 가치, 우선순위가 아동의 경험에 영향을 미치게 되는 것이다. 이와 같이 핵가족이나 확대가족, 혹은 지역사회의 성인들과 맺는 모든 관계들이 형제자매의 죽음에 아동이 어떻게 적응하고 대응하는지에 영향을 미치는 요소들이다.

사산이 어린 아동에게 미치는 영향

캐리Carrie는 임신 중에 사망하거나 출생 직후 사망한 동생이 있었던 성인들이 그 일들이 어떤 영향을 미쳤었는지에 대해 이야기를 나누는 공개토론회장에서 40세 여성의 이야기를 듣고 있었다. 캐리 역시 아이를 잃었던 경험이 있는 부모로서, 그리고 사별 조정자로 일하고 있는 사람으로서 그녀의 이야기를 흥미롭게 듣고 있었다. 발표자는 자신이 8세 때 그녀의 동생이 심각한 선천성 기형 때문에 태어나자마자 죽었다고 말하면서, 그녀의 어머니가 행복했던 모습을 봤던 것은 동생이 태어나기 전이 마지막이었다고 말했다. 캐리는 이 말을 듣고 너무

PART 2 가족의 죽음

112

놀라 할 말을 잃었다. 그리고는 자신의 아이들이 죽었을 때 큰 아이들이 어땠는지에 대해 생각하게 되었다. 캐리는 다음과 같은 이야기를 들려주었다.

"토론회가 끝나고 나는 뉴욕에서 대학에 다니고 있는 아들 콜린^{Colin}에게 전화를 걸어서 그녀가 한 말을 전해 주었어요. 그리고 둘 다 조산아로 태어나 1997년에 죽은 아담^{Adam}과 1998년에 죽은 멕^{Meg}을 기억하는지, 그리고 그 일들이 아직 영향을 주고 있는지 물었어요. 나는 아들의 말을 듣고 울 수밖에 없었어요. '엄마. 그럼요. 기억나요. 정말 끔찍했어요. 아담이 죽고 나서 모든 게 달라졌어요. 엄마는 그 일 이후로 한 번도 행복해하지 않았고, 반 대표 엄마가 되는 것도 그만 두었고, 내 운동팀 일을 거드는 것도 하지 않았어요. 엄마는 항상 울었지요. 우리가 다니던 성토마스교회도 더 이상 나가지 않았어요.' 교회는 아담이 죽고 난 뒤 몇 달 지나서 그만 나가기 시작한 건데 우리는 목사님이 우리 슬픔에 잘 반응해 주지도 않고 지지해 주지도 않는다고 느꼈거든요. 교회를 안 가게 되면서 콜린은 7년 동안 갔었던 교회 여름캠프도 못 가게 되었어요. 콜린은 우리가 사람들과의 관계도 끊었다고 말했는데 실제로 우리의 슬픔에 대해 잘 반응해 주지 못하는 사람들과는 더 이상 만나지 않으려고 했지요. 콜린은 그 이후 내가 강박적으로 아기를 가지려고 했고, 너무 화가 나서 더 이상 직장도 나가지 않았다고 말했어요. 우리는 결국 캐롤린^{Caroline}을 입양하게 되었고 캐롤린은 우리 집에 딱 맞는 아이였지만, 어린 아이를 잃은 일은 모든 가족들에게 영향을 미쳤죠. 그리고 그 영향은 언젠가 우리 삶에 반드시 드러나기 마련이지요."

설명

캐리의 이야기에서 무엇을 배울 수 있을까? 일반적으로 아동들은 성인들에 비해 애도작업의 속도가 **빠르다**. 엄마가 임신을 하고 난 후 아동들은 엄마의 배를 쓰다듬으며 아기에게 말을 했을 수도 있고, 가족들과 함께 동생의 출생을 기대했을 것이다. 언니나 형이 된다는 기대는 어린 아동들에게 매우 강력한 상상이다. 하지만 아동은 순간순간을 살아가는 존재들이기 때문에 동생이 분만 전후에 사망하게 되더라도 아동에게 자신의 일상, 즉 놀고, 자고, 친구들을 사귀고, 먹는 것은 부모가 생각하는 것보다 훨씬 중요하다. 이러한 특성 때문에 어린 시절에 동생의 죽음을 경험한 아동들은 그들이 성장하고 성숙하면서 그때의 슬픔을 되씹고 다시 다루게 되는 것이다. 또한 아동의 죽음에 대한 인식과 경험은 부모들의 것과 매우 다르기 때문에 이 부분에 대한 이해도 필요할 것이다.

형제자매 사별 아동과 성인들이 맺는 상호작용

앞서 말한 형제자매의 네 가지 반응을 알아두는 것은 사별을 경험한 아동을 도우려는 성인들에게 도움이 된다(Davies, 1999). "나는 상처를 입었어."라고 느끼는 아동들에게는 위안과 위로를 주는 것이 부모나 어른들의 목표가 되어야 한다. 부모나 어른들은 아동이 표현하는 사고나 감정을 정상적인 것으로 이해해야 하고, 아동들이 자신의 방식대로, 자신의 시간에 맞추어 그것들을 표현할 수 있도록 도와야 한다. 아동들은 생각이나 감정을 자신들과 나누기 위해 노력하는 어른들을 보면서 자신이 그들과 함께 있다는 생각을 하게 되고 앞으로는 무언가 더 좋아질 수 있다는 희망을 갖게 된다. 반대로 어른들이 감정을 표현하는 것을 꺼릴 경우 아동들은 자신들의 감정에 문제가 있다고 여기게 되고 감정을 억누르게 된다.

"나는 이해가 되지 않아."라고 여기는 아동들을 돕는 것에 있어 부모나 어른들은 주요한 역할을 하게 된다. 어른들은 일어난 모든 일을 설명해 주고 해석해 주어야만 한다. 혼란과 무지함이 더 큰 상처가 될 수 있으므로 어른들은 아동들이 이해할 수 있는 방법으로 정직하게 정보를 제공해 주어야 한다. 사건만을 설명해 주는 것이 아니라 감정도 설명해 줄 필요가 있다. 감정과 반응을 해석하도록 도와주는 어른들이 옆에 있다면 아동들은 질문을 하는 것이 괜찮은 것임을 알게 되고, 그들을 이해해 주는 부모 곁에서 인생의 불확실성을 배우면서 모든 질문에 반드시 답이 존재하는 것은 아님을 깨닫게 된다.

　부모와 어른들은 아동들을 인정하고 참여시킴으로써 사별을 경험한 아동들이 "나는 여기 속하지 않아."라고 느끼게 되는 것을 예방할 수 있다. 아동들은 벌어진 일에 참여할 수 있을 때, 계획과 실행 과정에서 적극적인 역할을 맡을 때, 어떤 일이 일어날지 미리 준비할 수 있을 때, 자신이 가족의 구성원임을 느끼게 되고 중요한 기여를 한 것으로 여기게 된다. 반대로 아동이 계획과 활동단계에서 제외되고, 어떤 것을 기대할 수 있는지에 대해 적절하게 준비되지 않으면 소속감을 얻기 어렵고 자신들의 존재나 기여를 인정하는 데 어려움을 겪게 된다. 이런 경우 아동들은 관심을 얻기 위해 행동화 증상을 보이거나, 위험스러운 행동을 하거나, 집에 오기를 꺼려 하거나, 위축되기도 한다.

　아동이 내면에 상처를 입게 되면 무슨 일이 일어난 것인지 이해하지 못하고 혹은 이해할 수 없기 때문에 스스로를 멍청하다고 여기게 되거나, 이곳에 속하지 못한다고 느끼게 되면서 "나는 충분하지 않아."라는 생각이 강해지게 된다. 이러한 생각은 아동이 정말 소중하고 특별하다는 것을 말과 행동을 통해 지속적으로 확인시켜 주는 어른이 있을 때 감소하게 된다. 어른들이 보여 주는 언어적, 비언어적 메시지를 통해 아동은 그들이 사랑받고 있고, 소중하며, 가치 있는 존재임을 느끼게 된다. 자신이 충분치 못하다고 여기는 아동들의 경우 기대 이상의 성과를 내거나, 죽은 형제자매처럼 행동하거나, 다른 사람의 욕구를 탁월하게 충족시켜 주거나, 비현실적으로 잘함으로써 자신의 부적절감이나 열등감을 다루게 된다.

　아동의 죽음은 그 형제자매에게 평생 동안 영향을 미친다. 하지만 위로받고,

배우고, 포함되고, 가치를 인정받은 아이들은 그들의 경험으로부터 많은 것을 배우게 된다. 그들은 스스로가 성장했다고 여기고, 슬퍼하는 이들을 보다 잘 도울 수 있으며, 앞으로 닥칠 수 있는 죽음에 더 준비되어 있다고 생각하게 된다. 반면, 하찮게 여겨지고, 무시당하고, 부끄럽게 여겨졌다고 느끼는 아동들은 후회와 가책을 느끼며 살아가게 되고 그들의 경험에서 좋은 점은 아무 것도 없다고 생각한다. 물론 형제자매의 죽음과 관련된 경험이 이 두 가지 경우로 정확하게 나뉘는 것은 아니지만 형제자매 사별을 경험한 아동을 돕는 목적은 앞으로 펼쳐질 그들의 인생에서 상실이 보다 긍정적인 모습으로 통합되는 것에 맞추어져야 한다.

형제자매의 죽음이 초기아동기에 미치는 영향

나는 형제자매 사별에 대한 연구를 위한 인터뷰를 진행하면서 대학에서 철학을 전공하고 있던 18살 잔 토마스Jan Thomas를 알게 되었다. 그녀는 부모님과 함께 살고 있었으며, 언니 줄리아Julia는 23세로 다른 주에서 대학을 다니고 있었다. 잔이 5살 되던 해 11살이던 오빠 마크Mark가 뇌종양 진단을 받은 지 1년 만에 사망했다. 잔은 오빠의 사망에 대한 첫 번째 반응을 다음과 같이 묘사하고 있다.

> "다른 사람이 말해 주지 않고도 내가 스스로 기억할 수 있는 첫 번째 장면이 오빠의 장례식에서 오빠의 시신을 본 그 장면이에요. 거기 서서 오빠를 바라보는데 어떤 후회도 느껴지지 않았어요. 그건 아마도 최악의 기억이기도 할 거예요. 나는 너무 어렸고, 그때 무슨 일이 일어나고 있는지도 몰랐거든요."

잔은 7학년 때 있었던 일을 기억해냈는데 그녀는 오빠의 이름으로 제정된 상을 시상할 것을 부탁받았다고 한다. 잔은 혼자서 슬픔과 씨름했다. 잔이 오빠의 병에 대해 생각했던 것이나 느꼈던 것들에 대해 이야기 나눌 수 있었던 어른은 아무도 없었다.

"그때 내가 오빠의 죽음에 대해 생각하기 시작했던 것 같아요. 집에서 오빠의 죽음에 대해서 이야기한 적이 없기 때문에 나는 혼자서 이 죽음이 무엇을 의미하는지 알기 위해 무척 애썼어요. 나는 죽음이라는 게 뭔지, 왜 오빠가 죽었는지 정말 알고 싶었어요. 중고등학교를 다니면서 나는 한 번도 부모님에게 이런 이야기를 해 본 적이 없어요. 아빠는 살면서 많은 죽음들을 경험하셨는데 한 번도 감정을 표현하신 적이 없어요. 집에서 죽음에 대해서 이야기해 본 적도 없고요. 제가 어렸을 때도요. 오빠가 살았을 때 뭘 했는지 이야기한 적은 있지만 오빠의 죽음에 대해서는 단 한 번도 말한 적이 없어요. 나는 부모님께 오빠의 죽음에 대해 말하는 게 무서웠어요."

최근 그녀는 어머니와 대화를 나누면서(예를 들면, "엄마가 저한테 이런 이야기를 좀 더 일찍 했더라면 좋았었겠다고 했어요. 하지만 나는 그때 너무 어린 아이였고 어떻게 말해야 할지도 몰랐어요.") 이전에도 몇 번의 기회가 있었던 것 같다고 말했다. 예를 들어, 오빠가 만들었던 것이 부서졌을 때 엄마가 무척 힘들어하셨는데 엄마의 슬픔에 대해서나 감정들에 대해서는 그녀와 절대로 이야기 나누지 않으셨다고 한다. 잔은 자신이 집안 문제는 집안에서 해결한다는 신조를 가진 집에서 자랐기 때문에 부모님이 아닌 사람들에게 죽음과 관련된 이야기를 하는 것이 옳지 않다고 여기면서 커 왔는데 고등학교 때 교회활동을 하면서 자신 안에 죽음과 종교 간의 연결들이 많다는 것을 발견하게 되었다고 말했다.

"나는 그게 오빠의 죽음이 나에게 미친 영향이라고 생각해요. 나는 종교를 볼 때 그 종교가 오빠의 죽음을 정당화할 수 있는지를 먼저 살펴요. 나는 하느님이 오빠의 죽음에 대해서 설명해 줄 수 없다고 봐요. 그래서 교회에 잘 나가지 않고, 지금 이런 모습으로 살게 된 것 같아요. 나는 오빠가 왜 그렇게 어린 나이에 죽었어야 했는지 알고 싶어서 죽음에 관한 책들을 정말 많이 읽었어요. 그리고 그게 내 친구들과는 많이 다른 점이라는 걸 깨닫게 되었어요. 고등학교 때 죽음에 대한 책을 들고 교실로 가서 책을 읽곤 했는데 다른 아이들은 제가 이상한 애라고 여겼죠. 그래서 학교를 다니면서 친한 사람을 만난 적이 없어요. 농구부 친구들이 있기는 했지만 주말에 전화해서 같이 놀자고 하거나 영화를 보자고 할 아이들은 없었어요. 나는 내가 늘 오빠에 대해서 생각했기 때문에 다른 애들이랑 많이 달랐다고 생각해요. 16살 때 처음 일을 시작했는데 그곳에서는 제가 어떤 사람인지 아무도 몰랐기 때문에 마음이 진짜 편했어요. 그 사람들은 오빠에 대해서도, 내가 어디 관심이 있는지도 몰랐어요. 거기서 내 마음을 열고 이야기하고 오빠 이야기도 처음으로 할 수 있는 친구도 만났어요."

잔은 대학 1학년 때 죽음에 대한 수업을 들었던 것이 그녀가 오랫동안 하고 싶었던 일 — 예를 들면, 무덤 찾아가기 등과 같은 — 을 하는 데 촉매제가 되었다고 말한다. 수업은 부모님과 이야기를 나누는 것에도 도움이 되었다고 했다.

"무덤 찾아가기는 내가 그동안 정말 하고 싶었던 일이었어요. 7학년 때 이후로 6년 동안 나는 오빠의 죽음에 대해서 그리고 대답을 알 수 없는 질문에 대해서 줄곧 생각해 왔어요. 운전면허가 없어서 오빠의 무덤에 갈 수 없었는데 2년 전에 운전면허를 따고 무덤에 다녀왔어요. 한 번도 가 본 적이 없어서 처음에는 오빠 무덤이 어디 있는지 찾을 수 없었지만 내가 직접 가서 보고 나니 정말 특별한 기분이었어요... 엄마는 내가 수업을 듣고 있는 걸 알고 계셨어요. 처음에는 엄마가 내 보고서를 읽는 게 꺼려졌지만 엄마가 읽어 보시게 하고 그것에 대해서 엄마랑 이야기를 했어요. 그리고 조금씩 답을 얻어 가고 있어요."

잔은 아버지와도 수업을 통해 관계 맺기를 시작했다. 보고서 마지막 부분에 아버지와도 이야기를 나누고 싶다는 내용을 적어 집 안 어딘가에 두었고, 이것을 본 아버지가 자신이 월남전에 참전하고 있을 때 어머니가 돌아가신 후 느꼈던 슬픔을 적어 답장을 써 주신 것이다.

"아버지는 전쟁에 가기 전에는 엄마를 잘 몰랐대요. 엄마가 돌아가시고 나니 엄마를 알아 갈 기회가 사라진 거고요. 그 일들이 아빠에게 어떤 영향을 미쳤는지 아빠가 이야기해 주셨어요. 이제 나도 아빠와 이야기를 나눌 수 있게 되었어요. 아빠가 감정적이라고 느낀 건 이번이 처음이에요."

잔에 의하면 언니 줄리아는 또 다른 경험을 갖고 있었다.

"언니는 아빠랑 많이 닮았어요. 두 사람 다 자기 문제에 대해서 이야기하기를 어려워해요. 언니랑은 말을 몇 번 정도만 해 봤을 뿐이에요. 언니는 완벽한 오빠와 늘 비교를 당했어요. 오빠는 늘 A만 받았고 친구들도 많았어요. 다들 오빠를 좋아했지요. 나도 학교에서는 곧잘 했기 때문에 언니는 중간에 자기가 끼어 있다고 여겼어요. 언니는 자기가 좋은 아이가 될 수 없고, 오빠와 비슷할 수도 없다고 했어요. 언니는 나와 오빠가 늘 함께 있고, 서로 가장 친했고, 자기는 외톨이였다고 해요. 언니는 오빠에게 화난 게 많아요."

잔은 다른 이들에게 다음과 같이 충고한다.

"가장 중요한 건 아이들이랑 이야기를 하는 거예요. 무슨 일이 일어나고 있는지 그 당시에도, 그 후에도, 항상요. 죽음이나 감정을 숨기려고 하지 마세요. 아이들이 어릴 때 무언가를 옷장에 보관해 두면 언젠가 그걸 치워야 하고, 온갖 쓰레기들이 그곳에 가득 차 있는 것을 나중에서야 알게 될 테니까요."

설명

잔의 이야기는 형제자매 사별을 경험한 아동들의 특징적인 사례다. 마크가 죽고 난 후 가족들은 그의 죽음에 대해서 거의 이야기하지 않았다. 집에서 아동의 죽음에 대해 솔직하게 이야기하지 않는 경우, 살아 있는 아동들은 무슨 일이 일어난 것인지, 이 상황에서 자신은 어떤 역할과 책임을 가져야 하는지에 대한 답을 얻지 못한 채 살아가게 된다. 잔은 오빠의 죽음에 대해 책임감을 느끼는 것 같지는 않았지만, 오빠를 죽게 한 그 병에 대해서는 전혀 모르고 있었다. 집에서 마크의 이름이 거의 언급되지 않았기 때문에 잔은 오빠에 대해서 말해서는 안 된다는 생각을 하고 있었다. 이런 가정에서 아동들은 자신의 생각과 감정을 혼자만 간직하게 되어 부모들이 마땅히 제공해 주어야 하는 지지와 정보 제공의 기회를 누리지 못하게 된다. 부모들은 이 시기에 커다란 고통 중에 있지만 살아 있는 아동들이 더 이상의 고통을 경험하지 않도록 보호해야 한다고 생각하면서 자신들의 슬픔을 감추려 한다. 실제로 잔의 부모님은 아이들을 피해 번갈아 가며 2층에 올라가 울곤 했다. 무슨 일이 일어났는지에 대해 그리고 자신들의 반응에 대해 가족들이 솔직하게 이야기할 때, 아동들은 슬픔이 정상적이고 자연스러운 과정이며, 슬픔을 나눌 때 위안도 함께 생겨난다는 것을 배우게 된다.

잔과 줄리아의 이야기는 형제간의 관계가 살아남은 형제자매의 사별 경험에 어떠한 영향을 미치는지에 대해서도 잘 보여 준다. 잔은 마크와 나이 차이도 있었고 성별도 달랐지만 특별한 유대감을 형성하면서 친밀한 관계를 형성했었고,

줄리아는 그 두 사람이 맺고 있던 특별한 관계에서 소외되는 경험을 했고, 두 사람에 대해 분노감을 가지고 있었다. 마크는 공부도 잘 하고, 운동도 잘 하고, 인기도 많았는데 줄리아는 마크와 자신을 비교하면서 자신이 불충분한 존재라고 여겼다. 이러한 생각은 계속되어 줄리아는 마크가 아닌 내가 죽었어야 했다고 말하기에 이르렀다. 아버지는 줄리아의 이런 말을 듣고 당황했지만 부모에게 줄리아가 얼마나 특별한 존재인지에 대한 이야기를 드러내 놓고 해 본 적이 없었기 때문에 그녀가 "나는 충분하지 않아."라고 느끼는 것을 변화시킬 수는 없었다.

아동기에 형제자매 사별을 경험한 아동들과의 인터뷰를 통해 나는 그들 중 많은 이들이 오랜 세월 동안 자신들의 질문에 답을 얻지 못하고 있는 것을 발견했다. 그들은 형제자매 사별에 관한 강의나 발표를 듣거나, 상담을 받으면서 형제자매의 죽음이 자신들의 삶에 미친 영향을 깨닫게 되기도 한다. 잔은 자신이 갖고 있는 질문의 답을 구하는 것이 중요하다고 여기고 끈질기게 그 답을 얻기 위해 노력했고, 사별과 관련된 초기 경험을 탐색하는 기회를 통해 마음의 큰 평화를 경험하게 되었다.

맺는 말

나는 연구를 위해 잔과 인터뷰를 실시했다. 하지만 많은 사별아동들을 만나 온 치료사로서, 나는 인터뷰가 치료적 목적으로도 사용될 수 있음을 직감했다. 인터뷰를 마칠 때마다, 나는 녹음기를 끄고 그녀에게 연구에 참여하는 경험에 대해 묻곤 했다. 많은 경우, 이렇게 자신의 이야기를 하는 것이 처음 있는 일이라고 말하는데, 잔 역시 수업 시간에 보고서를 썼던 것 이외에는 오빠의 죽음을 말하는 것이 처음이라고 했다. 종종 많은 사람들이 자신의 이야기를 할 수 있어서 기쁘고, 내가 하는 이야기에 흥미를 느끼는 사람이 있다는 것도 좋았다고 말했다. 자신들의 이야기를 풀어놓음으로써 그들은 새로운 통찰력과 관점을 갖게 되었는데, 잔은 인터뷰가 "옷장을 청소하는" 또 하나의 단계였다고 말하면서, 자신의 경험이 다른 아동들에게 도움이 되면 좋겠고, 자신의 경험을 통해 옷장에 쓰레기들이 덜 쌓이기를 바란다고 했다.

토론을 위한 질문들

캐리의 사례

1. 아담이 죽었을 때 콜린은 막 10대가 되었다. 그 단계에 있는 아동에게 어떤 사람, 사건, 관심사들이 중요하게 여겨질까?
2. 1번 질문과 관련하여, 콜린은 형제자매 사별아동으로서 어떠한 상실들을 경험한 것일까?
3. 둘 사이가 가까웠던 형제자매의 죽음이 가족의 삶에 어떤 영향을 미치게 될까?

잔의 사례

1. 5살 아동이 죽음에 대해 보일 수 있는 전형적인 반응들을 토의하시오. 잔이 오빠의 죽음에 대해 기억하는 것이 그 반응들과 얼마나 비슷하고 혹은 얼마나 다른가?
2. 가족마다 아동의 죽음에 대한 반응과 감정이 서로 다르다는 것을 고려할 때 어떤 유형의 상담이 적합할 것인가? 잔의 가정을 대상으로 개인상담과 가족상담을 실시하는 것에 대해 찬반을 논해 보자.
3. 잔이 미래의 상실에 대처할 수 있는 능력이 어느 정도인지 어떻게 사정할 것인가? 당신은 그녀가 위험한 상태라고 생각하는가? 그렇다면 왜 그런지, 그렇지 않다면 왜 그런지에 대해 이야기해 보자.
4. 한 아이는 많이 아프고, 다른 한 아이는 건강한 자녀들을 기르고 있는 부모들에게 잔의 경

험이 어떤 도움이 될 수 있을까? 한 아이가 질병으로 죽고 난 후 남아 있는 다른 아이를 어떻게 지지할 것인가?

5. 잔의 언니인 줄리아의 사별과 관련된 경험을 돕기 위해 어떤 접근이 필요할까?

참고문헌

Balk, D. (1983a). Effects of sibling death on teenagers. *Journal of School Health, 53*(1), 14-18.

_____ (1983b). Adolescents' grief reactions and self-concept perceptions following sibling death: A study of 33 teenagers. *Journal of Youth and Adolescence 12*, 137-161.

_____ (1996). Attachment and the nations of bereaved college students: A longitudinal study. In D. Klass & P. Silverman (Eds.), *Continuing bonds: New understandings of grief* (pp. 311-328). Washington, DC: Taylor & Francis.

Ball, J. (1976-1977). Widow's grief: The impact of age and mode of death. *Omega: Journal of Death and Dying, 7*, 307-333.

Binger, C. M. (1973). Childhood leukemia: Emotional impact on siblings. In J. E. Anthony & C. Koupernick (Eds.), *The child and his family: The impact of disease and death* (pp. 195-209). New York: Wiley.

Binger, C. M., Ablin, A., Feuerstein, R., Kushner, J., Zoger, S., & Mikkelsen, C. (1969). Childhood leukemia: Emotional impact on patient and family. *New England Journal of Medicine, 2804*, 414-418.

Blinder, B. J. (1972). Sibling death in childhood. *Child Psychiatry and Human Development, 2*, 1969-1975.

Brent, D. A., Perper, J. A., Moritz, G., Liotos, L., Schweers, J., Roth, C., et al. (1993). Psychiatric impact of the loss of an adolescent sibling to suicide. *Journal of Affective Disorders, 28*, 249-256.

Brett, K., & Davies, B. (1988). What does it mean?: Sibling and parental appraisals of childhood leukemia. *Cancer Nursing, 11*(6), 329-338.

Büchi, S., Mörgeli, H., Schnyder, U., Jenewein, J., Hepp, R., Jina, E., et al. (2007).

Grief and post-traumatic growth in parents 2-6 years after the death of their extremely premature baby. *Psychotherapy and Psychosomatics, 76,* 106-114.

Burns, E. A., House, J. D., & Ankenbauer, M. R. (1986). Sibling grief in reaction to sudden infant death syndrome. *Pediatrics, 78*(3), 485-487.

Cain, A., Fast, I., & Erickson, M. (1964). Children's disturbed reactions to the death of a sibling. *American Journal of Orthopsychiatry, 34,* 741-745.

Calhoun, L. G., & Tedeschi, R. G. (2001). Postraumatic growth: The positive lessons of loss. In R. A. Neimeyer (Ed.), *Meaning reconstruction and the experience of loss* (pp. 157-172). Washington, DC: American Psychological Association.

Callister, L. C. (2006). Perinatal loss: A family perspective. *Journal of Perinatal and Neonatal Nursing, 20*(3), 227-234.

Carey, R. G. (1977). The widowed: A year later. *Journal of Counseling Psychology, 24,* 125-131.

Cobb, B. (1956). Psychological impact of long-term illness and death of a child in the family circle. *Journal of Pediatrics, 49,* 746-751.

Davies, B. (1988a). Shared life space and sibling bereavement responses. *Cancer Nursing, 11,* 339-347.

_____ (1988b). The family environment in bereaved families and its relationship to surviving sibling behavior. *Children's Health Care, 17,* 22-31. Davies, B. (1995). Sibling bereavement research: State of the art. In I. Corless, B. Germino, & M. Pittman (Eds.), *A challenge for living: Death, dying and bereavement* (Vol. 2, pp. 173-202). Boston: Jones & Bartlett.

_____ (1999). *Shadows in the sun: The experiences of sibling bereavement in childhood.* Philadelphia: Brunner/Mazel.

Davies, E. (1983). *Behavioral response of children to the death of a sibling.* Unpublished doctoral dissertation, University of Washington, Seattle.

Doka, K. (Ed.). (1989). *Disenfranchised grief: Recognizing hidden sorrow.* New York: Free Press.

Ferrell, B. R., & Coyle, N. (2008). *The nature of suffering and the goals of nursing.* Oxford, UK: Oxford University Press.

Fulton, R., & Fulton, J. (1971). A psychosocial aspect of terminal care: Anticipatory grief. *Omega: Journal of Death and Dying, 2,* 91-100.

Futterman, F. H., & Hoffman, I. (1973). Crisis and adaptation in the families of fatally ill children. In E. F. Anthony & C. Koupernick (Eds.), *The child and his family: The impact of disease and death* (Vol. 2, pp. 121-138). New York: Wiley.

Gibbons, M. B. (1992). A child dies, a child survives: The impact of sibling loss. *Journal of Pediatric Health Care, 6,* 65-72.

Heller, S. S., & Zeanah, C. H. (1999). Attachment disturbances in infants born subsequent to perinatal loss: A pilot study. *Infant Mental Health Journal, 20*(2), 188-199.

Hilgard, J. R. (1969). Depressive and psychotic states as anniversaries to sibling death in childhood. *International Psychiatry Clinics, 6,* 197-207.

Hogan, N. S. (1988). Understanding sibling bereavement. *The Forum, 12,* 4-5. Hogan, N. S. (2008). Sibling loss: Issues for children and adolescents. In K. J. Doka & A. S. Tucci (Eds.), *Living with grief: Children and adolescents* (pp. 159-174). Washington, DC: Hospice Foundation of America.

Hogan, N. S., & DeSantis, L. (1992). Things that help and hinder adolescent sibling bereavement, *Western Journal of Nursing Research, 16,* 132- 153.

_____ (1996). Adolescent sibling bereavement: Toward a new theory. In C. Corr (Ed.), *Handbook of adolescent death and bereavement* (pp. 173-195). New York: Springer.

Horsley, H., & Patterson, T. (2006). The effects of a parent guidance intervention on communication among adolescents who have experienced the sudden death of a sibling. *American Journal of Family Therapy, 34*(2), 119-137.

Hughes, P., & Riches, S. (2003). Psychological aspects of perinatal loss. *Current Opinion in Obstetrics and Gynecology, 15*(2), 107-111.

Hunter, S. B., & Smith, D. E. (2008). Predictors of children's understandings of death: Age, cognitive ability, death experience and maternal communicative competence. *Omega: Journal of Death and Dying, 57*(2), 143-162.

Hutton, C. J., & Bradley, B. S. (1994). Effects of sudden infant death on bereaved siblings: A comparative study. *Journal of Child Psychology and Psychiatry, 35*(4), 723-732.

Kaplan, C. P., & Joslin, H. (1993). Accidental sibling death: Case of Peter, age 6. In N. B. Webb (Ed.), *Helping bereaved children: A handbook for practitioners* (pp. 118-136). New York: Guilford Press.

Kobler, K., Limbo, R., & Kavanaugh, K. (2007). Meaningful moments: The use of ritual in perinatal and pediatric death. *MCN: The American Journal of Maternal Child Nursing, 32*(5), 288-295.

Krell, R., & Rabkin, L. (1979). The effects of sibling death on the surviving child: A family perspective. *Family Process, 18,* 471-477.

Lauer, M. E., Mulhem, R. K., Bohne, J. B., & Camitta, B. M. (1985). Children's perceptions of their sibling's death at home or in hospital: The precursors of differential adjustment. *Cancer Nursing, 8,* 21-27.

Limbo, R. K., & Wheeler, S. R. (2003). *When a baby dies: A handbook for healing and helping.* La Crosse, WI: Gundersen Lutheran Medical Foundation. (Original work published 1986)

Mandell, F., Dirks-Smith, T., & Smith, M. F. (1988). The surviving child in the SIDS family. *Pediatrician, 15*(4), 217-221.

Mandell, F., McAnulty, E. H., & Carlson, A. (1983). Unexpected death of an infant sibling. *Pediatrics, 72*(5), 652-657.

Martinson, I., Davies, B., & McClowry, S. (1987). The long-term effects of sibling death on self-concept. *Journal of Pediatric Nursing, 2,* 227-235.

McClowry, S., Davies, B., May, K., Kulenkamp, E., & Martinson, I. (1987). The empty space phenomenon: The process of grief in the bereaved family. *Death Studies, 11,* 361-374.

McCown, D. (1984). Funeral attendance, cremation and young siblings. *Death Education, 8,* 349-363.

Mufson, T. (1985). Issues surrounding sibling death during adolescence. *Child and Adolescent Social Work Journal, 2,* 204-218.

Nixon, J., & Pearn, J. (1977). Emotional sequelae of parents and siblings following the drowning or near-drowning of a child. *Australian and New Zealand Journal of Psychiatry, 11,* 265-268.

O'Leary, J. M., Gaziano, C., & Thorwick, C. (2006). Born after loss: The invisible child in adulthood. *Journal of Prenatal and Perinatal Psychology and Health, 21*(1), 3-23.

Packman, W., Horsley, H., Davies, B., & Kramer, R. (2006). Sibling bereavement and continuing bonds. *Death Studies, 30*(9), 817-841.

Pantke, R., & Slade, P. (2006). Remembered parenting style and psychological well-being in young adults whose parents had experienced early child loss. *Psychology and Psychotherapy, 79*(1), 69-81.

Parkes, C. M. (1975). Determinants of outcome following bereavement. *Omega: Journal of Death and Dying, 6,* 303-323.

Pector, E. A., & Smith-Levitin, M. (2002). Mourning and psychological issues in multiple birth loss. *Seminars in Neonatology, 7*(3), 247-256.

Pinto, C., Turton, P., Hughes, P., White, S., & Gillberg, C. (2006). ADHD and infant disorganized attachment: A prospective study of children next-born after stillbirth. *Journal of Attention Disorders, 10*(1), 83-91.

Pollock, G. (1962). Childhood parent and sibling loss in adult patients. *Archives of General Psychiatry, 7,* 295-305.

_____ (1978). On siblings, childhood sibling loss and creativity. *Annual of Psychoanalysis, 6,* 443-481.

Price, S. K. (2007). Social work, siblings, and SIDS: Conceptual and case-based guidance for family system intervention. *Journal of Social Work in End-of-Life and Palliative Care, 3*(3), 81-101.

Rosenblatt, B. (1969). A young boy's reaction to the death of his sister. *Journal of the American Academy of Child Psychiatry, 8,* 321-335.

Rosenzweig, S. (1943). Sibling death as a psychological experience with reference to schizophrenia. *Psychoanalytic Review, 30,* 177-186.

Stehbens, J. A., & Lascari, A. D. (1974). Psychological follow-up of families with childhood leukemia. *Journal of Clinical Psychology, 30,* 394-397.

Stephenson, J. (1986). Grief of siblings. In T. A. Rando (Ed.), *Parental loss of a child* (pp. 321-338). Champaign, IL: Research Press.

Tooley, K. (1973). The choice of a surviving sibling as "scapegoat" in some cases of maternal bereavement: A case report. *Journal of Child Psychology and Psychiatry, 16,* 331-339.

Vachon, M. (1976). Stress reactions to bereavement. *Essence, 1,* 23.

Webb, N. B. (1993). Assessment of the bereaved child. In N. B. Webb (Ed.), *Helping bereaved children: A handbook for practitioners* (pp. 19-42). New York: Guilford Press.

CHAPTER 5

사회적으로 인정받지 못하는 아동의 슬픔

데이비드 크렌셔 *David A. Crenshaw*
제니퍼 리 *Jennifer Lee*

'사회적으로 인정받지 못하는 슬픔disenfranchised grief'은 케네스 도카(Kenneth Doka, 1989, 2002)에 의해 소개된 개념으로, 사회적으로 인정되지 못하고 정당화되어지지 않는 슬픔을 뜻한다. 사회적으로 인정받지 못하는 슬픔은 아동의 경우에도 적용된다(Crenshaw, 2002). 반려동물의 죽음이나 상상 속 인물의 죽음, 어린 아이들이 이행대상transitional object으로 들고 다니던 낡고 오래된 담요를 잃어버리는 것 등이 사회적으로 인정받지 못하는 아동의 슬픔의 예들이다. 이러한 상실이 아동들에게는 매우 중요함에도 불구하고 어른들에게는 대수롭지 않은 것으로 여겨진다. 어른들은 아동들이 죽음을 이해한다고 믿기를 꺼리기 때문에 아동들의 슬픔은 인정받지 못하는 경우가 많다. 어린이집에 다니는 4살짜리 꼬마가 엄마나 아빠가 죽을 때보다 병원에서 예방주사를 맞기 전에 더 많은 설명을 듣고, 정서적 지지를 받으면서 준비하는 것이 우리의 현실이다. 부모님들은 "그 아이는 4살이라고요. 이 상황을 모를 거예요."라고 말하지만 4살이라면 누구나 엄마가 돌아가신 후 모든 사람이 힘겨워 하는 것을 금세 알아차릴 것이다. 하지만 슬프게도 이런 경우에 그 누구도 아이에게 별다른 이야기를 해 주지 않는다.

부모가 어린 아동들에게 죽음에 대해 말하지 않는 것은 그들이 죽음을 이해할 수 없을 것이라고 믿기 때문일 것이다. 이미 슬픔으로 고통 받고 있는 어른들이 가족의 죽음을 아동에게 알렸을 때 그들이 힘겨워하는 것을 보는 것은 그들에게 참을 수 없는 고통을 야기한다. 따라서 어른들은 이런 상황을 회피하고 아이들은 죽음을 이해하기에 너무 어리다고 합리화시키게 된다. 그러나 실제로 아동은 성인의 지도와 위로 그리고 지지가 없으면 더욱 고통스러워하기 때문에 이런 생각은 잘못된 것이다.

사회적으로 인정받지 못하는 슬픔은 임상현장에서 많이 접할 수 있다. 부모가 별거나 이혼을 하게 되면, 함께 살지 못하는 부모에 대한 아동의 상실감은 함께 사는 부모에 의해 평가절하될 것이다. 그렇기 때문에 이혼한 부모가 다른 사람과 교제를 시작할 때 아동이 부모의 교제 상대에게 애착을 보이는 것은 흔한 일인데, 그러다가 그 관계가 끝나버리고 부모가 교제했던 사람에게 화가 나 있는 상태라면 아동의 슬픔은 누구도 알아차리지 못하고 혹은 금지되어 버리기도 한다. 반려동물이 죽은 것을 슬퍼하는 아동이 얼마나 크게 상실감을 느끼고 있는지에 대해 무감각한 어른들은 그 슬픔을 존중하지 못하고 "그건 그냥 동물이었을 뿐이야. 그렇게 속상해할 필요는 없어."라고 말하기도 한다. 하지만 아동들에게 반려동물은 그저 동물에 그치지 않을뿐더러, 반려동물의 죽음은 아동이 처음 접하는 죽음일 수도 있고, 그로 인해 더 큰 정서적 영향을 받게 되는 것이다.

친구가 이사를 갔을 때 아동들이 느끼는 황폐함 혹은 공허함 역시 어른들에게서 과소평가될 때가 있다. 가장 친했던 친구가 이사를 가는 경우라면 더욱 큰 상실감을 느끼게 된다. 위탁가정에 맡겨지는 아동들의 경우 작별인사를 준비할 시간도 없이 가정을 옮겨 다니게 되는 경향이 있는데 이들은 이렇게 깨어진 관계를 경험하면서 사회적으로 인정받지 못하는 슬픔을 커다랗게 쌓아가게 된다. 청소년들의 경우 이성친구와 교제하다가 헤어지게 되면 심각한 슬픔을 경험하기도 한다. 이때 어른들은 그들의 슬픔을 작게 여기는데 정작 그 고통은 매우 극심하다. 사회적으로 인정받지 못하는 아동의 슬픔의 예는 이것 말고도 더 많이 나열할 수 있지만 크게 가족과 지역사회, 문화, 그리고 자기 자신과의 관계에서 인정받지 못하는 슬픔 네 가지로 구분할 수 있다.

가족 안에서 인정받지 못하는 슬픔

앞서 말한 바와 같이, 아동들이 너무 어려 이해하지 못할 것이라는 잘못된 믿음 때문에 아동들이 경험하는 슬픔은 종종 무시되곤 한다. 이런 경우 아동은 죽은 사람에 대해 질문을 할 사람도 주변에 없고, 심한 경우에는 아동 앞에서는 죽은 사람의 이름조차 언급되지 않을 것이다.

이혼한 후 따로 살던 부모가 죽은 경우, 아동과 함께 살던 부모는 자녀가 자신의 전남편 혹은 전부인과 관련된 슬픔을 표현하는 것을 참아 주기 어렵다는 점에서 아동이 슬퍼하는 것을 지지하거나 용인하는 것이 불가능할 수도 있다. 그보다는 덜한 경우겠지만 어떤 부모는 자신의 전남편 혹은 전부인의 죽음에 대해 자녀가 최소한으로 슬퍼하게 하거나 혹은 그렇게 되기 전에 그 순간을 빨리 지나가게 만들려고 애쓸 수도 있다.

아동이 죽은 사람과 갈등관계에 있었다면 다른 가족구성원들은 아동이 느끼는 슬픔을 대수롭지 않게 여길 수도 있다. 하지만 이런 경우 아동은 상실뿐만 아니라 쉽게 해결될 수 없는 죄책감도 느끼게 되고, 틀어진 관계를 다시 손 볼 기회가 사라진 것을 깨닫게 되며, 이제는 다시 만들어갈 수 없는 죽은 사람과의 관계를 간절히 바라게 되면서 더 크게 고통 받을 수 있다.

폴린 보스(Pauline Boss, 2006)는 분명하지 않은 채로 남아 있는 상실을 의미하는 '애매모호한 상실ambiguous loss'이라는 개념을 언급했다. 사랑하는 사람의 소재나 상태에 대한 정보가 불확실하거나 충분치 않은 경우 가족 모두에게 정신적 외상이 초래된다. 군인 사상자, 자연재해, 테러사건 등과 같이 사망한 사람의 시신을 찾을 수 없는 경우 가족들은 애매모호한 상실을 경험하게 된다. 가족들 중에는 그런 애매모호한 상태를 잘 참아낼 수 있는 사람이 있는가 하면 혹은 사랑하는 사람의 죽음을 받아들이지 못하는 사람도 있을 수 있기 때문에 아동이 슬퍼하는 것을 인정받지 못할 수도 있다.

아동이 죽음에 대해 가족들에게 보이는 반응과 그들이 느끼는 인정받지 못하는 슬픔 간에는 연결고리가 있다. 형제자매의 죽음에 아동들이 어떻게 반응하는지 조사한 연구에 따르면, 2~24개월 전에 형제자매의 죽음을 경험한 4~16세까지의 42명의 남학생과 48명의 여학생 중 50%가 아동행동평가척도CBCL: Child Behavior Checklist에서 말하는 행동문제를 경험하고 있는 것으로 나타났다(Mc-Cown & Davies, 1995). 특히 응답자들의 공격성 정도가 현저하게 높은 것으로 나타났는데, 아동들이 행동화 증상을 보일 때 부모들이 자녀의 죽음을 슬퍼하고 있기가 어려워진다는 것에서 그 원인을 찾을 수 있을 것이다.

아동과 청소년들이 죽음에 대해 보이는 보편적인 반응 중 하나는 회피다(Swihart, Silliman, & McNeil, 1992). 사랑하는 사람의 죽음을 경험한 아동이 그 사람에 대한 기억이나 그와 나누었던 이야기들을 회피하는 것으로 대처기제를 선택하게 되면, 다른 가족들은 아동이 전혀 상처받지 않았다고 여기거나 혹은 죽음에 대해 신경조차 쓰지 않는다고 오해하는 결과를 낳게 되고, 가족들은 아동에게 "너는 어쩜 그렇게 차갑고 냉정할 수가 있니?"라며 비난하게 된다. 일반적으로 아동들은 슬픔을 피해 보려고 필사적으로 노력한다. 아동들은 자신들이 슬픔에 집중하고 있으면 밀려오는 파도에 몸이 쓸려가듯 슬픔에 압도당하게 될 것을 두려워한다. 어떤 아동들은 슬픔을 견뎌낼 만큼 내면이 강하지 않을 수도 있고, 어떤 아동들은 슬픔에 몰두할 수 있을 만큼의 충분한 심리적 자원이 없기 때문이다. 이와 같이 아동들이 슬퍼하는 방식과 어른들이 슬퍼하는 방식에는 차이가 있다는 것을 알아두면 자녀들이 슬픔이라는 어려움을 겪고 있을 때 부모들이 더 지지적이고 공감적인 태도를 취하는 데 도움이 될 것이다.

아동이 죽은 형제자매나 부모와 지속적인 유대와 애착을 형성하는 것이 중요하다는 것을 이해하지 못하는 경우에도 인정받지 못하는 슬픔이 발생한다. 아동이 죽은 가족과 지속적인 애착을 형성하는 것이 중요하다는 주장이 기껏해야 20년 정도 전부터 강조되고 있기 때문에 이 점을 다른 가족들이 모르고 넘어가는 것도 무리가 아니다(Hogan & DeSaints, 1992; Rubin, 1999). 비록 나제라(Nagera, 1981)가 아동의 경우 사망한 부모와 지속적인 유대관계를 맺을 필요가 있다는 점을 강조하고는 있지만 그의 주장이 학계에 큰 영향을 미치지는 못하고 있다.

그는 특히 아동이 마무리하지 못한 발달과업을 완수하기 위해서는 사망한 부모와 지속적으로 관계를 형성하는 것이 중요하다고 강조한다. 지난 20여 년 전까지만 해도, 사별을 연구하는 사람들은 애도에는 정해진 시간이 있고, 죽은 사람과의 감정적인 연계를 끊어 내는 것이 건강한 회복에 도움이 된다고 보는 의학적 관점에 많은 영향을 받아 왔다(Hogan & DeSaints, 1992). 이러한 신념 때문에 어른들이 "이제 충분하잖아. 엄마를 잊고 보내 드려야 할 시간이야."라고 말하기도 하는 것이다. 이와 같이 아동이 성공적으로 발달과업을 완수하기 위해서 죽은 부모와의 애착관계를 유지하는 것이 반드시 필요함에도 불구하고 그 관계를 끊어 내라는 이야기를 듣게 되면, 그들의 슬픔은 이해받지 못하고, 존중받지 못하게 되기 때문에 슬픔과 발달단계상의 욕구 모두 인정받지 못하는 상황이 발생하게 된다.

지역사회 안에서 인정받지 못하는 슬픔

가족구성원 중 한 사람이 죽었을 때 지역사회가 아동의 슬픔을 알아주거나 적절하게 지지해 주기란 쉽지 않은 일이다. 자살이나 AIDS로 인한 사망 등의 경우에는 특히 죽음에 대한 낙인이 찍히기 때문에 그런 현상이 분명해진다. 또한 매우 충격적인 죽음의 경우 주변 사람들이 유가족에게 무어라 말해 주어야 할지, 그러한 상황에 어떻게 반응해야 하는지 모르기 때문에 지지와 위로를 전하는 것이 어려워지기도 한다. 또한 많은 사람들은 그와 같이 고통스러운 사건으로부터 거리를 두고 싶어 하고 피하고 싶어 하는 경향이 있기 때문에, 유가족들이 죽음 이후 적절한 지지를 받았다고 하더라도 곧 자신들이 지역사회에서 고립되어 있고, 친구나 이웃들이 자신들로부터 거리를 두고 있다는 것을 알아차리게 된다. 즉, 유가족들이 자신들을 둘러싸고 있는 공동체로부터 위로와 돌봄을 받는 것이 가장 필요한 시점에 그러한 거리가 생겨 버리는 것이다.

가족구성원의 죽음을 경험한 청소년들에게 또래 친구들의 지지는 매우 중요한 영향을 미치는데 정작 그 나이 또래 아이들은 그런 상황에서 어떻게 행동해야 하는지 알지 못한다. 죽음과 관련된 일에 준비가 되어 있지 않기 때문에 사별을 경험한 친구를 어떻게 위로하고 지지해 주어야 하는지 모를 수 있는 것이다. 고든(Gordon, 1986)은 한 고등학생이 아버지가 돌아가신 친구에게 더 이상 농담을 하는 것이 어렵고 파티에 초대하는 것도 어렵다고 말한 사례를 보고한 바 있는데, 이런 경우 사별을 경험한 청소년은 고립감과 소외감을 더 많이 느끼게 된다.

십대 청소년들이 가족보다 또래친구들과 함께 슬픔을 나누는 것은 흔한 일이다. 청소년들의 경우, 매우 힘든 감정상태일 때 가족들에게 의지한다는 것은 이제 막 생겨나고 있는 자신의 자율성을 위협할 수 있는 행동이라고 여기기 때문에 비극적이고 중대한 상실을 겪은 청소년들은 무리를 지어 다니기도 하고, 유목민처럼 이 집과 저 집을 몰려다니기도 한다. 이러한 행동이 발달단계상 적절한 것임을 이해하지 못하는 부모와 학교, 지역사회는 자녀들이 가장 많은 지지를 필요로 하는 그 순간에 그들을 비난하게 되고 만다. 따라서 학교와 지역사회는 사별을 경험한 청소년들을 또래 관계라는 맥락 안에서 바라볼 수 있어야 하고, 부모나 형제자매의 죽음으로 인한 슬픔은 매우 긴 여정이기 때문에 또래 집단의 지지 이외에도 학교와 교사, 코치 등이 제공하는 지지와 이해 역시 필요하다는 점을 알고 있어야 한다.

폭력에 노출되는 것이 다반사인 빈곤 지역에 사는 가족과 아동이 경험하는 죽음의 경우 부유하고 특권층에 속하는 사람들이 모여 사는 지역사회에 비해 덜 존중되는 경향이 있다. 교외지역의 학교에서 총기난사 사건이 벌어지면 주요 뉴스로 보도되지만, 빈곤 지역의 학교에서 같은 사건이 벌어지면 사람들은 "이 동네에서 뭘 기대하는데?"라며 이를 대수롭지 않게 여긴다. 인생이 하찮게 여겨졌던 이들이 죽음에서조차도 평가절하되는 것이다. 크랜셔(Crenshaw, 2008a)는 1900년대 초반, 노예였던 한 흑인 여성이 다니던 교회 교인들의 반대로 자신의 교회 공동묘지에 묻히지 못하고 흑인들만 묻히는 묘지에 묻힐 수밖에 없었던 이야기를 들려준다. 그 이후로 한 세기가 흘렀고, 빈곤한 가족구성원의 삶과 상류층 가족구성원의 삶이 가치나 중요도, 의미에서 차이가 없음이 분명하지만, 미국 사회에서 여전히 인종과 계층으로 인해 가족과 아동의 삶 그리고 죽음의 가치가 결정되는 것을 부정할 수 없다.

문화 안에서 인정받지 못하는 슬픔

소수 민족의 아동, 청소년, 가족들은 지배적 문화권에서 자신들의 문화적 관습을 인정하지 않을 경우 문화 안에서 인정받지 못하는 슬픔을 경험하게 될 수도 있다. 가족들이 자신의 슬픔을 인정해 주고 지지해 주더라도 지배적 문화가 소수문화권에서의 슬픔 표현을 무시하고 인정하지 않는다면 그것은 인정받지 못하는 슬픔의 한 원인이 된다.

죽음에 대한 반응들은 문화적 맥락 안에서 형성된다. 미국의 주류 문화는 집단보다 개인에 초점을 맞추고, 죽은 사람과의 지속적인 유대가 중요하다는 것을 부정하며, 이례적인 슬픔 반응들을 병적인 것으로 보는 경향이 있다(Shapiro, 1996). 사랑하는 사람을 잃었을 때, 특정한 기간 동안 슬픔이나 우울 같은 어느 수준의 감정표현을 하는 것이 '적당한' 애도라고 간주된다. 이러한 모습들이 죽음에 대한 '유효한' 표준으로 여겨지고, 이것을 벗어나는 반응들은 과도하고, 병적이며, 부적절한 것으로 인식되는 것이다. 하지만 소수 민족 가족들은 이와는 현저하게 다른 표준을 가지고 있을 수 있다.

각 문화가 슬픔 표현으로 '받아들일 수 있는' 내용들은 매우 다양하다. 어떤 문화권에서는 감정표현을 자제하고 억누르는 것이 적절하다고 여겨지는 반면, 다른 문화권에서는 공공연하고 강렬한 감정표현이 적절한 것으로 여겨질 수 있다. 죽은 사람에 대해 슬픔을 나타내는 데 있어 아프리카계 미국인들이 유럽계 미국인들보다 더 적극적으로 표현한다(Rosenblatt & Wallace, 2005). 아일랜드에서는 유머가 장례 절차 중에서 핵심적인 요소를 차지하는데, 아일랜드 사람들은 장례를 치르면서 슬픔을 과도하게 표현하기보다는 죽은 사람과 관련된 이야기를 나누고 유머를 던지는 특징이 있다(McGoldrick et al., 1991).

사후세계에 대한 인식이나 죽은 사람과의 계속적인 유대의 필요성에 대해서도 문화별로 차이가 있다. 죽은 사람과 강력한 유대관계를 형성하는 것은 이 세상에서 견뎌내는 힘을 제공한다. 멕시코계 미국인들은 죽은 이들의 날The Day of the Dead을 기념하면서 무덤을 찾아 죽은 이들의 영혼과 이야기를 나누려 한다든가, 죽은 사람이 좋아하던 음식이나 꽃 등을 넣어 둔 제단을 세우기도 하는데 (Moore, 1980), 이렇게 하면 영혼들이 산 사람을 찾아와 기도를 들어 준다고 여긴다. 일부 아시아 문화권에서도 조상들에게 의례rituals를 올리는 것을 중요하게 생각한다. 일본에서는 조상들의 영혼을 존경하는 의미로 향로와 초, 사진들을 넣어둔 불단(仏壇)을 집에 두기도 하고(Klass, 2001), 한국에서는 제사를 드리면서 조상의 영혼을 기리기도 한다(Grayson, 1989).

문화는 슬픔표현을 규정하기도 하고, 애착과 유대감의 양식에 영향을 미치기도 한다. 사회적 기대는 상실에 대한 반응표현이나 애도기간뿐만 아니라 아동이 죽은 사람과 관계를 맺는 부분까지도 무엇이 적절한 반응인지에 대해 선을 그어둔다. 아동이 혈연관계로 맺어지지 않은 누군가의 죽음보다 부모님의 죽음을 더 힘들게 받아들이는 것은 당연하다고 여겨진다. 아동이 가족이 아닌 사람과 강한 애착관계를 형성하고 있었다고 하더라도 그 사람은 가족구성원이 아니라는 이유로 아동이 느끼는 상실감은 과소평가되기 쉽고, 누군가는 "엄마가 돌아가신 것도 아닌데 뭘 그래."라며 대수롭지 않게 말할 수도 있다.

반면, 몇몇 문화권에서는 혈연관계로 맺어지지 않은 어른들과 형성하는 유대가 아동양육에 있어 중요한 부분을 차지한다. 라틴 아메리카계 가정에서는 대부, 대모와 상호 애착관계를 발전시켜 나가는 것이 자녀양육에 중요한 역할을 한다(Doka & Martin, 2002; Doka & Tucci, 2008). 반면, 다른 문화권에서의 대부, 대모의 역할은 아동이 세례를 받을 때에만 중요하게 여겨지고 이외의 경우에는 최소화되곤 한다. 아프리카계 미국인 지역사회에서는 역할모델이 될 만한 교회의 집사나 목회자들, 가족의 친구들이 '아주머니', '아저씨' 등으로 불리면서 확대 친족체계를 형성해 가고, 이들은 아동의 인생에서 모두 중요한 역할을 담당하게 된다(Doka & Tucci, 2008; Hines & Boyd-Franklin, 1996). 아프리카계 미국인 가족은 외할머니와 엄마, 아동 3세대로 구성된 가족체계를 형성하는 경우도 많은데(Nichols, 2008), 외할머니는 종종 부모의 역할을 하기도 하고 주요 양육자로서 아동을 양육하게 된다. 이와 같은 문화권에서는 대부나 대모, 가족의 친구들, 조부모의 죽음이 부모의 죽음과 마찬가지로 강렬하고 힘거운 경험으로 다가올 수 있다. 따라서 가족과 관계가 있건 없건 간에 부모의 역할을 맡았던 인물이 죽었을 때 그들이 직계가족이 아니라는 이유만으로 깊이 애도하는 것을 존중받지 못하게 되면 아동은 인정받지 못하는 슬픔을 경험하게 되는 것이다.

소수 민족의 아동, 청소년들은 모국의 문화를 고수하는 가정에서 자라면서도 주류사회에 동화되는 과정 중에 있기 때문에 더 높은 긴장상태를 경험하게 된다. 이들은 서로 극명하게 다른 두 세상, 즉 부모들의 세상과 또래 친구들의 세상 사이에서 협상을 하면서 살아가야 하는 것이다. 소수 민족의 청소년들은 서구사회의 가치를 받아들이고 학교에서 만나는 또래집단으로부터 위안과 동질감을 갈구하면서도, 가족과의 유대관계나 문화적 기대로부터도 동일하게 강력한 수준으로 영향을 받게 된다. 따라서 상실을 경험한 아동이나 청소년들은 상실에 대해서 서로 다른 입장을 취하는 세대와 문화, 사회적 기대 속에서 갈등하고 있는 자신의 모습을 발견하게 된다.

앤 패디먼Anne Fadiman의 책『리아의 나라: 몽족 아이 미국인 의사들 그리고 두 문화의 충돌The Spirit Catches You and You Fall Down』(1997)은 미국에 이민 온 몽족 이민자들의 이야기인데, 이 책에 등장하는 리아 리Lia Lee의 이야기는 문화 안에서 인정받지 못하는 슬픔을 보여 주는 가슴 아픈 사례다. 어느 날 리아가 발작으로 쓰러진 후 미국 병원의 의사들은 리아에게 심각한 간질 증세가 있다고 진단한다. 그러나 그녀의 부모들은 몽족 사람들이 말하는 "영혼이 너를 잡을 때 너는 쓰러지게 된다."라는 현상이 리아에게 일어나고 있고 리아의 영혼이 몸에서 빠져나가려 할 때 이런 일이 일어나는 것이라고 믿고 있었다. 패디먼은 이 책에서 토속적인 치료방법과 서구사회의 의료기술이 충돌할 때 가족에게 닥칠 수 있는 비극적인 결론을 묘사하면서 서구사회가 죽음에 대한 다른 문화권의 의례에 대해 얼마나 무지한지에 대해 말한다. 몽족 사람들은 모든 씨족 사람들이 며칠간 모여서 북을 치거나, 노래를 하거나, 동물을 죽여 제물로 바치면서 제사를 드리는 샤머니즘적인 의식을 중요하게 생각하고, 이 과정은 몽족 사람들의 영적 생활에 엄청난 의미를 갖는다. 그러나 현재 살고 있는 곳의 문화적 규범 때문에 이러한 의례와 애도방법을 택하는 것이 불가능한 경우, 소수 민족 사람들은 불안감과 두려움을 느낄 수 있고, 자신과 가족, 죽은 사람의 영혼이 위험에 빠질 수 있다고 여기게 된다. 이와 관련하여 로젠블랏(Rosenblatt, 2007)은 "개인을 둘러싼 문화의 요구가 있긴 하지만 소수 민족 사람들은 그들의 방식대로 슬퍼할 필요가 있다. 그것이 보장되지 않을 경우, 그들은 윤리적으로 인정받지 못하게 되고, 인권이 침해될 수 있으며, 애도과정과 영적안녕에 심각한 결과가 초래될 수 있다." 고 말한다(p. 118).

자기 스스로에게 인정받지 못하는 슬픔

아동들에게 가족구성원이 죽는 것은 너무 강력한 사건이기 때문에 자신의 심리적 붕괴현상을 막기 위해 죽음을 부정하거나 인정하지 않으려 하는 현상이 일어나는데(Crenshaw, 2002; Kauffman, 1989), 어른들의 경우에도 죽음으로 인한 슬픔이 너무 커서 정신을 놓게 되지는 않을까 두려워하는 경우가 허다하다. 극심하고 강렬한 슬픔은 무서운 경험이 될 수 있고, 대처자원이 발달하고 있는 과정 중에 있는 아동들의 경우에는 더욱 그럴 수 있다.

전쟁이나 테러리스트의 공격, 자연재해 등으로 가족구성원 중 두 사람 이상이 한꺼번에 사망했을 경우, 아동들은 슬퍼할 겨를조차 없을 것이다(Crenshaw & Hill, 2008). 상실 자체가 너무나도 힘겨운 일이고, 그 사건이 자신의 생존본능을 위협할 수 있기 때문이다(Hardy & Laszloffy, 2005). 즉, 그런 상황에서는 살아남기 위해 모든 심리적 자원을 동원하기 때문에 슬픔을 느끼지도 못하는 것이다.

정신장애 진단을 받았거나, 이전에 상실 혹은 외상을 경험했거나, 빈곤이나 학업실패, 학습장애 등과 같은 사회적 조건을 갖고 있는 아동들의 경우 취약성이 높고, 취약성이 높을수록 자기 안에서 인정받지 못하는 슬픔을 경험할 위험이 높아진다. 이때 학교나 지역사회를 기반으로 이루어지는 프로그램을 통해서 이와 같은 위험요인을 갖고 있는 것으로 판단된 아동과 유가족을 발굴하고 그들에게 부가적인 지지를 제공하는 것이 매우 중요하다. 죽음이 대단히 충격적인 것이거나 혹은 낙인과 수치심, 비밀과 관계가 있는 경우 역시 아동들이 스스로 슬픔을 인정하지 않을 수 있다.

너무나 힘든 감정들을 겪게 되는 것이 두려워서 죽음을 직면할 수 없는 아동은 가족들에게 새로운 스트레스원이 된다. 이 상황에 대해 제대로 알지 못하는 가족들은 아동이 냉정하고 무관심하다고 여기면서 "너는 오빠가 죽은걸 신경도 안 쓰니?"라며 비난을 쏟아낼 수도 있다. 이런 경우에는 개인별로 다르게 나타나는 슬픔반응과 아동의 발달단계에 대해 가족구성원들을 교육시키는 것을 목적으로 하는 개입이 필요하다.

사례

- 아동명: 로드니Rodney
- 나이: 7세
- 가족: 어머니(록산Roxanne, 37세), 아버지(사망), 누나(베키Becky, 9세), 남동생 (리키Ricky, 4세)

로드니의 아버지는 퇴근하던 길에 미수에 그친 강도사건의 범인에 의해 살해당했다. 그의 죽음으로 인해 가족뿐만 아니라 아버지가 경비원으로 일하던 호텔이 있는 작은 마을 전체가 충격에 빠졌으며, 학교와 교회 활동에 적극적이었던 로드니의 가족은 아버지 사망 당시 많은 위로와 지지를 받을 수 있었다.

로드니는 2학년이 되고 나서 두 달이 지난 무렵 치료에 의뢰되었다. 아버지의 갑작스러운 사망 사건 이후 5개월이 지난 뒤였는데, 로드니가 딱히 화낼 만한 일이 없었는데도 복도에서 줄 서 있는 아이들을 밀치고, 운동장에서 아이들을 때려눕히는 등의 공격적인 행동을 하기 시작한 것이다. 로드니의 어머니 록산은 세 아이를 기르는 것과 어려운 경제상황 때문에 불안감에 사로잡혀 있었고, 세 아이들에 대한 염려가 많았는데 그중 로드니에 대한 걱정이 가장 컸다. 첫째 베키는 겉으로 보기에는 잘 지내는 것 같았지만 어머니나 치료사 모두 베키가 자신의 슬픔을 부정하고 엄마를 돕기 위해 빨리 어른이 되려고 애쓰는 것은 아닌지 염려하고 있었다. 막내 리키는 어떤 일이 벌어지고 있는 것인지 모르는 것처럼 보이다가도 엄마에게 "아빠는 언제 집에 와?", "아빠 만나러 천국에 갈 수 있어?" 등의 질문을 던지기도 했다. 록산은 이런 질문을 받을 때마다 마음이 아팠고, 어린이집에 다니는 꼬마조차도 죽음의 신비를 이해하기 위해 애쓰고 있다는 것을 분명하게 깨닫게 되었다. 부모들은 가족구성원의 죽음에 대해 아이들에게 어떻게 말해야 할지에 대해 치료사들로부터 도움을 받을 필요가 있다 (Crenshaw, 2006). 가족치료 회기 중에 『브램리 이야기*The Bramley Stories*』(Crenshaw, 2006)를 읽었는데, 어머니와 치료사가 한 번에 한 삽화씩 읽어 주고 나서 아이들이 질문도 하고 어떤 느낌을 받았는지 나누도록 했다. 이 책은 아빠가 갑자기 죽은 아기토끼 브램리에 대한 이야기로, 어린이집과 유치원에 다니는 아동과 그 부모들이 이런 상황에서 대화를 이어갈 수 있도록 도와서 아이들이 죽음의 불가사의함을 혼자 풀어보려 애쓰지 않도록 만드는 데 도움이 된다. 세 아이 모두 이 이야기에 흠뻑 빠져들었고, 아기토끼 브램리와, 브램리가 슬픔을 극복하도록 돕는 베니 삼촌에 대해 질문하기 시작했다. 록산은 이 책을 통해서 아이들과 깊은 이야기를 나눌 수 있었다는 것에 안도감을 나타냈다.

록산은 로드니가 아버지와 심각한 갈등관계에 있었다는 점에서 로드니를 가장 염려했다. 록산은 로드니가 태어날 때부터 키우기 어려운 기질을 갖고 있었다고 하면서, 다른 두 아이들과 달리 로드니는 짜증을 잘 내고, 쉽게 화를 내고, 충동적이며, 어릴 때는 먹이는 것과 잠자는 것에도 많은 어려움이 있었고, 달래기도 어려웠으며, 안아 주는 것도 싫어하는 아이였다고 표현했다. 록산의 시어머니는 로드니의 아버지가 어렸을 때 로드니와 아주 비슷했다고 말하곤 했는데, 록산은 남편이 로드니를 보면서 자신의 어린 시절이 떠올랐기 때문에 두 사람의 관계에서 늘 문제가 생겼던 것은 아닌지 생각하고 있었다. 록산의 남편은 로드니를 매우 엄격하게 양육했는데, 그러면 그럴수록 로드니는 고집을 부리고, 동생의 배를 때리거나 누나와 동생의 물건을 부수는 등 더 과격하게 행동하기 시작하면서 악순환이 계속되었다고 말했다.

로드니를 만나는 첫 번째 치료 회기에서 로드니는 악어 인형을 집어 들어 다른 인형들과 치료사를 공격하기 시작했는데 치료사가 고통을 느낄 정도의 강도였기 때문에 치료사는 로드니에게 "악어가 화를 내는 건 괜찮은데 나를 아프게 하는 건 허락할 수가 없어. 여기 있는 공룡한테 화를 내게 하는 건 괜찮아."라고 한계를 설정해 주었다. 로드니는 이 선을 넘어서지 않으면서 남은 회기를 마무리했고, 그 이후 진행되었던 회기에서 화가 점차 감소하는 것을 볼 수 있었다. 로드니는 악어 인형 이외에도 군인, 탱크, 대포를 이용해 전쟁 장면을 만들면서 자신의 분노를 상징적으로 표현했다. 하지만 로드니는 치료가 진행될수록 전쟁 그 자체에는 흥미가 없어지는 듯 했고, 전쟁 장면을 만드는 새로운 방법들에 집중하기 시작했다. 공격성을 참는 모습이 이후 회기에서 반복적으로 관찰되었는데, 이것이 바로 치료적 놀이에서 얻을 수 있는 치유력의 증거라고 할 수 있다.

로드니가 그렇게 많이 화를 내는 것에는 충분한 이유가 있다. 7살 꼬마인 로드니는 너무나 많은 것들을 잃었다. 무엇보다 아버지가 돌아가셨다. 이것은 로드니가 더 이상 아버지와의 관계에서 느꼈던 갈등을 해결할 수 없다는 것을 의미하고, 아버지와 갖기 원했던 좋은 관계들을 가질 수 없다는 것을 의미하며, 모든 아이들이 필요로 하는 '나는 착한 아이야.'라고 여길 수 있는 기회를 잃었다는 것을 의미한다(Kagan, 1998). 로드니는 아버지가 했던 비판들에 대해 그게 다 자기 탓이라고 여기고 있었고, 자신이 아버지가 기대하는 수준으로는 살 수 없다고 생각하면서 수치심과 함께 '나는 나쁜 아이야.'라는 생각을 갖고 있었다. 치료사는 회기 동안 "어떤 나이가 되었건 아버지가 돌아가시는 건 정말 힘든 일이야. 하지만 너는 일곱 살 밖에 안 되었으니 더 힘들거야.", "다른 아이들한테는 다 아빠가 있는데 너만 아빠가 없으니 정말 화가 날 거야." 등과 같은 말을 들려주어 로드니가 자신의 분노를 다룰 수 있게 해 주었다.

상담실에는 로드니와 같은 아동들이 많이 찾아온다. 로드니는 감정을 말이 아닌 행동으로 표현하는 경우였다. 누나인 베키는 자신의 감정을 말로 잘 표현했지만 로드니는 놀이에서의 상징적인 행동으로 감정을 표현하는 것이 전부였기 때문에 치료사는 설명을 통해 로드니가 직접적인 말로 한 번도 표현해보지 못했던 자신의 감정들을 인정할 수 있도록 도왔다.

치료사가 로드니로 하여금 수치심과 아버지와의 관계를 나쁜 것으로 인식하고 있는 것에 대해 이야기하도록 돕는 과정도 중요했다. 로드니는 아버지가 야근을 할 때, 아버지가 자기의 나쁜 행동 때문에 소리 지르게 되는 것이 싫어서 집에 오고 싶지 않은 것이 늦게 오는 이유라고 생각했다는 것을 12회기가 지나서야 인정하게 되었다. 이런 생각 때문에 로드니는 자기가 집에서 그렇게 문제를 안 일으켰다면 아버지가 살해당하던 날 그렇게 늦게까지 회사에 있지 않아도 되었을 것이라고 생각하게 되었고, 아버지의 죽음이 자기 탓이라고 여기고 있었던 것이다. 7살 꼬마가 혼자 안고 있기에는 너무나도 큰 비밀이었던 것이다. 치료사는 치료 회기 동안 록산도 함께 있을 것을 권유하곤 했는데, 첫 번째 이유는 로드니에게 살아 있는 부모가 늘 곁에 있다는 것을 알려 주기 위함이었고, 두 번째 중요한 이유는 로드니가 아버지의 죽음에 대해 책임감을 느끼고 있음을 알리는 것과 관계가 있었다. 로드니는 그가 아버지의 죽음에 책임이 없다는 것을 그의 인생에 남아 있는 가장 의미 있는 인물인 어머니 앞에서 깨닫게 될 필요가 있었다. 어머니 앞에서 로드니는 자신이 감추어 왔던 무거운 마음의 짐을 꺼내 놓았고, 너에게는 아버지의 죽음에 대한 책임이 없다고 하는 어머니의 강하고 진실된 말은 치료사가 해 온 그 어떤 말보다 더 큰 치유가 되었다. 부모들이 놀이회기에 항상 함께하는 것은 아니고, 부모 참여가 금지되는 사례도 있지만 이 경우처럼 부모의 참여가 치료과정을 촉진하는 경우도 많다.

갑작스럽고 충격적인 아버지의 죽음 이후 로드니가 보인 행동들 때문에 로드니와 가족들은 그런 과격한 행동이 비롯되는 고통의 근원이 무엇인지 알아차릴 수 없었고, 이로 인해 로드니는 인정받지 못하는 슬픔을 경험하고 있었다. 로드니가 학교에서 공격적이고 비열한 행동을 계속하게 되자 그에게 지지적인 선생님들조차도 매우 좌절하고 있었고, 집에서는 어머니와 누나, 동생을 끊임없이 괴롭히고 있었다. 이와 같이 가장 가까운 이들을 화나게 만드는 경우, 아동 내면에 있는 고통이 이 모든 상황의 원인이라는 것을 깨닫기란 쉽지 않다.

로드니는 그가 대인관계에서 보이고 있는 태도를 가족치료 상황에서도 동일하게 보여 주었다. 로드니는 어머니로부터 멀리 떨어져 앉아 있었고, 어머니는 로드니에게 그의 누나와 동생이 인형을 가지고 장면들을 만들고 있는 작업에 참여할 것을 권유하였다. 치료사도 로드니를 설득하여 로드니가 주도적인 역할― 날개 부러진 독수리를 치료해 주는 의사 역할 ― 을 맡도록 했다. '부러진 날개'는 이 가정이 커다란 사건을 겪은 이후 다시 날아오르려 애쓰는 것을 의미하는 비유적 의미였다. 가족치료 회기 초반에 로드니는 '잘 어울리지 않는 아이' 역할을 보여 주었다. 그는 늘 아버지가 쏟아내는 비난의 대상이었고, 기질도 까다로웠기 때문에 가족 안에서 잘 어울리지 않는 아이였다. 그는 친구들을 화나게 하는 비열한 행동 때문에 친구들로부터 거절당하고 선생님들로부터 야단을 맞게 되면서 학교에서도 자신이 잘 어울리지 않는 사람이라고 여기게 되었다. 로드니는 가족치료 첫 번째 회기에서도 화가 섞인 말을 중얼거리면서 구석에 자리를 잡고, 다른 가족들과 활동에 참여하기를 거부함으로써 '어울리지 않는 아이'

의 모습을 보였다. 그러나 어머니와 치료사가 로드니를 설득하고, 결국 로드니가 함께 활동하게 되었을 때 누나와 동생은 이를 반겨 주었고, 주도적이고 건설적이며 치료를 담당하는 역할을 맡도록 배려함으로써 그가 '어울리지 않는 아이'가 아님을 확인시켜 주었다.

결국 로드니는 더 이상 자신을 집이나 학교에서 '어울리지 않는 아이'라고 생각하지 않게 되었고, 가족들과도, 친구들과도 더 잘 지내게 되었다. 치료의 또 다른 주요한 방향은 비록 로드니의 아버지가 로드니를 옳지 않은 방법으로 훈육하기는 했지만, 그가 로드니에 대해 많이 걱정했던 것, 그리고 로드니가 자기 자신보다는 편안한 삶을 살 수 있기를 바랐던 것에 대해 로드니가 감사할 수 있도록 하는 것에 맞추어졌다. 로드니의 아버지가 애정이나 인정, 사랑 등을 더 잘 표현했더라면 로드니가 더 많이 감사할 수 있었겠지만, 결국 로드니는 아버지가 자신에게 필요하다고 생각했던 것을 채워 주기 위해 노력하고 애썼다고 생각할 수 있게 되었다. 이렇게 생각하게 되자 로드니는 수치심뿐만 아니라 아버지에 대한 분노도 떨쳐버릴 수 있게 되었다.

가족의 치유를 위한 마지막 단계로 세 아이들이 함께 아버지를 기억하기 위한 사진첩도 만들었다. 아이들은 가족이 함께 보냈던 즐거운 시간에 대한 이야기를 나누며 사진, 그림들을 모았고, 로드니는 이 활동에 적극적으로 참여하였다. 로드니가 느꼈던 슬픔이 인정받지 못하는 슬픔이 아닌 것으로 바뀌게 된 것이다.

결론

아동이나 청소년들이 가족구성원의 죽음을 직면할 때, 그들의 정신내적인 역동과 발달단계상의 이슈들에 대해 이해하고 있으면 그들이 슬픔을 표현하는 방법에 대한 이해가 넓어질 수 있다. 우리는 아동들이 살아가고 있는 가족, 친구, 학교, 이웃, 지역사회 등과 같은 외부 환경의 영향에 대해서도 반드시 알고 있어야 한다. 이와 관련하여 우리는 실천가로서 우리가 익숙하게 여기는 문화가 아닌 다른 문화권에서 슬픔을 어떻게 표현하는지에 대해 이해하려고 애써야 한다. 다양한 문화권에서 온 사람들이 한데 모여 사는 이 사회에서, 우리는 대다수 사람들이 정상이라고 생각하는 관점을 확장시키고 소수 민족 아동과 가족이 지향하는 전통문화를 존중할 필요가 있다.

이 장에서는 아동들의 슬픔이 인정받지 못하는 치료실 밖 상황에 대해 설명했다. 하지만 치료적 맥락 안에서도 무심코 아동들의 슬픔을 무시하거나 인정하지 않거나 최소화할 수 있는 가능성이 있다는 점을 기억하는 것도 중요하다. 우리는 애도작업에 포함된 잠재적인 위험요소 — 우리의 정신을 위협하는 것들로부터 스스로를 보호하기 위해 발전시킨 간접적 외상경험과 면역 — 와 우리의 한계를 스스로 인식하고 있는 것이 중요하다는 점을 명심해야 한다(Crenshaw, 2008b). 치료사는 당사자의 주관적인 세상에 참여하고, 공감하고, 연민을 갖는 것과 동시에 충분한 치료적 거리를 유지하는 객관적인 자세를 갖는 것 사이에서 미묘한 균형을 이루는 것에 숙달되도록 애써야 한다. 우리는 바다 위에 떠 있는 구명튜브를 붙잡고 당사자에게 뛰어 들어가는 셈이다. 때로 우리는 당사자와 온전히 함께 있고 싶고 연결되고 싶은 마음에 구명튜브를 놓치기도 하고, 또 때로는 너무도 가망이 없어 보여 구명튜브만을 꼭 붙들기도 한다. 우리는 이 두 가지 태도 사이에서 머뭇거리다 결국 우리 스스로 그 균형을 잡는다는 것이 어려운 일이라는 것을 깨닫게 된다. 우리가 당사자들의 가족과 학교, 이웃에서 활용 가능한 자원을 발굴할 수 있도록 돕는 것처럼, 우리도 동료들과 다른 정신건강 전문가 집단의 지지와 유대를 통해 도움을 얻을 수 있다.

우리는 이 장에서 아동이 가족과 지역사회, 문화, 그리고 자기 자신으로부터 인정받지 못하는 슬픔의 여러 가지 상황에 대해 살펴보았다. 치료사는 슬픔이 표현되는 다양한 맥락에 대해 알고 있다고 여기지만, 인정받지 못하는 슬픔을 유발하는 무수한 경로를 접하게 되면 당황하기도 한다. 그러나 치료사는 인간의 정신이 갖고 있는 적응유연성과 아동들이 갖고 있는 잠재된 회복능력 또한 기억하고 있어야 한다. 활동적인 방법으로 애도작업을 하는 것이 필요한 아동이든, 몇 마디 지지적인 말을 해 주는 것이 필요한 아동이든 우리가 공통적으로 해야 할 것은 경청이다. 아동이나 그 가족들이 하는 이야기를 경청함으로써 우리는 그들의 경험을 이해하게 되기 때문이다. 당사자를 이해하고 도움으로써 그들의 치유과정이 시작되는 데 필요한 환경을 조성하는 것이 치료사의 진실된 바람일 것이다.

토론을 위한 질문들과 역할극 연습

1. 개인마다 다르게 나타나는 차이들에 대해 알고 있는 것이 왜 중요할까? 발달적 관점을 바탕으로 이 질문에 대해 토론해 보자. 어린 아이들의 슬픔 표현과 그보다 나이가 더 많은 아이들의 슬픔 표현이 어떻게 다른지도 이야기해 보자.
2. 자신이 경험한 가족과 지역사회, 문화, 자기 자신으로부터 인정받지 못한 슬픔에 대해서 이야기해 보자. 혹은 상담사례를 나누어도 좋다.
3. 로드니의 사례에서 치료사는 가족들이 아버지를 기리는 앨범을 만드는 활동을 하게 함으로써 그들의 치유와 회복을 도왔다. 이와 같은 사례에서 활용할 수 있는 또 다른 치료적 기술이나 가족활동에는 무엇이 있을까?
4. 미국문화에서 전형적인 혹은 정상적인 것으로 여겨지는 죽음에 대한 반응이 무엇인지 생각해 보자. 그리고 자신이 속한 문화권에서 겪었던 개인적 경험이나 상담현장에서 있었던 일들을 나누어 보자.
5. 인정받지 못하는 슬픔을 경험하고 있는 아동을 만날 때 치료사가 맞닥뜨릴 수 있는 어려움이나 보상에는 어떤 것들이 있을지 이야기해 보자.

6. 역할극 연습: 4명의 지원자를 선발하여 두 사람은 부모, 한 사람은 10살 남자아이, 한 사람은 치료사의 역할을 하도록 한다. 남자아이는 기르던 개 러스티Rusty가 차에 치여 죽게 된 이후로 화를 많이 내기 시작했다. 남자아이는 뒷마당 문을 모르고 열어 두었는데, 러스티가 그 문으로 나가 죽게 되었고, 남자아이는 개의 죽음에 책임을 느끼고 있다. 부모들이 아이에게 러스티의 죽음이 아이 탓이 아니라는 것을 계속 이야기해 주고는 있지만 아이가 왜 그렇게까지 힘들어 하는지 이해하지 못하고 있다. 부모가 새 강아지를 사는 것은 어떻겠냐고 말하면 아이는 아무도 나를 이해해 주지 못한다고 말하고 화를 내면서 방으로 들어간다고 한다. 역할극을 하면서 치료사는 가족들이 함께하는 회기를 진행하면서 인정받지 못하는 슬픔에 대해 이야기하는 것을 연습하라. 역할극 끝 부분에는 치료사의 개입 중 치료적인 역할을 한 것이 무엇이었는지 가족구성원 모두가 구체적으로 이야기하도록 한다.

참고문헌

Boss, P. (2006). *Loss, trauma, and resilience: Therapeutic work with ambiguous loss.* New York: Norton.

Crenshaw, D. A. (2002). Disenfranchised grief of children. In K. J. Doka (Ed.), *Disenfranchised grief: New directions, challenges, and strategies for practice* (pp. 293-306). Champaign, IL: Research Press.

Crenshaw, D. A. (2006). *Evocative strategies in child and adolescent psychotherapy.* Lanham, MD: Aronson/Rowman & Littlefield.

_____ (2008a). *Therapeutic engagement of children and adolescents: Play, symbol, drawing, and storytelling strategies.* Lanham, MD: Aronson/Rowman & Littlefield.

_____ (2008b). Therapist healing and use of self. In D. A. Crenshaw (Ed.), *Child and adolescent psychotherapy: Wounded spirits and healing paths* (pp. 123-140). Lanham, MD: Lexington/Rowman & Littlefield.

Crenshaw, D. A., & Hill, L. (2008). When grief is a luxury, children can't afford. In D. A. Crenshaw (Ed.), *Child and adolescent psychotherapy: Wounded spirits and healing paths.* Lanham, MD: Lexington/Rowman & Littlefield.

Doka, K. J. (Ed.). (1989). *Disenfranchised grief: Recognizing hidden sorrow.* Lexington, MA: Lexington.

_____ (Ed.). (2002). *Disenfranchised grief: New directions, challenges, and strategies for practice.* Champaign, IL: Research Press.

Doka, K. J., & Martin, T. L. (2002). How we grieve: Culture, class, and gender. In K. J. Doka (Ed.) *Disenfranchised grief: New directions, challenges, and strategies for practice* (pp. 337-347). Champaign, IL: Research Press.

Doka, K. J., & Tucci, A. S. (Eds.). (2008). *Living with grief: Children and adolescents.* Washington, DC: Hospice Foundation of America.

Fadiman, A. (1997). *The spirit catches you and you fall down.* Stanford, CA: Stanford University Press. 이한중 역. 2010. 『리아의 나라: 몽족 아이 미국인 의사들 그리고 두 문화의 충돌』. 월북.

Gordon, A. K. (1986). The tattered cloak of immortality. In C. A. Corr & J. N. McNeil (Eds.), *Adolescence and death* (pp. 16-21). New York: Springer.

Grayson, J. H. (1989). *Korea: A religious history.* New York: Oxford University Press. 강돈구 역. 1995. 『한국종교사』. 민족사.

Hardy, K. V., & Laszloffy, T. (2005). *Teens who hurt: Clinical interventions to break the cycle of adolescent violence.* New York: Guilford Press.

Hines, P. M., & Boyd-Franklin, N. (1996). African American families. In M. McGoldrick, J. K. Pierce, & J. Giordano (Eds.), *Ethnicity and family therapy* (2nd ed., pp. 66-84). New York: Guilford Press.

Hogan, N., & DeSantis, L. (1992). Adolescent sibling bereavement: An ongoing attachment. *Qualitative Health Research, 2,* 159-177.

Kagan, J. (1998). *Three seductive ideas.* Cambridge, MA: Harvard University Press.

Kauffman, J. (1989). Intrapsychic dimensions of disenfranchised grief. In K. J. Doka (Ed.), *Disenfranchised grief: Recognizing hidden sorrow* (pp. 25-29). Lexington, MA: Lexington.

Klass, D. (2001). Continuing bonds in the resolution of grief in Japan and North America. *American Behavioral Scientist, 44,* 742-763.

McCown, D. E., & Davies, B. (1995). Patterns of grief in young children following the death of a sibling. *Death Studies, 19,* 41-53.

McGoldrick, M., Almeida, R., Hines, P. M., Rosen, E., Garcia-Preto, N., & Lee, E. (1991). Mourning in different cultures. In F. Walsh & M. McGoldrick (Eds.), *Living beyond loss: Death in the family* (pp. 176-206). New York: Norton.

Moore, J. (1980). The death culture of Mexico and Mexican Americans. In R. Kalish (Ed.), *Death and dying: Views from many cultures* (pp. 56-61). New York: Baywood.

Nagera, H. (1981). *The developmental approach to childhood psychopathology.* New York: Aronson.

Nichols, M. P. (2008). *Family therapy: Concepts and methods* (8th ed.). Boston: Allyn & Bacon. 김영애 · 김영택 · 송성자 역. 2011. 『가족치료: 개념과 방법』. 시그마프레스.

Rosenblatt, P. C. (2007). Culture, socialization, and loss, grief, and mourning. In D. Balk, C. Wogrin, G. Thornton, & D. Meagher (Eds.), *Handbook of thanatology* (pp. 115-119). Northbrook, IL: Association for Death Education and Counseling, Thanatology Association.

Rosenblatt, P. C., & Wallace, B. R. (2005). *African American grief.* New York: Routledge.

Rubin, S. S. (1999). The two-track model of bereavement: Overview, retrospect, and prospect. *Death Studies, 23,* 681-714.

Shapiro, E. R. (1996). Family bereavement and cultural diversity: A social developmental perspective. *Family Process, 35,* 313-332.

Swihart, J., Stillman, B., & McNeil, J. (1992). Death of a student: Implications for secondary school counselors. *School Counselor, 40,* 55-60.

CHAPTER 6

가족구성원의 자살:
아동과 청소년 생존자들 돕기

신시아 맥코맥 *Cynthia McCormack*
낸시 보이드 웹 *Nancy Boyd Webb*

한 명의 자살자 뒤에는 적어도 여섯 명의 생존자들이 남아 있다. 미국에서는 매년 약 20만 명의 자살생존자가 발생하는 것으로 알려져 있으며, 2005년에는 미국인 65명 중 1명이 자살생존자인 것으로 조사되었다(Kung, Hoyert, Xu, & Murphy, 2008). 하지만 자살생존자 중 아동 및 청소년이 차지하는 비율에 대해서는 아직 알려진 바가 없다. 아동과 자살을 연구하는 학자들은 지금까지 자살 예방에 초점을 맞추어 연구를 진행해 왔으나, 최근에는 자살생존자들을 어떻게 도울 것인지에 대한 관심이 증가하고 있다. 2000년 이후 자살로 인한 사별을 경험한 아동과 청소년들에 대한 연구가 증가하고 있지만 연구자들은 이에 대한 연구가 더욱 활발하게 이루어져야 한다고 주장한다(Cain, 2002; Dyregrov & Dyregrov, 2005; Jordan & McMenamy, 2004; Parrish & Tunkle, 2003; Ratnarajah & Schofield, 2007; Sethi & Bhargava, 2003).

이 장에서는 자살로 인한 가족구성원의 죽음이 아동과 청소년에게 어떤 영향을 미치는지 살펴보고, 자살과 관련된 복합적 슬픔, 인정받지 못하는 슬픔 등과 같은 특별한 이슈들에 대해 이야기해 보려고 한다. 이 책에 소개된 서로 다른 발달단계에 속해 있는 아동 및 청소년들의 사례를 통해 전형적인 반응과 치료접근을 이해할 수 있을 것이다.

주제의 개관

자살로 인한 사별을 경험한 아동과 청소년은 우울장애, 외상후스트레스장애 PTSD, 공황장애, 품행장애 등의 정신장애로 진단받을 수 있는 위험이 증가하는 것으로 알려져 있다(Melhem, Moritz, Walker, Shear, & Brent, 2007; Ratnarajah & Schofield, 2007; Pfeffer et al., 1997; Sethi & Bhargava, 2003; Mitchell, Kim, Prigerson, & Mortimer-Stephens, 2004; Mitchell et al., 2006). 자살로 인한 사별을 경험한 아동은 학교나 다른 환경적 환경에서 친구들과 지내는 것에 더 큰 어려움을 겪는 것으로 나타났고(Sethi & Bhargava, 2003), 복합적 슬픔을 경험하게 될 위험이 높고(Mitchell et al., 2004), 자살을 시도할 가능성 역시 높은 것으로 보고되고 있다(Sethi & Bhargava, 2003; Jordan, 2001).

복합적 슬픔

복합적 슬픔은 우울이나 불안, 외상후스트레스장애 등과는 구별되는 징후로 (Melhem et al., 2007), 일정 기간 동안의 정상적인 애도 이후 일상으로 돌아가는 개인의 능력을 방해하는 일련의 우울감을 뜻한다(Mitchell et al., 2004; Prigerson et al., 1995). 예를 들어, 누군가의 죽음 이후 대략 14개월이 지난 후에도 여전히 그 죽음을 받아들이지 못하고, 다른 사람들로부터 고립되려 하고, 죽은 사람에 대한 생각에 빠져 있고, 멍하게 지내거나 화를 내고, 죽은 사람을 지나치게 그리워하는 것을 경험하는 경우라면 복합적 슬픔에 해당한다고 볼 수 있다 (Horowitz et al., 1997). 골드만(Goldman, 2001)은 복합적 슬픔을 겪고 있는 아동의 경우 압도적인 감정 때문에 '얼어붙은 시간의 장벽'에 갇혀 적절한 애도과정을 겪어 나갈 수 없다고 말하면서, 아동들이 슬픔을 헤쳐 나갈 자유를 누리지 못하면 이러한 감정에 묶여버리게 된다고 이야기한다. 그녀는 부모나 보호자, 정신건강전문가들이 '녹이는 과정'을 촉진함으로써 아동들의 애도를 도울 수 있다고 설명한다. 녹이는 과정이란 아동으로 하여금 수치심이나 판단받는 두려움 없이 사랑하는 사람의 죽음을 다시 경험하고 그와 관련된 감정을 표현할 수 있는 안전한 환경을 제공하는 것을 말한다.

연구자들은 아동과 청소년의 복합적 슬픔을 사정할 수 있는 『복합적 슬픔 척도-개정판*Inventory of Complicated Grief-Revised(ICG-R)*』(Melhem et al., 2007)을 개발하였다. 복합적 슬픔이 또래 친구의 죽음을 경험한 청소년의 자살 위험과 강한 상관관계를 갖고 있는 것으로 나타났기 때문에 복합적 슬픔을 초기에 확인하는 것은 매우 중요한 과제라 하겠다(Melhem, Day, Shear, & Day, 2004). 페퍼 등(Pfeffer et al., 1997)은 부모들의 낮은 심리사회적 기능, 자살 이후 가족들이 경험하는 스트레스원 등과 같은 변수들이 자살 이후 아동들에게 어려움을 가중시킨다는 것을 밝혀냈다. 따라서 자살로 인한 죽음 이후 부모와 보호자들의 욕구를 사정함으로써 아동의 회복을 도울 수 있어야 한다.

자살로 인한 사별의 특성

연구자들은 자살로 인한 사별이 질병이나 사고 등으로 인한 사별과 구별되는 것인지에 대해서 오랫동안 논의해 왔고 지금까지의 결론은 상반되게 나타난다(Cerel, Fristad, Weller, & Weller, 1999; Jordan, 2001; Ratnarajah & Schofield, 2007). 멜햄 등(Melhem et al., 2007)은 자살로 인한 사별을 경험한 아동 집단과 사고나 갑작스러운 자연사로 인한 사별을 경험한 아동 집단에서 복합적 슬픔 점수 차이가 나타나지 않았다고 보고하였다. 그러나 이 결과는 자살이나 사고, 갑작스러운 자연사가 모두 예기치 않은 죽음이었다는 점에서 복합적 슬픔 점수에 차이가 없었던 것으로 이해될 수도 있다.

　최근 발표되는 연구에서는 자살생존자들의 경우 정신질환의 위험성이 증가되면서 사회적 기능은 약화되고, 자살과 관련된 잠재적인 낙인, 수치심, 고립 등을 경험하기 때문에 자살로 인한 사별은 다른 슬픔들과 많은 부분에서 차이를 보인다는 주장이 제기되고 있다(Cerel et al., 1999; Jordan, 2001; Mitchell et al., 2006; Sethi & Bhargava, 2003). 또한 다른 죽음들과 달리 자살로 인한 죽음에서 의미를 찾기란 쉬운 일이 아니다. 조단(Jordan, 2001)은 생존자들이 공통적으로 "그 사람이 왜 그랬을까요?", "나는 왜 막지 못했을까요?", "그 사람이 나한테 어떻게 이럴 수가 있죠?" 등의 질문을 하는 것을 발견하고, 나타나는 슬픔의 강도나 정신적 증후와 관계없이 자살로 인한 사별은 다른 상실과 구별되는 것이라고 주장한다(p.92). 뿐만 아니라 자살로 인한 죽음은 공개적으로 알리거나 애도하는 데 제한이 있고, 사회적으로 지지받지 못하는 죽음이므로 도카(Doka, 1989)가 개념화한 대로 '인정받지 못하는 슬픔'에 속한다(p.4). 조단의 연구(2001)에 의하면 자살로 인해 사별을 경험한 사람들은 낙인감을 느끼고, 주변 사람들로부터 부정적인 시선을 느끼며, 정서적으로 역기능적일 때가 많고, 수치심과 우울감을 느끼고, 상담에 대한 욕구가 높은 것으로 나타났다. 죽음이 공개적으로나 사회적으로 인정받지 못하게 되면 생존자들은 고립감을 느끼게 되고 지역사회의 지지 역시 결여된다. 이러한 독특한 상황들 때문에 자살로 인한 사별은 다른 애도와 구분된다고 할 수 있다.

자살 이후에 아동이 경험하는 사별

자살을 경험한 아동과 청소년에 대해서는 특별한 주의를 기울여야 한다. 아동들은 성인들과 다른 방법으로 슬픔을 경험하고, 인지적 발달 수준과 언어로 표현할 수 있는 능력의 차이에 따라 같은 연령 집단 안에서도 다른 방법으로 슬픔을 경험하기 때문이다.

6세 정도의 어린 아이들도 '자살'이라는 단어는 모를지언정 "스스로를 죽인다."는 말의 뜻을 안다. 3학년쯤이 되면 아동들은 자살로 인한 죽음을 완전히 이해하게 되는데, 조사에 의하면 6~12세의 아동들이 자살에 대해 알게 되는 주된 경로가 친구들이나 미디어 혹은 어른들의 대화임을 알 수 있다(Mishara, 1999). 많은 어른들은 아동들이 자살에 대해 이해하지 못한다고 생각하지만 그것은 사실이 아니다. 따라서 자살에 대해 공개적이고 직접적으로 이야기함으로써 아동들이 자살로 인한 상실을 충분히 애도할 수 있도록 하는 것이 매우 중요하다. 자살로 인한 죽음의 진실을 부정하고 억누르는 것은 아동의 애도과정을 방해하고, 죽음에 대한 감정을 발전시켜 나가는 것을 어렵게 하며 혹은 불가능하게 만들기도 한다(Goldman, 2001).

1장에서 말한 바와 같이 대부분의 아동들은 7~12세가 되기 전에는 죽음의 의미를 온전히 깨닫지 못한다. 많은 부모들과 보호자들은 죽음의 결말을 이해하지 못하는 유치원에 다니는 아이에게 자살에 대해 어떻게 이야기할지 혼란을 겪게 된다. 그러나 아동들은 무언가 중요한 일이 벌어졌다는 것을 곧 알게 되고 죽은 사람이 더 이상 곁에 없는 것에 대해서 질문할 수도 있다. 아동들이 질문한 것에 대해서 정직하게 답하되, 아동들이 아직 이해할 수 없는 내용은 알려 주지 않는 것이 좋다(Requarth, 2006). 아동들이 자라면서 자살에 대한 더 많은 내용들을 알려고 할 수 있고, 이를 통해 아동들은 각각의 새로운 신체적, 인지적, 정서적 발달단계마다 자신들의 감정을 다룰 수 있게 된다.

자살로 인한 사별을 경험한 청소년들은 상반되는 많은 감정들을 접하게 된다. 많이 울 수도 있고 전혀 울지 않을 수도 있다. 또래들보다 성숙하게 행동하려고 노력할 수도 있고 더 어린 아이들이 할 만한 행동을 할 수도 있다. 친구들로부터 멀어지려 할 수도 있고 친구들과 더 잘 지내려 할 수도 있다. 자살에 대해 많은 것을 알고 있는 십대 청소년들은 자살로 인한 죽음에서 의미를 찾기 위해 애쓴다. 청소년들은 평소에도 부모와 형제자매, 친구들과 종종 갈등을 빚기 때문에 얼마 전에 자신과 논쟁을 벌였던 사람이 자살하게 되면 과도한 죄책감을 느끼게 되는 일이 많다. 따라서 자살을 경험한 청소년들에게는 애도과정에서 더 많은 지지와 확신을 줄 필요가 있다(Doka, 2000; Requarth, 2006; American Academy of Pediatrics, 2000; Rando, 1991).

자살을 경험한 아동과 청소년들에 대한 연구는 주로 부모의 자살에 집중되어 있는데 형제자매나 친구들의 자살 역시 이들에게는 견디기 힘든 사건이다. 부모가 자살한 청소년들에 비해 형제자매나 친구들이 자살한 청소년들은 그만큼 알려지지도 않고 인정받기도 어려운데, 한 예로, 디레그로브와 디레그로브 Dyregrov & Dyregrov가 2005년에 실시한 연구에 의하면, 자녀가 자살한 경우 부모는 너무도 괴로워서 살아 있는 다른 자녀를 돌보기 어려워지고, 그 자녀들은 혼자라는 느낌, 고립되었다는 느낌 등을 갖게 된다. 부모들은 자살 이후 몇날 며칠 동안 살아남은 자녀를 '잊어버리게' 되고, 자녀들은 부모로부터 지지를 받는 것 혹은 부모를 의지하는 것이 힘들어지는 것이다(p.719). 그리고 나서 부모들은 살아 있는 자녀에게 또 무슨 일이 생기지 않을지 두려워하면서 과잉보호하게 되기도 하고, 반대로 자녀들은 부모들이 더 슬퍼하게 될지도 모른다고 여기면서 자신들의 슬픔이나 두려움을 부모들에게 이야기하는 것을 어려워하게 된다. 실제로 집을 떠나 살고 있는 형제자매보다 부모와 같은 집에 살고 있는 형제자매의 경우 더 많은 어려움을 경험하고 있다는 결과도 발표된 바 있다(Dyregrov & Dyregrov, 2005). 따라서 형제자매의 자살을 경험한 아동과 청소년에게는 친구나 친척, 교사, 상담가 등과 같은 지역사회 구성원의 지지가 매우 중요한 것임을 알 수 있다(Dyregrov & Dyregrov, 2005; Parrish & Tunkle, 2003).

자살에 대해 어떻게 이야기해야 하나

부모나 형제자매, 친구가 자살했을 때 이것을 아동과 청소년에게 말하는 것은 감당하기 어려운 일이다. 보호자들이 나이에 적당하게, 명확한 방법으로, 아동이 이해할 수 있는 언어를 사용하여 아동 및 청소년과 의사소통하는 것이 중요하다(Mitchell et al., 2006). 만일 부모나 보호자가 "자살로 사망했다."는 말 대신 "영원의 일부가 되었다."와 같은 부정확한 표현을 쓰게 되면 나중에 아동이 정확하게 어떤 일이 일어났는지 이해하려 할 때 방해가 될 것이다. 자살이라는 단어는 연령에 맞게 사용되어야 하고, 아동의 발달단계에 맞추어 적절한 설명을 해 주어야 할 필요가 있다. 예를 들면, 조금 어린 아동들에게는 부모들이 '죽은 사람이 그동안 몹시 슬퍼했었고 그 슬픈 감정을 어떻게 멈추어야 할지를 몰라서 그 고통을 멈추기 위해 약을 먹었다.'라고 말해 준다던가 조금 더 나이가 든 아동들에게는 '죽은 사람이 우울증을 앓고 있었고, 그를 도와줄 수 있는 특별한 약을 알지 못했다.'와 같이 보다 정확한 정보를 전달할 수 있는 사실을 말해 주는 것이 도움이 된다(The Dougy Center, 2001).

어떤 가족들은 자살과 관련된 낙인 때문에 아이들에게 진실을 말하지 않는 편이 낫다고 여기기도 하고, 또 어떤 가족들은 자살이 가족의 종교나 문화체계에서 문제로 여겨지는 경우가 있기 때문에 자살을 인정하기 어려워하기도 한다. 그러나 연구자들은 진실을 숨기고 가족 안의 비밀을 만드는 것이 아동과 청소년에게 해롭다는 것에 동의한다(Cain, 2002; Mitchell et al., 2006; Webb, 1993). 자살을 둘러싼 환경에 대해 정확히 알지 못하는 아동은 자신만의 이야기를 꾸며내게 되고, 그러한 이야기들은 더 큰 두려움과 혼란을 불러일으키게 된다

(Requarth, 2006, p. 16). 따라서 안전한 환경에서 아동을 사랑하는 부모나 가족 구성원 혹은 친구가 연령에 적합한 정보를 제공하는 것이 가장 좋은 방법일 것이다(Requarth, 2006). 전문가들은 아동들의 질문에 대해 필요 이상으로 자세하게 이야기할 필요는 없지만 연령과 발달수준 맞게 대답해 주어야 한다는 것에 동의한다. 때로 아주 어린 아동들에게 죽음에 대해 이야기할 경우, 그들의 기본적인 욕구와 관련된 것 — 그들이 안전하다는 것을 아는 것, 누군가가 그들을 돌보아 주고 있다는 것, 그들이 사랑받고 있다는 것을 확신시켜 주는 것 — 을 먼저 다루어 주는 것이 좋다.

초기 아동기의 기본적인 욕구에는 누가 아침에 옷 입는 것을 도와줄 것인지, 누가 학교에 같이 걸어가 줄 것인지, 누가 저녁을 차려 줄 것인지, 아플 때 누가 간호해 줄 것인지, 누가 잠자리에 들도록 도와줄 것인지를 아는 것이 포함된다. 따라서 어린 아동들에게는 이러한 욕구들이 죽음에 대해 자세히 아는 것보다 더 중요할 것이다(Cain, 2002). 앞서 말한 바와 같이, 아동의 연령과 발달단계는 자살에 대해 어느 정도를 들려주어야 할지 결정하는 데 중요한 요소이지만 그 외에도 고려할 사항들이 있다. 아동의 성숙도와 감정을 극복하는 능력, 죽음에 대한 흥미나 무관심 등도 아동에게 자살에 대해 이야기하기 전에 고려해야 할 부가적인 사항들이다(Cain, 2002).

부모들은 자녀들에게 자살에 대해 이야기하기 전에 시간을 갖고 무슨 말을 하고 싶은지 정리해야 한다(Requarth, 2006). 부모들 역시 자신들의 감정을 추스르고, 그 상황을 받아들이고, 부모로서의 자신감을 회복하는 데 시간이 필요하기 때문에 자녀들에게 자살에 대해 곧장 이야기하지 않는 것으로 조사되었는데(Cain, 2002), 부모들도 가족구성원이나 가까운 친구, 애도상담가로부터 지지를 받는 것이 중요하다. 리콰르쓰Requarth는 아동이 이해할 수 있는 언어를 사용하는 것이 중요하다고 강조하면서, 예를 들어 아동이 "죽는다."라는 단어를 이해하지 못할 때 할아버지나 할머니, 반려동물의 죽음을 이야기하면서 겪었던 일을 간단한 말로 설명하면서 아동에게 죽음에 대해 가르칠 필요가 있다고 말한다. 또한 아주 어린 나이의 자녀를 둔 부모라면 반복해서 설명하는 것에 준비되어 있어야 한다. 왜냐하면 아동이 죽음과 같은 개념을 이해하기 위해서는 반복이 가장 일반적으로 사용되는 방법이기 때문이다. 리콰르쓰(2006, p. 18~19)의 책을 보면 어머니가 5세, 12세의 자녀에게 아버지의 자살에 대해 이야기하는 사례가 적혀 있으므로 도움이 될 것이다.

자녀들에게 자살에 대해 솔직하게 그리고 직접적으로 이야기하는 것이 어렵게 느껴지는 부모라면 개인상담을 받는 것이 도움이 될 것이다. 사별상담 훈련을 받은 치료사들은 역할극이나 편지쓰기 등의 방법을 통해 부모들이 자녀들에게 사실을 말하는 것에 대한 두려움을 직면하는 과정을 도울 수 있다. 골드만의 책『침묵 깨뜨리기_Breaking the Silence_』에는 아내가 자살로 사망한 스티브_Steve_와 어떻게 엄마가 죽었는지 정확하게 알지 못하는 9살 아들 저스틴_Justin_을 치료사가 만나면서 이 방법들을 활용한 사례가 실려 있다. 골드만이 책에서 소개하고 있는 사례는 부모가 아동에게 자살로 인한 죽음에 대해 이야기할 수 없을 때 전문상담가의 도움을 받는 것이 중요하다는 점을 강조하고 있다(Cain, 2002). 또한 자살을 목격한 아동의 경우라면 외상후스트레스장애로 발전될 가능성이 높고, 충격적인 경험으로 인해 복합적 슬픔을 경험하게 될 가능성이 높기 때문에 즉각적인 위기개입이 이루어져야 한다(Requarth, 2006).

치료 시 고려사항과 선택사항

자살로 인한 사별을 경험한 아동과 청소년을 치료하는 목적은 그들의 애도과정을 돕고 적응유연성을 기르는 데 있다. 슬퍼하는 모든 아동이 전문적인 도움을 받아야만 하는 것은 아니다(Webb, 1993). 그러나 자살로 인해 사별을 경험하는 아동들은 외상후스트레스장애와 복합적 슬픔, 불안, 우울증을 경험하게 될 위험이 높기 때문에 이들에게는 반드시 전문적인 관심과 주의를 기울여야만 한다(Melhem et al., 2007; Mitchell et al., 2004, 2006; Pfeffer et al., 1997; Ratnarajah & Schofield, 2007; Requarth, 2006; Sethi & Bhargava, 2003). 따라서 자살로 인해 사별을 경험한 아동들에게는 철저한 사정을 통해 개인상담이나 가족치료, 집단개입이 필요한 수준인지를 결정하는 것이 필요하다. 아동이나 청소년을 위해 특정한 치료방법을 계획할 때에는 아동의 연령과 발달단계가 고려되어야 하며, 동시에 자살의 특성, 죽음에 대한 아동의 반응을 전반적으로 살펴보아야 한다. 특히 아동 혹은 가족구성원이 죽음을 수치스럽게 여기는 정도 혹은 죄악으로 여기는 정도가 파악되어야 한다. 아동이나 가족구성원이 수치심을 느끼는 경우 다른 사람과 자살에 대해 이야기하는 것이 쉽지 않고, 집단개입보다 개인 혹은 가족치료만을 선호할 수 있기 때문이다.

가족 중 한 사람이 자살을 하고 나면, 모든 가족구성원들에게 지지와 돌봄이 필요한데, 특히 위기상황에서 많은 사람들이 눈여겨보지 못하는 아동과 청소년들에게 특별한 관심이 필요하다. 앞서 말한 바와 같이 부모들은 자신들의 고통과 위태로운 심리상태 때문에 아동들의 반응을 간과할 수도 있다(Dyregrov & Dyregrov, 2005). 따라서 자살로 인한 사별을 경험한 가족들 주변에 있는 친척이나 교사, 종교지도자, 친구들은 그 가정의 자녀들이 어려움을 겪고 있지는 않은지 주의 깊게 살펴보아야 한다. 패리쉬와 턴클(Parrish & Tunkle, 2003)은 자살로 인한 사별을 경험하는 아동들에게 되도록 빨리 개입이 제공되어야 한다고 주장하고 있고, 캐슬로우와 애론슨(Kaslow & Aronson, 2004)은 치료사들이 자살로 인한 사별을 경험한 가족을 만날 때 가족구성원 한 사람 한 사람의 독특성을 파악하여 각각을 위한 적당한 개입 방안을 모색할 것을 권하는데, 선택할 수 있는 방법으로는 가족치료, 집단치료, 개인치료 등이 있다고 설명한다. 다음 부분에서 각각의 방법을 사례와 함께 기술하고 있다.

가족치료

몇몇 실천가들은 가족치료 혹은 개인치료를 병행하는 가족치료가 자살생존자들을 대상으로 하는 최선의 치료방법이라고 주장한다(Kaslow & Aronson, 2004). 죽음 이후 가족들을 한데 모으는 목적은 죽은 사람의 긍정적인 면과 부정적인 면을 함께 추억하면서 애도과정이 가능해지도록 돕는 데 있다(Webb, 1993, p.144). 모든 가족구성원들은 자살로 인해 혼란에 빠지게 되고, 사람마다 이에 대해 다른 반응을 보이게 되므로 치료사는 가족 전체의 반응과 개인의 욕구를 모두 확인하고 점검해야 한다. 연구자들은 체계이론과 애착이론, 이야기치료, 교육심리적 요소가 포함된 통합접근법을 활용하여 가족의 불안정한 체계를 바꾸고 변화시킬 수 있다고 본다(Kaslow & Aronson, 2004, p.240).

캐슬로우와 애론슨(2004)은 치료사들이 자살로 인한 사별을 경험한 가족을 만날 때 가족들이 감정을 표현할 수 있는 안전하고 지지적인 환경을 만드는 데 시간을 투자해야 한다고 강조한다. 성인뿐만 아니라 아동들도 죽은 사람에 대해서 이야기할 수 있고, 죽은 사람과 관련된 각종 의례에 참여할 수 있으며, 정상적인 학교생활과 또래관계, 각종 활동을 다시 시작하는 것을 지지받을 수 있는 환경이 조성되어야 한다. 이와 동시에 치료사들은 애도과정을 정상화하고, 슬픔이 적절한 시기에 해결될 것임을 강조하면서, 가족구성원들이 복합적인 감정과 생각을 다룰 수 있도록 교육해야 한다(p.242).

사랑하는 사람의 자살에 대해 이야기할 수 있도록 가족을 돕는 것은 치료과정에서 매우 중요한 부분이다(Webb, 1993). 가족들이 가족치료사의 도움을 받아 죽은 사람에 관한 이야기를 만들게 되면 자살과 관련된 맥락의 틀을 만들 수 있고, 이 방법을 통해 가족들은 각자의 자존감도 보전하게 되고 의미를 찾으면서 만족감을 느낄 수 있게 된다(Kaslow & Aronson, 2004, p. 244). 가족 간의 토론을 통해 이와 같은 유형의 이야기들을 만들다 보면 자살에 대한 이야기까지할 수 있게 된다. 가족들이 이야기를 써 나갈 때 치료사는 모든 가족구성원들이 자신만의 해석 역시 발전시켜 갈 수 있도록 유도함으로써 가족들이 하나의 이야기를 공유하면서도 각자의 자율성을 유지해 나갈 수 있게 도와야 한다(p. 244). 이때 치료사는 가족을 둘러싸고 있는 문화적 영향과 종교적 가치가 무엇인지 반드시 알고 있어야 한다. 자살이 받아들여질 수 없다거나 죄로 여겨지는 가족들과는 이야기를 만들어 가는 방법이 적절하지 않을 것이다. 대신 치료사는 가족들에게 우울이 사람의 판단을 얼마나 흐리게 만드는지 알려 주면서 '죄악인' 행동을 '정신장애'로 재명명하는 작업을 시도할 수 있다. 혹은 우울이 자살을 초래하는 역할을 할 수 있음을 가족들에게 이해시킴으로써 자살한 사람을 용서하도록 도울 수 있다.

패리쉬와 턴클(2003)은 가족들이 죽은 사람을 향해 가질 수 있는 분노, 양가감정, 안도감 등의 수많은 감정들이 무엇인지에 대해 치료사가 잘 알고 있어야 한다고 제안한다. 또한 죄책감이나 수치심, 비난이 가족 간의 대화에 오히려 문제가 될 수도 있기 때문에, 치료사는 가족역동에 주의를 기울여야 한다고 설명한다. 뿐만 아니라 치료사는 가족구성원의 애도방법이 모두 다르다는 것을 숙지하면서 가족들이 서로의 고유한 애도과정을 받아들일 수 있도록 도와야 한다 (Kaslow & Aronson, 2004; Parrish & Tunkle, 2003). 예를 들면, 아주 어린 아동들은 자살이라는 사건 이후에도 누군가가 그들을 계속 돌보아 줄 것이라는 확신을 받고 싶어 할 것이고, 초등학생 연령의 아동들은 죽은 사람을 위해 그림을 그리거나, 책을 읽거나 혹은 기념물을 만들고 싶어 할 것이다. 청소년들은 아마도 친구들로부터 멀어지거나, 친구들과 더 자주 놀거나, 멍하게 있거나, 당혹스러워 하거나, 무언가에 집중하기 힘들어 할 수도 있다. 이와 같이 연령과 발달단계에 따라서 다양한 애도유형이 존재할 수 있으며 가족치료 회기 중에 이러한 모습들이 나타날 수 있다.

부모들이 개인치료를 통해 충분한 지지를 받을 때까지 가족치료를 뒤로 미루어야 하는 경우도 있는데, 앨리슨^{Allison}은 그녀의 책『특별한 상처: 자살로 가족을 잃은 사람들의 경험^{A Special Scar: The Experiences of People Bereaved by Suicide}』(2001)에서 다음과 같은 사례를 기록하고 있다.

> 가족들끼리 대화하지 않는 것이 드문 일은 아니다. 자신의 쌍둥이 자매들이 자살한 후 마조리^{Marjorie}는 너무나도 화가 나 엄마 에일린^{Eileen}에게 쌍둥이들과 그들의 죽음에 대해서 한 마디의 말도 하지 않았다. 가족 중 다른 한 명이 이것을 언급하자 에일린은 상담을 통해 도움을 얻기로 마음먹었다. 상담을 받으면서 그녀는 자신의 죄책감을 다룰 수 있게 되었고, 쌍둥이들의 죽음에 대해 마조리와 이야기를 시작할 수 있게 되었다. 막혔거나 엇갈린 대화의 통로가 다시 열리게 하는 것에 상담이 도움이 될 수 있다(p. 143).

가족치료를 사용하지 않아야 할 또 다른 경우는 살아 있는 배우자가 배우자의 자살로 몹시 화가 나 있는 상태일 때다. 치료사는 죽은 부모를 향해 살아 있는 부모가 직접적으로 분노를 쏟아내는 장면을 아이들이 목격하는 것이 어느 정도 해로운지 그 정도를 평가해야 하는데, 물론 분노라는 감정이 자연스러운 것이고, 표현되어야 하는 것이지만, 그러한 극심한 분노는 아동이 포함된 가족치료보다 개인치료에서 다루는 것이 보다 효과적이다. 위와 같은 상황에서는 부모를 위한 개인상담을 실시한 후 어느 정도의 시간차를 두고 가족치료 회기를 계획하는 것이 바람직하다.

집단치료

사별지지집단은 성인뿐만 아니라 아동과 청소년에게도 많은 도움이 된다. 자살로 인한 사별을 경험한 아동과 청소년들은 지지집단에서 고립감을 해소할 수 있고, 경험을 나눌 수 있으며, 생각과 감정을 표현할 수 있는 안전한 공간이 있다는 것을 알게 된다. 또한 자신과 같은 경험을 한 사람들이 있다는 것을 알게 될 뿐만 아니라, 그들로부터 지지를 받으며, 그들을 역할모델로 삼을 수 있다(Werthheimer, 2001). 자살로 인한 사별을 경험한 아동과 청소년을 대상으로 하는 지지집단에 대한 연구가 부족하기는 하지만(Mitchell et al., 2007; Pfeffer, Jiang, Kakuma, Hwang, & Metsch, 2002), 페퍼 등의 연구에 의하면 집단치료가 부모나 형제자매의 자살을 경험한 6~15세 아동의 불안과 우울증상 감소에 영향을 미쳤다는 결과가 보고되고 있다.

자살생존자들이 다른 원인으로 인한 사별을 경험한 사람들로 구성된 집단에 포함될 수 있는지에 대해서는 전문가들의 의견이 분분하다. 일부는 일반적인 사별지지집단에 참여하는 것이 유익하다고 주장하고(Requarth, 2006), 일부는 자살로 인한 사별을 경험한 이들만 별도의 집단으로 운영하는 것이 낫다고 주장한다(Webb, 1993, 2005, 2007). 웹(2007)은 자살로 인한 사별을 경험한 아동이 일반사별집단에 포함될 경우 자살의 특성과 자살로 인한 낙인, 수치심으로 인해 잠재적인 위험을 경험할 수 있다는 점을 지적한다. 그녀는 집단의 다른 아동들역시 자살로 인한 죽음에 대해 듣고 놀라게 될 수도 있다고 말한다. 리콰르쓰(2006)는 이와 반대되는 의견을 내고 있는데, 그는 자살로 인한 사별을 경험한 아동이 잘 준비된 상태로 일반사별집단에 포함되면 오히려 자살에 대한 또래와의 상호작용을 편하게 맺어갈 수 있는 기회가 될 수도 있다고 주장한다. 아동이 지지집단에 들어갈 준비가 되었는지 살펴보는 것은 매우 중요하며, 이것은 각사례별로 신중하게 검토되어야 한다. 웹은 집단 안에 비슷한 연령대의 아이들이 두 명 이상 함께 배치되는 것이 좋다고 말한다.

십대 청소년들은 자살로 인해 사별을 경험한 이들의 지지집단에 대해 잘 반응할 수도 있고 그렇지 않을 수도 있다. 청소년들은 호기심을 가질 수도 있고, 부끄러워할 수도 있으며, 지지집단이 자신에게 잘 맞을 것인지 확인할 필요도 있다. 청소년들은 집단지도자를 만나서 지지집단의 비밀보장 원칙에 대해 이야기를 듣고 나면 집단에 참여하는 것을 더 원하게 될 수도 있다(Requarth, 2006). 청소년들은 또래들에 대한 호기심을 갖고 있다. 따라서 집단이 어떻게 운영되는지 이야기를 듣고, 자신에게 도움이 되지 않는다고 여겨지는 경우 언제든지 집단에 참여하는 것을 그만둘 수 있다는 것을 알게 되고 나면 집단에 참여하는 것에 동의하게 될 것이다(p.145).

사례: 부모의 자살에 대한 청소년의 반응*

드러난 문제

17세 마이클Michael은 5년 전 부모님이 이혼하신 후 줄곧 어머니와 함께 살아왔다. 마이클은 2주에 한 번씩 주말에 아버지를 만났는데 아버지는 재혼하여 근처 동네에 살고 있었다. 마이클의 어머니는 동네 병원에서 간호사로 근무하고 있었다. 마이클은 학교가 끝나면 파트타임으로 일을 하고 있었고 대학에 진학하기를 바라고 있었다. 마이클은 어머니와 그리 가까운 관계가 아니었으며, 그는 최근 들어 어머니가 수술이 불가능한 암을 진단받은 것도 모르고 있었다. 어느 날 마이클이 학교에서 돌아와 보니 집에 아버지가 있었고, 그는 어머니가 다량의 약을 복용한 후 차고에서 시동을 켜 놓은 상태로 자살을 했다는 이야기를 전해 주었다. 마이클은 어머니가 우울하게 지내 온 것을 몰랐던 스스로를 비난하면서 힘겨워했다. 이후 의사인 아버지는 마이클이 자신의 집에 이사 오도록 했고 동네에 있는 호스피스에서 진행되는 사별집단에 참여하도록 했다.

---

* 이것은 몇 가지 사례를 합성한 가상의 사례로 웹(2010)의 책에서 논의된 바 있다.

치료 과정에서의 쟁점

마이클은 집단에서 자신은 어머니의 죽음을 믿을 수 없고, 특히 어머니가 자살을 했다는 것을 믿을 수 없다는 것을 반복해서 말했다. 왜 어머니가 자신에게 병명을 알리지 않았는지, 왜 자신이 어머니의 우울을 눈치채지 못했는지 계속 질문했다. 부모님이 모두 의료계에 종사했기 때문에 마이클은 어릴 때부터 병은 나을 수 있는 것이라고 여기며 자라 왔다. 그는 어떤 경고도 없이 어머니에게 이런 일이 일어난 것을 이해할 수 없었다. 집단구성원들은 마이클의 질문들에 공감해 주었다. 그중 한 사람은 마이클이 18살이 다 된 청년이지만 어머니는 그를 여전히 아이처럼 여겼을 것이고 그래서 마이클이 걱정하지 않기를 원하셨을 것이라고 말해 주었다. 마이클의 어머니는 마이클 앞으로 쪽지를 남겨두었는데 그녀는 자신의 병이 치료되지 않는 것임을 알게 된 이후부터 죽을 계획을 세워 왔고, 자신 소유의 집을 그에게 유산으로 물려주어 학비에 보탤 수 있도록 했음을 그곳에 적어 두었다. 쪽지에는 마이클을 사랑한다는 말과 함께 자신은 지금까지 환자들이 점점 쇠약해지고 죽어 가는 것을 많이 보아 왔는데 자신과 마이클에게는 그런 괴로움이 없었으면 좋겠다는 말도 쓰여 있었다. 마이클은 그 쪽지를 읽고 나서 스스로가 나약하게 느껴졌고 힘을 얻기 위해 술을 찾기 시작했으며, 힘을 얻기 위해서는 계속 술이 필요하다고 집단구성원들에게 말했다. 그러자 부모가 알코올중독자였던 한 사람이 마이클에게 술은 한 번 마시기 시작하면 멈출 수 없는 덫과 같은 것이라고 말하면서 그 덫에 걸리지 말 것을 간곡하게 부탁했다.

치료 주제의 요약

어머니가 돌아가시고 난 후 사별집단은 마이클에게 커다란 지지체계가 되어 주었다. 그는 어머니와의 관계가 가까운 것은 아니었어도 필요할 때는 어머니에게 기댈 수 있었는데 지금은 혼자만 남겨졌다고 느끼고 있었다. 집단구성원들은 자신들의 이야기를 들려주었고 마이클은 자신이 아버지를 더 잘 알고 싶어한다는 것을 깨닫게 되었다. 부모님의 이혼 이후 마이클은 그 누구의 편도 들지 않고 두 사람 모두에게서 거리를 두고 지내 왔는데 이제 아버지와의 관계를 발전시켜 나가야겠다는 생각을 하게 된 것이다. 마이클은 상실의 고통을 이해해 줄 수 있고 공감해 줄 수 있는 집단구성원들 중에서 친구를 사귀게 되었다. 특히 알코올중독으로 인해 아버지가 돌아가신 데니^{Danny}와 함께 시간을 보내기 시작했고, 집단이 종결된 후에도 데니를 포함한 몇몇 친구들과 연락을 유지하면서 지내게 되었다.

설명

마이클은 이 집단에 참여함으로써 친구를 사귀게 되었을 뿐만 아니라 지지와 정보제공도 받게 되는 유익이 있었다. 청소년들은 또래지향적인 성향이 강하기 때문에 자살로 인한 사별을 경험하게 된 경우가 혼자뿐이라고 하더라도 이와 같이 집단을 활용하는 것이 유용하다.

개인치료

가족의 자살 이후 각각의 가족구성원들에 대한 개별적인 사정이 진행되어야 한다. 사정을 통해 개인의 강점과 취약점, 그리고 사랑하는 가족이 왜 그런 결정을 했다고 생각하는지 등이 파악되면 적절한 개입방향을 설정하는 데 도움이 된다. 마이클의 경우 같은 집단의 또래들에게 자신의 걱정을 털어놓고 지지를 받을 수 있었는데, 만약 학교 상담사나 개인치료사를 만났다면 그와 같은 수준의 지지를 받을 수 있었을지는 의문이다. 반면, 마이클이 우울증 진단을 받았거나 앞으로의 계획에 대해 질문이 있는 것으로 판단되었다면 개인치료가 적합했을 수도 있다.

이 장에서는 주로 아동과 청소년에 초점을 맞추고 있다. 그들이 자살에 대해 이해할 수 있는 능력은 발달요인과 가족요인, 자살을 둘러싼 요인에 달려 있다. 예를 들어, 마이클의 사례와 같이 말기암 진단을 받은 어머니가 고의적으로 다량의 약을 복용하여 자살한 경우와, 실직 소식을 듣고 자살한 경우에 가족들이 보이는 반응이 서로 다를 것이다. 어떤 상황에서는 자살생존자들에 대한 동정심이 더 생겨날 수도 있다. 일반적으로 자살은 아무 일도 없었던 상태에서 발생하지 않는다. 여러 가지의 충격적인 사건들이 계속되다가 더 이상 견딜 수 없는 상태가 되면 마지막으로 선택하게 되는 것이 자살이다. 가족들은 그 사람이 왜 죽음을 선택했는지 이해하기 위해 애쓰는데, 아동과 청소년들은 자살에 영향을 미친 다양한 요인들을 이해하기가 쉽지 않고, 가족의 비밀(아빠가 바람을 피웠다든가, 아빠와 엄마가 서로를 더 이상 사랑하지 않는다든가 등과 같은)을 모르고 있을 수도 있다. 아주 어린 아동들은 자신들의 혼란스러운 감정을 표현할 수 있는 정확한 단어를 모를 수 있기 때문에 놀이치료를 통해 감정을 명확히 하는 것이 유용하다(Webb, 2007). 다음의 사례에서 볼 수 있듯이 어린 아동들에게는 개인치료가 매우 도움이 된다.

사례: 아빠의 자살을 이해하려고 노력하는 5살 캐시Cathy*

드러난 문제

캐시는 5살된 여자아이로, 아빠가 우울증으로 인해 권총 자살을 한 후 1개월이 지난 뒤 의뢰되었다. 캐시는 아빠가 사망한 이후 자주 울고, 기분 나빠 하고, 엄마에게 매달리거나 같이 자려고 하는 등의 행동을 보이고 있다.

---

* 이 사례는 웹(2010)의 책에 소개된 것으로, 원저자와 아동치료사의 허락을 받아 요약하여 기술하였다.

놀이치료 과정에서의 쟁점

캐시는 놀이재료로 인형과 색깔 찰흙을 자주 선택했다. 캐시는 인형들을 조심스럽게 씻겨 침대에 눕히곤 했는데 캐시는 이 놀이를 통해 자신이 인형들을 잘 돌볼 수 있다고 여기면서 편안함과 안정감, 통제감을 느끼는 것으로 파악되었다. 반면, 캐시가 색깔 찰흙을 가지고 놀 때는 외상이 재현되는 것이 관찰되었다. 캐시는 색깔 찰흙으로 얼굴모양의 과자를 다섯 개 만들면서 그중 하나를 눈이 하나만 있고 입이 없는 모습으로 만들었다. 치료사는 "이 과자는 불쌍하다. 얼굴이 어떻게 된 걸까?"라고 묻자 캐시는 아빠에게 일어난 일에 대해 이야기해 주었고(예를 들면, "과자가 다쳤어요.", "눈에 총을 맞았어요." 등과 같은 표현을 함), 그 이야기를 들은 치료사는 공감의 표현을 해 주면서("아, 정말 안됐구나.") 다른 과자들의 슬픔을 언급할 수 있었다("이 일에 대해서 정말 슬퍼하겠구나."). 캐시가 모래상자 안에서 남자인형을 발견한 날은 아빠처럼 죽어서 땅에 묻힌 사람들에 대해서 이야기하기 시작했다. 캐시는 아빠가 어떻게 죽었는지, 아빠가 다시 돌아올 수 있는지 궁금해 했다. 캐시는 아빠가 권총 자살을 한 것에 대해서는 알고 있었지만 사람이 죽고 나면 어떻게 되는지 분명하게 알지 못했기 때문이다. 이에 치료사는 "사람이 죽으면 아무리 다시 돌아오고 싶어도 돌아오지 못하게 된단다."라고 분명하게 이야기해 주었다.

어린 아동들은 놀이치료 현장에서 놀이대상을 가지고 놀면서 자신들의 상상력과 투사할 수 있는 능력을 사용하여 두려움, 불안, 신념과 관련된 감정들을 표현할 수 있게 된다. 만일 치료사가 캐시의 경험을 직접적으로 다루려 했다면 캐시는 불안함을 느끼면서 별로 놀이를 하고 싶어 하지 않았을 수도 있다. 캐시의 사례는 놀이치료가 아버지의 자살에 대해 슬퍼하고 걱정하는 아동에게 어떻게 도움이 되었는지에 대해 잘 보여준다. 놀이치료는 수개월간 진행되었는데, 이후 치료사는 캐시가 엄마로부터 독립적으로 행동할 수 있게 되었고, 덜 울게 되었으며, 유치원에 입학할 준비도 마쳤다고 판단하였다.

사례: 엄마의 자살을 이해하려고 노력하는 4학년 로사^{Rosa}*

드러난 문제

로사의 엄마는 정신병원에 입원한 적이 있었고, 매일 자살하고 싶다는 표현을 하곤 했다. 그녀는 로사가 새 학년에 올라간 첫날 권총 자살로 사망했다. 로사는 학교사회사업가와 매주 개인상담을 진행해 왔는데, 한 달이 지난 후 로사는 자기처럼 부모님이 돌아가신 아이들과 이야기를 나누고 싶다는 의사를 표현했다. 학교사회사업가는 갑작스러운 심장마비로 아빠가 돌아가신 신디^{Cindy}와 로사에게 집단치료 서비스를 제공하기로 했다. 두 아이들은 모두 죽음에 대한 공포, 남아 있는 부모가 사라질 수도 있다는 두려움, 친구관계와 학교공부에서의 어려움을 경험하고 있었다.

치료 과정에서의 쟁점

매주 회기가 진행되면서, 아이들은 자신들이 죽은 부모를 얼마나 그리워하는지 솔직하게 이야기하기 시작했고, 자기 전에 이런 생각들이 더 많이 나서 울면서 잠들게 된다고도 말했다. 아이들은 부모를 그리워한다고 하면서도 치료사가 그 감정을 더 자세하게 말해 줄 것을 부탁하면 "우리는 더 이상 말하고 싶지 않아요."라며 매번 거절했는데, 어느 날 아이들이 인형극 무대를 만들어 보겠다는 의사를 밝혔다. 인형극에는 마약을 팔아 여러 사람들을 죽게 한 인형이 등장하는데 아이들이 선택한 대본에 따라 죽음이라는 주제를 다루게 되었다.

놀이치료사가 이전 인형극에서 죽은 것으로 설정했던 등장인물들이 다시 살아날 수도 있다고 하자 아이들은 즉시 죽은 부모를 다시 볼 수 있으면 좋겠다는 소망을 말로 표현하면서 인형들이 천국에 가서 아빠와 엄마를 만나고 오는 장면

---

* 블루스톤(1991, 1999)의 연구에서 각색하여 기술하였다.

을 만들어 냈다. 이것은 죽은 부모와 단 하루만이라도 함께 있을 수 있기를 바라는 아이들의 자연스러운 바람이 나타난 감동적이고 의미 있는 순간이었고, 아이들은 동일한 활동을 그 다음 주에도 반복하면서 슬픔에 대해서, 그리고 죽은 부모와 머무르고 싶은 마음에 대해서 더 활발하게 표현하였다. 치료사는 로사의 엄마 역할을 맡아 딸에 대한 사랑이 계속될 것임을 강조하면서, 집에 돌아가서 친구들과 행복하게 지내기를 바란다는 말도 전해 주었다. 이별장면을 만든 후 인형들은 작별노래를 부르면서 서로를 포용해 주었다.

이 사례에 등장하는 아이들은 4학년이었지만 죽은 부모에 대한 그리운 감정을 말로 표현하기란 쉽지 않은 일이었다. 아이들의 감정을 다루기 위해 놀이를 활용한 것은 매우 효과적인 개입이었는데, 치료사와의 관계가 형성된 후 아이들은 인형극을 통해 죽음에 대한 생각, 천국에 가서 죽은 부모들을 다시 만나고 싶다는 생각을 표현했고, 이를 통해 아이들은 말로 하는 것보다 훨씬 더 수월하게 자신들의 질문과 생각을 전달할 수 있었다. 뿐만 아니라 아이들은 서로를 지지하고 경험을 나누면서 의미 있는 유대관계를 형성할 수 있었다. 이와 같이 사별을 경험한 아동의 구체적인 욕구를 충족시켜 줄 수 있는 개입방법이 무엇인지 고민하고 실행하는 것은 매우 중요한 과제라고 하겠다.

요약

자살로 인한 사별을 경험하는 아동들은 불안, 우울, 외상후스트레스장애 등과 같은 정신장애를 경험할 위험에 처하기 쉽다. 사별에는 공통점이 많지만, 최근 연구들에 의하면 자살로 인한 사별의 경우는 다른 원인으로 인한 사별과는 다른 슬픔을 경험하는 것으로 알려져 있다. 자살생존자들은 낙인과 수치심, 비난을 경험할 뿐만 아니라 삶의 의미를 발견하는 것에도 어려움을 겪게 되고, 아동과 청소년은 연령과 발달단계에 따라 서로 다른 사별 반응을 나타내므로 자살로 인한 상실을 애도하는 과정은 다른 경우의 사별과 구분되게 된다.

형제자매가 사망한 경우, 부모가 자신들의 슬픔에 압도되어 살아 있는 자녀의 욕구를 충족시키지 못하는 상태라면 아동의 애도과정은 매우 힘겨워진다. 따라서 다른 가족구성원이나 가까운 친구, 상담가는 살아 있는 아동을 주의 깊게 살펴보고 돌보아야 한다. 자살로 인한 사별을 경험한 아동들은 정신건강전문가들로부터 개인상담, 가족치료, 자조집단 등의 방법으로 지지와 돌봄을 받을 필요가 있으며, 이때 아동의 연령, 성숙도, 죽음 이전의 정신적 상태, 가족의 지지 등과 같은 다양한 요인들을 고려하여 최선의 개입방법을 찾아내는 것이 중요하다.

가능하다면, 어른이 아동에게 안전한 환경에서 자살에 대해 직접적이고 솔직하게, 나이에 맞는 언어를 사용하여 이야기해 주는 것도 필요하다. 사실을 감추는 것은 애도과정에 해롭기 때문에 부모나 다른 어른들이 자살에 대해 이야기하는 것이 불가능할 경우에는 정신건강전문가에게 도움을 받도록 한다. 자살은 죽은 사람을 알았거나 사랑했던 모든 이들에게 커다란 시험이 되는 일이기 때문에 애도과정을 잘 거쳐갈 수 있는 방법을 알아내야만 하고, 그 과정에서 현실을 받아들이면서도 죽은 사람과 살아 있는 사람들에 대한 용서와 긍휼히 여기는 마음을 갖도록 해야 할 것이다.

토론을 위한 질문들과 역할극 연습

1. 캐시의 사례에서 캐시는 아빠가 권총으로 스스로를 쐈다는 것은 알고 있었지만 자살이라는 단어는 알

지 못했다. 치료사가 캐시의 엄마에게 자살이라는 단어를 쓰도록 권하는 것이 중요하다고 생각하는가? 왜 그렇게 생각하는가? 혹은 왜 그렇지 않다고 생각하는가?

2. 유치원생인 아동에게 가족치료나 개인치료 혹은 집단치료 중 어떤 방법으로 개입하는 것이 좋을지 결정할 때 고려해야 하는 요인은 무엇인가? 결정사항을 가족들에게 전달할 때 어떻게 설명할 것인가?

3. 9살 된 남자아이에게 아버지의 자살에 대해서 어떻게 설명할 것인지 의논해 보자. 아이가 아버지의 죽음에 대해서 친구들에게 설명할 수 있도록 어떻게 도울 수 있을 것인가?

4. 역할극 연습: 부모의 이혼 후 어머니와 살고 있는 십대 아들이 어머니의 신체적, 정신적 건강상태를 정기적으로 확인할 의무가 있는지에 대해 청소년 사별집단에서 찬성과 반대로 의견이 나뉘었다고 가정하고 역할극을 해 보시오.

참고문헌

American Academy of Pediatrics: Committee on Psychosocial Aspects of Child and Family Health. (2000). The pediatrician and childhood bereavement. *Pediatrics, 105*(2).

Bluestone, J. (1991). School-based peer therapy to facilitate mourning in latency-age children following sudden parental death: The cases of Cindy age 10½, and Rosa T., age 9½. In N. B. Webb (Ed.), *Play therapy with children in crisis: Individual, group, and family treatment* (pp. 258-275). New York: Guilford Press. 권영민 · 김미정 · 노혜숙 외 역. 2006. 『위기에 처한 아이들을 위한 놀이치료』. 학지사.

_____ (1999). School-based peer therapy to facilitate mourning in latency-age children following sudden parental death: Cases of Joan, age 10½, and Roberta, age 9½, with follow-up 8 years later. In N. B. Webb (Ed.), *Play therapy with children in crisis* (2nd ed., pp. 225-251). New York: Guilford Press.

Cain, A. C. (2002). Children of suicide: The telling and the knowing. *Psychiatry: Interpersonal and Biological Processes, 65*(2), 124-136.

Cerel, J., Fristad, M. A., Weller, E. B., & Weller, R. A. (1999). Suicide-bereaved children and adolescents: A controlled longitudinal examination. *Journal of the American Academy of Child and Adolescent Psychiatry, 38*(6), 672-679.

Doka, K. J. (Ed.). (1989). *Disenfranchised grief: Recognizing hidden sorrow.* New York: Free Press.

_____ (Ed.). (2000). *Living with grief: Children, adolescents, and loss.* Washington, DC: Hospice Foundation of America.

Dougy Center, The. (2001). *After a suicide. An activity book for grieving kids.* Portland, OR: Author.

Dyregrov, K., & Dyregrov, A. (2005). Siblings after suicide—"the forgotten bereaved." *Suicide and Life-Threatening Behavior, 35*(6), 714-724.

Goldman, L. (2001). *Breaking the silence: A guide to help children with complicated grief—suicide, homicide, AIDS, violence, and abuse* (2nd ed.). New York: Brunner/Routledge.

Horowitz, M. J., Siegel, B., Holen, A., Bonanno, G. A., Milbrath, C., & Stinson, C. H. (1997). Diagnostic criteria for complicated grief disorder. *American Journal of Psychiatry, 154,* 904-910.

Hurley, D. J. (1991). The crisis of paternal suicide: Case of Cathy, age 4½. In N. B. Webb (Ed.), *Play therapy with children in crisis: Individual, group, and family treatment* (pp. 237-253). New York: Guilford Press. 권영민 · 김미정 · 노혜숙 외 역. 2006. 『위기에 처한 아이들을 위한 놀이치료』. 학지사.

Jordan, J. R. (2001). Is suicide bereavement different?: A reassessment of the literature. *Suicide and Life-Threatening Behavior, 31*(1), 91-103.

Jordan, J. R., & McMenamy, J. (2004). Interventions for suicide survivors: A review of the literature. *Suicide and Life-Threatening Behavior, 34*(4), 337-350.

Kaslow, N. J., & Aronson, S. (2004). Recommendations for family interventions following a suicide. *Professional Psychology: Research and Practice, 35*(3), 240-247.

Kung, H.-S., Hoyert, D. L., Xu, J., & Murphy, S. L. (2008, January). Deaths: Final draft for 2005. *National Vital Statistics Reports, 56*(10). Retrieved January 16, 2008, from www.cdc.gov/nchs/data/nvsr56_10.pdf.

Melhem, N. M., Day, N., Shear, M. K., & Day, R. (2004). Traumatic grief among adolescents exposed to a peer's suicide. *American Journal of Psychiatry, 161*(8), 1411-1417.

Melhem, N. M., Moritz, G., Walker, M., Shear, M. K., & Brent, D. (2007). Phenomenology and correlates of complicated grief in children and adolescents. *Journal of the American Academy of Child and Adolescent Psy- chiatry, 46*(4), 493-499.

Mishara, B. L. (1999). Conceptions of death and suicide in children ages 6-12 and their implications for suicide prevention. *Suicide and Life-Threatening Behavior,*

29(2), 105-118.

Mitchell, A. M., Kim, Y., Prigerson, H. G., & Martimer-Stephens, M. (2004). Complicated grief in survivors of suicide. *Crisis, 25*(1), 12-18.

Mitchell, A. M., Wesner, S., Brownson, L., Gale, D., Garand, L., & Havill, A. (2006). Effective communication with bereaved child survivors of suicide. *Journal of Child and Adolescent Psychiatric Nursing, 19*(3), 130-136.

Mitchell, A. M., Wesner, S., Garand, L., Gale, D., Havill, A., & Brownson, L. (2007). A support group intervention for children bereaved by parental suicide. *Journal of Child and Adolescent Psychiatric Nursing, 20*(1), 3-13.

Parrish, M., & Tunkle, J. (2003). Working with families following their child's suicide. *Family Therapy, 30*(2), 63-76.

Pfeffer, C. R., Jiang, H., Kakuma, T., Hwang, J., & Metsch, M. (2002). Group intervention for children bereaved by the suicide of a relative. *Journal of the American Academy of Child and Adolescent Psychiatry, 41*(5), 505-513.

Pfeffer, C. R., Martins, P., Mann, J., Sunkenberg, M., Ice, A., Damore, J. P., et al. (1997). Child survivors of suicide: Psychosocial characteristics. *Journal of the American Academy of Child and Adolescent Psychiatry, 36*(1), 65-74.

Prigerson, H. G., Frank, H., Kasl, S. V., Reynolds, C. F., et al. (1995). Complicated grief and bereavement-related depression as distinct disorder: Preliminary empirical validation in elderly bereaved spouses, *American Journal of Psychiatry, 152*(1), 22-31.

Rando, T. A. (1991). *How to go on living when someone you love dies.* New York: Bantam Books.

Ratnarajah, D., & Schofield, M. J. (2007). Parental suicide and its aftermath: A review. *Journal of Family Studies, 13*(1), 78-93.

Requarth, M. (2006). *After a parent's suicide: Helping children heal.* Sebastopol, CA: Healing Hearts Press.

Sethi, S., & Bhargava, S. C. (2003). Child and adolescent survivors of suicide. *Journal of Crisis Intervention and Suicide Prevention, 24*(1), 4-6.

Webb, N. B. (Ed.). (1993). *Helping bereaved children: A handbook for practitioners.* New York: Guilford Press.

_____ (Ed.). (2005). *Helping bereaved children: A handbook for practitioners* (2nd ed.). New York: Guilford Press.

_____ (Ed.). (2007). *Play therapy with children in crisis: Individual, group, and family treat-*

ment (3rd ed.). New York: Guilford Press.

_____ (2010). Grief counseling with child and adolescent survivors of parental suicide. In J. R. Jordan & J. L. McIntosh (Eds.), *Grief after suicide: Understanding the consequences and caring for the survivors.* New York: Routledge.

Wertheimer, A. (2001). *A special scar: The experience of people bereaved by suicide* (2nd ed.). East Sussex, UK: Brunner/Routledge.

CHAPTER 7

반려동물의 상실과 죽음

샤론 맥마흔 *Sharon M. McMahon*

현대 사회는 매우 복잡하고, 우리에게는 많은 일들이 일어난다. 하지만 우리는 이런 것들이 우리의 삶에 미치는 스트레스와 정신적 피해 등을 잘 깨닫지 못하고 지낸다(Lee & Lee, 1992). 사랑하고 아끼던 반려동물이나 활동을 보조해 주던 동물이 나이가 들어 죽게 되거나, 심각한 병에 걸려 죽거나, 다쳐서 죽거나, 안락사를 결정하게 되거나, 누군가가 훔쳐가서 사라지거나, 잃어버려서 아동과 영원히 헤어지게 되는 것도 그런 경우에 속한다(Kay et al., 1988). 이와 같은 경우 아동들이 경험하게 되는 정서적 고통의 정도가 어느 정도일지 우리는 상상만 할 수 있을 뿐이다(Quackenbush & Graveline, 1985). 과거에는 반려동물이 죽고 나서 느끼게 되는 슬픔이나 애도과정에 대한 인식이 거의 없었고, 반려동물이 죽고 난 후의 슬픔은 사회적으로 인정받지 못하는 슬픔으로 여겨졌었다(Doka, 1989; Lee & Lee, 1992; Quackenbush & Graveline, 1985). 그러나 요즘 들어서는 반려동물이 죽고 난 후 아동들이 느끼는 슬픔이 매우 고통스럽고, 강렬하며, 현실적이라는 것에 많은 사람들이 공감한다(Fitzgerald, 1994, p. 140).

아동들의 슬픔은 연령과 발달단계의 차이에 따라 매우 다르게 표현된다(Quack-enbush & Graveline, 1985; Wolfelt, 1991; Lee & Lee, 1992; Webb, 1993, 2002). 많은 아동들이 도움받기를 원하지만 어떻게 해야 할지를 알지 못하는 경우가 많다. 따라서 그들이 슬프고 힘든 시기를 잘 극복해 갈 수 있도록 돕는 것은 어른들의 몫이며(Grollman, 1976), 나는 이 책이 그 과정에 도움이 되기를 바란다.

아끼던 반려동물의 죽음으로 인해 슬픔을 느끼게 되는 것은 너무도 분명한 일이다. 이 장에서 나는 아동과 청소년들이 반려동물의 죽음을 이해하고, 극복하며, 건강한 방법으로 회복될 수 있도록 실천가들이 준비되도록 돕는 것에 목적을 두고자 한다. 아동들은 그들이 속한 가족과 친구, 지역사회 속에서 문화적 정체성을 확립해 가며, 매일의 삶에서 경험하게 되는 태도, 가치, 신념, 행동, 역할, 관계를 통해 자신이 누구인지에 대한 개념을 형성해 간다(McNamara, 2000).

아동들은 매일 다툼과 긴장, 두려움, 걱정, 스트레스, 도전들을 경험하지만, 무조건적인 사랑과 친절한 응원을 받고, 적응유연성을 향상시켜 줄 수 있는 활동들에 참여하고, 영감이 되어 주는 사람들을 만나고, 그들의 행복을 바라는 다른 이들이 보여 주는 행동과 태도, 문제해결방법을 배우면서 그러한 사건들의 영향을 상쇄시켜 가게 된다(Goldstein & Brooks, 2005). 사랑하던 반려동물이 죽고 나서 아동들이 슬픔에 빠지는 것은 매우 자연스러운 일이다. 아동들이 반려동물의 죽음을 잘 견뎌가도록 돕는 과정에서 건강한 환경과 문화가 외상, 파괴적인 감정, 경험의 영향을 감소시킬 수 있는 적응유연성 향상을 위한 보호요인이 된다는 것을 명심해야 한다(Goldstein & Brooks, 2005, p.30). 최근의 슬픔치료는 사회적 맥락 안에서 아동이 건강하게 적응하고 적응유연성을 기를 수 있도록 돕는 과정에 대한 과학적 근거와 이해에 근간을 두고 있다. 또한 치료적 개입은 다음의 여섯 가지에 목적을 두고 진행되는데, 첫째, 두려움과 외상으로 인한 결과들을 방지하는 것, 둘째, 위험을 감수하는 행동이나 비행, 파괴적인 행동을 감소시키는 것, 셋째, 자연적인 발달단계와 활동, 기술, 지식수준을 증진시키는 것, 넷째, 역경, 정신건강상의 문제, 대인관계의 문제, 병리적 슬픔을 피하는 것, 다섯째, 대처기술을 향상시키는 것, 여섯째, 가족과 돌봄제공자들의 역량강화를 통해 아동들이 안전하고, 정직하고, 자신있게 반려동물의 죽음을 이해하고 받아들이며, 기억할 수 있는 의미 있는 방법을 학습할 수 있는 환경을 만드는 것이 그것에 해당된다(Bertman, 1999; Fiorini & Mullen, 2006; Goldstein & Brooks, 2005; Hughes, 1995; Monbourquette, 1994; Munroe & Kraus, 2005; Seibert, Drolet, &, Fetro, 2003; Turner, 2005; Wass & Corr, 1982).

아동과 청소년들이 슬픔의 여정을 걷도록 도우려면 어른들이 비언어적이고 상징적인 의사소통에 능숙해져야 한다(Di Ciacco, 2008). 누군가의 슬픔을 달래고 위로하는 핵심은 말 하나로는 그 사람의 고통을 치유하고 애도과정을 돕는 것이 불가능하다는 점을 깨닫는 것이다. 서로 간의 감정과 정서, 욕구, 질문, 이야기, 놀이, 눈물, 공포, 꿈 등이 조화를 이루면서, 주요한 돌봄제공자가 지속적으로 주의를 기울이는 것이 필요하다. 감정이나 걱정, 외로움, 약점 등을 말로 표현하는 것이 서툴다는 점이 아동기 사별의 독특한 측면이다. 어린 아동들은 어떻게 감정을 통제해야 하는지 잘 알지 못하고, 혼자 있는 것과 분리되는 것에 익숙하지 않다. 잠자는 것과 죽는 것의 차이를 구분하지도 못하고, 보편성 혹은 자기중심성의 개념도 이해하지 못한다. 어린 아동들은 그들의 논리와 인지가 성숙해짐에 따라 서서히 신체적, 정서적, 심리적, 인지적, 영적, 도덕적, 사회적 발달을 이루어 가게 된다. 이와 같은 내용은 이 책의 1장과 2장에서 충분히 다루고 있다.

상실을 해결하고 회복에 참여할 수 있는 적절한 오리엔테이션 과정을 경험하지 못하면 아동들은 그들의 슬픔에 갇혀버리게 된다(Di Ciacco, 2008). 따라서 돌봄제공자가 상실이나 분리로 인해 슬퍼하고 있는 아동의 발달단계와 과업을 잘 이해하고, 연령에 적당한 성장과 발달 유능감, 기술, 인지적 능력, 사고, 행동, 문제해결방법, 대처전략을 고려함으로써 유용한 개입전략을 만드는 것은 매우 중요하다(Pearson, 2004). 성인들이 보여 주는 지속적인 지지와 도움 역시 아동들이 자신의 감정을 분명하게 깨닫게 하고, 그것을 건강하게 표현하는 방법을 배우는 데 큰 도움이 된다. 또한 이것은 상실과 관련된 다양한 감정들을 지속적으로 이해하고 숙달되는 것에 주요한 영향을 미치는 사회감정적학습SEL: Socio-emotional Learning을 구성하게 된다. 반면, 어른들이 반려동물의 죽음과 관련된 슬픔을 평가절하하거나 잘 참아 주지 못하게 되면 아동들은 애도와 슬픔, 사별에 대한 감정을 이해하고 해결해 가는 것에 어려움을 겪게 된다.

상실을 슬퍼하는 아동을 돕는 단계

아동을 돕는 첫 번째 단계는 아동이 감정을 표현할 수 있는 안전하고 진실된 환경을 조성하는 것이다. 아동들은 이러한 환경 속에서 미술활동, 소근육과 대근육을 사용하는 활동, 이야기를 하거나 듣는 활동, 사진을 보면서 하는 활동, 놀이 활동, 음악을 만들거나 듣는 활동, 전통적인 의례를 포함하는 활동 등을 통해 추억을 만들기 위한 의미 있는 방법들을 익힐 수 있다(Sorensen, 2008). 아이들 하나하나가 특별하고 독특한 것처럼 상실과 관련된 그들의 경험 역시 특별하고 독특하다. 어른들은 이것을 기억하면서 친절함과 인내심을 갖고 아이들을 만나야 하고, 적극적으로 경청하고, 시간을 여유 있게 계획하면서 지지를 제공해야 한다. 어른들은 아이들에게 반려동물의 상실로 인해 생길 수 있는 강렬한 감정, 약한 감정, 미묘하고 불분명한 감정들을 어떻게 표현해야 할지 가르쳐 줄 수 있어야 한다(Sorensen, 2008).

사례

골든리트리버종인 팔리^{Farlie}는 밝고, 에너지 넘치고, 건강한 아동인 제프리^{Jeffrey}를 사랑하고 지켜 주었다. 제프리의 부모 패티^{Patty}와 조시^{Josh}는 8년간 팔리를 아이처럼 길러 왔고, 제프리가 태어나면서 그들의 새 식구가 된 것이다(〈사진 7-1〉 참고).

제프리가 11개월이 되었을 때 팔리가 자동차에 치어 죽는 일이 발생했다. 제프리는 그 사건을 직접 목격하지는 못했지만 팔리가 죽은 후 엄마가 긴장하고 있고, 더 이상 자기 옆에 앉아 같이 놀아 주지 않고, 모유수유도 하고 싶어 하지 않는다는 것을 느끼기 시작했다. 제프리는 팔리가 자신을 천천히 흔들어 주기도 하고 깨워 주기도 했던 일, 손가락을 빨던 일, 아빠와 엄마가 자신을 유모차에 태우고 조깅을 할 때 짖어대던 일들을 그리워했다. 삶이 완전히 달라졌다. 제프리는 한밤중에 울기 시작했고, 양껏 먹지도 않았으며, 왜 팔리가 낮잠 시간이나 밤에 자러 오지 않는지 궁금해하기 시작했다. 하지만 그 누구도 제프리에게 아무런 말도 해 주지 않았다. 강아지 인형이 사라졌고, 소파에 놓여 있던 낡고 부드러운 담요도 치워졌으며, 아무도 산책을 가려 하지 않았다. 무언가 이상한 일이 벌어지고 있었지만 제프리는 아빠와 엄마가 무슨 말을 하고 있는 것인지 알아들을 수가 없었다. 아빠와 엄마는 제프리가 버릇없이 굴었을 때 볼 수 있는 무섭고 고집스러운 표정을 하고 있었다. 그러니 아기인 제프리가 자신도 혼란스럽다는 것을 알리기 위해 할 수 있는 것이라고는 아빠와 엄마에게 매달리고, 울고, 발로 차고, 안 먹으려 하고, 수건으로 얼굴과 손을 닦을 때 몸을 뻣뻣하게 하는 것밖에는 방법이 없었다.

제프리는 감기에 걸리게 되었고 몸무게도 늘지 않았다. 제프리는 무언가가 잘 안 되면 작은 일에도 아무 말 없이 울기만 했다. 엄마는 소리를 지르기 시작했고 자꾸 자려고만 했다. 아빠는 차고에 가서 물건들을 고치기만 했다. 집안은 고요하기만 했다. 제프리는 이 상황에 적응하지 못한 채 엄마가 복직을 하면서 겨울 내내 베이비시터에게 맡겨졌다. 제프리는 늘 울면서 아빠와 엄마, 강아지를 찾곤 했다.

봄이 되자 제프리의 부모는 다시 개를 기르기로 마음먹고 유기견 보호소에서 영국종 사냥개 두 마리를 데리고 왔다. 제프리는 두 마리 개를 곧바로 좋아하게 되었고 애착 관계를 형성하게 되었다. 제프리는 안정감과 행복감을 느꼈고, 몸무게도 다시 늘기 시작했고, 감기도 덜 걸리게 되었으며, 잠도 잘 자기 시

사진 7-1 팔리와 제프리

작했고, 말을 시작했고, 덜 울기 시작했다. 또한 아빠와 엄마에게 부드럽고 침착한 표정과 바디랭귀지로 표현하기 시작했다. 가족들은 다시 웃기 시작했고, 산책도 나가기 시작했다. 그동안 제프리의 행동과 건강상태에 많은 변화들이 있었음에도 불구하고 제프리가 팔리의 죽음을 슬퍼하고 있다는 사실을 아무도 알아차리지 못했던 것이다.

제프리가 9살 되던 해, 두 마리 개 중 한 마리인 맥스^{Max}가 죽었다. 제프리는 슬픔을 이해할 수 있었고, 삶과 죽음이 인생의 한 부분임을 알고 있었다. 3년 뒤, 다른 한 마리인 위니^{Winnie}가 죽었다. 제프리는 자신과 부모를 포함해 살아 있는 모든 것들은 때가 되면 죽음을 맞이한다는 것을 이해하고 있었다. 제프리는 팔리와 맥스, 위니와 함께 찍었던 어릴 적 사진들을 꺼내 보면서 항상 그들을 기억할 것임을, 특히 그땐 아무에게도 말할 수 없었지만 팔리가 자신에게 얼마나 큰

사진 7-2 기억나무

의미였는지를 이야기했다.

　반려동물의 죽음과 관련된 다양한 것을 경험한 제프리는 이후 학교에서 진행된 '동물들에게 친절함을 표현하는 주간'에 기억나무를 만드는 활동을 하면서 친구들에게 외로움, 분리, 상실 등과 관련된 감정과 슬픔을 어떻게 표현해야 할지 알려 주는 역할을 했다(〈사진 7-2〉 참고). 몇몇 친구들은 장례식에 대해 배우고 싶어 했는데, 아이들은 인형들을 가지고 반려동물

의 장례식을 준비하는 역할극을 하기도 했다(〈사진 7-3〉 참고). 다른 친구들은 자신의 죽은 반려동물을 추모하면서 노숙자들의 반려동물 사료 구입을 위한 동전 모으기 활동을 했다. 또 다른 친구들은 털실과 찰흙으로 액자를 만들어 자신들의 반려동물 사진을 넣기도 했다. 선생님은 아이들에게 천국에 있는 가족이나 반려동물에게 보내는 편지나 시를 쓰도록 한 후 그것을 풍선에 넣고, 소풍을 간 동물원에서 그것을 하늘로 띄워 보내게 했다(〈사진 7-4〉 참고).

　이와 같은 모든 활동들은 제프리와 친구들이 반려동물의 죽음을 의미 있고, 나이에 적합한 경험으로 전환시켜 주는 역할을 했고, 아이들은 인생에서 겪게 되는 일들을 긍정적으로 극복해 나가고 적응유연성을 키워 가는 것을 배우게 되었다. 이것은 아이들이 겪고 있는 슬픔이 인정받게 된 경험이었고, 아이들이 죽음에 대해 갖고 있던 호기심도 명확하게 해결된 경험이었다. 아이들은 살아 있는 것과 죽는 것의 차이를 알아 가고, 몸이 흙으로 돌아가는 자연스러운 현상을

사진 7-3 장례식 연습

이해하고, 죽음 이후의 영적 상태를 설명하는 다양한 철학적, 문화적 신념도 접하게 되었다. 사회복지사와 애도상담가, 방과후 돌봄교사는 아이들이 애도과정과 관련된 감정, 생각, 행동을 이해할 수 있도록 도와주었다. 같은 반 친구들과 함께하는 활동을 통해, 아이들은 자신의 생각과 감정을 나누고, 궁금한 것을 질문하고, 추억을 만들면서 앞으로 살면서 겪게 될 죽음에 대처하는 방법을 미리 익힐 수 있었다.

사진 7-4 천국으로 보내는 풍선 메시지

CHAPTER 7 반려동물의 상실과 죽음

이 사례에서 볼 수 있듯이, 비록 제프리가 불안과 애착혼란, 상실, 버려짐에 대한 두려움 등을 말로 표현할 수 있을 정도로 나이가 많지는 않았지만, 패티와 조시가 자신들의 슬픔을 제프리와 나누었더라면 아이에게 더 도움이 되어 줄 수 있었을 것이다. 제프리는 부모들의 불안과 긴장을 느낄 수 있었지만 그것을 말로 표현할 수 없었을 뿐이고, 패티와 조시는 제프리가 아무것도 모를 것이라고 여기는 실수를 한 것이다. 패티와 조시는 그들의 슬픔을 다룰 수 있는 도움이 필요했고, 그때 그런 도움을 받았더라면 제프리에게 그들이 모두 팔리를 그리워한다는 것을 설명하고, 감정을 분명하게 표현하는 것이 중요하다는 것을 배울 수 있었을 것이다. 제프리가 조금 더 큰 아이였더라면 부모가 아이의 감정을 묻고, 아이의 이야기를 여유 있게 들어 주고, 아이의 생각을 잘 표현할 수 있도록 만들기나 그리기 활동을 하는 방법도 배울 수 있었을 것이다. 어린 아동들이 슬픈 감정을 전환시키도록 돕고, 반려동물의 죽음으로 인한 상실과 분리를 애도할 수 있도록 돕는 건강한 방법들을 배울 수 있었을 것이다.

어른들이 아동의 슬픔과 애도를 도울 수 있으려면 아동들의 발달단계와 연령, 능력, 자원들을 고려해야 한다. 다음 사항들은 아동이나 청소년들이 반려동물의 죽음과 상실을 이해하고 의미를 찾으려 할 때 어른들이 줄 수 있는 도움의 내용들이다.

1. 아동의 일상생활(먹는 것, 자는 것, 노는 것, 학교에 가는 것, 각종 활동에 참여하는 것)을 유지한다.
2. 마음을 달래 줄 수 있는 활동(명상, 특별한 음식, 가만히 흔들어 주는 것, 마주하는 시간 등)을 제공한다.
3. 일시적인 퇴행을 보일 수도 있고, 익숙한 것과 안전한 것을 찾을 수 있다는 것을 생각하고 있어야 한다.
4. 성공의 경험을 할 수 있고, 안전하고, 자신을 회복시킬 수 있는 활동들을

많이 할 수 있도록 돕는다.

5. 주요 돌봄제공자와 분리되는 상황이 생기지 않도록 한다.

6. 텔레비전이나 게임, 영화 등에서 외상 상황을 접하지 않도록 한다. 특히 아동이 그런 죽음을 경험했다면 더욱 유의해야 한다.

7. 조용하고 안전한 장소에서 이루어지는 그리기, 만들기, 목공예 등의 다양한 창의적인 활동을 통해 아동들이 여유 있게 자신의 감정과 기억들을 표현할 수 있도록 돕는다. 아동들은 그리기 등의 예술활동을 통해서 상징적으로 자신의 의사를 표현해낼 수 있다(Milbrath & Trautner, 2008, p. 28-30, 45-49). 그림의 완성도에 대해서는 신경 쓰지 말라. 다른 것이 아닌 치유와 회복이 중요하기 때문이다.

8. 놀잇감, 장난감을 주고 아동이 혼자 혹은 다른 아동들과 상상력을 활용하여 활동할 수 있도록 하되, 아동이 무서워하거나 궁금한 것이 생길 수 있는 경우를 대비해 가까운 곳에 머무른다. 놀잇감이나 장난감을 부수는 것과 다른 사람에게 해를 끼칠 수 있는 것만 제외하고는 아동이 원하는 대로 활동을 진행한다.

9. 자신이나 타인을 다치게 할 수 있는 행동, 무서운 행동, 목을 조르거나 죽음을 경험하는 것과 유사한 행위를 하는 등의 위험을 감수하는 행동, 죽은 사람과 자신을 연결시키려는 행동들은 절대 해서는 안 된다는 한계를 분명히 한다.

10. 아동이 행복, 분노, 두려움, 좌절, 슬픔 등의 감정을 표현하는 것을 배우도록 돕는다.

11. 아동이 위협이나 두려움을 없애고, 안도감을 느끼게 하고, 걱정을 없애거나 예방하면서 문제를 논리적으로 해결해 가도록 가르친다.

12. 아동이 언어표현이 자유로운 나이라면 반려동물의 죽음에 대해 아동이 하는 이야기들을 끈기 있게 잘 들어준다.

13. 죽음, 죽음의 원인, 죽음의 상태, 자는 것 혹은 혼수상태와 죽음의 차이 등에 대해 갑작스럽게 질문할 수도 있다는 것을 대비한다.

14. 살아 있는 것과 죽은 것의 차이를 정직하게 그리고 실제적으로 볼 수 있는 방법(숨쉬는 것, 심장이 뛰는 것, 먹는 것, 자는 것, 소리를 내는 것, 배설하는 것, 아이를 낳는 것, 체온 등)으로 답해 준다.

15. 아동들이 어른들의 지도감독하에 인터넷이나 기타 소셜미디어를 사용하도록 한다. 캐나다어린이놀이치료협회Canadian Association for Child and Play Therapy, 아동의 사별을 돕는 각종 단체들(Kids Health, Child Bereavement Network, The Child Bereavement Trust, The Association for Pet Loss and Bereavement, Angie Rupa, Calgary Human Society Pet Bereavement Group)의 홈페이지를 참고하라.

16. 지역사회의 도서관 사서에게 슬픔, 애도, 반려동물의 죽음과 상실에 관련된 도서목록을 요청하여 받는다. 독서치료는 아동 및 청소년이 성인들과 유대감을 맺으며 진행할 수 있는 탁월한 개입방법이다. 아동의 언어 및 인지수준, 관심사, 질문거리 등을 감안하여 책을 선택한다면 책은 모든 연령대의 아동들에게 훌륭한 도움이 된다(Fiorini & Mullen, 2006 Jones, 2001; Leaman, 1995; Markell & Markell, 2008; Seibert et al., 2003; Sorensen, 2008).

17. 나무나 플라스틱, 두꺼운 종이로 기억상자를 만들어 그곳에 죽은 반려동물의 사진이나 장난감, 편지, 모아두었던 반려동물의 털 등을 넣어 두는 것도 도움이 된다.

18. 반려동물에게 작별편지를 써서 보내거나, 특별한 글을 적어 땅에 묻거나 혹은 태우는 방법도 사람들에게 위안이 된다. 그동안 반려동물을 보살펴 주었던 수의사나 동물병원 직원 등에게 감사의 뜻을 담은 카드를 보내는 것도 좋다.

19. 반려동물이 사용하던 담요나 관련 용품들을 지역사회의 동물보호소, 동물보호협회 등에 기증할 수도 있다.

20. 반려동물을 추모하면서 마을에 나무나 꽃, 씨앗 등을 심는다.

21. 가족이나 친구들이 반려동물에 대해 이야기하는 동영상을 제작한다.

22. 나뭇가지에 좋아하는 색을 칠한 후 다른 사람들이 반려동물에 대해 적어 준 글과 다른 장식물들을 매달아 둔다.

23. 반려동물에 대한 생각이나 추억, 사진, 기념될 만한 모든 것들을 모아 문서를 만들어 둔다.

24. 라벤더향을 옷에 뿌리거나 마사지로션에 섞는 등의 방향요법aroma therapy을 활용하여 긴장을 완화시킬 수 있다. 안정감을 주고 스트레스를 낮춰 줄 수 있는 식물성 제품을 사용하는 것은 사별을 경험한 아동에게 도움이 된다(Turner, 2005).

25. 춤과 리듬, 음악이 결합된 표현활동을 이용한다. 아동들은 작은 고무공을 누르면서 스트레스를 푸는 활동을 매우 좋아한다. 커다란 크기의 공이나 북은 그 외의 자유로운 표현에 사용할 수 있다. 소리나 리듬, 노래 등은 내면의 감정을 안전하고 건강한 방법으로 표현하도록 돕는 아주 좋은 재료들이다.

26. 많은 문화권에서 인형이나 돌, 물 등의 무생물을 활용해 감정과 인생의 배움을 전달하는 이야기 형식의 역사들이 발견된다. 말하는 사람이 상상 속의 인물로 목소리를 변조해 반려동물의 죽음과 관련된 이야기를 할 때, 아동들은 불안이나 고통을 느끼지 않고 그 사건의 의미나 교훈을 얻게 된다. 이것은 상실이나 슬픔, 애도와 연관된 감정적 고통을 공유하고 교환하는 인간 대 인간의 연결을 가능하게 한다.

27. 반려동물의 사진으로 퍼즐이나 게임을 만든다. 아동들은 게임을 하면서 반려동물에 대해 갖고 있는 작은 추억들이 모여 하나의 이미지가 된다는

것을 알게 된다.

28. 청소년들의 경우 반려동물과 맺었던 유대나 관계의 중요성을 표현할 수 있어야 한다. 청소년들의 핸드폰에 저장되어 있는 반려동물의 사진을 다른 사람들에게 보여 주면서 이야기하는 것이 좋은 방법이 될 수 있다. 반려동물의 디지털 사진을 담을 수 있는 열쇠고리를 만들어 손에 쥐고 다니면서 추억을 떠올리는 것도 좋다.

29. 지역신문에 반려동물의 사망기사를 내거나 관련 웹사이트에 글을 올리는 것은 아동이 반려동물과 맺었던 특별한 관계를 공식적으로 표현하는 것이기 때문에 도움이 된다.

30. 친구들이 계속적으로 지지와 공감을 표현해 주는 것은 반려동물이 죽은 후 아동이 느낄 수 있는 공허감이나 외로움을 달래주는 데 도움이 된다.

31. 몇몇 청소년들은 반려동물의 이름이나 모양으로 문신을 하고 싶어 할 수도 있다. 이미 문신을 한 청소년들은 이것이 애도에 도움이 되었다고 말한다.

32. 청소년들이 독립하여 집을 떠난 후 반려동물이 죽게 되더라도 그들은 반려동물의 죽음과 관련된 모든 일을 논의할 때(장례를 어떻게 치를 것인지, 반려동물과 관련된 물품을 누가 나누어 가질 것인지 등) 자신의 의견을 말할 수 있어야 한다. 이때 부모들은 멀리 떨어져 있는 자녀라도 그들의 정서적 욕구를 존중하고 지지해 줄 필요가 있으며, 항상 의사소통의 통로를 열어두어야 한다(Munroe & Kraus, 2005; Di Ciacco, 2008).

33. 청소년기를 지난 자녀들은 예전에 반려동물이 죽은 후 이사를 온 것에 대해 죄책감을 느낄 수도 있기 때문에, 어린 시절 살던 집이나 반려동물을 떠올리게 하는 갑작스러운 편지나 소포는 그들에게 늘 긍정적인 영향을 미치거나 도움이 되는 것만은 아니다. 이와 같은 경우 건강하게 마무리하는 것에 다시 초점을 두는 상담이 필요할 수도 있다(Brown, 2005; Di Ci-

acco, 2008; Fiorini & Mullen, 2006; Sorensen, 2008; Association for Pet Loss and Bereavement, 2008; Travis, 2008; Joshua, 2007).

34. 일기 쓰기, 편지 쓰기, 시 쓰기, 작곡하기, 드라마 만들기 등은 반려동물 혹은 사람의 죽음으로 인해 생겨나는 강렬한 슬픔을 다룰 수 있는 성숙한 방법이다.

35. 우울이나 좋지 않은 생각에 대한 징후가 보이는지 주의 깊게 살펴보고 필요한 경우 의료적, 심리적 도움을 구한다.

36. 성취감과 즐거움, 행복, 스트레스 감소 등을 촉진시킬 수 있는 엔돌핀이 많이 생성될 수 있는 활동들을 적극적으로 활용한다.

37. 명상이나 긴장완화 기술 등을 잘 사용하면 정신과 몸의 수양, 분노조절에 도움이 될 뿐만 아니라 두뇌의 성장, 건강한 치료적 관계에 대한 통찰, 자아존중감 향상 등을 도모할 수 있고, 이를 통해 애도작업의 효과를 높일 수 있다(Munroe & Kraus, 2005).

38. 반려동물의 죽음을 경험한 아동들에게 자조집단 혹은 치료집단이 도움이 될 수 있다. 하루 혹은 일주일간 진행되는 집단을 통해 아동들은 친구를 사귀고, 우정을 발전시켜 가고, 지지를 받으면서 슬픔을 극복하는 힘을 얻게 된다(Wolfelt, 1992; Travis, 2008).

39. 반려동물의 죽음을 애도하는 과정에서 신앙적 혹은 문화적 관례를 고려한다(Joshua, 2007; Shaw, 2006).

40. 반려동물의 상실과 관련된 새로운 경향의 프로그램과 서비스에 대해 늘 정보를 수집한다(Brown, 2005).

결론

치료사나 상담가, 부모들은 이 책에서 제시되고 있는 다양한 방법들 중 자신이 만나고 있는 해당 아동에게 가장 적합한 방법을 선택할 수 있다. 특정 접근방법이 그다지 효과적이지 않았다면 다른 방법을 선택할 수도 있다.

성인과 마찬가지로 아동들의 슬픔은 존중되어야 하고 필요한 지지를 받을 수 있어야 한다. 아동의 추론 기술, 언어, 지식, 관찰능력이 발달하면서 예전에 겪었던 반려동물의 죽음일지라도 그와 관련된 감정들이 종종 다시 떠오를 수도 있다. 아동들은 책이나 연구논문, 다른 사람들과의 이야기, 인터넷 등을 통해 슬픔을 해결하는 데 필요한 지침이나 아이디어들을 얻을 수 있다. 특히 인터넷의 경우, 다른 사람들로부터 지속적인 지지를 받을 수 있다는 점에서 아동이 자신은 혼자가 아니라고 여기게 되는 특징이 있다. 반려동물의 죽음을 슬퍼 하는 아동과 청소년을 돕기 위해서는 그들 한 사람 한 사람을 존중하고, 민감성을 유지해야 하며, 그들의 연령에 관계없이 아동의 속도에 맞추어 경청해 주어야 한다. 친절하고 긍정적인 사회적 지지를 통해 아동의 정신건강 수준이 향상되므로 이 과정에서 아동의 적응과 건강을 위해서는 민감성을 갖춘 성인이 그들 곁에 있는 것이 필수적인 조건이다. 건강하게 슬퍼하는 작업은 결코 혼자서는 해낼 수 없는 일이다.

토론을 위한 질문들과 역할극 연습

시나리오 1: 리바Riva와 골디Goldie

4살된 리바는 아침을 먹으러 부엌으로 내려왔다가 마르고 딱딱한 채로 바닥에 떨어져 있는 금붕어 골디를 발견했다. 아빠가 수조를 청소하던 때를 제외하고는 골디가 수조 밖에 나와 있었던 적은 한 번도 없었다. 리바는 조심스럽게 골디를 집어 올려 수조에 다시 넣어 주었다. 아빠가 부엌에 들어왔을 때 골디는 물 위로 떠올라 있었다.

· 아빠는 이제 무엇을 해야 할까?
· 골디에게 무슨 일이 생긴 것인지 리바가 이해할 수 있도록 도울 수 있는 방법은 무엇일까?
· 가족들은 어떻게 하면 죽은 골디를 정중한 방법으로 처리할 수 있을까?
· 골디의 흔적을 치울 때 리바는 어떤 역할을 할 수 있을까?
· 만약 당신이 리바가 다니는 유치원의 선생님이라면 골디라는 금붕어가 죽은 것을 알고 난 후 리바에게 무엇이라고 말해 줄 것인가?

시나리오 2: 호세Josè와 치코Chico

호세는 7살이다. 호세는 부모님, 두 명의 형들과 이사를 오면서 아끼던 기니아피그 치코를 다른 사람에게 팔고 왔다. 가족들은 스페인어를 유창하게 하지만 영어는 아주 조금만 할 수 있는 정도다. 호세는 이제 막 1학년 생활을 시작했는데, 늘 슬퍼 보이고, 쉬는 시간에 놀려고 하지도 않는다. 간식시간이나 점심시간에 아무 것도 먹지 않고, 친구들과 이야기를 나누는 시간에도 참여하려 하지 않는다. 몸을 흔들면서 작은 소리로 "치코, 치코."를 중얼거릴 뿐이다. 호세의 생각과 감정을 표현해 보아라.

· 호세에게서 보여지는 슬픔 반응들은 무엇인가?
· 만약 당신이 교사라면 무엇을 하겠는가?
· 호세의 부모님과 가족들이 어떻게 그를 도울 수 있을까?
· 통역사와 협력하는 것을 언제쯤 제안하겠는가? 어떻게 제안하겠는가?

역할극: 디완^{D'wan}과 폭풍

큰 태풍이 14살 디완이 살고 있던 해안가 마을을 덮쳐 마을 전체가 쑥대밭이 되었다. 디완의 집 역시 지붕이 날아가고, 마당의 형체도 사라졌다. 전봇대가 뽑혀 정전이 되었고, 식수도 끊겼다. 구명보트를 타고 당장 대피하라는 명령이 내려졌다. 구명보트에 모든 종류의 반려동물을 실을 수 있는 것은 아니었기 때문에 다섯 명의 식구들은 자신들이 기르던 반려동물을 어떻게 해야 할지에 대해 급히 이야기를 나누었다. 그들은 새와 이구아나는 풀어 주었고, 강아지 부^{Beau}와 고양이 펠릭스^{Felix}를 가족들이 탄 것과는 다른 구명보트에 태웠으며, 디완은 거미 로지^{Rosey}를 가방에 몰래 집어넣은 채 모두들 집을 빠져나갔다. 보호소에 도착한 디완은 곧장 부와 펠릭스를 찾아 보았지만 찾을 수 없었고, 부와 펠릭스를 찾기 위해 집으로 가려다 경찰에게 잡혀 보호소로 끌려 왔다. 3일이 지나서야 디완과 가족들은 부와 펠릭스를 찾을 수 있었고, 모두들 기뻐하고 안도했지만, 아무도 동물들을 찾는 것을 도와주지 않았다는 점에서 디완은 커다란 분노감을 느꼈다. 각각 디완, 가족, 구조요원 역을 맡아 상황을 재연해 보고, 다음의 질문에 답해 보시오.

· 디완과 가족들이 폭풍으로 인해 경험한 상실, 분리, 죽음, 정서적 스트레스에는 어떤 것들이 있는가?
· 디완과 가족 이외에도 유사한 경험을 한 사람들이 있을 것으로 생각하는가? 그렇다고 여기는 것이 왜 중요한가?
· 자연재해가 발생했을 때 어떻게 준비하면 반려동물과의 분리, 유기, 죽음, 상실을 막을 수 있을지 논의해 보자.
· 반려동물과의 분리, 유기, 죽음으로 인한 외상을 감소시키기 위해 지역사회 차원에서 할 수 있는 일들에는 무엇이 있을지 상의해 보자.
· 외상을 극복하는 데 있어 디완이 갖고 있는 어떤 기술과 특징이 도움이 되었나?
· 반려동물의 죽음이나 실종, 분리 때문에 힘들어 하는 십대 청소년들을 어떻게 도울 수 있을까?

역할극: 체리티^{Charity}와 반려묘

올해 18살이 된 체리티는 이제 막 부모로부터 독립을 했다. 체리티는 원래 대학에 진학할 예정이었지만 그것을 미뤄두고 조^{Jo}, 그리고 밴드와 함께 길에서 노래를 부르며 지내기로 했다. 체리티의 부모는 이런 결정을 탐탁지 않게 여겼다. 체리티에게는 어릴 때부터 길렀던 반려묘가 있는데 조에게 고양이 알레르기가 있어서 고양이를 집에 두고 가야만 하는 상황이 발생했다. 체리티의 부모는 고양이를 집에 두고 가면 그 핑계로 체리티가 전화라도 하겠거니 싶어 흔쾌히 고양이를 돌봐 주기로 했다. 하지만 체리티가 집을 떠나고 3주 뒤, 그녀는 집에 전화를 걸었다가 고양이가 이틀 전 죽었다는 소식을 듣게 되었고 말없이 계속 눈물만 흘렸다. 체리티와 부모, 조의 역할을 맡아 17년간 기르던 고양이의 죽음을 경험한 체리티의 감정적 혼란을 표현해 보시오.

· 체리티의 부모라면 지금 무엇을 할 것인가?
· 당신은 체리티가 전화를 걸자 마자 고양이에 대해서 말했을 것인가?
· 어떻게 이 상황에 대처할 것인가?
· 체리티의 현재 감정과 생각은 어떤 것일까?
· 체리티가 슬퍼하는 동안 당신은 그녀를 어떻게 도울 것인가?
· 이 상황에서 보여 줄 수 있는 지지적인 말과 행동에는 어떤 것들이 있을까?

감사의 글

암과의 긴 전쟁 끝에 지난 2009년 여름 사망한 브랙 박사님W. G. A. Brack을 추모하며 이 글을 바칩니다. 박사님께서 남겨주신 영감과 헌신, 그리고 연민에 감사드립니다.

참고문헌

Association for Pet Loss and Bereavement. (2008). *Children and pet loss.* Retrieved August 2, 2008, from www.aplb.org/services/shildren.html.

Bertman, S. L. (Ed.). (1999). *Grief and the healing arts.* New York: Baywood. Brown, R. J. (2005). *How to ROAR: Recovering from the grief of pet loss.* Athens, GA: Spring

Water. Retrieved August 7, 2008, from *momslifeline.com/petloss/index.php?id=A5&g-clid=cpiM6uuitpqcfqayqaodtd5h.*

Di Ciacco, J. A. (2008). *The colors of grief: Understanding a child's journey through loss from birth to adulthood.* London: Jessica Kingsley.

Doka, E. (Ed.). (1989). *Disenfranchised grief: Recognizing hidden sorrow.* Lexington, MA: Heath.

Fiorini, J. J., & Mullen, J. A. (2006). *Counselling children and adolescents through grief and loss.* Champaign, IL: Research Press.

Fitzgerald, H. (1994). *The mourning handbook: A fireside book.* New York: Simon & Schuster.

Goldstein, S., & Brooks, R. B. (Eds.). (2005). *Handbook of resilience in children.* New York: Springer Science + Business Media. 신현숙 역. 2009. 『아동 청소년 적응유연성 핸드북』. 학지사.

Grollman, E. (1976). *Talking about death: A dialogue between parent and child.* Boston: Beacon Press.

Hughes, M. (1995). *Bereavement and support: Healing in a group environment.* Washington DC: Taylor & Francis.

Jones, E. H. (2001). *Bibliotherapy for bereaved children: Healing reading.* London: Jessica Kingsley. 문지현 · 정춘순 역. 2015. 『사별을 경험한 아동과 청소년을 위한 독서치료』. 한국독서치료연구소.

Joshua, S. R. (2007). *Children and pet loss: How to help your child and teen cope with the loss of the family's pet.* Retrieved August 2, 2008, from www.shirijoshua.com.

Kay, W. J., Cohen, S. P., Fudin, C. E., Kutscher, A. H., Neiburg, H. A., Grey, R. E., et al. (Eds.). (1988). *Euthanasia of the companion animal.* Philadelphia: Charles Press.

Leaman, O. (1995). *Death and loss: Compassionate approaches in the classroom.* London: Cassell/Wellington House.

Lee, L., & Lee, M. (1992). *Absent friend: Coping with the loss of a treasured pet.* Bucks, UK: Henston.

Markell, K. A., & Markell, M. A. (2008). *The children who lived.* New York: Routledge/ Taylor & Francis.

McNamara, S. (2000). *Stress in young people: What's new and what can we do?* London: Continuum.

Milbrath, C., & Trautner, H. M. (Eds.). (2008). *Children's understanding and production of pictures, drawings and art*. Cambridge, MA: Hogrefe & Huber.

Monbourquette, J. (1994). *Growing through loss: A handbook of grief support groups*. Toronto: Novalis.

Munroe, B., & Kraus, F. (Eds.). (2005). *Brief interventions with bereaved children*. Oxford, UK: Oxford University Press.

Pearson, M. (2004). *Emotional healing and self-esteem: Inner-life skills of relaxation, visualization and meditation for children and adolescents*. London: Jessica Kingsley.

Quackenbush, J., & Graveline, D. (1985). *When your pet dies: How to cope with your feelings*. New York: Simon & Schuster.

Seibert, D., Drolet, J. C., & Fetro, J. V. (2003). *Helping children live with death and loss*. Carbondale and Edwardsville: Southern Illinois University Press.

Shaw, M. (2006). *Interfaith memorial service suggestions for a young child's pet*. Association of Pet Loss and Bereavement. Retrieved August 7, 2008, from www.interfaithoffici-ants.com/companionanimalpages/companion-animalclergysamp.

Sorensen, J. (2008). *Overcoming loss: Activities and stories to help transform children's grief and loss*. London: Jessica Kingsley.

Travis, H. (2008). *Coming to terms with grief—2007, information topic sheet #1: Child Bereavement Charity*. Retrieved August 7, 2008, from www.childbereavement.org.uk.

Turner, M. (2005). *Someone very important has just died: Immediate help for people caring for children of all ages at the time of a close bereavement*. London: Jessica Kingsley.

Wass, H. & Corr, C. A. (1982). *Helping children cope with death: Guidelines and resources*. Washington, DC: Hemisphere.

Webb, N. B. (Ed.). (1993). *Helping bereaved children: A handbook for practitioners*. New York: Guilford Press.

_____ (Ed.). (2002). *Helping bereaved children: A handbook for practitioners* (2nd ed.). New York: Guilford Press.

Wolfelt, A. (1991). *A child's view of grief*. Fort Collins, OH: Center of Loss and Life Transition.

Wolfelt, A. D. (1992). *Helping children cope with grief*. Batesville Management Service, available through the Morris Sutton Funeral Home and Chapel, Windsor, Ontario, Canada.

CHAPTER 8

전쟁과 관련된 가족의 죽음

다이앤 스캇 *Diane L. Scott*

    군용 세단형 승용차가 집 앞에 멈추고, 집 안에 있던 아이는 커튼 사이로 창문 밖을 내다 본다. 정복을 입은 두 사람의 군인이 차에서 나오고 현관문 초인종을 누른다. 많은 미국인들은 이 장면을 떠올리면서 전쟁과 관련된 죽음을 연상하게 된다. 2001년의 9/11 테러 이후 테러와의 전쟁the Global War on Terrorism이 선포되면서, 이 작전에 투입된 군인들의 가족이 살고 있는 지역의 이웃들은 이런 장면들이 자신들이 사는 곳에서는 생겨나지 않기를 간절히 바랐었다. 전쟁과 기타 평화 유지를 위한 노력들이 군대가 배치된 일부 지역을 넘어 미국 전역에서 이루어지면서 더 많은 가족들이 전쟁으로 인한 죽음의 영향을 받게 되었다. 사회복지사나 정신건강전문가들이 군인의 죽음을 둘러싼 사실을 바꾸는 것은 불가능하지만 가족의 죽음을 슬퍼하게 될 아동들을 대상으로 개입하는 것은 가능한 일이다.

    전쟁 자체가 죽음의 주된 원인이지만 군인들은 훈련과정이나 개인적 요인, 무기사용 등의 원인으로 항상 죽음이나 부상의 위험을 안고 살아간다(Daley,

1999). 군인가정의 아동들 역시 복무 중인 가족이 매일 마주하는 전쟁 관련 이슈나 위험요인들에 대해 잘 알고 있다(Cozza & Lieberman, 2007; Gorman & Fitzgerald, 2007).

예비군Reserve 혹은 주방위군National Guard 병력에 속하는 군인들의 가족들은 복무 특성상 부모 중 한 사람이 심리적으로는 같이 있으나 신체적으로는 부재한 상황에서 살아가게 된다(Gorman & Fitzgerald, 2007). 아동들이 부모의 군 복무와 관련된 위험요인에 대해 잘 알고 있음에도 불구하고, 아동 및 가족들에게 전쟁과 연관된 죽음이 어떠한 영향을 미치는지에 대해 살펴본 자료들은 매우 부족한 것이 현실이다(Cozza, Chun, & Polo, 2005; Cozza & Lieberman, 2007).

군인가족들의 삶을 망라하는 배치주기를 설명한 모델들은 〈표 8-1〉과 같다. 초기에는 배치 전, 배치, 배치 후의 3단계로 나누는 모델이 제시되었으나(Logan, 1987; Stafford & Grady, 2003에서 재인용), 이후 5단계 모델(Deployment Health and Family Readiness Library, 2006), 7단계 모델(Pincus, House, Christenson, & Adler, n.d.)로 논의가 세분화되고 있는데, 재배치 이전에 집에 머무는 시간이 비교적 짧고 보다 긴 시간 동안 배치되는 상황을 반영하고 있다. 가족이 군에 배치된 가정의 아동들은 그들의 연령과 발달단계 수준에 따라 가족 스트레스 및 부모의 감정적 반응에 대응한다. 배치와 관련된 스트레스가 발생할 수 있는 시기임에도 불구하고, 대부분의 가족은 이 시기를 잘 극복해 나가고 때로는 새로운 대처기술을 습득하기도 한다(Cozza & Lieberman, 2007).

5단계 모델과 7단계 모델에서 논하는 행동적·정서적 이슈들은 가족들이 배치와 관련된 역동을 이해하고 다루는 데 유용한 틀이 된다. 5단계 모델은 배치 전, 배치, 유지, 재배치, 배치 후 단계로 나뉜다(Pincus et al., 2008). 7단계 모델은 출발 예측, 분리와 철회, 정서적 혼란, 회복과 안정, 복귀 예측, 적응과 재협상, 재통합과 안정 단계로 나뉜다. 각각의 단계에는 가족구성원과 아동이 군 복무 중인 가족구성원과 관련하여 경험하게 되는 과업들이 제시되어 있고, 이 내

표 8-1 배치 주기-가족과 자녀 관련 문제들

3단계 모델	5단계 모델	7단계 모델	내용
배치 전	배치 전	출발 예측	배치가 현실이 되면서 군인 개인은 준비를 위해 더 많은 시간 동안 근무하게 됨. 부부간의 갈등이 증폭될 수 있음. 배우자는 앞으로 느끼게 될 상실감을 회피하기 위해 정서적으로 무미건조해질 수 있음. 부모들은 자녀의 욕구에 주의를 기울이기 어려워지기도 하고 부모 중 한 사람이 곁에 없는 것을 어떻게 극복할 것인지 염려하게 됨. 집안일이나 개인적인 일을 미리 준비하느라 분주해짐. 준비기간은 몇 주 혹은 일 년에 이름.
		분리 철회	
배치	배치	정서적 혼란	배치가 되어 군인인 개인은 집에 살지 않음. 남아 있는 부모 중 한 사람은 두 사람 역할을 하게 되고, 분노, 절망, 버려짐, 이제 결국 배치가 되었다는 데에서 생기는 안도감 등 정서적 혼란을 경험함. 이런 일이 반복되면 배우자는 고갈되고 이 현상은 한 달 이상 지속됨.
	유지	회복 안정	일상이 회복됨. 각자의 역할과 책임을 배우게 됨. 배우자가 지지 체계를 형성하면서 유능감을 느끼게 됨. 배치가 반복되면서 배우자는 본인이 강인하고 적응유연성이 있는 사람임을 발견하게 됨.
	재배치	복귀 예측	군인인 가족의 복귀를 기대하며 흥분함. 복귀 날짜나 시간이 변경되면서 좌절감을 느낌. 복귀에 대한 현실적인 기대가 필요함.
배치 후	배치 후	적응 재협상	군인인 가족이 돌아오면 모든 이들이 기뻐함. 군인인 개인은 가족에 재통합되어야 하고 가정에서의 책임을 시작해야 함. 배우자는 그동안의 책임에서 벗어남. 자녀는 군 복무를 했던 부모에게 비현실적인 기대를 가질 수 있음. 의사소통이 가장 중요함.
		재통합 안정	역할과 책임에 대한 재협상이 계속됨. 장비 유지 및 수선과 관련된 의무가 여전히 존재함. 군인이었던 가족은 재배치를 위한 준비를 할 수도 있고 전쟁과 관련된 문제들을 다룰 수 있음. 의사소통이 여전히 중요함.

용들은 모두 파견된 가족이 안전하게 돌아온다는 것을 전제로 구성되어 있다.

배치기간 동안 아동들은 가족 안에 생긴 변화와 상실에 대해 각자의 연령과 발달수준에 따라 반응을 보이게 되고 그들의 적응유연성과 극복기술 정도에 따라 스트레스에 적응하게 된다(Murray, 2002; Pincus et al., 2008; Rice & Groves,

2005). 이 시기에 아동들이 잘 지내기 위해서는 1세 미만의 아동의 경우 지속적인 돌봄과 양육이 필요하고, 그 이상 연령의 아동들은 남아 있는 부모나 돌봄제공자들에게서 분위기를 눈치채게 되기 때문에 가족이 일상생활을 규칙적으로 해 나가는 것이 중요하며, 이러한 환경에서 아동들은 안정감과 확신을 느끼게 된다(Murray, 2002). 나이에 맞지 않는 퇴행행동을 보이는 경우(예를 들어, 배변훈련, 혼자 자는 것 등에 어려움을 호소하는 것) 아동이 가족 안에서 생겨난 상실에 대해 반응하는 것이라고 할 수 있다. 조금 더 나이가 많은 아동들이 행동의 변화를 보이거나 외현화행동이 증가하는 경우(예를 들어, 슬픔, 우울, 기분의 급격한 변화, 약물남용, 신체화증상, 수면장애, 학교를 가기 싫어하거나 참여하던 활동을 계속하는 것을 꺼리는 것) 배치와 관련된 스트레스를 표현하는 것이라고 할 수 있다(Goodman et al., 2004). 그들의 인지능력에 적합한 일관되고 공개적인 의사소통은 모든 연령대의 아동들에게 반드시 필요한 부분이다(Ravies, Siegel, & Karus, 1999).

앞장에서 언급한 바와 같이 아동들은 예기치 못한 갑작스러운 죽음에 대해 외상성 슬픔을 경험할 가능성이 더 높다. 군인의 경우, 전투에 투입되었다가 죽는 것보다 전쟁 이외의 예기치 못한 이유로 죽게 되는 경우가 더 빈번함에도 불구하고, 실제로 아동들은 군에 있는 부모가 현실과는 거리가 먼 형태의 죽음(Hardaway, 2004), 즉 전쟁에 나가 죽음을 맞게 될 것이라는 비현실적인 생각을 하면서 두려움을 느끼게 된다(Cozza & Lieberman, 2007). 아동들은 이러한 높은 수준의 불안을 경험하면서도 군 복무 중이었던 부모가 돌아올 것이라는 전형적인 기대를 가지고 있다.

예기치 못한 죽음은 군인 가정의 아동이 경험하는 가장 전형적인 죽음의 유형이다. 2008년 8월 현재, 4,134명의 군인이 이라크해방작전Operation Iraqi Freedom 기간에 사망했고, 565명의 군인이 아프가니스탄전쟁Operation Enduring Freedom 기간에 사망했다(Department of Defense, 2008c). 의학기술이 발전하고 전투지

표 8-2 전쟁과 관련된 죽음 통계(2001년 10월~2008년 8월)

(단위: 명)

	성별		연령			죽음의 원인					
	여성	남성	25세 미만	25~ 35세	35세 이상	전시 근무	예비군 주방위 군	적군에 의해	적군이 아닌 이유로	총계	부상자
OEF*	14	547	216	233	112	454	107	363	209	572	2,379
OIF	99	4,023	2,217	1,451	454	3,366	756	3,362	774	4,136	30,561
총계	113	4,570	2,433	1,684	566	3,820	863	3,725	983	4,708	32,940

* OEF: 아프가니스탄전쟁Operation Enduring Freedom, OIF: 이라크해방작전Operation Iraqi Freedom

역에서의 즉각적인 치료가 가능해지면서 이전 전쟁에 비해 부상자가 생존하는 정도는 증가하게 되었다(Daley, 1999, 〈표 8-2〉 참고).

군인 가족과 아동들은 원거리 배치, 훈련활동, 기동연습 등으로 인해 부모가 왜 집을 떠나야 하는지, 얼마나 떨어져 있어야 하는지, 어느 곳으로 가는지에 대해 알지 못한 채 서로 헤어지는 경험을 자주 하게 된다(Black, 1993). 이때 군인 가족의 아동들은 상실로 인한 슬픔을 경험하게 되는데, 만일 부모가 사망까지 하게 되면 부모와 떨어진 기간 동안 느꼈던 슬픔은 더욱 악화되게 된다. 뿐만 아니라 복무 중이던 부모가 어떤 상황에서 사망했는지 알 수 없고, 사망 이후 생활 환경이 바뀌게 되는 것은 남은 가족들의 애도과정을 혼란스럽게 만드는 원인이 되기도 한다(Cozza et al., 2005; Hardaway, 2004).

군 사망자 인구통계자료

2007년 9월 현재 총 1,366,353명의 군인이 복무 중인 것으로 확인된다. 이 가운데 장교는 221,317명으로 16.2%를 차지하고 있고, 사병은 1,145,036명으로 83.8%를 차지하고 있다(Department of Defense, 2007a). 여성은 196,089명으로 병력의 14.4%를 차지하고 있으며, 이 중 장교는 33,550명, 사병은 162,539명이다(Department of Defense, 2007b). 예전에는 남성들이 전쟁지역에 배치되는 경우가 많았지만, 군대 내 여성의 비율이 증가하면서 '엄마'가 위험한 상황에 처하게 되는 상황도 증가하고 있다. 2001년부터 2008년까지 테러와의 전쟁 작전 수행 중 113명의 여성들이 전사했는데(Department of Defense, 2008a, 2008b), 이것은 한국전에서 2명, 베트남전에서 8명, 걸프전에서 15명의 여성이 전사한 것과 비교하면 매우 높은 수치다(Department of Defense, 2003).

방어력자료센터The Defense Manpower Data Center에 따르면, 테러와의 전쟁 기간 동안 32,940명의 군인이 교전중에 부상을 당했고, 3,725명의 군인이 적군에 의해 사망했고, 983명의 군인이 적군의 공격이 아닌 이유로 사망했다. 총 4,708명의 사망자 중 81.6%(3,840명)는 전투에 투입된 상황이었고, 18.4%(868명)는 예비군 혹은 주방위군에 속한 경우였다. 전투 중에 부상을 당한 군인 중 79.5%(26,185명)는 전시 근무 중 부상을 당한 경우이고, 20.5%(6,755명)는 방위군 근무 중 부상을 당한 경우였다. 〈표 8-1〉은 군병력에 대한 인구학적 통계자료를 기술하고 있으나 어떤 경우에는 그 수에 다소 차이가 있을 수도 있다. 이 책에서 활용한 국방부 자료는 계속 바뀌는 기간을 포함하고 있거나, 사인이 변경되는 경우도 발생할 수 있기 때문이다.

사례[*]

토마스Thomas와 셀레나Selena는 워싱턴주의 타코마Tacoma, Washington에 살고 있

---

[*] 사정과 개입을 위한 현실적 맥락을 제공하기 위해 실제 군사기지 명을 사용하였으나, 허구의 사례이며 가공의 인물을 사용한 사례임을 밝혀둔다.

다. 셀레나는 공군 대위로, 맥코드 공군기지McChord Air Force Base로 배치받아 현재 14개월째 복무 중이다. 토마스는 집에 머물면서 프리랜서로 그래픽 일을 하고 있다. 그들에게는 세 살 된 쌍둥이 형제 스티브Steve와 윌리엄William, 일곱 살 된 딸 트리시Trish가 있다. 가족은 비행대대 안에 있는 사회적 활동에 그다지 많이 참여하지 않는 편이다. 토마스는 배우자들의 모임에 참석하지 않고 있는데, 그 모임에서 본인만 남자라는 점이 불편하게 느껴지기 때문이다. 셀레나의 부대는 3개월간 근무하고 4개월간 집에서 머무는 형식으로 교대 배치되는데, 12개월 동안 이렇게 진행되어 왔고, 앞으로 적어도 9개월 더 이렇게 근무하게 된다. 셀레나는 배치 근무를 하게 되는 동안 최대한 세 아이들과 의사소통하기 위해 노력했다. 아이들이 자기 전에 들을 수 있도록 책을 읽은 자신의 목소리를 녹음해 두기도 했고, 거의 매일 전화하고 문자를 보냈으며, 가능한 경우에는 영상 통화도 시도했다.

토마스의 가족들은 타코마 부근에 살고 있다. 그의 부모님들은 45분 정도 떨어진 곳에 살고 있고, 토마스와 셀레나가 결혼하기 전까지는 군인가정과 아무런 관련이 없었다. 셀레나의 가족들은 오하이오에 살고 있고, 아버지와 할아버지 모두 군인 출신으로, 군인 가족으로서의 역사가 긴 가정에서 자라났다.

셀레나가 지난 번 배치를 받아 집을 비운 사이, 트리시의 1학년 담임선생님이 트리시가 학교에서 친구들과 다툴 때가 많고, 제때 할 일을 다 마치지 못하며, 학급활동에 지장을 준다고 알려 왔다. 같은 기간 동안 트리시는 동생들을 때리기도 하고, 일주일에 세네 번 자다가 소리를 지르며 잠에서 깨어나기도 했으며, 아빠에게 매달리는 행동이 증가했다. 토마스는 셀레나가 복무 중이라 집에 없다는 것을 선생님에게 이야기하기는 했지만 셀레나가 집에 돌아오기 전까지 별다른 변화는 나타나지 않았다. 셀레나가 돌아온 뒤, 트리시는 엄마가 눈에 보이지 않을 때마다 매우 불안해 했고, 엄마에게 매달리고, 잠자기를 어려워했다. 한 달 정도가 지나자 트리시의 이런 행동이 줄어들기는 했지만 엄마에게 달라붙어 있으려 하는 모습은 여전했다. 스티브와 윌리엄은 별다른 변화를 보이지 않았고, 무언가 필요할 때는 아빠를 찾았으며, 엄마가 그들을 돌보아 주거나 도와주려 하는 것도 받아들이는 것처럼 보였다.

집으로 돌아온 뒤 세 달이 지나서 셀레나는 다시 부대로 복귀하는 것을 준비하기 시작했는데, 셀레나와 토마스는 아이들에게 집중하느라 다시 헤어지게 되는 것에 대해 별다른 이야기를 나누지 못했다. 셀레나의 부대는 일정대로 배치되었고, 셀레나가 떠난 뒤 3주 후, 그녀가 조종하던 보급품 수송기가 엔진 결함으로 추락하여 사망했다. 그 사실을 모르고 있던 토마스와 세 아이들은 그날 엄마로부터의 전화를 기다리다가 전화가 오지 않자 울면서 잠이 들었다. 다음날, 군인들이 셀레나의 사망소식을 전하기 위해 집으로 왔을 때, 토마스와 스티브, 윌리엄은 집에 있었고, 트리시는 군인들이 집을 떠나자마자 스쿨버스를 타고 학교에서 집으로 돌아 왔다. 그 이후 며칠 동안 많은 일들이 있었다. 비행중대는 소대 격납고에서 추도식을 열었고, 교회에서는 추도예배가 있었다. 셀레나는 영예로운 군인으로서 국립묘지에 안장되어 그곳에서 장례식이 진행되었다. 2주 뒤, 사상자 지원장교가 토마스를 찾아와 상담가를 만나서 아이들과 어떻게 이야기하면 좋을지 도움을 얻고 의논해 볼 것을 제안하였다.

개입 이슈와 자원

군인 정체성

실천가가 군인들의 정체성과 군인 및 군인 가족의 사정을 이해하는 것은 매우 중요하다(Daley, 1999; Hardaway, 2004). 군사시설 내부 혹은 가까이에 살고 있는 군인과 군인 가족들은 제복 착용, 계급에 따라 정해지는 특정 행동(경례법이나 친목의 규칙 등), 주택가, 군인 신분증이 있어야만 출입이 가능한 식당이나 병원 등의 장소에 출입하는 것 등을 통해 정체성이 강화된다. 아동들 역시 군인 자녀만을 대상으로 하는 군사시설 내부의 학교에 다니거나 혹은 군인들이 많이 거주하는 지역에 있는 학교에 다니면서 그러한 정체감을 자연스럽게 형성하게 된다.

군인 가족과 아동은 배치, 재배치, 신규배치 등으로 인해 자주 이동하면서 그들의 정체성을 형성하게 된다. 아동들은 '군인자녀military brats'로 불리면서 이러한 경험을 보편적으로 하게 되는데, 자신들이 민간인들과는 다르다는 것을 경험하면서 군인으로서의 소속감과 정체성을 강화하게 되는 것이다. 데일리(Daley, 1999)는 정체성 수용의 정도가 상실의 정도에 영향을 미치기 때문에 가족과 아동이 어느 정도의 군인 정체성을 갖고 있는지 확인하는 것이 필요하다고 말한다.

현역군인으로 배치 받는 군인들은 모두 군사시설이라는 낯선 환경에서 살게 되지만 주방위군이나 예비군부대 대원들은 매일 군인으로서 사는 것이 아니기 때문에 군인 정체성이 확실하지 않을 수도 있다. 그들은 군사시설에서 멀리 떨어진 곳에서 살고, 현역군인 가족들이 이용할 수 있는 서비스에 쉽게 접근할 수도 없다(Department of Defense Task Force, 2007; National Military Family Association[NMFA], 2005). 이러한 지리적 거리, 군인으로서의 정체성 부족으로 인해 전쟁에서 가족이 사망하게 되면 유가족들의 분노와 상실감은 더욱 거세진다.

가족준비집단, 가족지지집단, 자원봉사자, 옴부즈맨프로그램 등은 군인 가족들이 사회적 연결망을 형성하고 군인생활의 정체성을 확립하도록 돕는다 (NMFA, 2005). 앞서 말한 바와 같이 가족들이 그들을 군인집단으로 여기는 수준에는 많은 차이가 있다. 복무 중인 현역군인의 가족들에게 있어서 가족준비 집단은 친구를 만들 수 있고, 서로를 도울 수 있고, 문제를 해결하기 위해 비공식적인 지지망을 형성하고, 자원과 정보를 얻을 수 있는 공간이다. 가족지지집단은 부대별로 운영되며, 비상연락망을 구축하고 있어 가족구성원들이 정기적으로 의사소통할 수 있도록 돕는 조직이다. 군인들이 배치를 받아 집을 떠나게 되면 집단의 활동이 활발해지고, 그들이 다시 집이나 군사시설로 돌아오면 활동이 뜸해진다. 가족준비집단은 아동과 남아 있는 배우자를 위해 교육과 지지집단, 각종 활동, 야외활동 등의 행사를 후원하고, 참여는 자발적으로 이루어진다. 미군인가족협회가 실시한 조사에 의하면 군인 가족의 13%는 지지집단에 참여한 경험이 없다고 응답했는데, 지지집단에 참여하고 있는 가족들이 배치기간 동안 더 나은 대처능력을 보이는 것으로 확인되었다.

부대와의 연결성은 주방위군이나 예비군부대, 현역군인 가족 간에 나타나는 가장 큰 차이점이다. 주방위군이나 예비군부대 가족들의 경우, 가족의 배치가 이루어지고 나면 가족준비집단이 이루어지기 시작하는데, 평범한 민간인으로 살아가던 대부분의 가족들이 이 모임에서 처음으로 서로를 만나게 되고, 공통적인 삶의 경험 역시 찾아보기 쉽지 않다는 점에서, 부대에 배치되는 이들 간에는 연대감이 생기지만 그들의 배우자와 자녀들은 군인가족으로서의 정체성을 갖기 어렵다. 그들은 미 전역에 흩어져서 살고 있기 때문에 그들이 살고 있는 지역의 이웃과 관련 서비스 제공자들 역시 그 가정에 부대배치를 받은 가족구성원이 있다는 것을 모르고 있을 수도 있고(NMFA, 2005), 배우자 자신도 가정에서 발생하는 문제를 배치 받은 가족과 헤어진 것과 연관 지어 생각하지 못할 수도 있다(Gorman & Fitzgerald, 2007).

재정적 영향

군인이 사망할 경우, 즉각적인 보상금이 72시간 이내로 지급되고, 연금수령인으로 지정된 사람은 군인생명보험Servicemen's Group Life Insurance으로부터 40만

달러의 보험금을 지급받게 된다. 유족보상금은 재향군인회Department of Veterans Affairs를 통해 지급받고, 보상금은 매년 조정되며 과세 대상에 포함되지 않는다. 군사시설에 거주하고 있던 가족들은 그곳에 1년까지 더 머물 수 있고, 다른 곳으로 이사를 가게 되면 국가가 이사 비용을 부담한다. 유가족들에게 안정적인 재정적 기반을 제공하는 것은 매우 중요하다. 유가족들이 경제적인 지원을 받게 되면 아동이 경험하는 스트레스가 완화될 것으로 예측되는데, 실제로 부모 사망 이후 안정적인 경제적 수준을 유지하는 가정의 경우, 아동이 애도증상을 비교적 덜 보이는 것으로 확인되었다(Worden, 1996). 유가족에게 경제적인 지원이 제공되면 살아 있는 부모가 돈을 벌기 위해 서둘러 직장에 복귀하지 않아도 되기 때문에 아동들의 욕구를 충족시켜 줄 수 있는 시간을 벌 수 있는 유익도 있다. 유가족에게 재정을 지원하게 되면 부모의 안정성이 증가되고, 앞으로 다가올 미래에 대한 불확실성을 감소시켜, 아동의 적응유연성과 대처능력을 향상시키는 데 도움이 된다는 연구 결과도 있다(Cerel, Fristad, Verducci, Weller, & Weller, 2006).

통지

코짜 등(Cozza et al., 2005)은 통지시스템이 군인가족들을 혼란시키는 잠재적 요인이 될 수 있다고 말한다. 사망을 처음으로 알려 주는 통보가 모호하다면, 즉 사망의 원인이나 어떤 환경에서 사망했는지에 대해 사실을 확인하지 못해 정확하지 않거나 부족한 정보만으로 사망통보가 이루어지면 살아 있는 부모는 혼란과 분노를 경험하게 되고, 이것을 지켜보는 아동의 상실감은 더욱 커지게 된다. 아동이 죽음에 대해 이해하고 애도하기 위해서는 충분한 정보가 있어야 한다(Hope & Hodge, 2006). 하지만 전쟁과 관련된 죽음일 경우 사망상황을 정확히 알기 어렵기 때문에 충분한 정보가 없을 수도 있고, 혹은 안보상의 문제로 인해 정보를 알려줄 수 없는 상황이 발생할 수도 있다.

이와 같은 상황에서 살아 있는 부모나 다른 성인은 좌절감을 느끼게 되고, 죽음과 관련된 정보도 부족하기 때문에, 아동의 발달단계나 인지적 능력에 적합하지 않은 이야기를 하게 된다(Cozza et al., 2005). 죽음에 대해 모호하게 이해한 아동은 상상을 하게 되거나, 인생의 부정적인 사건을 겪을 때 자신이 보호받을 수 없다고 생각하게 된다(Stoppelbein & Greening, 2000). 이와 유사하게, 부모들이 불쾌한 정보들로부터 아이를 보호하려고 노력하는 경우에도, 오히려 아동이 죽음과 관련된 감정을 처리해 나가는 데 있어서 도움이 되지 않는 의사소통을 하게 된다. 앞서 살펴본 바와 같이 아동들은 죽음에 대한 개인적인 책임을 느끼거나, 죽음을 막지 못했다고 여기면서 힘들어할 수 있는데, 살아 있는 부모와 의사소통이 원활하게 이루어지지 않으면 이러한 감정들을 표현할 수 없게 된다(Ravies et al., 1999). 살아 있는 부모는 장례식을 치루는 일과도 씨름하게 되는데, 군대 내부에서는 장례식이 그와 관련된 의례로 더 복잡해지기도 하기 때문이다(NMFA, 2006). 즉, 영결나팔의 연주, 21발의 예발, 실종자를 기리는 공중기동, 성조기 입장 등은 군 복무 중 사망한 군인을 기리기 위해 행해지는 군 장례식의 전통이지만 아이들에게는 혼란스러운 경험이 될 수 있는데, 부모나 다른 성인들이 장례식 중에 자신의 감정에 빠져 있게 되면 이와 관련된 아동의 스트레스를 알아채지 못할 수도 있다.

미 국방부에서는 군인이 사망하게 되면 유가족들이 사망통지를 받은 직후부터 약 1년간 사상자 지원 장교를 해당 가정에 배정하여 유가족들이 필요한 서비스를 받고 민간인으로서의 삶으로 전환할 수 있도록 돕고 있다(NMFA, 2006).

기타 자원들

전쟁과 관련된 부상과 사망이 군인 자신과 가족, 지역사회에 파급효과를 미친다는 것이 알려지면서 연방정부는 트라이케어TRICARE*, 밀리터리 원소스Military OneSource** 등의 자원을 제공하고 있다. 민간영역에서는 미군인가족협회가 군인가족에게 영향을 미치는 정책과 법률에 대해 옹호활동을 펼치거나, 서비스와 자원에 대한 정보를 제공하고, 군인들의 삶의 질을 향상시키기 위해 노력하고 있다. 제인 다윈Jane Darwin과 케네스 라이크Kenneth Reich가 재향군인과 그 가족들을 위해 설립한 비영리조직 소파SOFAR에서는 군인의 부모, 조부모, 형제자매, 자녀, 배우자 등을 대상으로 그들의 해결되지 않은 슬픔의 문제를 돕기 위해 무료로 심리적 서비스를 제공하고 있다(Motta, Joseph, Rose, Suouzzi, & Leiderman, 1997; Stambor, 2006).

관련 서비스에의 접근성이 떨어지는 지역에 거주하고 있는 군인가족들을 위해서 밀리터리 원소스는 군인생활에 대한 교육 자료를 제공하고, 자원들에 대한 정보를 알려 주고, 토론집단을 운영하며, 필요시 미국 전역에서 병원 진료와 관련된 서비스를 제공받을 수 있도록 의뢰 및 예약서비스를 맡아서 시행하고 있다. 생존자를 위한 비극 지원 프로그램TAPS: The Tragedy Assistance Program for Survivors은 군인 유가족을 종합적으로 지원하는 프로그램이다. 이 프로그램은 온라인 채팅 그룹 및 24시간 상시 운영되는 무료 전화를 운영하고, 아동과 가족들을 위한 사별캠프를 후원하며, 상담서비스 및 각종 자원과 지지를 제공한다. 그보다 더 고립된 지역에 살고 있는 가족들을 위해서는 해당 지역에서 사별관련 서비스를 제공하는 전문가나 호스피스 기관 종사자가 파견되며, 비용은 트라이케어가 부담한다.

---

* Tricare Management Activity, 미 국방부가 군인 및 군인가족에게 의료혜택을 제공하는 프로그램 — 옮긴이 주.
** 군인 가족에 대한 직업교육, 직장 알선, 의료상담, 재정지원, 자녀상담 등을 제공하는 24시간 핫라인 — 옮긴이 주.

사례 사후관리

앞서 든 셀레나 가족의 예를 다시 들어 보자. 셀레나가 사망한 뒤 2주 동안 너무나도 많은 일들이 진행되었기 때문에 가족들은 그녀의 죽음으로 인한 감정들을 느끼지 못하고 지내다가, 그 모든 일들이 끝난 후에야 셀레나의 죽음을 슬퍼하면서 외로움을 느끼기 시작했다. 토마스는 아이들을 도울 수 있는 방법들을 찾기 위해 원조과정에 참여할 의사를 밝혔다.

토마스와 셀레나 가정의 사례는 군사시설 밖에 거주하고 있는 많은 군인가족의 전형적인 모습이고, 전문가들이 이러한 가정과 일할 때 주의할 것이 무엇인지를 알게 해 준다. 셀레나가 군인이고 토마스가 배우자라는 점에서 이 가정이 군인생활과 연결되거나 군인가족으로서의 정체성을 확립하는 것 모두 취약한 상태에 있었다. 군인 배우자라면 누구나 참여할 수 있는 배우자 집단이 있기는 하지만 대부분 여성 배우자들이 참여하기 때문에 토마스는 그곳에서 일치감을 느끼기 어려웠던 것이 하나의 이유이고, 토마스의 경우 한 번도 군인가족으로 살아보지 않았고, 맥코드 공군기지가 아닌 타코마 지역에서 살고 있었던 것이 두 번째의 이유다. 중대 내부의 사회적 활동은 모두 자발적으로 이루어지는데 토마스와 셀레나는 이런 활동에 적극적으로 참여하지 않았고, 토마스는 지지집단과 거리를 두고 있었기 때문에, 셀레나의 사망소식을 들은 배우자 집단 리더가 토마스를 만나려 했을 때, 그는 그녀를 만나려 하지 않았다. 하지만 토마스는 자신의 슬픔을 다루고, 안정적인 가정환경을 만들어야 하며, 아이들이 엄마의 죽음을 잘 대처해 가도록 도와줄 수 있어야 하는 상황이다. 따라서 그가 군대지역사회 안에서 어떻게 도움을 받을 수 있을지를 알아보는 것보다, 개인적으로 유지하고 있는 지지체계를 활용하고 대처기술을 사용할 수 있도록 돕는 것이 효과적인 개입방법일 것이다. 다만 앞으로 밀리터리 원소스, 소파, 생존자를 위한 비극 지원 프로그램 등을 통해 어떤 서비스를 받을 수 있고, 어떤 정보를 얻을 수 있는지에 대해 정보를 제공해 줄 필요는 있다.

토마스와 셀레나는 잦은 배치가 아이들에게 미칠 영향을 알고 있었기 때문에 그들이 서로 연결되어 있다는 느낌을 갖게 해 주려고 애썼는데, 그 방법으로 사용했던 엄마의 목소리가 녹음된 테이프와 컴퓨터에 저장된 영상통화 자료는 앞으로 아이들이 엄마에 대한 기억을 유지하는 데 소중한 자료가 될 수 있다. 실천가는 가족의 일상을 회복할 때 이 자료들을 어떻게 하면 가장 잘 활용할 수 있을지에 대해 토마스와 의논하고, 아이들이 엄마의 목소리를 녹음한 테이프를 틀 때 보일 수 있는 행동이나 질문들을 예측하여 토마스와 역할극을 하면서 그가 그런 상황에 잘 대처할 수 있도록 도울 수 있다. 이전에 트리시가 아빠에게 매달리고 악몽을 꾸었던 적이 있었기 때문에, 엄마의 죽음 이후 그러한 행동이 다시 나타날 수 있다는 것을 염두에 두고 트리시의 나이에 맞게 반응하는 것도 중요하다. 매일 그랬던 것처럼 셀레나가 책을 읽어 주는 목소리가 녹음된 테이프를 계속 듣게 되면 트리시가 아동기의 삶을 안정되게 누리도록 도울 수 있다.

토마스와 셀레나는 군사시설이 아닌 타코마에 살고 있었기 때문에 45분 떨어진 거리에 토마스의 부모님이 살고 계셨고, 이 덕분에 확대가족과 가까이 살기 위해 이사하지 않아도 되는 상황이었다. 집과 학교 환경을 포함한 일상생활에 큰 변화가 없다는 것은 아이들에게 매우 다행스러운 일이고, 셀레나가 묻힌 묘지도 가까운 곳에 있어서 원할 때는 언제든지 엄마의 무덤을 찾을 수 있다는 것도 아이들에게는 도움이 된다.

실천가는 토마스에게 세 명의 아이들이 셀레나가 배치를 받아 집을 떠나 있을 때와 유사한 행동을 하게 될 수도 있다는 것을 알려 주어야 한다. 스티브와 윌리엄에게는 토마스가 주양육자 역할을 해 주었기 때문에 별다른 행동의 변화가 없을 수도 있고, 3살이라는 그들의 연령 특성상 엄마나 죽음에 대해 길게 이야기를 나눌 수 없다는 것도 말해 줄 수 있다(Norris-Shortle, Young, & Williams, 1993). 하지만 아이들이 엄마의 죽음을 슬퍼하는 모습이 보이면 언제든지 실천가를 찾아와 놀이치료를 받는 것도 좋다고 말해 둘 수 있다.

　7살 트리시의 경우 학교와 교사가 일상의 안정을 회복하는 데 중요한 자원이 될 수 있다. 실천가는 교사와 학교상담가를 만나 트리시에게 도움이 될 수 있는 집단을 소개하고, 트리시가 특정 행동을 보일 때는 더 많은 개입이 필요할 수 있음을 알려 주어야 한다. 실천가는 트리시가 할아버지, 할머니와 함께 생존자를 위한 비극 지원 프로그램에 참여하도록 권유함으로써 그들이 상실을 극복해 나갈 수 있도록 지원할 수도 있다.

　실천가는 토마스와 세 명의 아이들을 만나면서 그들이 엄마와 아내가 없는 상황에 적응하고 그것을 충분히 애도할 수 있도록 돕는 것에 초점을 맞추어야 한다. 셀레나가 배치를 받아 집을 떠나 있을 때에도 토마스는 아이들을 잘 양육했고 가정을 잘 돌보아 왔다. 셀레나가 죽기 전에도 건강하게 기능하고 있던 가정이었기 때문에, 이러한 강점을 발휘할 수 있도록 돕는다면 비교적 단기간에 개입이 종결될 것이고, 이들이 장기간의 비정상적인 애도과정을 거칠 가능성은 매우 희박할 것이다(Webb, 2002).

결론

　부모의 죽음을 경험하는 모든 아동들이 그러하듯, 군인인 부모의 죽음을 경험하는 아동 역시 살아 있는 부모의 반응과 행동에 영향을 받게 된다(Dunning, 2006; Lin, Sandler, Ayers, Wolchik, & Luecken, 2004). 군인집단 및 군인 지역사회와 일하는 사회복지사나 정신건강전문가는 이 특별한 집단의 애도과정과 배치로 인한 감정 주기, 군인가족의 적응유연성, 활용 가능한 자원 등에 대해 잘 알고 있어야 한다. 다양한 지지체계와 늘 연결될 수 있다는 것은 그들이 필요한 자원을 언제든지 제공받을 수 있음을 확신하게 한다는 점에서 매우 주요한 의미를 갖는다. 반대로, 이것이 불가능하다면 조국을 위해 최고의 희생을 치른 이들에게 무례함을 범하게 되는 것이다. 실천가는 군인과 그 가족들의 독특한 특성을 존중해야 하고, 그들이 군인으로서, 혹은 군인가족으로서 갖는 정체성에 대해서도 잘 알고 있어야 한다.

토론을 위한 질문들과 역할극 연습

1. 가족체계를 사정할 때, 셀레나가 여자이면서 집의 생계를 책임지는 역할을 맡았던 것에 대해서 셀레나의 부모님과 토마스의 부모님이 각각 어떻게 생각하고 있을지 토론해 보자.
2. 셀레나가 공군으로 복무하다가 사망한 것과 관련하여, 군 경험이 있는 셀레나의 부모님이 기타 확대가족들과 죽음 이후의 상황에 함께 대처해 갈 때 어떤 치료적 이슈가 발생할 수 있을지 의논해 보자.
3. 지역사회가 전쟁과 관련된 노력을 지지하는 분위기라면 토마스와 세 명의 아이들이 셀레나의 죽음을 인식하는 데 어떤 영향을 미치게 될 것인가? 셀레나의 죽음 이후 며칠 이내에 가족들이 보였던 반응과 그 반응에는 어떤 차이가 있을까?
4. 앞에서 다룬 정보를 바탕으로 3살의 스티브와 윌리엄, 7살의 트리시가 어떤 행동을 보이면 임상적 개입이 필요하다고 판단을 내리게 될 것인지 이야기해 보자.
5. 세 명의 아이들이 엄마의 죽음을 인지적으로 처리해 가면서 어떤 질문을 할 것으로 예상되는가?
6. 당신이 실천가라면 토마스에게 "아이들을 위해서 당신 자신을 잘 돌보아야 한다."라는 이야기를 어떻게 전해 주겠는가?
7. 역할극: 트리시는 셀레나의 죽음 이후 잠자는 것에 어려움을 겪고 있어서 지역 상담센터에서 진행되는 사별집단에 참여하고 있다. 집단 마지막 날 트리시는 "아빠가 정말 슬프고, 내가 밤에 소리를 지를 때 방으로 찾아오는 것도 힘들어 해서 이제는 거의 나를 울게 내버려 둔다."고 말했다. 실천가인 당신은 토마스와 이 이야기를 나누어야만 한다. 3~4명이 한 집

단을 이루어 실천가, 토마스, 관찰자 등으로 역할을 나누고 이 내용으로 역할극을 해 보자.

참고문헌

Black, W. G. (1993). Military-induced family separation: A stress reduction intervention. *Social Work, 38*(3), 273-280.

Cerel, J., Fristad, M. A., Verducci, J., Weller, R. A., & Weller, E. B. (2006). Childhood bereavement: Pyschopathology in the 2 years postparental death. *Journal of the American Academy of Child Adolescent Psychiatry, 45*(6), 681-690.

Cozza, S. J., Chun, R. S., & Polo, J. A. (2005). Military families and children during Operation Iraqi Freedom. *Psychiatric Quarterly, 76*(4), 371-378.

Cozza, S. J., & Leiberman, A. F. (2007). The young military child: Our modern Telemachus. *Zero to Three, 27*(6), 27-33.

Daley, J. G. (1999). *Social work practice in the military.* Binghamton, NY: Haworth Press.

Darwin, J. L., & Reich, K. I. (2006). Reaching out to the families of those who serve: The SOFAR project. *Professional Psychology: Research and Practice, 37*(5), 481-484.

Defense Manpower Data Center. (2008a). Global War on Terrorism: Casualties by military service component—active, Guard, and Reserve: October 7, 2001 through August 16, 2008 (*Personnel Reports, Defense Link*). Retrieved August 20, 2008, from *siadapp.dmdc.osd.mil/index.html.*

――――――――――――――――― (2008b). U.S. Active duty military deaths—1980 through 2007 (as of April 22, 2008) (*Personnel Reports, Defense Link*). Retrieved August 20, 2008, from *siadapp.dmdc.osd.mil/index.html.*

Department of Defense. (2003). Department of Defense. Active duty military deaths—race/ethnicity summary (as of March 15, 2003) (*Personnel Reports, Defense Link*). Retrieved August 1, 2008, from *siadapp.dmdc.osd.mil/index.html.*

――――――――――――― (2007a). Department of Defense active duty military personnel by rank/grade: September 30, 2007 (*Personnel Reports, Defense Link*). Retrieved August 1, 2008, from *siadapp.dmdc.osd.mil/index.html.*

――――――――――――― (2007b). Department of Defense active duty military personnel by rank/grade: September 30, 2007 (Women only) (*Personnel Reports, Defense Link*). Retrieved August 1, 2008, from *siadapp.dmdc.osd.mil/index.html*.

_____ (2008a). Operation Enduring Freedom: Military deaths October 7, 2001 through August 2, 2008 (*Personnel Reports, Defense Link*). Retrieved August 20, 2008, from *siadapp.dmdc.osd.mil/index. html*.

_____ (2008b). Operation Iraqi Freedom: Military deaths March 19, 2003 through August 2, 2008 (*Personnel Reports, Defense Link*). Retrieved August 20, 2008, from *siadapp.dmdc.osd.mil/index.html*.

_____ (2008c). Operation Iraqi Freedom (OIF). U.S. Casualty Status: Fatalities as of August 18, 2008 (*Personnel Reports, Defense Link*). Retrieved August 20, 2008, from *siadapp.dmdc.osd.mil/index.html*.

Department of Defense Task Force on Mental Health. (2007). *The Department of Defense plan to achieve the vision of the DoD Task Force on Mental Health: Report to Congress.* Retrieved January 8, 2008, from www.ha.osd.mil/dhb/mhtf/mhtf-Report-final.pdf.

Deployment Health and Family Readiness Library. (2006). *New emotional cycles of deployment for service members and their families.* Retrieved April 11, 2008, from *deploymenthealthlibrary.fhp.osd.mil*.

Dunning, S. (2006). As a young child's parent dies: Conceptualizing and constructing preventive interventions. *Clinical Social Work Journal, 34*(4), 499-514.

Goodman, R. F., Cohen, J., Epstein, C., Kliethermes, M., Layne, C., Macy, R., et al. (2004). Childhood traumatic grief educational materials. *National Child Traumatic Stress Network.* Retrieved December 4, 2009, from www.nctsnet.org/nctsn_assets/pdfs/reports/childhood_traumatic_grief.pdf.

Gorman, L. A., & Fitzgerald, H. E. (2007). Ambiguous loss, family stress, and infant attachment during times of war. *Zero to Three, 27*(6), 20-25.

Hardaway, T. (2004). Treatment of psychological trauma in children of military families. In N. B. Webb (Ed.), *Mass trauma and violence* (pp. 259-282). New York: Guilford Press.

Hope, R. M., & Hodge, D. M. (2006). Factors affecting children's adjustment to the death of a parent: The social work professional's viewpoint. *Child and Adolescent Social Work Journal, 23*(1), 107-126.

Levin, D. E., Iskols Daynard, C., & Dexter, B. A. (2008). *The "SOFAR" guide for helping children and youth cope with the deployment and return of a parent in the National Guard and other Reserve components.* Needham, MA: SOFAR: Strategic Outreach to Families of All Reservists.

Lin, K. K., Sandler, I. N., Ayers, T. S., Wolchik, S. A., & Luecken, L. J. (2004). Resilience in parentally bereaved children and adolescents seeking preventative services. *Journal of Clinical Child and Adolescent Psychology, 33*(4), 673-683.

Military OneSource. (n.d.). Retrieved August 1, 2008, from www.military-one-source.com.

Motta, R. W., Joseph, J. M., Rose, R. D., Suozzi, J. M., & Leiderman, L. J. (1997). Secondary trauma: Assessing intergenerational transmission of war experiences with a modified Stroop procedure. *Journal of Clinical Psychology, 53*(8), 895-903.

Murray, J. S. (2002). Collaborative practice: Helping children cope with separation during war. *Journal for Specialists in Pediatric Nursing, 7*(3), 127-130.

National Military Family Association (NMFA). (2005). *Report on the cycles of deployment: An analysis of survey responses from April through September, 2005.* Retrieved January 15, 2008, from www.nmfa.org/site/doc-server/nmfacyclesofdeployment9.pdf?docid=5401.

_____ (2006). *A survivor's guide to benefits: Taking care of our own.* Retrieved August 29, 2008, from www.nmfa.org/site/page-server.

_____ (n.d.). Retrieved January 15, 2008, from www.nmfa.org.

Norris-Shortle, C., Young, P. A., & Williams, M. A. (1993). Understanding death and grief for children three and younger. *Social Work, 38*(6), 736-741.

Pincus, S. H., House, R., Christenson, J., & Adler, L. E. (n.d.). *The emotional cycle of deployment: A military family perspective* (U.S. Army HOOAH 4 Health Deployment Guide). Retrieved August 29, 2008, from www.hooah4health.com/deployment/Familymatters/emotionalcycle.htm.

Raveis, V. H., Siegel, K., & Karus, D. (1999). Children's psychological distress following the death of a parent. *Journal of Youth and Adolescence, 28*(2), 165-180.

Rice, K. F., & Groves, B. M. (2005). *Hope and healing: A caregiver's guide to helping young children affected by trauma.* Washington, DC: Zero to Three Press.

SOFAR: Strategic Outreach to Families of All Reservists. (2008). A program of PC-FINE. Needham, MA: Psychoanalytic Couple and Family Institute of New

England. Retrieved August 1, 2008, from www.sofarusa.org.

Stafford, E. M., & Grady, B. A. (2003). Military family support. *Pediatric Annals, 32*(2), 110-115. Retrieved August 30, 2008, from *sitemaker. umich.edu/airforce_study/files/family_support.pdf*.

Stambor, Z. (2006). War's invisible wounds. *Monitor on Psychology, 37*(1), 48-49.

Stoppelbein, L., & Greening, L. (2000). Posttraumatic stress symptoms in parentally bereaved children and adolescents. *Journal of the American Academy of Child Adolescent Pyschiatry 39*(9), 1112-1119.

Tragedy Assistance Program for Survivors (TAPS). (n.d.). Retrieved August 1, 2008, from www.taps.org.

TRICARE Management Activity. (n.d.). *Military health system.* Retrieved August 28, 2008, from www.tricare.mil. Department of Veterans Affairs. (n.d.). *Vet Center Home.* Retrieved August 28, 2008, from www.vetcare.va.gov.

Webb, N. B. (Ed.). (2002). *Helping bereaved children: A handbook for practitioners* (2nd ed.). New York: Guilford Press.

학교 그리고 더 넓은 세상에서 경험하는 죽음

CHAPTER 9

오랫동안 아팠던 학생의 죽음,
교사의 갑작스러운 죽음

록시아 블록 *Roxia Bullock*

    어른들은 죽음이 살아 있는 누구에게나 찾아오고, 바꿀 수 없으며, 피할 수 없고, 예측할 수 없다는 점을 이해할 수 있는 성숙한 인지발달 수준을 갖추고 있다(Speece & Brent, 1996). 하지만 어린 아이가 죽어 가는 일이 생기면 그 부모와 가족, 다른 어른뿐만 아니라 아이 자신도 때 이른 죽음에 대처하고 이해하는 것이 쉽지 않다. 이 장에서는 아동이 자기 스스로가 죽어 가면서 경험하게 되는 신체적, 사회적, 심리적 반응에 초점을 두게 될 것이고, 교사의 예기치 않은 죽음과 같이 예측할 수 없는 죽음에 대한 아동들의 반응도 함께 살펴보게 될 것이다. 아동이 자기 자신의 죽음 그리고 가깝게 지내던 성인의 죽음에 대해 이해할 때, 자신이 속한 발달단계에 따라 죽음의 특성을 다르게 이해한다는 점을 고려하는 것이 가장 중요하다고 하겠다.

발달단계에 따라 다르게 나타나는 죽음에 대한 반응

서로 다른 발달단계에 속해 있는 아동들은 죽음 혹은 죽어감에 대해서 울기, 철회, 분리불안, 화내기, 슬퍼하기, 부정, 놀기, 집중력 부족 등의 다양한 모습으로 다르게 반응을 보인다(Davies, 2004; Nagy, 1948). 아동에게 영향을 미치는 요인들은 죽은 사람과 아동들이 맺고 있던 관계, 아동의 연령, 죽음과 관련된 요인(갑작스러운 것이었는지 혹은 예측된 것이었는지), 낙인이 찍히는 것의 여부, 지지체계, 죽음과 관련된 이전 경험, 가족의 문화와 종교 등이다(Davies, 2004; Webb, 2003). 죽음을 앞두고 있는 아동들의 경우, 발달단계에 적합한 수준으로 자신의 죽음을 이해하면서 그 나이 또래에 맞는 감정과 행동들을 경험하게 되는데, 의료전문가들은 이러한 아동들이 또래 아동들보다 성숙한 면을 보인다고 말한다(Bluebond-Langner, 2006; Easson, 1981; Webb, 2003).

발달단계: 0~4세

영아들은 엄마와 공생관계를 형성한다. 엄마가 죽거나 애도과정 중에 있어서 자신의 곁에 없으면 영아들은 울거나, 울먹이거나, 화를 내거나, 철회하는 행동을 보인다(Davies, 2004; Mahler, Pine, & Bergman, 1975). 이 외에도 몸을 앞뒤로 흔들거나, 잠을 지나치게 많이 자거나, 머리를 심하게 흔들기도 한다. 영아들은 부모가 안아 주고 얼러 주는 것을 가장 좋아하지만, 그것이 불가능할 때는 다른 가족구성원들로부터 위안을 받을 수도 있다는 것을 배우게 된다.

치명적인 질병 진단을 받은 영아 혹은 1~2세의 유아들은 죽음에 대해 인지하지 못한다. 몸에 고통이 느껴지면 아이들은 본능적으로 울거나, 누군가에게 매달리거나, 몸을 흔들거나, 흥분하게 되는데 이것은 내면의 긴장을 완화시키려는 행동이다. 이런 경우 엄마가 아동을 안아 주거나, 수유를 하면서 달래주면 고통을 감소시키는 데 도움이 되기도 한다(Easson, 1981).

이 시기의 아동들은 자신들이 결국 세상과 분리된 개인이라는 점을 깨닫게 되는데(Mahler et al., 1975), 개인화가 되는 그 과정을 성공적으로 마치기 위해서는 여전히 엄마가 곁에서 머물러 주는 것이 필요하다(Bowlby, 1988; Davies, 2004; Mahler et al., 1975).

정상적인 발달수준을 보이는 3~4세 아동들의 경우 사고와 감정, 육체적 고통을 표현할 수 있는 언어적, 인지적 능력을 갖추게 된다. 그러나 이 시기의 아동들은 죽음의 영원함에 대해서는 이해하지 못하고, 받아들이기 너무나 고통스럽거나, 복잡한 사건들에 대해 마술적 사고를 활용하는 수준의 인지능력에 머물고 있기 때문에 사랑하는 대상의 죽음은 분리라는 개념으로 연결된다. 아빠가 교통사고로 갑작스럽게 사망한 후, 3살된 샘^{Sam}은 아빠가 퇴근하고도 집에 돌아오지 않는다며 슬프게 울었다. 가족들이 사고에 대해 설명해 주었지만 그 후로도 몇 주간 샘은 아빠가 퇴근하던 시간쯤이 되면 문을 바라보며 "아빠는 어디 있어?"라고 묻곤 했다. 샘은 놀면서도 사고가 나서 사람이 죽고, 그 사람이 다시 살아나서 집으로 돌아오는 내용을 놀이 주제로 삼았고, 자면서 쉬를 하거나, 손가락을 빠는 퇴행행동을 보이기도 했으며, 갑작스러운 감정변화를 보이기도 했다. 샘은 가족들의 돌봄과 단기놀이치료를 통해 사고 이전에 보이던 수준의 발달 정도로 돌아올 수 있었다. 퇴행행동을 하는 것이 드문 일은 아니지만, 이전 수준의 발달 과업을 다시 수행할 수 있도록 돕는 것은 매우 중요하다.

죽음을 앞두고 있는 아동들의 경우 죽음의 영원함에 대해 잘 이해하지 못한다(Easson, 1981). 아동들은 감정을 표현할 때 원초적인 방법을 사용하고, 주변의 분위기와 감정을 반영하기 때문에, 스스로는 죽음의 중요성을 잘 모르면서도 가족들이 명백하게 혹은 비밀스럽게 표현하는 감정들을 그대로 반영할 수도 있다. 3~4세의 아동들이 병으로 인해 입원을 하게 되면 낯선 환경, 가족과 떨어지는 것 등으로 인해 두려움을 느끼게 된다. 아동들은 이미 몸이 아픈데 거기다 주사를 맞고, 여러 가지 검사를 하면서 더 많은 고통을 느끼게 되고, 자신들이 뭔가를 잘못해서 벌을 받고 있는 것이라는 생각을 하게 된다. 아동들은 이러한 상황에 화가 나게 되고 부모나 의료진들을 향해 이 분노를 표출할 수도 있다. 이런 경우 부모들은 아동에게 입원을 한 것이 그 아이의 잘못 때문이 아니라 병을 낫게 하기 위해서임을 잘 설명해 줄 필요가 있다(Easson, 1981). 아이가 자신이 죽어 가고 있는 것인지 물어온다면 "너를 낫게 하려고 우리가 할 수 있는 모든 방법을 쓰고 있단다." 등과 같이 아이의 나이에 맞는 수준으로 설명을 해 주어야 한다.

발달단계: 5~8세

이 시기의 아동들은 가족에서 학교와 또래 친구들과의 관계로 그 무게 중심을 옮겨간다. 이 시기의 아동들은 더욱 분명한 젠더 역할과 가족 간의 역할을 익히게 되고, 문화적 의례에 익숙해지며, 일상생활에서 독립적인 영역이 증가하고, 과거와 현재, 미래와 같은 시간 개념에 대해서도 이해하게 된다. 태어나는 것과 자라는 것, 사는 것, 그리고 죽는 것에 대해서도 이해하게 된다(Easson, 1981). 각종 과업과 감정을 다루는 것도 익히게 된다. 이 시기가 되면 할아버지나 할머니의 죽음, 반려동물의 죽음을 통해 죽음을 경험하게 되기도 하고, 텔레비전 만화나 뉴스, 영화를 보면서 죽음을 경험하게 되기도 한다. 아동들은 살아있는 것이 무엇인지 알게 되고, 죽음 혹은 부재에 대한 두려움을 깨닫게 된다(Easson, 1981). 아동들은 구체적 사고를 하면서 모든 것에는 이유가 있다고 여기기 때문에(Davies, 2004), 무언가를 잘못하면 야단을 맞는 것처럼, 아프거나 입원을 하게 되면 자신이 무언가를 잘못해서 벌을 받는 것으로 생각하게 된다(Easson, 1981). 이 연령대의 초기단계에 속하는 아동들은 죽음에 대해 알고 있지만 마술적 사고를 계속 사용하며, 죽음은 괴물이나 괴상하게 보이는 사람으로 의인화된다(Nagy, 1948). 9~10세가 되면 아동들은 죽음이 되돌릴 수 없는 것임을 알게 된다. 구체적이고 이해 가능한 신념, 예를 들면 나이가 많은 사람은 죽는다, 나쁜 사람은 죽는다 등과 같은 신념을 유지하면서도 어린 나이에 죽는 것에 대한 두려움은 그 신념에 포함시키지 않으려 한다. 그렇기 때문에 같은 학교에 다니던 친구가 죽으면 아동들은 두려움을 느끼게 되고, 자신의 존재에 대한 불안감이 생기기 때문에 관련된 감정들을 무시하거나 막으려 노력하게 된다.

아파서 입원을 하게 된 후 병의 원인과 예후에 대해 알게 되면, 아동들은 스스로 힘을 낼 수 없기 때문에 부모들에게서 그 힘을 얻기를 기대하게 된다. 이때 부모들은 아이들이 무언가를 잘못한 것 때문에 벌을 받아서 이곳에 와 있는 것이 아니라는 점을 분명하게 해 줄 필요가 있다. 아동은 입원을 하면서 생긴 분리로 인해 무서움과 외로움, 슬픔을 느끼는 동시에, 그러한 두려움을 통제하기 위해 더 용감해지려 하고, 그러한 노력은 의료진들에게 화를 내거나 좌절하는 모습으로 나타나기도 한다. 따라서 부모나 친척, 학교 친구들이 병문안을 와 주는 것이 도움이 된다(Easson, 1981). 아동들은 병원 생활에 곧 익숙해지기도 하는데, 병의 심각성에 대해 말하는 언어와 설명을 알게 되면서 자신의 죽음에 대해서도 알게 된다. 부모가 자주 병원에 찾아오거나, 다른 병실로 옮겨지거나, 문에 가까운 쪽으로 자리가 옮겨지면 죽음이 가까워졌다고 해석하기도 한다. 아이들은 모든 것을 보고 그것이 무엇인지 배우게 된다(Easson, 1981). 부정은 아동이나 가족, 병원에 입원한 아동들이 사용하는 대처기제다.

발달단계: 9~12세

구체적 사고를 하던 것에서 추상적 사고를 하게 되는 것은 이 시기의 아동들에게서 나타나는 특징이다(Davies, 2004). 이 시기에는 생각과 감정을 언어로 표현하는 아동들의 능력이 향상되고(Davies, 2004), 학교와 또래가 인생에서 주요한 부분을 차지하게 된다. 아동들은 또래집단에 속하면서 그 집단에서 받아들여질 만한 행동을 하게 되고, 이 과정에서 집단의 행동과 문화를 학습하게 된다. 자신에게 집단과 다른 점이 있으면 그것은 곧 그 집단에 속하지 않는 것을 뜻하기 때문에 불안과 고민에 휩싸이게 되는데, 질병과 죽음 역시 집단과 다른 점이므로 형벌로 여기게 된다. 즉, 가족 중에 누군가가 사망하거나, 자기 자신이 병에 걸리는 일이 생기면 자신은 또래 집단에 속할 수 없는 존재라고 여기게 되는 것이다(Webb, 2003).

이 시기의 아동들은 죽음을 매력적으로 느끼거나, 죽음과 관련된 자세한 내용들을 궁금해 하거나 흥미롭게 여기는 모습을 보이기도 하고, 죽음의 결말을 알기 때문에 부정, 회피, 보상과 같은 방어기제를 활용할 수도 있으며, 치료과정에 참여함으로써 통제에 대한 욕구를 충족시키기도 한다. 아동들은 병원에 있으면서 죽은 다른 아이들의 침대가 정리되거나 곧 죽게 될 아이들의 침대 자리가 바뀌는 것을 보면서 금세 불안함을 느끼게 될 수도 있다(Easson, 1981). 아이들은 자신이 죽고 나면 어떤 일들이 일어나게 되는지 알기 때문에 부모들로부터 지지와 돌봄을 받기 원하고, 나이에 맞는 수준의 언어로 자신의 상황과 관련된 사실을 듣기를 바란다. 자신의 죽음에 대해 알고 있는 자녀에게 죽음과 관련된 사실들을 말해 주었던 부모들의 경우 자녀 사망 이후 후회하는 수준이 낮았다는 연구결과도 발표된 바 있다(Kreicbergs, Valdimarsdottier, Onelov, Jenter, & Strineck, 2004). 부모가 자녀에게 병이 나을 수 있다는 희망을 주는 것 역시 필요하며, 앞으로의 치료과정을 미리 설명해 주었을 때 아동들이 치료에 더욱 협조적인 모습을 보이는 것으로 알려져 있다(Easson, 1981). 아동들은 죽음을 마주할 수 있는 감정적 능력과 주변 사람들에게 지지와 위로를 구할 수 있는 능력 모두를 갖추고 있다. 아동들은 자신들이 죽어 가면서 남아 있는 모든 것들과 헤어지게 된다는 것 때문에 슬퍼하거나 화를 낼 수도 있기 때문에 이를 애도할 필요가 있다(Easson, 1981).

죽음에 대해 말하지 않거나, 정직하게 이야기하지 않는 가족의 경우, 아동은 더 큰 부담을 느끼게 된다. 가족들이 자신의 죽음을 견딜 수 없기 때문에 자신이 가족들을 돌봐야 한다고 여길 수도 있고, 외롭다고 여길 수도 있으며, 부모에게 화가 나기도 하고, 그렇게 화를 낸 것에 대해 죄책감을 느낄 수도 있다(Bearison, 2006; Alexander, 1995). 부모나 친척, 친구들, 종교지도자들이 죽음에 대해 공개적으로 이야기하고, 지지해 줄 때, 아동은 죽음을 맞이하는 과정을 더 잘 준비하게 된다.

죽음을 앞두고 있는 아동과 학교

아동은 교육 받을 권리가 있다. 아동이 생명을 위협하는 심각한 질병에 걸린 것으로 진단받더라도 학교는 아동의 삶의 한 부분이 되어야 한다. 그러나 입원과 치료, 건강상태 등의 상황 때문에 학교 출석이 어려운 경우가 종종 생기기 때문에, 학교체계는 만성질환을 갖고 있거나, 죽음을 앞두고 있는 아동의 편의를 도모할 필요가 있다. 교육은 말기질환으로 고생하는 아동일지라도 그들의 삶에 반드시 필요한 부분이다. 학교는 아동들에게 삶의 목적을 부여하는 일상생활을 제공하고, 아픈 것을 잠시 잊게 해 주며, 또래 집단에 속함으로써 소속감을 느낄 수 있고, 과제를 수행하면서 무언가를 해냈다는 기쁨을 누릴 수 있게 해 주며, 부모에게도 자녀가 다른 건강한 아동들이 경험하는 발달과정에 함께 참여하는 것을 보는 기회를 제공할 수 있다(Wood, 2006).

학교는 질병으로 인해 잦은 결석, 학업적 어려움, 신체적 · 정신적 · 행동적 문제를 겪게 되는 학생들의 욕구를 어떻게 수용해야 할 것인가. 이에 해당하는 아동들을 위해 두 가지의 법률이 마련되어 있다. 1973년에 제정된 재활법 제

504조Section 504 of the Rehabilitation Act와 1990년에 제정된 장애인교육법the Individuals with Disabilities Education Act이 그것이다(Rothstein, 1995). 재활법 제504조에서는 "미국에 거주하는 모든 장애인은 정부의 재정보조를 받는 그 어떠한 프로그램이나 활동에서 장애가 있다는 이유로 인해 제외되거나, 거부되거나, 차별받아서는 안 된다."라고 밝히고 있다(Rothstein, 1995, p.27). 그러나 자녀의 질병으로 인해 고통을 받고 있는 부모들이 이 법 조항의 혜택을 얼마나 받을 수 있을 것인가? 신경계, 호흡기, 시각, 청각 등의 장애로 인해 장애진단을 받아 주요한 일상생활에 어려움이 발생하는 아동의 경우, 재활법 제504조 코디네이터가 자격기준을 사정한 후 서비스를 제공받게 된다. 반면, 질병이 있는 아동이 약물이나 의료장치 등의 도움을 통해 일반아동과 동일한 활동에 참여하는 경우는 재활법 제504조의 사항에 해당되지 않는 것으로 판정된다(Rothstein, 1995).

부모는 학교측으로부터 적합한 서류를 받아 자녀를 위한 재활법 제504조 자격심사를 시작할 수 있다. 학교 교직원이 요청을 시작하면 그들은 재활법 제504조 코디네이터와 연락을 취하게 되고, 5일 이내에 서면으로 이 사항을 통지해야 하며, 부모 혹은 건강돌봄제공자가 작성해야 하는 양식을 발송하게 된다. 아동이 재활법 제504조로 보호를 받을 수 있는지의 여부를 결정하기 위해서 부모와 건강돌봄제공자는 "해당 학생에게 신체적 혹은 정신적 장애가 있는가? 신체적 혹은 정신적 장애로 인해 주요 일상생활에 지장이 발생하는가? 주요 일상생활이 크게 손상되고 있는가?" 등의 세 가지 질문에 답해야 한다. 그 이후에는 사정, 사정 결과 통보 및 이에 동의하지 않을 경우 항의할 수 있는 권리 공지, 적절한 조치 시행 등과 같은 일련의 절차들이 진행된다.

장애인교육법IDEA에는 아동의 교육적, 심리적 평가가 포함된다. 이 평가작업은 특정 아동이 해당 학년 수준의 학습을 수행하는 데 어려움을 겪거나, 성적이 평균보다 지속적으로 매우 낮게 나오는 경우, 혹은 행동상의 문제를 보일 때 교사나 학교사회복지사가 아동의 부모들과 이 사안을 의논하는 것으로 시작된다.

학업과 행동에 문제가 있는 것이 학습장애 때문인지 혹은 다른 이유 때문인지를 확인하기 위해 평가를 받는 것이 좋겠다는 결론이 내려지면, 아동의 부모는 학교가 속한 지역의 특수교육위원회에 서면으로 요청서를 보낸다. 사회복지사는 부모를 대상으로 아동의 사회력에 관한 인터뷰를 진행하고, 학교심리학자는 아동을 대상으로 평가를 실시한 후, 아동과 부모, 사회복지사, 학교심리학자, 교사가 모여 평가결과를 공유한다. 아동이 서비스를 제공받을 수 있는 자격이 있다고 판단되면 아동이 재학중인 학교를 통해 개별화된 교육계획IEP에 따른 서비스를 제공받게 된다.

말기질환을 앓고 있거나 약물 치료로 인해 외모에 변화가 생기는 아동들의 경우 학교에서 놀림을 받거나, 따돌림을 당하거나, 홀로 남게 되는 경우가 생기기도 하는데, 어려운 일이기는 하지만 아동이 반 친구들에게 자신의 상태에 대해서 설명하는 것이 오히려 두려움을 감소시키고 공개적인 의사소통을 가능하게 하는 데 도움이 된다. 교사 역시 아동의 상황에 대해 인지하고 반 학생들을 교육할 수 있어야 한다. 이때 의료진들로부터 아동의 질병에 대한 내용을 숙지한 사회복지사나 상담가가 의사소통의 시작을 도울 수 있다(Openshaw, 2008; Webb, 2009).

사회복지사와 상담가는 만성질환을 앓고 있거나 죽음을 앞두고 있는 아동이 학교에 적응하도록 도울 때 여러 가지 기법을 사용한다. 개인상담은 아동이 가진 두려움, 불안에 대해 이야기하는 것에 도움이 되고, 가족상담은 가족과 학교가 학업적, 의료적으로 서로 잘 협력하는 것을 돕는 데 도움이 된다. 집단상담은 아픈 아동과 그렇지 않은 아동이 서로를 이해하고 상호작용할 수 있도록 돕는 역할을 하는데(Clifford, 1991), 집단상담은 지지적인 분위기를 만들어 내고 내가 혼자라는 생각을 감소시키는 데 유익하기 때문이다. 이 외에도 부모와 학교 간호사는 학교 직원들이 아동을 잘 보살필 수 있도록 교육하는 역할을 할 수 있다.

사례: 학생의 죽음

큰 도시지역의 공립초등학교에서 4학년을 가르치는 페레즈 선생님^{Mrs. Perez}은 자신이 무능해보일지도 모른다는 두려움 때문에 학교사회복지사로부터 도움을 받는 것에 거부감을 느끼고 있다. 그녀는 그녀의 학생이었던 루이스^{Luis}가 주의력결핍 및 과잉행동장애^{ADHD: Attention Deficit Hyperactivity Disorder} 때문에 어려움을 겪을 때 학교사회복지사로부터 도움을 받은 적이 있었는데 이번에도 또 다시 도움을 필요로 하게 된 것이다. 10살 된 존^{John}이 8일간 결석을 한 후 학교에 나와 적절하지 않은 행동을 하면서 문제를 일으키기 시작했다. 페레즈 선생님은 존의 부모님을 만나 존에 대한 이야기를 나누었다. 존의 부모님은 존이 2학년때 백혈병 진단을 받았지만 지난 1년간 상태가 좋아져서 잘 지내고 있었는데 최근 들어 코피를 흘리고, 토하고, 피로를 느끼며, 뼈의 통증을 느끼고, 열이 나는 등의 증상을 보여 병원에서 진료를 받고 검사를 받느라 결석을 했다고 말했다. 검사 결과 존의 백혈병이 재발한 것으로 밝혀져 존의 부모님들은 매우 심란해 했는데, 특히 존의 어머니는 이러한 상황에 전혀 준비되어 있지 않아서 무척 힘겨워했다. 페레즈 선생님 역시 11살된 아들이 있기 때문에 존의 상황에 공감이 되면서 어떻게 존을 가르치고 도울 수 있을지 생각하게 되었다. 존의 부모님은 앞으로의 치료 일정 때문에 존이 학교에 며칠 혹은 몇 주간 올 수 없게 될 것이라고 말하면서 존이 학교 공부를 따라갈 수 있도록 숙제를 내 줄 것을 부탁하면서 자리를 떴다. 존의 부모님은 병이 재발한 것에 대해 분노하고, 불안해 하고, 두려워하고 있다. 존의 부모님이 떠난 후 페레즈 선생님은 학교사회복지사에게 도움을 요청했다.

학교사회복지사는 존이 누구인지 모르고 있었기 때문에 존의 부모님에게 전화를 걸어 자신을 소개한 후, 존을 만나 건강과 관련된 걱정들, 학교생활과 관련된 행동들에 대해 이야기를 나누어도 될지 부모님의 동의를 구했다. 존의 부모님은 재발과 관련된 위험들을 존에게 어떻게 이야기해야 할지 염려하고 있었는데 학교사회복지사와 존의 부모님은 존에게 이 상황에 대해 정직하게 말하되 희망을 갖게 하는 것이 중요하다는 이야기를 나누었다(Kreicbergs et al., 2004). 학교사회복지사와 존의 부모님이 만나 존의 발달력, 병력, 현재 의료적 상태에 대해 의논하는 약속이 정해졌고, 존의 부모님은 학교가 도움을 제공해 주는 것에 대해 고마움을 표현했다.

학교사회복지사와 존의 부모님의 첫 번째 만남

일주일 뒤, 학교사회복지사와 존의 부모님이 만났다. 존의 부모님은 존에게 어떤 도움이라도 다 주고 싶어 했다. 최근 들어 존은 학교에서 선생님에게 버릇없는 말투로 대답하거나, 숙제를 하지 않거나 제출하지 않고, 다른 학생들과 맞서기도 하는 등 평소 모습과는 다른 모습을 보이고 있다. 2학년때 백혈병이 발병하기 전까지 존은 성적도 우수하고, 행동도 바르고, 운동도 잘 하는 매우 모범적인 학생이어서 친구들도 존을 좋아했다. 최근 존이 운동경기에 참여하면서 두통과 피로감을 느끼고, 멍이 자주 들고, 피를 흘리기도 했는데, 결국 급성림프성백혈병 진단을 받게 된 것이다. 존이 이제 막 회복되기 시작했고 또래의 건강한 아이들이 지내는 것처럼 지내기 시작한 지 얼마 되지 않았기 때문에 존의 부모님들은 재발소식에 크게 당황하고 좌절하게 되었다. 존이 처음 백혈병 진단을 받았을 때 그들의 삶은 온통 검사와 입원, 치료로 채워졌었다. 수많은 혈액검사를 받았고, 골수검사를 한 후에야 정확한 병명을 알 수 있었고, 그 이후 존은 화학요법 치료를 받게 되었다. 치료를 받으면서 부작용도 많았지만 존은 그것을 다 이겨 냈고, 1년이 지난 후 드디어 상태가 호전되기 시작했다. 이후 존은 남아있는 암세포를 파괴하기 위한 치료만을 받게 되었고, 존의 부모님은 백혈병이 5년간 재발되지 않고, 완치판정을 받게 되기를 간절히 바라고 있었다. 그렇기 때문에 재발소식을 듣는 것은 그들에게 너무 힘겨운 일이었고 이제 모든 것이 다시 시작되는 것 같은 느낌을 갖게 되었다. 존의 부모님은 이번에는 골수이식을 시도해야 하는 것 아닌가 하는 생각을 하면서 골수기증자를 발견하는 것이 또 얼마나 어려운 일일까 상심하고 있었다.

학교사회복지사는 존의 의사선생님과 다른 의료진들, 존의 부모님에게 도움을 주었던 의료사회사업가 등을 만나도 된다는 동의서에 존의 부모님의 사인을 받았다(Openshaw, 2008). 학교사회복지사는 이 만남을 통해 존과 존의 부모님을 도울 수 있기를 바랬다. 존의 1학년짜리 여동생 마리아Maria도 만나봐야겠다고 생각했다. 만성질환 혹은 말기질환을 앓고 있는 아동의 건강한 형제자매들에게는 그들만의 염려가 있기 때문이다(Bluebond-Langner, 1996).

학교사회복지사와 존의 첫 번째 만남

3주 후 존은 학교로 돌아왔고, 학교사회복지사는 존을 만나게 되었다.

내용	분석
사회복지사: 안녕 존. 오늘 기분이 어떠니?	
존: 피곤해요. 문제가 있는 애들이랑 얘기한다는 선생님이시군요. 루이스가 말해줬어요.	아이들은 지나간 이야기를 모두 그냥 넘기지 않음.
사회복지사: 응.	
존: 저는 학교생활 잘해요. 대부분이요. 그런데 제가 왜 여기 와야 해요?	존에게는 유머감각이 있음. 존이 이렇게 질문해서 내가 무장해제 되었음.
사회복지사: 담임선생님께서 네가 오랫동안 결석을 했고, 그전에도 숙제 내는 것과 관련해서 문제가 있었다고 하셨어. 나는 아이들이랑 문제에 대해서도 이야기하지만, 아이들이 나에게 이야기하는 것을 잘 듣기도 해.	왜 여기 왔다고 생각하는지 물어볼 수도 있지만 직접적으로 말하기로 함. 존과 그런 관계를 맺고 싶었기 때문에 이렇게 말함.

존: 내 친구가 그러는데 선생님이 게임도 한다던데요. 입원해 있어서 결석했던 거예요. (눈물을 참으며 잠시 침묵함.) 2학년 때 아팠었는데 다시 아파요. 우리 엄마 아빠랑도 이야기했어요?	존이 낯선 사람에게 자신의 상태에 대해서 말하는 것이 아직 준비되어 있지 않을 수도 있다고 생각되어 잠시 시간을 줌. 신뢰관계를 확립할 필요가 있음.
사회복지사: 응. 네가 얼마나 용감한지 말해주셨어. 2주전에 병원에서 화학치료를 받았다며. 그건 어땠니?	존이 병에 대해 조금 더 이야기하게 유도함.
존: 끔찍했어요. 아팠고요. 지금도 약을 먹어요. 학교에서는 더 잘할게요. 우리 게임해도 돼요?	존은 정말 용감한 아이이고, 지금으로서는 나에게 충분히 많이 말한 것으로 보여짐.
사회복지사: 그럼. 네가 하고 싶은 걸로 하자. (존은 전함 게임을 선택함.) 숙제하는 것 때문에 도움이 필요하면 언제든 알려줘.	'전투'라는 상징물을 선택한 것이 눈에 띔.
존: (존이 게임을 이김.) 연습하면 더 잘할 수 있을 거예요.	웃을 수밖에 없었음.
사회복지사: 네가 나를 도와줄 수 있을 것 같은데. 다음 주에 다시 만나는 건 어때?	존이 무언가에 통제력을 가질 수 있는 기회를 제공함.
존: 좋아요.	존이 교실로 돌아감.

이후 3개월

존의 재발은 더욱 심각한 수준이었다. 존은 자주 결석했으며, 화학치료도 성공적이지 않았고, 존의 부모님들과 의사는 골수이식방법을 의논하기 시작했다. 학교사회복지사는 존이 치료를 받고 있는 병원의 의료사회사업가와 존의 사례에 대해 의논하기도 했다. 존은 학교사회복지사와 매주 한 번 혹은 존의 필요에 따라 그보다 자주 만나곤 했다. 존은 학교사회복지사의 사무실에서 긴장하지 않는 것처럼 보였고, 놀기도 하고, 그림도 그리고, 솔직하게 이야기도 하면서 시간을 보냈다. 존은 화학치료를 받느라 머리카락이 빠졌고, 약 때문에 얼굴도 부은 상태였다. 학교사회복지사는 존이 치료 때문에 병원이나 집에 머물러야 하는 기간에는 교육부를 통해서 연결된 개인 지도 교사를 파견해 존의 뒤처진 공부를 도울 수 있도록 했다. 학교사회복지사는 존의 부모, 교사와 함께 존이 재활법 제504조의 혜택을 받을 수 있는지 확인하는 작업을 시작했고, 그 결과 존은 방문 간호사, 상담서비스, 개인지도 서비스, 적절한 수준의 학급변경 등의 내용을 제공받을 수 있는 것으로 확인되었다(Rothstein, 1995).

존은 육체적으로 피곤해 했고, 좌절감을 느끼기 시작했다. 존은 부모님이 자신의 상태에 대해 솔직하지 않다고 여기게 되었고, 자신의 병에 대해 더 많은 것을 알고 싶어 했다. 10살이 된 존은 몇몇 질병은 치명적이고, 암도 그중의 하나라는 것을 알고 있었다. 처음 백혈병에 걸렸을 때는 잘 견뎌 냈지만 이번에는 그전보다 더 많이 아팠고 상황이 달랐다. 존은 입원실에서 벌어지는 '문화'를 통해 어른들이 숨기려는 것이 무엇인지 알게 되었다(예를 들면, 호세Jose가 죽기 전에 병실에서 옮겨졌던 것, 샐리Sally가 다 낫지도 않았는데 집으로 돌아간 후 병원에 다시 오지 않은 것).

학교사회복지사는 존의 부모님에게 존이 경험하고 있는 좌절감, 그리고 병에 대해 더 알고 싶어 하는 마음을 전달했다. 부모님들은 그것이 결코 쉬운 일은 아니지만 존에게 더 솔직하게 이야기를 하겠다고 말했고, 학교사회복지사가 존과 죽음에 대해 이야기하는 것도 괜찮다고 허락해 주었다.

학교사회복지사와 존의 첫 번째 만남 이후 4개월

내용	분석
존: 피트Pete는 멍청이에요. 내 머리를 놀렸어요.	존은 머리카락이 없음. 존이 같은 반 친구들에게 백혈병에 대해 알려 주고 가르쳐 줄까?
사회복지사: 너는 뭐라고 했니?	
존: 지옥에나 가라고 했어요. 죄송해요.	존은 피트에게 화가 난걸까, 아니면 다른 아이들과는 다른 모양으로 자신을 만들어 버린 병에게 화가 난걸까?

사회복지사: 다른 아이들과 다르게 생기고 네 몸에 이런 일이 일어나게 하는 약을 네가 어쩌지 못한다는 건 정말 힘든 일일 것 같아. 이건 어때? 네가 반 친구들에게 백혈병에 대해서 알려 주면 아이들이 네 상황을 더 잘 이해할 수도 있고 더 이상 그런 바보같은 말을 안 할 수도 있지 않을까?	
존: 나보고 내 병에 대해서 말을 하라고요? 모르겠어요. 내 모습 때문에 당황스럽기도 하고 애들이 나한테 질문을 하는 것도 원하지 않아요. 내가 답을 모르면 어떻게 해요?	존은 자신이 좋아지지 않을 수도 있고, 죽을 수도 있다는 것을 염려하고 있음.
사회복지사: 네가 답을 다 알아야 하는 건 아니야. 네가 겪은 것들을 이야기해 주면 되는 거고 그게 너한테 더 도움이 될지 누가 아니? 네가 원한다면 네가 그렇게 이야기할 때 나도 교실에 같이 있어 줄게.	존이 죽음에 대해 이야기하게 되면 반드시 부모님에게 알려드리겠다고 약속했으므로 존을 만난 후 연락을 드려야 함.
존: 애들이 만약에요. (침묵) 백혈병으로 죽을 수도 있냐고 물어보면 어떻게 해요?	죽음에 대해 말한 존은 정말 용감함.
사회복지사: 그럼 말해줘. 죽을 수도 있지만 80%의 아이들은 다시 좋아진다고.	나는 솔직하면서도 희망을 주는 말을 해 주었음.
존: 그래도 별로예요. 난 정말 이게 다 끝나면 좋겠어요. (침묵) 병원에 같이 있었던 호세 이야기한 거 기억하세요? 호세는 죽었어요. 어른들은 쉬쉬하지만 우리는 다 알아요. 호세는 집에 가서 다시는 안 돌아왔어요.	
사회복지사: 너한테는 비밀로 한 거구나.	
존: 농담도 잘 하시네요.	
사회복지사: 그럴 때 기분이 어때?	
존: 화나고 무섭고 (작은 목소리로) 나는 더 이상 아프고 싶지 않아요.	존은 자신을 낫게 해 주지 못하는 모든 이들에게 화가 나 있음. 존은 먹기 힘든 약도 잘 챙겨 먹는데 왜 병이 낫지 않을까? 존은 10살이라 아직 인과적 사고를 하고 있어서 약을 먹으면 꼭 나아야 한다고 여김.
사회복지사: 너는 약도 잘 챙겨 먹고 네가 할 일을 다 하는데 병은 정정당당하지 않은 것 같아.	존의 감정을 반영함.

존: (조용히) 골수이식 할 수 있는 방법을 찾고 있는데 내 여동생도 나랑 안 맞는대요. 나는 기대하고 있었거든요. 물론 동생 잘못은 아니고요.	이런 상황에서 다른 사람 탓을 할 수도 있는데 존은 이것이 여동생의 잘못이 아니라고 말하면서 성숙한 모습을 보임.
사회복지사: 응. 동생 잘못은 아니지. 기증자 은행이 있으니까 너에게 맞는 기증자가 있을 거야.	존에게 희망을 주기 위해 노력함.
존: 아마도요. 게임할 시간이 있으세요? 사회복지사: 물론.	존은 다시 '전함' 게임을 선택함. 병을 무찌르고 싶은 마음을 드러내는 것일까? 게임을 하면서 존의 이야기를 경청함.

학교사회복지사와 존의 부모님의 두 번째 만남

이 만남은 매우 감정적이었다. 학교사회복지사가 존을 만난 이후, 존은 다시 병원에 입원하게 되었다. 존은 백혈구 수치가 높아지면서 매우 아파했고, 존의 부모님은 존의 상태가 좋지 않으며, 골수이식 기증자를 찾는 것도 잘 되지 않고 있다고 말했다(Siegel & Newton, 1994). 의사들은 부모님들에게 존의 죽음을 준비하라고 권했지만 그들은 그럴 수가 없었다. 어떻게 존에게 죽음에 대해서 말할 수 있을까? 존이 병원에 얼마나 더 머무를 수 있을까? 존을 집이나 호스피스 병동으로 데려가야 할까? 학교사회복지사와 부모들은 존에게 솔직하게 이야기하기로 결정했다. 왜냐하면 존 자신이 죽음에 대해 이미 알고 있을지도 모를 일이었기 때문이다(Kübler-Ross, 1983). 죽음을 맞이하는 아이들은 부모들의 행동과 감정을 금세 알아차린다. 부모들이 아이들에게 솔직하게 이야기하지 못할 때, 아이들은 자신의 불안이나 두려움을 감추어 부모를 보호하려고 한다. 이렇게 되면 아이들의 분노나 두려움, 불안이 가중되고, 가족 이외의 사람들에게 이러한 감정들을 분출하는 결과를 낳게 된다(Easson, 1981). 이야기를 마무리 지으며 존의 부모님은 존을 가능한 오래 집에서 지내게 하기로 결정했고, 존이 집에서 지내기에 편안하도록 필요한 것들을 준비했다. 골수이식에 대한 희망을 놓지는 않았지만 시간이 흘러가고 있었다. 존의 부모님은 교회와 교회 사람들에게 의지하면서 아들의 생명과 병, 죽음에 대한 하느님의 뜻과 목적을 발견하기 위해 노력했다. 학교사회복지사와 부모님은 존의 친구들이 집을 찾아오거나 카드를 보내 주는 것도 좋은 생각이라고 의논했다.

1개월 후

존이 사망한 지 이틀 후, 존의 아버지가 학교사회복지사에게 전화를 걸어 존이 가족들 곁에서 사망했다는 소식을 전했고, 학교에 이 사실을 알려 줄 것을 부탁했다. 학교사회복지사는 그렇게 하겠노라고 대답했고, 장례식에 자신을 포함한 학교 관계자들이 가도 되겠는지 물었으며, 허락을 받아 참석하기로 했다. 학교사회복지사는 교장선생님과 상담가, 페레즈 선생님, 다른 4학년 선생님들을 만나 존의 죽음을 학생들에게 어떻게 전해야 할지 의논했다. 동일한 내용으로 전달하기 위해 짧은 글을 써서 읽어 주기로 했고, 이렇게 하는 것이 교사들의 감정을 통제하는 것에도 도움이 될 것으로 판단되었다. 소식을 전할 때 상담가와 학교사회복지사가 각 반에 들어가서 아이들의 질문에 대답하고, 최근 친척이 사망한 학생, 가족 중에 아픈 사람이 있는 학생, 취약성이 높은 학생 등과 같은 고위험군 학생들을 주의깊게 살펴보기로 했다. 또한 각 가정에 보내는 편지를 통해 존의 죽음과 아이들이 보일 수 있는 슬픔 반응, 아이들을 위로해 줄 수 있는 방법 등을 전달하였으며, 도움이 필요한 학부모들이 연락할 수 있는 전화번호도 기록해 두었다(Stevenson, 2002).

페레즈 선생님은 존의 소식을 듣고 매우 당황했지만 아이들의 질문에 대답해 주려 애썼다. 마치 존이 존재하지 않았던 것처럼 존의 책상과 존이 쓰던 물건들을 당장 치우는 것은 옳지 않다고 여기고, 며칠 후 아이들과 존의 책상에 둘러

앉아 존에 대해 갖고 있는 각자의 추억들을 이야기한 후, 존이 사용하던 물건을 예쁘게 꾸며진 상자에 넣고, 존의 부모님에게 전하는 위로의 카드도 넣어 존의 부모님에게 그 상자를 전해 드렸다. 원하는 아이들의 경우 존에게 마지막 인사를 전하게 했는데, 이 시간을 통해 페레즈 선생님과 학교사회복지사는 고위험군에 속하는 아동이 누구인지 선별할 수 있었다. 훌쩍이는 아이들도 있었지만 이것은 매우 사랑스러운 의례였고, 형식을 갖춘 작별인사였다.

사례: 교사의 갑작스러운 죽음

학교는 가정을 제외하고 아동이 가장 많은 시간을 보내고, 사회적 관계와 기술을 습득하고, 인지적으로 발전할 수 있는 자극을 받게 되는 공간이다. 가정 이외의 공간에서 다른 성인들과 감정적 유대를 맺고 협력관계를 형성하는 곳이 바로 학교다. 따라서 학교와 관련된 성인이 사망하게 되면 교직원 이외에도 그 선생님이 담당하던 반의 학생들뿐만 아니라 그 선생님과 유대관계를 맺고 있던 학생들에게도 감정적인 경험이 발생하게 된다. 몇몇의 선행연구들을 통해 교직원이나 상담가, 학생이 사망할 경우 학교가 어떤 역할을 해야 하는지에 대한 지침이 소개되고 있다(Bullock, 2007; Stevenson, 2002; Dudley, 1995; Doster & McElroy, 1993; Hickey, 1993). 아동들은 서로 다른 발달단계에 있다고 하더라도 각자 자신의 인생에 영향을 미쳤던 이들의 죽음에 대한 예측 가능하고 개별화된 반응을 보인다. 먼저, 연령에 따라 예상되는 반응이 있을 수 있고, 죽은 사람과의 관계나 죽음과 관련된 이전의 경험, 지지체계, 심리적 문제, 발달상의 문제, 종교적, 문화적 신념 등에 따라 독특한 개별적인 반응들을 보일 수 있다(Webb, 2002).

어떤 죽음은 아동들의 수준에서도 이해할 만하고 받아들일 만하다. 나이가 많은 사람의 죽음이나 질병으로 오래 고생하던 사람의 죽음이 그와 같은 경우다. 아무리 슬픈 사건이라 해도, 이러한 죽음은 시간이 지나면서 아동의 인생경험과 발달과정에 통합되게 된다. 그러나 다른 죽음들은 낙인으로 받아들여지기도 한다(자살, 후천성면역결핍증, 살인 등)(Doka, 1989). 다른 죽음들 역시 받아들이기 힘들다. 예를 들면, 아이가 죽는 것이나, 위험한 행동으로 인해 청소년이 죽는 것, 사고로 누군가가 갑자기 죽는 것이 그 경우다. 학교의 젊은 선생님이 예기치 않게 갑작스럽게 사망하는 것 그리고 학교가 이 사건에 어떻게 대응하는지가 바로 이런 경우에 해당된다. 다음의 사례는 비밀보장을 위해 만들어진 사례임을 밝혀둔다.

프렛 선생님Mr. Pratt은 도시지역에 위치한 초등학교 2학년 담임교사였다. 이 학교는 선생님의 첫 번째 부임지였고, 그는 이곳에서 5년간 일해 오고 있었다. 그는 학생들을 사랑했고, 잘 가르치는 능력도 갖추고 있었으며, 특히 어려움이 있는 학생들과 좋은 관계를 맺고 있었다. 미혼인 그는 부모님의 집 근처에서 혼자 살고 있었고, 선생님의 누나 역시 가까운 곳에 살고 있었다. 프렛 선생님은 학생들에게 동기를 부여하기 위해 애썼고, 새로운 방법으로 학생들을 가르치기 위해 노력했다. 그는 숙제 도움 클럽, 점심시간을 이용한 이야기 나누기 모임, 학부모들을 위한 모임 등과 같은 학교와 관련된 각종 활동에도 참여하고 있었기 때문에 학교가 있는 지역사회에서 잘 알려진 인물이었다.

새학년이 시작되기 직전 8월말의 일요일 아침, 교장선생님이 프렛 선생님의 누나로부터 한 통의 전화를 받았다. 비가 많이 내리던 토요일 밤, 친구를 만나고 집으로 돌아오던 길에 십대 음주운전자가 운전하던 차와 사고가 나서 프렛 선생님이 그 자리에서 사망했고, 다른 차에 타고 있던 십대 청소년들 중에도 사망자와 중상자가 발생했다는 내용의 전화였다. 교장선생님은 전도유망하던 선생님의 인생이 이렇게 빨리 끝나버린 것에 대해 충격을 받았고, 교감선생님, 수학교사, 상담가, 사회복지사, 학부모조정자로 구성된 위기팀에게 연락을 취했다

(Dudley, 1995). 프렛 선생님의 반에 배정된 아이들에게, 특히 자신의 아이들을 프렛 선생님 반에 배정해 달라고 요청했던 부모들에게 이것은 매우 민감한 상황이었다. 작년에 담임을 맡았던 아이들에게도 마찬가지였다. 다음날인 월요일 아침, 교장선생님은 교직원 전체 모임을 통해 이 소식을 전하기로 했고, 학생들에게는 개학 날인 일주일 후에 이 소식을 전달하기로 했다. 교장선생님은 모임을 갖기 전에 교직원이나 학생들에게 이 소식을 전하지 말아 달라고 위기팀에게 부탁을 해 두었고, 월요일 아침, 보다 정확한 정보를 얻기 위해 프렛 선생님의 누나에게 전화를 걸기로 계획해 두었다(Bullock, 2007; Dudley, 1995; Doster & McElroy, 1993). 교장선생님은 프렛선생님의 누나가 화요일에 있을 장례식에 참석하고 위기팀을 만날 수 있도록 일정도 조정하려 했고, 개학 날 학생들을 통해 학부모들에게 전달할 편지의 내용도 위기팀과 함께 작성해 두었다.

그러나 월요일 아침, 모든 일이 교장선생님의 예상보다 훨씬 복잡해졌다. 뉴스를 통해 사고가 보도되었고, 십대 운전자의 사망소식이 주를 이루었지만 프렛 선생님의 이름도 거론되었기 때문이다. 뉴스를 본 학생들과 학부모들이 학교에 확인전화를 걸어 왔고, 전화를 받은 직원은 프렛 선생님의 유가족들이 동의한 수준에서 사실만을 전달해 주었다.

위기팀은 월요일 아침 8시에 소집될 예정이었다. 학부모들에게 전달할 공지문을 프렛 선생님의 누나가 원하는 수준만큼의 사실을 기록하여 작성하는 것에 우선순위가 매겨졌다. 그리고나서 학생들이 집으로 가져갈 다음의 〈그림 9-1〉과 같은 편지 양식을 만들어 두었다. 교장선생님이 논의할 사항을 전달한 후, 위기팀이 학교 구성원들에게 구체적인 정보를 어떻게 제공할 것인지, 슬픔을 어떻게 다루어야 할지에 대해 세부적으로 준비하였다. 개학 날인 목요일 아침 7시 30분, 학교 교직원들이 모이는 자리에서 위기팀은 사건에 대한 정보를 조심스럽게 전달하였으며, 교직원들이 사고와 관련된 감정을 추스르고 질문할 수 있는 시간을 마련해 주었다. 교사들이 학생들과 어떻게 이 과정을 진행해야 하는지

그림 9-1 학부모들에게 전달된 편지

학부모님들께

여름이 끝나가고 새 학년이 시작되려고 합니다. 여러분 모두 즐거운 여름방학을 보내셨기를 바랍니다. 교직원 모두는 학생들이 학교로 돌아오는 것을 행복한 마음으로 기대하고 있습니다. 2008년 9월 ○○일이 개학일임을 알려드립니다.

그러나 지난 2008년 8월 ○○일, 우리 학교의 프렛 선생님께서 자동차 사고로 돌아가셨음을 알려드리게 되어 매우 슬프고 유감스럽습니다. 우리 모두는 선생님과 학생들을 향한 선생님의 열정을 그리워할 것입니다. 우리는 이 소식을 학생들이 등교하는 첫 번째 날 전달할 예정입니다. 뉴스를 통해 많은 학생들과 학부모님들께서 이미 이 소식을 접하셨을 것으로 생각되기 때문입니다. 우리는 학부모님들을 모시고 학교 운영과 관련된 사항을 논의할 뿐만 아니라, 이 사건에 대해 여러분의 자녀들에게 어떻게 정보를 전달해야 할지에 대해서도 이야기를 나누려고 합니다. 아동들은 연령에 따라 죽음에 서로 다르게 반응하기 때문에 이 모임은 학년별로 진행됩니다. 모임은 다음 일정에 따라 강당에서 진행됩니다.

2008년 9월 ○○일 수요일 저녁 5:00~6:30 유치원~2학년
2008년 9월 ○○일 목요일 저녁 5:00~6:30 3~5학년
2008년 9월 ○○일 금요일 저녁 5:00~6:30 6~8학년

여러분 모두를 모임에서 뵙기를 바라고 있습니다.

교장 올림

에 대해 모델 역할이 되어 준 것이다. 대부분의 교직원들이 사고에 대해 알고 있었으나 뉴스를 통해 그 소식을 접하면서 더 충격을 받게 되었다. 위기팀은 교직원들에게 상담을 받을 수 있는 곳에 대한 정보도 제공해 주었다. 위기팀은 교사들이 학생들의 슬픔과 염려에 대해 귀를 기울여야 한다는 점을 강조하면서, 학생에게 같은 정보를 전달하려면 전달할 내용이 적힌 하나의 문서를 읽어 주는 것이 바람직하다고 알려 주었다. 교사들은 위기팀의 도움을 받아 자신들의 감정을 바람직한 방법으로 통제하면서 학생들에게 집중할 수 있었다. 위기팀이 각 반에 투입된 후, 교사들은 학생들로 하여금 "프렛 선생님이 그리울 거예요." 등

과 같은 말을 함으로써 감정을 적절하게 표현할 수 있도록 도왔으며, 만약 선생님의 사망 소식을 알리는 문서를 읽는 것이 힘겨운 경우, 위기팀에 속한 구성원이 글을 읽어 주도록 했다. 위기팀은 교사들에게 이러한 상황이 충격과 슬픔, 무질서, 불신 등과 같은 상황을 불러일으킬 수 있는 위기상황임을 알려 주었고(James & Gilliland, 2005), 사회복지사는 각 발달단계의 특성이 아동의 슬픔반응에 어떤 영향을 미치는지 설명해 주었다. 교사들은 고위험군에 속하는 학생들(지난 1년간 다른 죽음을 경험한 경우, 프렛 선생님과 특별히 가까운 관계였던 경우, 심리적 문제를 가진 경우, 프렛 선생님 반이었던 경우)을 관찰하여 추후지도를 위해 그들의 이름을 사회복지사나 상담가에게 전달했다(Dudley, 1995).

프렛 선생님의 죽음은 학생들과 학교 모두에 커다란 영향을 미쳤다. 프렛 선생님의 반이었던 학생들이나 선생님을 개인적으로 알아왔던 학생들에게는 선생님의 죽음이 큰 상실을 의미했다. 특히 작년에 선생님의 반이었던 학생들은 자신들을 도와줄 선생님 없이 새로운 선생님과 새 학년을 시작해야 하기 때문에 상실감을 느끼게 되고, 새로운 선생님과 관계를 형성하고 적응하는 것에도 어려움을 느끼게 될 수 있다(Davies, 2004). 어린 아동들의 경우 죽음이 영원하다는 것을 이해하지 못해 프렛 선생님이 다시 돌아오기를 기대할 수도 있는데, 프렛 선생님이 담임이었던 2학년 아이들의 경우 죽음을 되돌릴 수 없다는 것을 이해할 수 있는 경계선 즈음에 있는 연령의 아동들이기 때문에 새 학년을 시작하여 스트레스가 높아져 있는 상황에서는 더더욱 선생님이 마술처럼 다시 돌아올지도 모른다고 여길 수도 있다. 또한 선생님에게 화를 냈던 아동들은 선생님의 죽음이 자기 탓일지도 모른다고 여기면서 죄책감을 느낄 수도 있다. 새롭게 담임을 맡게 되는 교사는 고위험군에 속하는 아동들이 과격한 행동을 하거나 반대로 위축되는 행동을 하는지 눈여겨 살펴보아야 한다. 사고를 낸 차 안에 타고 있던 십대 청소년들을 알고 있는 아동들 역시 고위험군에 속한다고 할 수 있다. 사회복지사와 상담가는 학생들이 자신들의 감정을 이야기할 수 있도록 사무실을 열어 두기도 하고, 수업시간을 마련하기도 했다. 이 일에 대해 이야기하기 원하는 학부모들을 위해 개학 후 첫 일주일 동안 아침시간에 상담 약속을 잡기도 했다.

새 학년이 시작되는 시기에는 학부모들과 만남을 갖기가 적당하다. 각 학년 별로 나뉘어 모이는 시간을 통해 사회복지사와 상담가는 프렛 선생님의 죽음에 대해 아동들이 연령별로 보일 수 있는 반응들을 설명하고, 그때 아이들에게 어떻게 말해 주고 위로해 주어야 하는지 알려 주고, 학부모들의 질문에 대답해 주었다. 학교는 학부모들에게 자녀들이 서로 다른 학년에 재학 중이라면 각 연령 대에 맞는 모임에 모두 참여하도록 권유했고, 이 상황과 관련하여 질문이 있으면 언제든지 물어봐도 된다는 것을 확인해 주었다. 교장선생님은 사회복지사와 상담가, 새로 학생들을 맡게 되는 선생님이 서로 협력하여 학생들이 이 시간을 잘 극복해 낼 수 있도록 도울 것을 부탁하였고, 마침 정년퇴임을 한 경력이 많은 한 선생님이 1년간 담임교사로 일하겠다고 자원하여 프렛 선생님의 빈자리를 채울 수 있게 되었다. 새 학년 첫날, 교실배치가 마무리된 후 학생들은 프렛 선생님의 죽음에 대한 이야기를 공식적으로 전달 받았고, 각자의 감정과 염려를 나눌 수 있는 시간을 가졌다.

집단

특정 사건이 아동을 포함한 많은 이들에게 영향을 미치게 되었을 때, 집단을 구성하는 것은 위기상황에서 지지를 제공할 수 있는 효과적인 방법이다. 그곳에 모인 이들이 혼자가 아님을 알려줄 수 있기 때문이다. 집단을 구성하는 것은 학교현장에서도 매우 유용하다(Maden, 2000; Stevenson, 2002). 집단이 시작되기 전에 각 구성원들을 잘 살펴보아서 그들이 집단에 적절한지를 확인할 필요가 있다. 집단에는 목적과 각 구성원들을 연결할 수 있는 공통된 주제가 있어야 하는데, 위와 같은 상황에서는 사별이 목적인 동시에 공통된 주제가 될 수 있다.

집단은 구성원의 연령과 목적에 따라 동일한 성별로 구성되는 경우가 많은데, 이 상황에서는 남학생과 여학생이 함께 집단에 속하는 것이 적합하다고 여겨져 혼성으로 집단이 구성되었다.

사회복지사와 상담가는 프렛 선생님이 작년에 담임을 맡았던 2학년 학생들이 염려되었다. 그들 중 원하는 학생들은 누구나 참여 가능하도록 몇 개의 집단을 만들기로 했는데 전원이 참여의사를 밝혔고, 학부모들도 이에 동의했다. 6~8명 정도가 집단을 구성하는 데 적절한 크기로 알려져 있기 때문에(Clifford, 1991; Brown, 2004), 총 28명의 학생을 6명이 참여하는 집단 두 개와 8명이 참여하는 집단 두 개로 나누어 운영하였다. 집단은 총 10주간 일주일에 한 번 점심시간이 끝날 무렵부터 점심 놀이시간까지 진행되었으며, 사회복지사와 상담가가 월요일부터 목요일까지 매일 서로 다른 집단에 지도자와 보조지도자로 참여하였다. 집단의 주제는 사별로 정해졌고, 집단구성원들은 그림 그리기와 이외의 각종 활동들을 통해 서로를 지지하는 시간을 보내면서 구조화와 융통성의 조화 속에서 자신의 감정을 표현할 수 있는 기회를 가졌다(DiLeo, 1973; Landreth, 2002; Malchiodi, 1998). 집단의 첫 시간에는 집단의 목적과 규칙, 비밀보장에 대한 의논이 이루어졌고, 이 모임 안에서 프렛 선생님의 죽음에 대한 생각이나 감정을 나누는 것 이외에도 이야기하고 싶은 것들은 모두 이야기할 수 있다는 것을 확인하였다. 학생들이 모두 서로를 알고 있는 상태였기 때문에 따로 자기를 소개하는 시간은 갖지 않았다. 집단이 끝난 후 사회복지사와 상담가는 매번 학생들의 반응에 대해 의논하고, 잠재적 고위험군으로 분류될 수 있는 학생들이 누구일지에 대해 의견을 교환했다. 이와 같이 집단지도자들이 자신의 생각과 감정을 이야기하고 자신들이 학생들과 어떻게 상호작용했는지를 점검하는 것은 집단을 운영하는 데 매우 중요한 부분이기 때문이다(Ryan & Cunningham, 2007).

결론

현대 교육시스템은 학교가 교육에 대한 전통적인 책임을 질뿐만 아니라, 학생이나 교사의 죽음과 같이 교육에 영향을 미치는 학생들의 삶의 영역을 살필 책임도 있다고 강조한다. 요즈음의 학교는 학업적 혹은 정서적 장애를 평가하는 것을 허가하고, 재활법 제504조 해당 여부를 사정하고, 지역사회 안에서 발생한 죽음을 다루는 것 등과 같은 학교환경의 다양한 측면에 부모나 보호자들을 포함시키고 있다. 만성질환이나 말기질환을 앓고 있는 아동의 경우 건강이 회복되거나 상태가 양호할 때 학업을 유지할 수 있어야 한다. 학업을 유지함으로써 해당 아동은 또래나 교사, 학교환경과 연결될 수 있고, 삶의 목적을 발견할 수 있으며, 자신이 정상이라고 느끼게 되고, 병에서 다소 벗어날 수 있게 된다. 정신적 외상이나 죽음과 같은 경험은 인생의 일부분이다. 이와 같은 어려움들은 아동들의 삶에 예기치 않게 발생하며 학교환경에서도 피할 수 없는 부분이 되곤 한다. 따라서 학교는 학생들이 이러한 고통스러운 삶의 한 부분을 잘 다룰 수 있도록 도울 준비가 되어 있어야 하는 것이다.

토론을 위한 질문들과 역할극 연습

1. 학교가 말기질환을 앓고 있는 아동과 가족에게 어떤 자세를 취해야 하는지에 대해 의논해 보자. 한 집단은 학교가 말기질환을 앓고 있는 아동과 가족에게 개입해야 한다는 입장을 취하고, 다른 한 집단은 아동이 죽어 가는 과정을 가족에게 맡겨 두고 학교는 개입하지 않아야 한다고 주장하는 입장을 취하여 논의를 진행해 보자.
2. 아동의 죽음을 다루면서 사회복지사가 받을 수 있는 영향에 대해 토론해 보자. 사회복지사

가 받을 수 있는 정신적 외상은 무엇이고, 소진을 막기 위해 어떤 노력이 필요할 것인지 이야기 나누어 보자.

3. 역할극: 2학년 교실에서 아동의 죽음에 대해 이야기할 때 필요한 환경이나 활동이 무엇일지 역할극을 통해 연습해 보자. 그것을 다른 학년의 경우에는 어떻게 변경시킬 것인지도 연습해 보자.

참고문헌

Alexander, P. (1995). The child and life-threatening illness. In K. Doka (Ed.), *Children mourning mourning children* (pp. 45-46). Washington, DC: Hospice Foundation of America.

Bearison, D. J. (2006). *When treatment fails: How medicine cares for dying children.* New York: Oxford University Press.

Bluebond-Langner, M. (1996). *In the shadow of illness.* Princeton, NJ: Princeton University Press.

_____ (2006). Children's view of death. In A. Goldman, R. Hain, & S. Liben, (Eds.). *Oxford textbook of palliative care for children* (pp. 85-94). Oxford, UK: Oxford University Press.

Bowlby, J. (1988). *A secure base: Parent-child attachment and healthy human development.* London: Basic Books.

Brown, N. W. (2004). *Psychoeducational groups.* New York: Routledge.

Bullock, R. (2007). The crisis of deaths in schools. In N. B. Webb (Ed.), *Play therapy with children in crisis* (3rd ed., pp. 270-293). New York: Guilford Press.

Clifford, M. W. (1991). A model for group therapy with latency-age boys. *Group, 15*(2), 116-124.

Davies, D. (2004). *Child development: A practitioner's guide* (2nd ed.). New York: Guilford Press. 이정숙 · 김현주 · 안순영 역. 2010. 『임상을 위한 아동발달』. 하나의학사.

DiLeo, J. H. (1973). *Children's drawings as diagnostic aids.* New York: Brunner/Mazel. 김명희 역. 2001. 『아동화의 진단적 분석』. 교육과학사.

Doka, K. (1989). *Disenfranchised grief: Recognizing hidden sorrow.* Lexington, MA: Lexington Press.

Doster, G. P., & McElroy, C. Q. (1993). Sudden death of a teacher: Multi-level intervention in an elementary school. In N. B. Webb (Ed.), *Helping bereaved children* (pp. 212-238). New York: Guilford Press.

Dudley, J. (1995). *When grief visits school: Organizing a successful response.* Minneapolis, MN: Educational Media Corporation.

Easson, W. M. (1981). *The dying child: The management of the child or adolescent who is dying.* Springfield, IL: Thomas.

Hickey, L. O. (1993). Death of a counselor: A bereavement group for junior high school students. In N. B. Webb (Ed.), *Helping bereaved children* (pp. 239-266). New York: Guilford Press.

James, R. K., & Gilliland, B. E. (2005). *Crisis intervention strategies* (5th ed.). Belmont, CA: Brooks/Cole. 한인영·장수미·최정숙 역. 2009.『위기개입』. 나눔의집.

Kreicbergs, U., Valdimarsdottier, U., Onelov, E., Jenter, J., & Strineck, G., (2004). Talking about death with children who have severe malignant disease. *New England Journal of Medicine, 351*(12), 1175-1186.

Kübler-Ross, E. (1983). *On children and death.* New York: Macmillan. 오혜런 역. 2019. 『어린이와 죽음』. 샘솟는 기쁨.

Landreth, G. (2002). *Play therapy: The art of the relationship* (2nd ed.). New York: Brunner/Routledge. 유미숙 역. 2015.『놀이치료: 치료관계의 기술』. 학지사.

Maden, C. (2000). Child-centered play therapy with disruptive school students. In H. G. Kaduson (Ed.), *Short-term therapy with children* (pp. 53-68). New York: Guilford Press.

Mahler, M., Pine, F., & Bergman, A. (1975). *The psychological birth of the human infant.* London: Hutchinsons. 이재훈 역. 1997.『유아의 심리적 탄생 - 공생과 개별화』. 한국심리치료연구소.

Malchiodi, C. A. (1998). *Understanding children's drawing.* New York: Guilford Press. 김동연·이재연·홍은주 역. 2010.『미술치료사를 위한 아동미술심리 이해』. 학지사.

Nagy, M. (1948). The child's theories concerning death. *Journal of Genetic Psychology, 73,* 3-27.

Openshaw, L. (2008). *Social work in schools: Principles and practice.* New York: Guilford Press.

Rothstein, L. F. (1995). *Special education law* (2nd ed.). New York: Longman.

Ryan, K., & Cunningham, M. (2007). Helping the helpers: Guidelines to prevent vicarious traumatization of play therapist working with traumatized children. In N. B. Webb (Ed.), *Play therapy with children in crisis: Individual, group, and family treatment* (pp. 443-460). New York: Guilford Press.

Siegel, D. S., & Newton, D. E. (1994). *Leukemia.* New York: A Venture Book.

Speece, M. W., & Brent, S. B. (1996). The development of children's understanding of death. In C. A. Corr & D. M. Corr (Eds.), *Handbook of childhood death and bereavement* (pp. 29-50). New York: Springer.

Stevenson, R. G. (2002). Sudden death in schools. In N. B. Webb (Ed.), *Helping bereaved children* (2nd ed., pp. 194-213). New York: Guilford Press.

Webb, N. B. (Ed.). (2002). *Helping bereaved children: A handbook for practitioners* (2nd ed.). New York: Guilford Press.

_____ (Ed.). (2003). *Social work practice with children.* New York: Guilford Press.

_____ (Ed.). (2009). *Helping children and adolescents with chronic and serious medical conditions: A strengths-based approach.* Hoboken, NJ: Wiley.

Wood, I. (2006). School. In A. Goldman, R. Hain, & S. Liben (Eds.), *Oxford textbook of palliative care for children* (pp. 128-140). Oxford, UK: Oxford University Press.

CHAPTER 10

학교에서 발생한
폭력적이고 외상적인 죽음
그리고 지역사회의 반응들

패티 호만 앤월트 *Patti Homan Anewalt*

사례

2007년 5월 11일 금요일. 16살된 케빈 해인즈^{Kevin Haines}는 이 날이 자신이 마지막으로 학교에 가는 날이며, 동시에 인생의 마지막 날이라는 것을 알지 못한 채 학교에 등교했다. 케빈의 누나 메기^{Maggie}는 목요일 밤 대학에서 돌아와 집에 머물러 있었고, 토요일 아침 케빈과 케빈의 부모님은 집에서 잔인하게 살해당했다. '싸우는 듯한 소리와 피냄새' 때문에 잠에서 깬 메기가 부모님의 침실로 뛰어갔을 때 그녀는 옆집으로 가 도움을 청하라는 어머니의 마지막 말을 들었다.

범인이 체포되지 않은 채 일주일이 흘렀고, 그 사이 케빈이 다니던 고등학교와 마을 전체는 공황상태에 빠졌다. 살해사건이 일어난 뒤 첫 번째 월요일에 호스피스 애도상담가들이 지역의 초등학교와 중학교, 고등학교에 배치되었고, 위원회가 구성되어 이후 대책을 논의하였다. 케빈이 다니던 고등학교에서는 교직원들이 이야기를 나눌 필요가 있을 때는 교직원 휴게실을 이용하도록 하고, 학생들이 누군가에게 이야기를 할 필요가 있을 때는 체육관에 모여 이야기를 나누도록 조치했다. 케빈의 반에는 두 명의 상담가가 배치되었고, 학교 심리학자, 상담가, 사회복지사는 추가적인 지지가 필요한 고위험군 학생들을 추려냈다. 지역교회의 목사는 예배를 준비했고, 수백명의 학생들이 참석했다. 교직원들은 경찰과 협조관계를 유지했으며, 경찰이 지목한 일부 교직원들과 학생들은 케빈의 가족에 대한 정보를 수집하기 위한 인터뷰에 응해야만 했고, 이 일은 6월까지 간헐적으로 계속되었다. 하루가 마무리되면 교직원들은 모두 모여 새로운 정보를 얻고, 서로를 지지하고, 다음 날을 준비했다.

학교 측은 대학수학능력시험SATs: Scholastic Aptitude Test에 집중할 수 없는 학생들의 경우 시험 응시를 연기할 수 있도록 대학시험위원회로부터 허가를 받았고, 학생들이 미해결된 살인사건으로 인해 받게 되는 스트레스를 다룰 수 있도록 관련 교육이 실시되었다. 학교 심리학자와 상담가, 경찰들은 부모들의 많은 염려들을 다루어야만 했다.

케빈과 부모님의 장례식은 우연찮게도 케빈 부모님의 결혼기념일에 진행되었다. 살해범이 그 자리에 올 수도 있다는 가능성 때문에 가까운 가족과 친구들만 교회 안에 들어갔다. 150명이 넘는 학생들로 교회가 꽉 찼고, 경찰들이 주변에 주둔하고 있었다. 장례식이 끝난 뒤 상담가를 만나기 위해 75명이 넘는 학생들이 교회에 남았고, 그중에는 16살된 알렉 크레이더Alec Kreider도 포함되어 있었다(Berkebile-Kane, personal communication, June 4, 2008). 5주 뒤, 알렉은 자살을 시도한 후 정신과 병동에서 아버지와 치료사에게 자신이 케빈과 케빈의 부모님을 살해했다고 자백했다(Kelly et al., 2008). 경찰은 아버지와 함께 경찰서에 출두한 알렉을 체포했으나, 1년 뒤 진행된 재판에서 그는 살해사건에 대해 그 어떤 것도 증언하지 않았다.

살해사건이 발생하고 알렉이 범행을 자백하기까지 5주간의 기간 동안 마을은 크게 술렁거렸다. 케빈의 부모님은 지역사회에서 일해 왔고, 교회에서도 활동적이었다. 케빈의 어머니는 10년간 유치원에서 근무했기 때문에 그녀가 가르쳤던 아이들과 그 가족들은 이 사건으로 인해 큰 영향을 받았다. 아이들과 청소년들, 어른들 모두 혼자 있기를 무서워했다. 아이들은 부모들과 잠을 자고 싶어 했고, 집에 경보시스템, 적외선 카메라 등을 설치하려는 사람들이 늘어나면서 경비업체는 호황을 누렸다.

이와 같은 일이 당신이 살고 있는 곳에서 일어난다면 어떤 반응들이 나타날 것 같은가? 당신과 당신 자녀가 속한 학교는 이런 상황에 어느 정도 준비가 되어 있다고 생각하는가? 지역사회와 협력하여 대응할 수 있도록 학교에는 충분한 자원과 협약들이 마련되어 있는가? 앞 장에서 우리는 아동들이 얼마나 다양한 경로로 죽음을 경험하는지에 대해 함께 살펴보았다. 죽음과 상실이 개별학교 수준에서 매일 일어나는 일은 아니지만 전체적으로 본다면 주요한 상실을 애도하고 있는 학생은 늘 존재한다. 미국의 경우, 전쟁과 테러, 지역사회에서 벌어지는 폭력사건 등이 계속되면서 학생들이 갑작스럽고 폭력적인 죽음에 노출되는 경우는 지난 세대에 비해 훨씬 많아지고 있다. 학교에서 위기상황이 벌어지는 것은 더 이상 '만약'의 경우가 아니고 '언제' 발생하는지의 여부가 된 것이다. 2006년 10월 펜실바니아 아미쉬 마을의 학교에서 발생한 총격사건The Amish shooting은 '어떤 학교도 안전하지 않다'는 것을 여실히 보여 주었고(Dwyer, Osher, & Warger, 1998, p.1), 1999년에 발생한 콜롬바인 고등학교Columbine High School에서의 총격사건, 2001년 9/11 테러 역시 모든 사람들이 이와 같은 상황에 영향을 받을 수 있다는 것을 보여 주었다. 이러한 죽음과 상실은 개인과 지역사회, 국가를 넘어 전 세계적인 수준까지도 영향을 미치게 된다.

대부분의 학교들은 위기상황에서의 개입계획을 마련하고 있고, 위기대응팀을 구성하고 있으나, 위기상황이 벌어지고 난 후 위기대응팀이 충분히 준비되었다고 느끼고 개입할 수 있는 때까지는 많은 시간이 경과하게 된다. 이 장에서는 학교가 위기상황에 대응하는 경우 고려할 요소들을 크게 네 가지 — 갑작스러운 혹은 폭력적인 사건을 준비하기, 사건의 영향을 사정하기, 사건의 영향을 완화시키는 것을 목적으로 두고 위기에 반응하기, 학교에서 발생한 폭력적인 혹은 갑작스러운 죽음에 대해 지역사회 자원과 매일, 매주, 매월 협력하기 — 로 설명하고자 한다. 대부분의 학교와 위기대응팀은 학교에서 발생한 위기상황에 즉각적으로 대응하는 것 자체에 초점을 두고 있지만, 이 장에서는 '시간의 연속성'을 고려하여 위기상황을 준비하고 개입하는 것이 중요하다는 점을 강조하고자 한다(Vernberg & Vogel, 1993. p. 485).

아동에게 영향을 미치는 반응들

부모/성인의 반응

갑작스러운 죽음으로 정신적 외상을 입었거나 기타 영향을 받은 아동에 대해 진행된 연구를 살펴보면, 성인 특히 부모가 아동의 정서적 안녕에 있어 중요한 역할을 한다는 점이 강조된다(Cohen, Mannarino, Greenberg, Padlo, & Shipley, 2002; Coates, Schechter, & First, 2003; Galante & Foa, 1986; Smilde-van den Doel, Smit, & Wolleswinkel-vanden Bosch, 2006; Webb, 2007). 아동은 주변에 있는 성인들이 극복하는 수준으로 죽음을 극복한다. 따라서 위기와 상실의 영향을 받은 학생들을 지지하기 위해서는 학부모, 학생과 가까운 어른들과 협력하는 것이 가장 중요하다. 즉, 부모와 주요한 성인에게 정보를 제공하고, 그들을 개입과정에 포함시키는 것이 핵심이다. 대부분의 부모들은 위기상황에서 아이에게 어떻게 말을 하고, 어떻게 유대감을 유지하는지에 대한 지침을 받기 원한다. 2001년 9/11 테러 이후 뉴욕시에서 아동들을 대상으로 일해 온 연구자들

(Coates, Schechter, & First, 2003)은 테러에 대해 전체 가족이 보이는 반응과 아동들이 보이는 반응을 따로 떼어 생각할 수 없었다고 말한다. 앞서 살펴본 사례와 같이 많은 부모들은 케빈의 가족처럼 칼에 찔려 죽는 상황에 대해 이야기하는 것을 불편하게 여긴다. 자신들도 안전하지 않을 수 있다는 생각 때문에 자신들의 불안을 아이들에게 투사하기도 하고, 집에 혼자 있기를 무서워하기도 한다.

　아미쉬 학교에서 총격사건이 벌어지고 나서, 학부모들은 마을 소방서에 모여 그날 있었던 일을 아이들에게 어떻게 이야기해야 할지에 대해 질문했다. 심리학자와 상담가들이 50명이 넘는 학부모들을 만나 질문을 받았고, 아이들을 어떻게 지지해 주어야 할지, 아이들의 질문에 어떻게 대답해 주어야 할지에 대해 안내해 주었다. 충격적인 죽음이 학교에서 발생하고 나면, 학부모들은 영향력 있는 성인을 찾아가 아이들의 욕구를 가장 잘 충족시킬 수 있는 방법이 무엇인지 배우려 한다. 어른들이 사건에 대해 어떻게 반응하는지, 그 사건의 의미를 무엇이라고 해석하는지 등은 아동의 대처능력에 직접적으로 영향을 미치게 된다. 아동들은 주변의 어른들이 아무런 정보도 제공하지 않을지라도 감정의 강도를 느낄 수 있기 때문에, 실제 사건이 얼마나 끔찍했는지와 관계없이 실제보다 더 나쁜 수준을 상상하게 된다. 따라서 학교에서 발생한 죽음에 반응하는 경우, 정보를 제공하고, 지지하고, 학생들을 안심시키는 것이 핵심 요소라고 할 수 있다.

지역사회의 반응

　특정 상황에서는 외상이라는 단어보다 위기라는 단어가 적절하다고 말하는 웹(1991)의 주장에서 보여지듯이, 극도의 스트레스 상황에서는 모든 사람들이 다르게 반응한다는 것을 알고 있는 것이 매우 중요하다. 위기상황에서 모든 사람들이 정신적 외상을 경험하는 것은 아니다. '정신적 외상^{Trauma}'이란 위기를 경험한 사람의 관점에서 가장 잘 이해되는 심리적 상처를 뜻한다. 학교에서 비극적인 사고가 발생했을 때, 지역사회가 이를 치유하지 못한다면, 정신적 외상을 입은 사람 역시 치유될 수 없다. 정신적 외상은 두 가지 수준, 즉 개인이 어떤 경험을 했는가와 지역사회가 어떤 경험을 했는가로 나누어 이해될 수 있다(Myers, 1996). 아미쉬 학교에서 총격사건이 벌어진 후, 몇 차례에 걸쳐 열린 모임에 지역사회 전체가 참여하였다. 그들은 함께 모여 자신들의 지역사회가 얼마나 큰 영향을 받았는지 이야기하고 이해하려 했다. 집단으로 함께 모이니 개인의 회복과 치유가 가능해졌다. 이 장에서는 위기와 관련된 주제에 즉각적으로 대응하는 것뿐만 아니라 장기적인 관점에서 개인의 슬픔과 학교, 지역사회 전체의 슬픔을 다루는 것이 중요하다는 점을 설명하고자 한다.

학교가 준비할 것들

학교의 역할

학교는 아동이 가족을 제외하고 가장 자주 마주하게 되는 중요한 외부환경이다. 학교는 아동이 일주일 중 대부분의 시간을 보내고, 사회적 관계와 활동을 위한 주요한 자원을 획득하는 안전하고 익숙한 환경이다. 교직원들은 학생들이 슬픔을 극복하는 데 중요한 역할을 한다(Doka, 2008). 교실 안에서 지지적인 관계를 형성하고, 교사와 같은 반 친구들이 서로를 지지하는 것은 커다란 재난을 겪고 난 뒤 아동의 심리적 안녕에 있어 독특한 효과를 갖는 것으로 밝혀졌다(Vernberg, Silverman, LaGreca, & Prinstein, 1996, p. 245). 2001년 9/11 테러 이후, 전문가들은 뉴욕시의 학교들이 아동들을 위한 사후관리를 제공하기에 가장 적절한 환경임을 확인하였다(Gould, Munfakh, Kleinman, Lubell, & Provenza-no, 2004). 학교가 갖는 이 역할이 간과되어서는 안 된다.

위기가 발생하기 전에 미리 준비를 해 두는 것은 위기상황이 닥쳤을 때 효과적이고 민감하게 대처하기 위해 반드시 선행되어야 하는 조건이다. 교육과 예방에 초점을 맞추고, 명확한 의사소통 체계를 갖추는 것이 학교가 준비해야 할 것들이다. 학교에서 위기상황이 발생했을 때를 대비하여 체계적으로 조직된 위기대응팀을 운영하면서 정기적으로 모임을 갖고, 필요한 자원들을 확보하고 있어야 한다. 하지만 학교가 아무리 열심히 준비하고 있어도 모든 위기상황에는 예측하지 못한 일들이 생겨나고, 앞서 살펴본 사례와 같은 위기상황에서 완벽한 자신감을 갖고 대응할 수 있는 학교는 있을 수 없다는 것도 알고 있어야 한다.

교육과 예방

교육을 강조하는 것은 비극적인 사건이 발생하기 전의 준비과정에 포함된다. 모든 비극적인 사건을 예방할 수는 없지만 학교가 주도적인 입장을 취할 때 위기상황 발생률은 감소한다. 많은 연구들(Slovak, 2002)은 가정에 총을 두는 것과 자살 및 살인 간에 상관관계가 존재한다고 본다. 학교가 총기류에의 접근 자체를 막는 것이 중요하다는 점을 강조하면 잠재적인 비극상황을 예방할 수 있을 것이다. 학생들에게 자살이나 살인의 형태로 나타나는 폭력의 징후들이 무엇인지 교육하고, 어른들에게서 수상한 점이 발견되면 언제 어떻게 신고해야 하는지를 알려 주는 것도 중요하다.

자살예방에 대해 교육을 실시할 때 몇 가지 주의할 사항들이 있다. 학교폭력을 수년간 연구한 코넬(Cornell, 2007)은 학생들이 드러나지 않는 폭력과 위협상황에 처해 있을 때 교직원들이 알아차릴 수 있으려면 서로 좋은 관계를 형성하여 튼튼한 의사소통과 신뢰를 쌓는 것이 중요하다는 점을 강조한다. 청소년 사망 원인 중 자살이 높은 비율을 차지하고 있는 현실을 고려할 때, 자살이 미치는 영향에 대해 알려 주는 것도 예방을 위한 중요한 행동 중 하나다(Doka, 2008). 의료진들도 자살 시도와 같은 위험들을 심각하게 살펴보아야 한다. 예를 들어, 학교에서 학생들을 돌보는 전문가들이 학부모들에게 학생들을 응급실이나 의사에게 데려갈 것을 권유해도, 병원에서 이를 대수롭지 않게 여기고 학생들을 다시 돌려보내면 학생과 학부모는 상황의 심각성을 판단하는 학교 교직원을 더 이상 신뢰할 수 없게 되고, 도움이 필요할 때 학생들이 교직원을 찾아오는 것에도 방해가 된다(Berkebile-Kane과의 사적 대화에서 인용, 2008년 6월 4일).

학교에서 죽음교육을 실시하게 되면 죽음이라는 사건이 발생했을 때 학생들이 보다 효과적으로 대처할 수 있도록 준비시키게 되고(Stevenson, 2008), 교직원들 역시 애도, 상실, 갑작스러운 죽음, 외상적인 반응 등에 익숙해질 수 있도록 돕게 된다. 잘 훈련받은 위기대응팀조차도 위기상황이 발생한 후 며칠 혹은 몇 주간 지속되는 파급효과를 다루는 것에 어려움을 느끼기 마련이다. 대부분의 학교들이 콜롬바인 고등학교에서 벌어진 사건과 같은 끔찍한 상황에 대처하는 것에 제대로 준비되어 있지 않다(Lattanzi Licht, 2008). 커다란 사건으로 영향을 받은 학생들은 잘 알지 못하는 상담가보다 평소 믿고 지내 왔던 교사에게서 더 큰 편안함을 느끼기 때문에(Gould et al., 2004), 상담가나 행정직 직원뿐만 아니라 교사는 위기상황에 노출된 학생들을 어떻게 도울 수 있을지에 대한 훈련을 받을 필요가 있다.

교육과 의사소통

사전 예방적인 입장을 취하게 되면 약점보다 적응유연성을 강조하게 되고, 학생들을 위기상황의 피해자로 보는 것보다 생존자로 보는 관점을 견지하게 된다. 학교와 가정이 건강하게 의사소통하고, 확고하게 관계를 맺으면 위기상황이 발생했을 때 도움이 되는 견고한 기반을 형성하게 된다. 이와 유사하게 학교가 학부모들에게 정보를 제공하고, 부모와 자녀가 어떻게 하면 건강하고 강력한 관계를 유지할 수 있을지에 대해 도움을 주면, 학교 안에서 폭력적이거나 갑작스러운 죽음이 발생했을 때 이를 강점으로 활용할 수 있게 된다. 많은 연구들을 통해서 위기대처과정에서 발견되는 적응유연성과 부모 자녀 간 유대관계의 상관관계가 일관되게 밝혀지고 있다(Christ & Christ, 2006; Cohen et al., 2002; Lin, Sandler, Ayers, Wol-chik, & Leucken, 2004).

학교에서의 위기상황을 준비함에 있어, 의사소통 계획은 매우 중요하다. 명확한 지휘계통을 갖추고, 구체적인 프로토콜을 활용하며, 능숙함과 전문지식, 정직함이 전달되는 의사소통은 위기상황에 성공적으로 대응하는 데 유의미한 영향을 미친다(Reynolds, 2004). 버지니아 공대에서 발생한 총격사건의 경우, 보다 중앙화된 의사소통 체계가 마련되어 있었더라면 위기상황에 효율적으로 대처할 수 있었을 것이다(Kennedy, 2007).

국토안보국The Department of Homeland Security은 어떤 형태의 위기에서든지 균일하고 일관된 접근이 가능하도록 국가 사고 관리 체계NIMS: National Incident Management System를 개발하였다. 국가 사고 관리 체계를 준수하는 것은 효과적인 의사소통을 보장해 주며, 국가 사고 관리 체계로 훈련을 받게 되는 것은 교직원들이 경찰, 의료진 등과 서로 같은 언어, 개념, 우선순위를 가지고 위기상황에서 협력하는 것을 가능하게 해 준다.

학교의 준비 정도를 결정하기

학교에서 발생하는 폭력적인 혹은 갑작스러운 죽음은 예기치 않은 상황에서 발생한다는 특징을 갖는다. 학교는 어떤 위기상황이 발생할 가능성이 가장 높은지, 그것에 대응하는 절차는 무엇인지, 누가 대응할 것인지에 대해 분명히 해

두어야 한다. 각 학교는 학교가 속한 지역사회가 갖고 있는 독특한 욕구를 충족시킬 수 있는 위기대응계획을 준비하고 있어야 하고, 모든 교직원들은 그 계획을 잘 알고 있어야 하며, 위기상황에서 각자가 어떤 역할을 감당해야 하는지에 대해서도 숙지하고 있어야 한다. 다음의 〈그림 10-1〉은 학교가 자신들의 준비 정도를 점검하는 데 활용할 수 있는 도구 중 하나이다.

위기대응팀

위기대응팀에는 다양한 사람들이 포함되어야 한다. 학생과 밀접한 관계에서 일을 하는 교사, 상담가, 심리학자, 사회복지사, 관리인, 경비, 사무실 직원, 다른 학교에서 배치된 상담가, 지역사회 정신건강 전문가 등이 이에 해당된다. 위기 대응팀은 자신들의 역할을 점검하고 일어날 수 있는 상황에 따라 역할극을 연습해야 하기 때문에 정기적으로 모임을 가져야 하고, 이를 통해 보다 높은 수준의 자신감을 가질 수 있게 된다. 팀 구성원들은 각자가 위기상황에 효과적으로 대응하는 데 영향을 미치는 자신의 신념, 가치, 강점과 취약점에 대해 반드시 잘 알고 있어야 한다.

위기대응팀 구성원들은 정상애도반응과 외상애도반응의 차이에 대해 알아야 하고, 사건에 영향을 받은 모든 이들에게서 나타나는 반응들을 파악할 수 있어야 한다(Goodman & Brown, 2008). 인간은 무엇인가를 이해하고 알기 원하기 때문에 비극적인 일이 일어나면 "왜?"라는 질문을 하게 된다. 따라서 위기대응팀 구성원들은 다음의 주제에 대한 훈련을 받을 필요가 있다.

학교는 두 종류, 즉 죽음이라는 위기를 이미 경험한 학교, 앞으로 그것을 경험하게 될 학교로 구분된다. 학교 안에서 발생하는 죽음을 미리 준비하면 효과적이고 감수성 있게 사건을 다룰 수 있게 되므로 위기가 발생하기 전에 필수적으로 대비해야 한다. 교직원들은 계획을 숙지하고 계획을 실행하는 데 있어 자신의 역할이 무엇인지 분명하게 이해하고 있어야 한다. 〈그림 10-1〉의 자기평

그림 10-1 당신은 준비되어 있습니까?: 자기평가도구

다음의 척도를 사용하여 각각의 요소에 당신의 학교가 얼마나 준비되어 있는지 점수를 매겨 보십시오. 각 문항의 수준을 개선하거나 변화시킬 수 있는 방안이 있으면 기록해 주십시오.

> 1=매우 잘함, 2=잘함, 3=보통, 4=못함, 5=매우 못함

학교 위기 반응 요소	점수	개선방안
지역사회의 준비 정도:		
우리 지역사회는 위기대응방안을 계획할 때 사전 예방적 입장을 취한다.		
무엇이 위기이고 어떤 대응이 필요한지에 대한 명확한 지침이 있다.		
죽음을 추모하는 절차가 마련되어 있다.		
학교의 준비 정도:		
학교 행정가들이 학교에서의 위기와 죽음에 대해 헌신적으로 준비한다.		
모든 교직원들이 슬픔, 상실, 위기대응에 대한 훈련을 받았다.		
질병이나 상실이 발생했을 때 배부할 수 있는 자료들이 준비되어 있다.		
비상연락망이 6개월에 한 번씩 수정되고 있다.		
위기대응팀이 정기적으로 모인다.		
위기대응훈련에는 학생의 나이에 따른 특정반응 설명과 개입전략이 포함되어 있다.		
상담인력은 학교의 욕구를 충족할 만큼 적당하다.		
위기계획 요소:		
사건 이후 몇 시간, 며칠, 혹은 몇 주 안에 학생, 교직원, 학부모의 욕구를 다룬다.		
사건 이후 몇 주 혹은 몇 달간 지속적인 욕구를 파악한다.		
장례식 이전, 중간, 이후에 학생들의 욕구를 구체적으로 다룬다.		
언론과 효과적으로 의사소통할 수 있는 방법을 갖고 있다.		
다양한 공지절차(학생과 교직원 대상 공지, 학생회 모임, 교직원 모임, 학부모 모임)가 있다.		
필요시 지역사회에서 도움을 받을 수 있는 곳(타 학교, 지역사회의 기관)을 확보하고 있다.		
교사가 아닌 직원(관리인, 식당직원, 스쿨버스 기사)의 역할을 명시하고 있다.		
학교에 찾아오거나 전화를 거는 학부모의 욕구를 다루고 있다.		
고위험군에 속하는 학생들의 욕구를 포함하고 있다.		
사건 이후 학생과 교직원을 도울 수 있는 도서관 사서의 역할이 기술되어 있다.		
상담을 받을 수 있는 별도 공간을 마련하는 것에 대한 계획이 있다.		
다양한 공지 방법을 마련하고 있다.		
위기대응팀 구성원들을 지지할 수 있는 체계가 마련되어 있다.		

※ 낸시 보이드 웹이 편집한 책 『사별을 경험한 아이들과 함께하기-실천가들을 위한 지침서』(3판)에 실린 것으로 저작권은 길포드 출판사The Guilford Press에 있다. 이 책을 개인적 용도로 구매한 경우에만 촬영을 허가한다. 도서 구매자의 경우 길포드 출판사 홈페이지에서 보다 큰 표를 내려 받을 수 있다.

가도구는 당신의 학교가 실제로 어떻게 준비되어 있는지를 파악하는 데 도움이 될 것이다.

- 최근의 애도이론
- 최근의 외상이론
- 위기상황에서 어떻게 하면 차분하게, 불안해하지 않으며 지낼 수 있을 것인가
- 지역사회 자원을 포함하는 방법들
- 자기인식
- 스트레스, 자기돌봄, 대처전략
- 팀 구성
- 역할극을 위한 시나리오(개인을 위한 지지, '안전한 방'으로 부를 수 있는 공간 마련, 집단을 대상으로 하는 개입)

학교에서 예기치 않은 죽음이 발생하면 학생과 교직원 모두가 그 영향을 받게 되므로 위기대응팀은 이 영향이 드러날 때 유심히 살펴보아야 한다. 지역사회 정신건강 기관은 객관적인 관점으로 이 상황을 지켜볼 수 있기 때문에 위기대응팀에게 훌륭한 자원이 된다(Kerr, Brent, McKain, & McCommons, 2003; Lovre, 2007). 지역의 호스피스 상담가로부터 도움을 받거나, 다른 지역의 기관들과 상호협조적인 관계를 맺는 것도 팀에 도움이 된다.

위기대응팀은 자신들이 가장 중요하게 생각하는 부분이 무엇인지에 대해 명확히 이해하고 있어야 한다. 교육부(2002)는 집중해야 할 주요 요소로 준비성, 대응, 회복을 꼽고 있다. '관계, 지역사회, 대응'(Lattanzi Licht, 2008, p.336) 역시 고려해야 할 우선순위들이다. 오소프스키(Osofsky, 1995)는 '개인의 자원, 안전한 환경, 지지적인 개인이 누구인지 알기' 등이 유치원부터 초등학교 연령에 해

그림 10-2 학생이나 교사의 죽음 이후 초등학교에서 학부모들에게 발송하는 편지의 예

· 무엇을: 학생들이 집으로 가져갈 부모용 편지와 안내물
· 언제: 학생이나 교사의 죽음이 발생한 후 학교 공식 문서 양식에 작성하여
· 왜: 학생들을 계속적으로 염려하고 있음을 전달함, 가족을 위한 지침이나 자원 제공

학부모님들께

우리는 최근 일어난 죽음으로 인해 커다란 슬픔을 느끼고 있으며, (   )의 가족과 친구들에게 깊은 애도를 표합니다.

모든 학교 교직원들은 다음의 내용들을 부탁드립니다. 자녀의 이야기를 주의 깊게 들어 주시고, 자녀의 질문에 솔직하게 답해 주시되, 어른들도 죽음과 관련된 질문에 대해 모든 답을 갖고 있는 것은 아니라는 점을 알려 주십시오. 아이들은 죽음을 경험하게 되면 연령에 관계없이 두려움, 집중 곤란, 악몽, 신체적 불편함, 식사 혹은 수면의 어려움, 퇴행행동, 울기, 예민함 등의 반응을 보이곤 합니다. 자녀가 그런 반응을 보일 때 그것을 수용하여 주시고, 아이들이 느끼는 감정이 중요하다는 점을 확인시켜 주십시오.

앞으로 몇 주 혹은 몇 달간 도움을 받으실 수 있는 기관에 대한 정보를 첨부하여 보내 드립니다. 학교에서 일어난 죽음으로 인해 여러분의 자녀가 받은 영향이 염려되시거나 질문이 있으신 분들은 연락하시기 바랍니다. (학부모들이 도움을 받을 수 있는 지역사회의 기관, 연락처 등을 기록해 둘 것) 학교에도 상담가가 배치되어 어려움을 겪는 학생들을 도울 것입니다. 교사와 상담가들은 학부모님들의 질문에도 응대해 드릴 것입니다. 걱정되거나 궁금한 것이 있으시면 (   )으로 편하게 연락 주십시오.

교장 올림

※ 낸시 보이드 웹이 편집한 책 『사별을 경험한 아이들과 함께하기-실천가들을 위한 지침서』(3판)에 실린 것으로 저작권은 길포드 출판사The Guilford Press에 있다. 이 책을 개인적 용도로 구매한 경우에만 촬영을 허가한다. 도서 구매자의 경우 길포드 출판사 홈페이지에서 보다 큰 표를 내려 받을 수 있다.

당하는 학생들이 폭력을 경험했을 때 다루어져야 하는 가장 중요한 요인들이라고 말한다. '균형, 의사소통, 연결, 지지'는 학교가 위기상황을 예방하고, 개입하고 대응하는 데 있어 고려해야 할 요소들이기도 하다(Consortium to Prevent School Violence, 2008, p. 1).

자원

위기상황의 충격과 혼란 속에서 자원을 찾고 확장시켜 나가는 것은 몹시 힘

든 일이다. 따라서 각 학교들은 위기상황이 발생하기 전에 교직원들이 사용할수 있는 문건을 만들어 놓고 각 학교의 서버나 인트라넷에서 이 자료를 공유할수 있다. 학생과 학부모, 교직원들에게 서로 다른 내용의 문건을 준비하여 전달하면 위기상황에서 정상적인 애도반응을 이끌어 낼 수 있고, 서로를 지지하고상황에 대처하는 방법들을 알려 줄 수 있으므로, 이러한 견본편지를 미리 준비해 두는 것은 매우 유용하다(〈그림 10-2〉에서 견본편지의 예를 확인할 것).

사건이 발생했을 때: 영향 사정하기

사건이 발생한 순간부터 위기대응팀은 학생과 교직원, 학부모, 지역사회가받은 영향을 지속적으로 사정해야 한다. 다음의 〈그림 10-3〉에서 설명하고 있는 외상과 사별에 대한 대응 모델을 살펴보면, 욕구와 대응이 위기사건 발생 이후 매분, 매시간, 매일, 매주, 혹은 매년 단위로 어떻게 달라지는지 확인할 수있다.

학교에서는 회복의 단계에 맞추어 개입계획을 수립할 필요가 있다(Myers, 1996). 교장이 지목하는 학교사회복지사나 심리학자 등의 전문가가 사건의 중대성을 사정하는 것에서부터 위기개입 계획이 실행된다. 위기대응의 책임이 최종적으로는 학교의 감독관이나 행정가에게 있기는 하지만, 그들 역시 세부적인 계획을 시행하는 것에 있어서는 위기개입팀에게 의지하게 된다. 앞부분에서 다룬사례의 경우에서도, 교장은 새 학년이 시작되는 첫날 오전 6시 30분, 오후 3시두 차례에 걸쳐 위기개입팀과 호스피스 애도상담가를 만나 대응방안을 점검하였다. 비극적인 사건이 예고 없이 보다 큰 규모로 발생하고 나면 누구나 현실을왜곡하여 그 어떤 것도 안전하지 않고 확실하지 않다는 생각을 하게 되기 때문에, 이때 어른들은 아동들이 구체적인 상황에 대해 현실감을 유지할 수 있도록,

그림 10-3 외상과 외상적인 사별에 대한 심리적 대응 모델

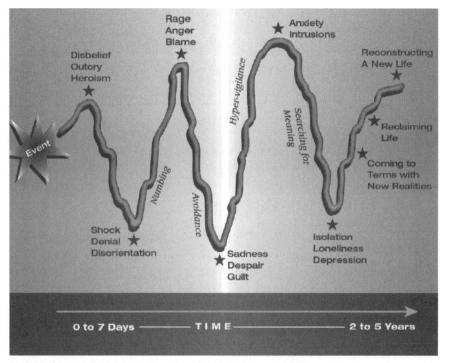

※ 출처: U. S. Department of Health and Human Services, 2004

또한 학교가 보통은 안전한 환경이라는 점을 이해할 수 있도록 도와주어야 한다. 실제로 아동에게 발생하는 폭력적인 죽음 중 1% 정도만 학교에서 발생하고, 집이나 지역사회에서 그런 죽음이 발생할 확률이 더 높다(Dwyer et al., 1998, p.1). 그럼에도 불구하고 언론을 포함한 모든 이들은 학교에서 비극적인 사건이 발생하고 나면 학교의 안전상태에만 초점을 맞추곤 한다(Cornell, 2007). 학교에서 총기난사 사건이 발생하고 나면 학생과 학부모 모두 학교에서도 총기사건이 일어날 가능성이 있다는 것을 깨닫게 되지만, 그렇다고 해서 그 학교에서 동일한 사건이 다시 일어날 가능성이 높아지는 것은 아니라는 점을 이해할 필요가 있다.

학교에서 발생한 폭력적이고 갑작스러운 죽음 이후의 회복 궤적 기간은 비교적 긴 것으로 알려져 있다. '일상으로 돌아가기'를 바라지만 그 과정은 직선의 모습이라기보다 굴곡도 있고, 예기치 못한 상황이 발생하기도 한다. 각종 기념일 같은 날들은 어른들뿐만 아니라 학생들까지도 갑작스러운 애도반응을 보이게 되는 촉발사건이 되기도 한다. 슬픔이 터져 나오는 빈도와 강도가 점차 줄어들기는 하지만 많은 사람들은 자신의 이러한 슬픔 반응이 정상적인 것인지 의문을 갖게 된다. 비극적인 사건을 다시 떠올릴 수 있는 능력은 학생 개개인의 성격, 그리고 그 사건이 자신이 인생에 어떤 의미를 갖는지를 이해할 수 있는 기회가 있었는지의 여부에 따라 다르다. 아동들은 비극적인 사건에 적응하면서 자신들만의 '리듬'을 발전시켜 나가는데(Nader, 1997), 상담가와 심리학자들은 이것을 적극적으로 파악하여 아동들이 각자의 독특한 방법으로 적응해 나갈 수 있게 해야 한다. 이 과정에서 정신적 혹은 정서적으로 어려움을 겪고 있는 아동이 있다면 그들만의 독특한 욕구에 민감하게 반응하는 것도 중요하다. 재난시 비정상적인 상황에 대해 정상적인 애도반응을 보이는 것이 대부분의 반응들이다(Myers, Zunin, & Zunin, 1990). 그러나 갑작스럽고 폭력적인 죽음에 영향을 받은 이들을 돕는 것에는 융통성이 발휘되어야 한다. 환경이 변하면서 욕구도 수시로 변하게 되고, 적응은 일련의 과정을 의미하기 때문이다. 9/11 테러 이후 정신적으로 깊은 상처를 입은 아동을 대상으로 진행된 개입 역시 욕구의 변화에 따라 지속적으로 수정 보완하면서 진행되었다(Goodman & Brown, 2008).

즉각적인 개입

학교가 사건 발생 직후 몇 분, 몇 시간 내에 어떻게 대응하는지에 따라 위기상황 수준은 악화될 수도 있고 경감될 수도 있다. 학교가 침착하게 위기상황을 관리하는 모습을 보여 주게 되면 학교와 지역사회에는 불안감이 감소되는 분위기가 형성되고, 직접적인 의사결정과 분명한 의사소통 과정을 통해 다음 대응 단계를 의논하는 모습을 보여 주게 되면 지역사회는 학교의 계획을 기꺼이 따르게 될 것이다. 학생들에게는 간단하면서도 발달단계에 적합한 정보를 제공해야 하므로, 교직원들은 학생들이 자신들의 이야기를 들을 수 있는 곳에서는 주의하여 이야기를 나누어야 한다. 한 어머니의 경우, 아이오와시의 학교에서 벌어진 동반자살사건 때문에 학교가 일찍 끝나게 되어 유치원생 딸을 데리러 갔을 때, 교사들이 서로 귓속말로 사건에 대해 이야기를 나눈 것을 딸이 다 듣고 사건에 대해 너무 많은 것까지 알게 되었다고 말했다(Sanders, 사적 대화, 2008년 6월 8일). 학생뿐만 아니라 어른들도 자신들이 일반적인 반응을 보이고 있다는 것에 대한 확인이 필요하다. 이런 비극적인 사건이 다시 일어날 가능성은 매우 낮다는 점이 가능하면 자주 강조될 필요가 있는데, 이 장의 앞부분에서 다룬 사례의 경우, 범인이 체포되지 않아 몇 주간 이런 확인을 해 줄 수 없었다는 데에 커다란 어려움이 있었다.

매슬로우(Maslow, 1954)가 제시한 욕구의 위계에 근거하여, 신체적·정서적 안전감 충족을 위한 개입이 최우선시되어야 한다는 것은 분명하다. 중학교 식당에서 동반자살 사건이 발생한 날 저녁, 초등학생인 아들이 집보다 학교가 더 안전하다고 말하는 것을 이해할 수 없었던 어머니가 그 이유를 묻자 집의 문은 그렇지 않은데 학교의 문은 다 잠겨 있어서 학교가 더 안전하게 느껴진다고 대답했다고 한다. 이와 같이 안전에 대한 기본적이고 개인적인 욕구들은 매우 다양하므로 개입의 범위 역시 넓어야 할 것이다. 이 과정에서 누군가를 지정하여 어떤 일이 발생했는지, 어떤 계획이 실행되었는지, 누가 어떤 도움을 제공했는지 등을 관찰하고 기록하게 하는 것이 반드시 필요하다.

학교에서 위기상황이 발생하고 나면 그 이후 몇 시간 동안은 무언가 하는 일은 많은데 그 효율성은 매우 낮기 마련이다(Myers, 1996). 감정은 증폭되고, 모든 사람들이 무기력감을 느끼면서도 무엇이라도 해보려고 하기 때문에 혼란과 무질서가 가중된다. 이런 상황에서 학교가 명확한 계획과 구성원들의 역할을 제시해 주면 구조와 질서가 잡히게 된다. 또한 많은 학부모들이 자발적으로 자원봉사를 하겠다고 나서기도 하는데 이 상황을 관리하는 것도 위기개입팀에게는 또 다른 과업이 되므로, 학교는 이들의 훈련정도와 기술, 경험 수준을 파악하고, 이름과 연락처를 받은 후, 앞으로 도움이 필요한 경우가 발생하면 그들이 적절하게 투입될 수 있도록 조정하는 역할도 감당해야 한다.

카드와 꽃, 기념물 등을 가져다 놓을 수 있는 공간을 확보하는 것도 사람들이 무언가를 하기 원할 때 학교가 그것을 돕는 또 다른 방법이 될 수 있다. 특히 교직원이나 학생들이 잘 알고 있던 사람이 사망했을 경우, 특정 장소를 그런 공간으로 마련하는 것이 좋다. 실제로 1986년 1월, 챌린저호Space Shuttle Challenger가 폭발했을 때, 그곳에 탑승해 있던 콩코드 고등학교Concord High School의 교사였던 크리스타 맥컬리프Christa McAuliffe의 죽음을 추모하기 위해 세계 각지로부터 밀려든 편지와 기념물들을 콩코드 고등학교 도서관에 전시해 둔 경우가 있었다.

위기관리 브리핑CMB: a Crisis Management Briefing은 외상적인 사건이 발생한 이후 1~2일간 욕구를 사정하고 언급하는 데 매우 효과적인 방법이다(Everly & Mitchell, 2002). 위기관리 브리핑을 실시하게 되면 학교가 이 상황을 어떻게 다루고 있는지를 확인하고, 가장 크게 영향을 받은 이들이 누구이며, 학부모들을 위한 토론회와 관련된 정보를 제공하는 데 도움이 된다. 이렇게 되면 소문이 사라지게 되고, 불안감이 감소하며, 도움을 받을 수 있는 자원에 대한 정보를 얻게 된다. 실제로 학교에서 총격사건이 발생하고 난 후 700명에 가까운 사람들이 위기관리 브리핑에 참여한 경우가 있는데(Seebold 2003), 이때 가장 중요한 것은 사건이 발생한 직후에 이런 자리를 마련하여 정확한 정보를 제공하는 것이다. 위기가 발생하면 사람들은 보다 적극적으로 서로를 돕고 지지하려는 경향을 보이기 때문이다. 반면, 교통사고로 두 명의 고등학생이 사망한 사건이 일어난 후 학부모들이 학교 측에 모임을 열어 줄 것을 요청하자 일주일 뒤 그 모임을 실시하였지만 참석한 사람은 많지 않았던 사례도 있다. 학교가 기회를 놓쳐 버린 것이다. 비극적인 사건 이후 구성원들의 욕구는 시간대별로, 날짜별로 변화하기 마련이다. 따라서 욕구를 제시간에 파악하고 대응하는 것이 위기대응의 '예술적인' 측면이라 하겠다.

초기개입: 사건 발생 후 일주일

조직적으로 위기대응팀을 운영하는 잘 준비된 학교에서조차도 위기상황에 대응하게 되는 첫 번째 날은 '영원히 끝나지 않을 날'처럼 느껴진다. 이런 느낌은 '영원히 끝나지 않을 일주일'로 연결되기도 한다. 사건 이후 일주일간 계속적인 사정, 계획 우선순위의 수정, 융통성 유지하기 등의 활동이 유지되는 것은 매우 중요하다. 웹이 이 책의 2장에서 제시한 아동을 사정할 때 파악해야 하는 세 가지 요인들은 성인들이 받은 영향을 파악하는 데에도 훌륭한 틀이 된다.

비언어적 단서들은 어떤 개입이 실시되어야 할지에 대해 좋은 정보들을 제공해 준다. 한 초등학교에서는 남학생 화장실에서 불이 나 다른 건물로 교실을 옮긴 적이 있었는데, 며칠간 다수의 남자 유치원생들이 학교에 불이 나는 그림을 그리거나, 쉬는 시간에 소방관 놀이를 하는 모습이 관찰되었다. 선생님의 부탁으로 교실을 찾은 소방관이 화재안전장치에 대해 설명을 하고 나서야 그런 모습들이 사라지게 되었다.

사건이 일어나고 난 뒤 며칠간, 학생들과 어른들은 집중하는 데 어려움을 느끼고, 혼란을 느끼며, 도움을 받을 수 있는 곳에 대한 재확인을 필요로 하게 되는데, 바로 이 시기가 적응유연성과 회복을 강화할 수 있는 교육과 정보를 제공하기에 가장 적절한 때다. 행동적, 인지적, 정서적, 신체적으로 무엇을 기대하는지, 스트레스와 슬픔, 외상, 상실을 어떻게 극복하는지, 정상적인 슬픔과 비정상적인 슬픔은 무엇인지, 주의해야 할 걱정거리는 무엇인지 등에 대한 주제들이 이 시기에 집중적으로 다루어진다(National Institute of Mental Health, 2002). 가장 효과적인 개입은 사건으로 영향을 받은 개인의 타고난 적응유연성과 강점을 생동하게 하는 것이다.

교육적인 부분에 초점을 둔 지지집단을 운영하고, 교실에서 친구들과 이야기를 나눌 수 있는 시간을 제공하는 것은 학생들이 이번 사건을 겪으면서 자기 혼자만 두려워하고 다양한 반응을 보이는 것이 아니라는 점을 깨달을 수 있는 안전한 공간을 제공하는 역할을 한다. 학교를 기반으로 집단이 운영되면 학생들은 위기에 대한 개인적인 반응들에 대해서 이야기하고, 오해를 바로잡으며, 스트레스와 위기, 상실에 대처하는 기본적인 전략들을 학습할 수 있게 된다(Vernberg & Vogel, 1993). 사건이 벌어진 즉시 집단이 운영되면 학생들은 자신의 경험과 스트레스를 표현할 수 있는 기회도 얻게 된다. 한 중학교 식당에서 학생이 교장선생님을 죽이고 스스로 목숨을 끊은 사건이 발생한 후(Seebold, 2003), 학생과 학부모 모두는 바로 다음 날부터 개인상담과 지지집단에 참여하였다. 사건이 벌어졌을 때 식당에 있었던 250명의 학생들은 총소리가 들리자마자 몸이 얼어붙어 꼼짝하지 못했거나 식당 밖으로 뛰쳐나갔었기 때문에 죽음에 대해 죄책감을 느끼고 있었다. 학부모들은 식당에 있었던 대부분의 교사들 역시 사건이 벌어지자마자 학생들을 지키지 않고 밖으로 뛰어나갔기 때문에 이 부분에 대해서 괴로워하고 있었다. 그들의 마음을 괴롭히고 있는 것들에 대해 이야기할 수 있는 기회가 제공된 이후에야 학생과 학부모들 모두 더 이상 그 감정에 사로잡히지 않게 되었다.

지속적인 개입

사건의 규모에 따라 학교가 얼마나 오랫동안 개입을 유지해야 하는지가 결정된다. 그러나 적응에는 대부분의 사람들이 예상하는 것보다 더 오랜 시간이 요구된다. 실제로 콜롬바인고등학교의 교직원들은 사건이 발생한 후 2년이 지나서야 '정상적인' 일상으로 돌아올 수 있었다고 말한다(Ochberg, 2000). 2001년의 9/11 테러 이후 뉴욕시의 학생들 역시 최악의 외상사건을 어느 정도 소화해 낸 것으로 판단되었으나(Coates, Rosenthal, & Schechter, 2003, p. 34), 그 이후에도 수 주 동안 그리고 그 이후로 오랜 시간이 지나서도 학생들은 테러가 발생하던 장면을 회상하고, 악몽을 꾸고, 외상후스트레스장애로 인한 반응들을 보이고 있다.

외상과 슬픔반응 간의 차이를 알아차릴 수 있는 심리학자와 상담가는 누구를 더 지지해 주어야 할지를 구분할 때 큰 역할을 한다. 위기사건에 노출된 정도와 사건으로부터 받게 되는 영향 간에는 분명한 상관관계가 존재하는데, 이전의 외상경험이 있는 아동이 더 높은 수준의 위험에 처하게 된다는 것은 매우 확실하고(Doka, 2008; Godeau et al., 2005), 사건 전후의 행동을 비교해 보는 것도 개입을 통해 누가 더 많은 유익을 얻게 될지를 판단하는 기준이 될 수 있다. 따라서 이에 대해 특화된 훈련을 받는 것이 필요하다(Cohen et al., 2002). 학교 내부에는 외상을 입은 아동에게 제공할 수 있는 자원이 없을 수 있지만 더 심각한 영향을 받은 아동을 선별하고 타 기관에 의뢰하는 역할은 할 수 있다. 다음의 〈그림 10-4〉는 사정에 있어 유용하게 쓰일 수 있는 간단한 도구다. 오클라호마시 폭탄 테러 이후, 대부분의 학생들이 정신과 치료를 받을 필요는 없었지만, 학교에서 학생들을 점검하고 그들이 필요로 하는 것을 확인함으로써 학생들이 낙인찍히는 일 없이 비극적인 사건을 온전히 슬퍼할 수 있도록 도울 수 있었다(Allen Tucker, & Pfefferbaum, 2006; Cohen & Mannarino, 2006). 정신건강전문가의 도움을 받는 것에 대한 낙인이 사회적으로 여전히 존재하기 때문에 학생과 교직원이 비극적인 사건 때문에 어떤 영향을 받았는지 학교가 점검하는 것은 그들이 보이는 불안 반응이 '정상적인' 것임을 보여 주는 매우 중요한 역할을 하는 셈이다.

그림 10-4 외상사건에 대한 아동의 반응: 약식 사정 도구

외상적인 사건이 발생했을 때, 아동들은 다양한 측면으로 영향을 받는다. 2001년 9/11 테러 이후, 많은 아동과 청소년들이 외상후스트레스장애로 인해 다음 중 하나 혹은 그 이상의 증상을 겪게 되는 것으로 보고되어 이 도구가 제작되었다. 사건의 영향을 받은 모든 아동과 청소년들이 치료를 받아야 하는 것은 아니지만 정신건강전문가를 만나는 것이 지혜로울 수 있다. 아동과 청소년의 학업적 혹은 사회적 기능이 손상되고, 외상사건 발생 이후 어느 정도의 시간이 지났음에도 불구하고 다음과 같은 증상을 보인다면 해당 학생을 보다 주의 깊게 살펴보아야 한다.

6세까지의 영유아

_____ 분리불안
_____ 정신운동 초조psychomotor agitation
_____ 퇴행행동(손가락 빨기, 밤에 소변을 가리지 못함, 어두움을 두려워함.)
_____ 지속적·반복적으로 외상과 관련된 놀이를 함.
_____ 급한 성미, 욕구가 좌절되는 것을 잘 참지 못함.
_____ 파괴적·공격적 행동
_____ 악몽, 수면문제

6세부터 11세까지의 아동

_____ 퇴행행동
_____ 급한 성미, 욕구가 좌절되는 것을 잘 참지 못함.
_____ 파괴적·공격적 행동
_____ 또래친구들과의 문제
_____ 악몽, 수면문제
_____ 극심한 움츠러듦.
_____ 극심한 두려움
_____ 집중하기 어려워함.
_____ 학교 가기를 거부함.
_____ 성적 하락
_____ 신체적 질병(의료적 근거가 없는 두통, 복통)
_____ 슬픔, 미래에 대한 희망 없음.
_____ 감정의 마비

12세부터 17세까지의 청소년

_____ 악몽, 수면문제
_____ 움츠러듦, 고립
_____ 집중하기 어려워함.
_____ 학교를 회피함.
_____ 성적 하락
_____ 의료적 근거가 없는 신체적 질병
_____ 슬픔, 미래에 대한 희망 없음.
_____ 자살 생각
_____ 감정의 마비
_____ 회상
_____ 외상사건을 떠올릴 수 있을 만한 것들을 회피함.
_____ 술이나 약물을 처음 사용하게 되거나 그 사용양이 증가함.
_____ 또래들 사이에서의 문제
_____ 반사회적 행동

※ Contemporary Pediatrics, 19(9), 2002년 9월, p.49에 실린 것을 허가를 받아 인용하였다. Contemporary Pediatrics에 실린 글의 저작권은 Advanstar Communications Inc.에 있다.

특히 청소년들에게 있어, 음악은 주요한 상실을 애도하도록 돕는 유용한 방법이다. 자신의 감정을 표현하는 노래들을 상담가와 개인적으로 만날 때 혹은 집단과 함께 만날 때 서로에게 들려주면 치유에 도움이 된다. 노래 한 곡을 골라 장례식이나 추모행사, 졸업식 등의 자리에서 연주하게 되면 학생들이 서로 위안을 느끼고 서로가 연결된다는 느낌을 갖게 된다.

요즘 세대의 학생들에게 인터넷은 추모와 지지를 위한 또 다른 수단이다. 인터넷은 다른 사람들이 내가 쓴 글을 읽을 수 있다는 점에서 '공적인' 특성을 가지면서도, 내가 누구인지 드러나지 않는다는 점에서 '사적인' 특성을 갖는다. www.remembered-forever.org와 같은 홈페이지에는 죽은 사람에 대한 추모글이나 사진, 영상 등을 자유롭게 게시할 수 있는데, '전자애도e-mourning'라는 단어에서도 알 수 있듯이(Larson, 사적인 대화, 2008년 6월 13일), 죽은 사람을 기억하고, 또 다른 누군가와 그 사람을 함께 추모하고 서로를 지지할 수 있는 인터넷상의 공간이 등장하는 것은 21세기의 새로운 흐름이다. 학교 교직원이나 학부모들은 이러한 공간들을 살펴보면서 학생들이 사건으로부터 어떤 영향을 받았는지에 대해 알 수 있다.

지속적인 개입을 통해 환경과 문화가 애도과정에 어떤 영향을 미치는지에 대해서도 살펴보아야 한다. 적절한 개입을 제공하기 위해서는 문화가 개인의 애도과정에 미치는 영향을 민감하게 이해하는 것이 매우 중요하다. 아미쉬 소녀가 학교에서 벌어진 총격사건으로 사망했을 당시, 아미쉬 마을의 지역신문 표지에는 그들의 신앙에는 치유능력이 있음을 강조하면서, 그들에게 도움을 제공했던 모든 이들에게 축복을 비는 내용의 논설이 실렸는데, 이것은 슬픔이 문화적 맥락에 의해 어떤 영향을 받게 되는지를 보여 주는 한 예라고 할 수 있겠다.

문화가 애도과정에 영향을 미치는 것을 확인한 연구들도 있다. 몇몇 연구들을 통해서 아프리카계 미국인들은 상실 이후에 공개적으로 감정을 표현하고, 아시아계 미국인들은 그보다 부자연스럽거나 억압된 수준으로 감정을 표현한다는 것이 밝혀졌다(Corr, Nabe, & Corr, 2003). 환경이 미치는 영향의 예로는 도심 지역에 있는 학교는 외곽 지역에 있는 학교보다 영역다툼, 범죄조직과 관련된 폭력이 빈번하게 발생한다는 점을 들 수 있다. 따라서 최선의 개입을 고려할 때 문화, 지역의 전통, 환경에 대한 민감성을 갖는 것이 간과되어서는 안 될 것이다.

일 년 중 특정일 — 사건이 일어났던 날 등 — 은 슬픔반응이 다시 수면위로 떠오르고 불안감이 증가하는 힘든 시간이 될 수 있다. 어떤 사람들은 그 사건을 기억나게 하는 모든 것들을 피하려 할 것이고, 어떤 사람들은 그 사건을 추모하려 할 것이다. 따라서 이때 학교가 공식적인 의례를 마련하여 고인을 기억하고 회고할 수 있는 사적인 방법이나 활동을 제공하는 것도 좋은데, 이러한 개입은 힘들었던 시간에 경험했던 적응유연성과 서로를 향한 연민을 구성원들이 다시 한 번 깨달으면서 치유를 향한 또 하나의 이정표가 될 것이다. 그렇다고 해서 사건이 발생하고 나서 몇 달이 지난 후에 관련된 일들이 벌어질 때마다 매번 위기대응팀이 새롭게 꾸려져야 한다는 것은 아니다. 앞서 살펴본 케빈 가족 살해 사건이 발생한 지 1년이 지나, 사건의 유일한 생존자였던 메기가 재판관들에게 영상으로 탄원서를 제출하면서 사건과 관련된 세부적인 내용들이 대중들에게 알려지게 되었다. 그러자 최초 위기대응팀에 속하지 않았던 일부 학교 교직원들이 새롭게 위기대응팀을 운영할테니 도움이 필요한 학생의 경우 학교에 와서 도움을 받으라는 메시지를 전했는데, 처음부터 위기대응팀에 속해 일해 왔던 구성원들은 그것이 오히려 스트레스를 악화시킬 뿐이라고 지적한 바 있다. 즉, 사건 발생 시기부터 활동해 왔던 위기대응팀이 사건 발생 이후 몇 주, 몇 달 혹은 몇 년이 지난 후에도 욕구를 사정하고 조직하는 것이 바람직하다고 하겠다.

지역사회와의 협력

학교에서 발생한 비극에 효율적으로 대처하기 위해서는 학교 내부의 제한된 자원에만 의존하지 않고 지역사회의 자원을 활용하는 것이 좋다(Coates et al., 2003; Kerr et al., 2003; Myers, 1996; U.S. Department of Education, 2007). 교육부(U. S. Department of Education, 2002) 역시 지역사회 기관과 학교 간의 협력이 중요하다는 점을 강조한 바 있다. 지역사회 정신건강기관과 협력 기반을 구축하게 되면 객관적이고 외부자적인 관점을 유지할 수 있게 되고, 특히 대규모의 비극적인 사건이 발생했을 경우, 학교 내부의 정신건강 자원을 보충할 수 있다는 장점이 있다. 물론 시간이 지나면서 학교가 위기상황 이전의 일상으로 회복되고 나면 지역사회의 자원은 사건의 영향에서 아직 벗어나지 못한 학생들만을 대상으로 그들의 요구를 충족시키는 역할만 하면 된다. 한 예로, 워싱턴 DC^Washington DC에 있는 호스피스 애도 상담 센터^Capital Hospice's Point of Hope Grief Counseling Center는 2001년 9/11 테러로 가족을 잃은 학생과 교직원들을 대상으로(McMahon, 2005), 12개월간 지지서비스를 제공하였는데, 이를 통해 각 학교들은 교육적인 측면보다 심리적인 측면에서 도움을 받기 원한다고 밝힌 학생 및 가족들의 욕구를 충족시켜 줄 수 있었다.

펜실바니아주 랭카스터^Lancaster County, Pennsylvania에서 벌어진 학교 총격사건 이후에도 보조금 지원을 통해 긴급구조대 요원들이 심리치료서비스를 받을 수 있었고, 사건에 영향을 받은 각 가정들 역시 지역사회의 상담기관에서 서비스를 받을 수 있었다. 위기가 발생하기 전부터 지역사회 자원과 협력관계를 유지하고 있었던 학교들은 위기사건이 발생하고 난 뒤 시간이 지나면서 일상으로 보다 수월하게 전환되는 것으로 알려져 있다.

결론

우리는 매일 테러리스트의 공격, 자연재해, 전쟁으로 인한 사상자, 살해사건, 사고뉴스를 접하며 살아간다. 현실에 대한 균형감을 유지하는 것과 개인적인 차원에서 받게 되는 비극적인 사건의 영향을 깊이 생각하는 것은 종이 한 장 차이다. 학교와 관련된 폭력적이고 갑작스러운 죽음이 발생하면 취약성과 불확실성이 증대된다. 하지만 그러한 사건에 대한 예방 및 준비를 철저히 해 왔던 학교는 지역사회 그리고 학교 내부에서 맺어 왔던 관계를 효율적으로 활용할 수 있다. 또한 두려움과 불안에 휩싸인 학부모들로부터 비판을 받게 되어도 이전에 학부모들과 강력한 관계를 맺어 온 학교라면 이를 잘 대처해 나갈 수 있다. 위기상황이 아닐 때라도 학생과 학부모를 대상으로 예방교육을 위한 모임을 주관하여 학생의 정서적, 행동적, 심리적, 사회적, 영적 욕구에 민감하게 대처하기 위한 의사소통 방법을 알려 주는 것이 가장 이상적인 학교의 모습일 것이다.

예기치 못한 사건이 발생했을 때, 학교 교직원과 위기대응팀이 내려 주는 지침에 모든 사람들의 시선이 향하게 된다. 이때 사건으로 인해 가장 큰 영향을 받은 사람들이 위기대응팀에게 그들 스스로가 무엇을 원하는지, 언제 원하는지, 어디서 원하는지 등에 대한 이야기를 들려주곤 하는데, 이러한 관계와 상황 속에서 개인은 자신이 커다란 지역사회에 소속되어 있다고 느끼게 되고, 타고난 적응유연성이 강화되게 된다. 위기상황을 통해 개인과 지역사회가 상호관계를 돈독히 하고, 서로에게 배우고, 서로를 지지할 수 있는 독특한 경험을 하게 되는 것이다. 위기상황을 미리 준비하고, 위기상황이 발생했을 때 의도적으로 개입하고, 지역사회의 활용가능한 자원을 모두 동원하는 학교 교직원이라면 레이첼 나오미 레멘(Rachel Naomi Remen, 1994)이 언급한 "아마도 모든 '희생자'들은 그들이 알지 못할 뿐 진정한 '생존자'일 것이다."라는 말을 보고 느끼는 특권을 누릴 수 있게 될 것이다.

1. 당신이 이 장의 앞에서 이야기한 사건이 벌어진 고등학교의 상담가라고 가정해 보십시오. 아이들과 어떻게 말하고 그들을 어떻게 지지해 주어야 할지에 대해 부모님들에게 정보를 제공하는 것이 편안하게 여겨집니까? 이 상황에서 당신에게 가장 큰 어려움은 무엇일지, 그리고 그것을 어떻게 다룰 것인지 이야기 나누어 보십시오.

2. 당신이 살고 있는 지역사회에서 예방차원에서 실시되어야 할 것이 무엇인지, 왜 그것이 중요하다고 생각하는지 이야기를 나누어 보십시오.

3. 당신 학교의 위기대응팀에 포함시킬 수 있는 지역사회의 자원에는 무엇이 있을까요?

4. 당신이 지금까지 살면서 겪었던 주요한 외상적 상실이 무엇이었는지 생각해 보십시오. 어떤 것이 가장 힘겨웠습니까? 그 일을 견뎌내고 지금까지 살아올 수 있도록 도움이 되었던 것은 무엇이었습니까?

참고문헌

Allen, J., Tucker, P., & Pfefferbaum, B. (2006). Community outreach following a terrorist act: Violent death and the Oklahoma City experience. In E. Rynearson (Ed.), *Violent death resilience and intervention beyond the crisis* (pp. 311-334). New York: Routledge/Taylor & Francis.

Children's reaction to 9/11: A brief screening tool. (2002). *Contemporary Pediatrics, 19,* 49.

Christ, G., & Christ, A. (2006). Current approaches to helping children cope with a parent's terminal illness. *CA: A Cancer Journal for Clinicians, 56,* 197-212.

Coates, S., Rosenthal, J., & Schecter, D. (Eds.). (2003). *September 11 trauma and human bonds.* Hillsdale, NJ: Analytic Press.

Coates, S., Schecter, D., & First, E. (2003). Brief interventions with traumatized children and families after September 11. In S. Coates, J. Rosenthal, & D.

Schecter (Eds.), *September 11 trauma and human bonds*. Hillsdale, NJ: Analytic Press.

Cohen, J., & Mannarino, A. (2006). Treating childhood traumatic grief. In E. Rynearson (Ed.), *Violent death resilience and intervention beyond the crisis* (pp. 255-273). New York: Routledge/Taylor & Francis.

Cohen, J., Mannarino, A., Greenberg, T., Padlo, S., & Shipley, C. (2002). Childhood traumatic grief concepts and controversies. *Trauma, Violence, and Abuse, 3*(4), 307-327.

Consortium to Prevent School Violence. (2008). School shooting position statement. Retrieved May 1, 2008, from www.ncsvprp.org.

Cornell, D. (2007). Virginia Tech: What can we do? *Monitor on Psychology, 38*(6), 1-3.

Corr, C., Nabe, C., & Corr, C. (2003). *Death and dying, life and living* (4th ed.). Belmont, CA: Wadsworth/Thompson Learning.

Doka, K. (2008, February 14). Resiliency in the face of trauma—study examines impact on 9/11 children. *Hospice Foundation of America's Hospice and Caregiving Blog*. Retrieved February 19, 2008, from www.hospicefoundation.org/blog/2008/02/resiliency-in-face-of-trauma-study.html.

Dwyer, K., Osher, D., & Warger, C. (1998). *Early warning, timely response: A guide to safe schools*. Washington, DC: U.S. Department of Education.

Everly, G., & Mitchell, J. (2002). *Critical incident stress management: Advanced group crisis intervention: A workbook* (2nd ed.). Baltimore: International Critical Incident Stress Foundation, Inc.

Federal Emergency Management Agency. (2008). National Incident Management System FAQs. Retrieved June 18, 2008, from www.fema.gov/emergency/nims/faq/compliance.shtm.

Galante, R., & Foa, O. (1986). An epidemiological study of psychic trauma and treatment effectiveness for children after a natural disaster. *Journal of the American Academy of Child Psychiatry, 25*, 357-363.

Godeau, E., Vignes, C., Navarro, F., Iachan, R., Ross, J., Pasquier, C., et al. (2005). Effects of a large-scale industrial disaster on rates of symptoms consistent with posttraumatic stress disorders among schoolchildren in Toulouse. *Archives of Pediatric and Adolescent Medicine, 159*, 579-584.

Goodman, R., & Brown, E. (2008). Service and science in times of crisis: Developing, planning, and implementing a clinical research program for children traumatically bereaved after 9/11. *Death Studies, 32*, 154-180.

Gould, M., Munfakh, J., Kleinman, M., Lubell, K., & Provenzano, D. (2004). Impact of the September 11th terrorist attacks on teenagers' mental health. *Applied Developmental Science, 8*(3), 158-169.

Kelly, J., Crable, A., & Robinson, R. (2008, June 17). Kreider: Life in jail. *Lancaster New Era Newspaper*, pp. 1, A6.

Kennedy, A. (2007, June). We are Virginia Tech: How counselors responded to the grief and trauma on campus after the startling events of April 16. *Counseling Today*, pp. 1, 46-48.

Kerr, M., Brent, D., McKain, B., & McCommons, P. (2003). *Postvention standards manual, a guide for a school's response in the aftermath of a sudden death* (4th ed.). Pittsburgh: Western Psychiatric Institute and Clinic of UPMC Presbyterian Shadyside Services for Teens at Risk.

Lattanzi Licht, M. (2008). When tragedy strikes: Response and prevention. In K. Doka & A. Tucci (Eds.), *Living with grief children and adolescents* (pp. 335-349). Washington, DC: Hospice Foundation of America.

Lin, K., Sandler, I., Ayers, T., Wolchik, S., & Luecken, L. (2004). Resilience in parentally bereaved children and adolescents seeking preventative services. *Journal of Clinical Child and Adolescent Psychology, 33*(4), 673-683.

Lovre, C. (2007, April 25-28). *Crisis response in the school setting, five day team training*. Crisis Management Institute presentation for IU13 in Lan- caster, PA.

Maslow, A. H. (1954). *Motivation and personality*. New York: HarperCollins. 오혜경 역. 2009. 『동기와 성격』. 21세기 북스.

McMahon, R. (2005, September). Retrospectives from members who made a difference in the aftermath of 9/11, reflections. *Insights*, pp. 38-39.

Myers, D. (1996). *Disaster response and recovery: A handbook for mental health professionals*. Menlo Park, CA: National Center for Posttraumatic Stress Disorder.

Myers, D., Zunin, H. S., & Zunin, L. M. (1990). Grief: The art of coping with tragedy. *Today's Supervisor, 7*(11), 14-15.

Nader, K. (1997). Treating traumatic grief in systems. In C. Figley, B. Bride & N. Mazza (Eds.), *Death and trauma: The traumatology of grieving* (pp. 159-192). Washington, DC: Taylor & Francis.

National Institute of Mental Health. (2002). *Mental health and mass violence: Evidence-based early psychological intervention for victims/survivors of mass violence: A workshop to reach consensus on best practices*. NIH Publication No. 02-5138. Washington, DC: U.S. Government Printing Office.

Ochberg, F. (2000). Bound by a trauma called Columbine. Retrieved March 15, 2008, from www.giftfromwithin.org/html.columbin.html.

Osofsy, J. (1995). The effects of exposure to violence of young children. *The American Psychologist, 50*(9), 782-788.

Remen, R. (1994). *Kitchen table wisdom: Stories that heal.* New York: Berkley. 류해욱 역. 2010. 『그대 만난 뒤 삶에 눈 떴네』. 이루파.

Reynolds, B. (2004). *Crisis and emergency risk communication: By leaders for leaders.* Atlanta, GA: Centers for Disease Control and Prevention.

Seebold, A. (2003). Responding to a murder/suicide at a rural junior high school. *International Journal of Emergency Mental Health, 5*(3), 153-159.

Slovak, K. (2002). Gun violence and children: Factors related to exposure and trauma. *Health and Social Work, 27*(2), 104-112.

Smilde-van den Doel, O., Smitt, C., & Wolleswinkel-vanden Bosch, J. (2006). School performance and social-emotional behavior of primary schoolchildren before and after a disaster. *Pediatrics, 118*(5), 1311-1320.

Stevenson, R. (2008). Helping students cope with grief. In K. Doka & A. Tucci (Eds.), *Living with grief children and adolescents* (pp. 317-333). Washington, DC: Hospice Foundation of America.

Thank you. (2006, October, 16). *Die Botschaft, 32*(16), p. 1.

U.S. Department of Education. (2002). *The 3 Rs to dealing with trauma in schools: Readiness, response, and recovery* [Broadcast materials]. Retrieved June 17, 2008, from www.walcoff.com/prevention/broadmat. *html.*

U.S. Department of Education. (2007). *Practical information on crisis planning: A guide for schools and communities.* Retrieved June 17, 2008, from www.ed.gov/admins/lead/safety/emergencyplan/crisisplanning.pdf.

U.S. Department of Health and Human Services. (2004). *Mental health response to mass violence and terrorism: A training manual* (DHHS Pub. No. SMA 3959). Rockville, MD: Center for Mental Health Services, Substance Abuse and Mental Health Services Administration.

Vernberg, E., Silverman, W., La Greca, A., & Prinstein, M. (1996). Prediction and post-traumatic stress symptoms in children after Hurricane Andrew. *Journal of Abnormal Psychology, 105*(2), 237-248.

Vernberg, E., & Vogel, J. (1993). Task Force Report Part 2: Interventions with children after disasters. *Journal of Clinical Child Psychology, 22*(4), 485- 498.

Webb, N. B. (Ed.). (1991). *Play therapy with children in crisis*. New York: Guilford Press.

_____ (Ed.). (2007). *Play therapy with children in crisis* (3rd ed.). New York: Guilford Press.

전쟁과 테러로 인한
집단폭력에 노출된 아동과 청소년:
미디어의 역할

케이틀린 네이더 *Kathleen Nader*

다수의 연구들에 의하면 외상후스트레스장애 진단을 받았거나, 외상후스트
레스와 관련된 증상을 보이는 사람들 중 대부분이 집단폭력에 직접적으로 노출
되었거나 그로 인해 생명의 위협을 느꼈던 것으로 알려져 있다(Bosgieter, Ras-
mussen, Cook, Kofford, & Caldarella, 2006; Marshall & Galea, 2004; Nader,
2008). 집단폭력에 직접적으로 노출되는 것 이외에도 텔레비전 등의 미디어를
통해 외상적 사건을 장기적·반복적으로 보는 경우에도 청소년들에게 외상후
스트레스장애 및 불안, 우울, 슬픔, 사회불신, 특정사건에 대한 두려움, 행동의
동요, 왜곡된 정보처리 등과 같은 증상들이 발생하게 된다(Aber, Gershoff,
Ware, & Kotler, 2004; Bosgieter et al., 2006; Nader, Pynoos, Fairbanks, Al-Ajeel,
& Al-Asfour, 1993; Pfefferbaum, Gurwitch, Robertson, Brandt, & Pfefferbaum
2003; Wang et al., 2006).

미디어가 허구 혹은 실제의 폭력을 묘사하는 것은 청소년에게 다양한 방면
으로 영향을 미친다. 텔레비전이나 영화, 비디오 게임 등을 통해 폭력에 반복적

으로 노출되는 것은 대량학살을 포함한 공격성과 연결된다. 엄청나게 충격적인 사건 이후에 청소년들을 인터뷰하고 그 기사를 텔레비전이나 각종 인쇄 매체를 통해 발표한 기자들은 청소년의 외상후 반응들을 돕거나 혹은 반대로 악화시키는 역할을 할 수도 있다. 분명 텔레비전, 신문, 기타 미디어들은 유용한 정보를 제공하거나 자원을 모으는 데 도움이 될 수 있다. 그러나 이와는 반대로 많은 비극적인 사건들이 폭력적이거나 외상적인 사건을 텔레비전으로 시청한 것에 영향을 받은 청소년들에 의해 일어나기도 했음을 강조하는 연구들도 있다.

미디어가 청소년에게 미치는 영향

청소년들은 그들이 보는 미디어에 의해 영향을 받는다. 청소년들이 패션, 언어, 행동을 따라하려는 것을 보면 미디어의 영향을 분명히 알 수 있다. 뿐만 아니라 청소년들은 자신과 미디어 속에 등장하는 인물을 비교하기도 한다(Beullens, Eggermont, & Van den Bulck, 2008). 텔레비전이나 영화를 통해 흉내 내기에 재미있어 보이고 강렬한 감정까지도 유도해 내는 주제가 반복되어 상영되는 것은 강력한 영향력을 갖는다. 휴스만(Huesmann, 2007)은 이를 가리켜 '가상의' 나쁜 이웃이라고 부른다.

'미디어 폭력'을 보는 것에 대한 영향 ─ 의도적으로 누군가에게 상해를 입히는 것이라든가 다른 사람 혹은 다른 캐릭터 때문에 초조해지고 흥분을 느끼는 것 등 ─ 은 잘 정리되어 있다(Huesmann, 2007; Bushman & Huesmann, 2006). 전자 미디어로 폭력물을 보는 것은 영상을 본 즉시뿐만 아니라 시간이 흐른 뒤에도 아동과 성인의 공격행동을 증가시키고, 초기 공격성을 통제한 상태에서도 동일한 결과를 보이는 것으로 나타났다(Huesmann, 2007). 특히 아동의 경우 관찰학습을 통해 새로운 신념이나 논리, 언어를 성인보다 손쉽게 받아들이기 때문에 장기적인 영향이 더 큰 것으로 확인되었다(Bushman & Huesmann, 2006).

미디어는 청소년에게 긍정적인 영향과 부정적인 영향을 동시에 미친다. 연구들에 따르면 텔레비전, 영화, 비디오 게임, 음악, 만화책 등의 폭력적인 미디어는 공격적인 생각과 행동, 분노감, 흥분수준, 남을 도우려는 행동 등과 연관이 있는 것으로 알려져 있다. 우리가 잘 아는 살인자들 — 버지니아 공대 총격사건의 범인(33명 사망, 15명 부상), 콜롬바인 고등학교 총격사건의 범인(23명 사망, 24명 부상) — 은 모두 폭력적인 영화나 비디오 게임의 영향을 받은 사람들이었다(Nader, 출간 중).

기자와 언론관계자

언론관계자들은 비극적 참사로 인해 외상을 입은 사람들과 처음 만나는 이들 중 하나일 것이다. 그들은 힘을 북돋아 주고, 필요한 정보를 제공하고 혹은 행동을 동원함으로써 외상적 사건을 겪은 이들의 회복을 도울 수도 있다. 반대로 그들의 둔감하고 시기적절하지 않은 행동은 외상적 사건을 경험한 이들에게 오랫동안 상처가 될 수도 있다(Nader, 1993, 2008). 정신적 외상을 입은 아동이나 청소년들은 여러 부문에서 취약성이 높아지기 때문에 그들에게 잠재적으로 해가 될 수 있는 언론활동을 검토하는 것은 매우 중요하다. 이와 관련하여 테크로브(Teichroeb, 2006)는 언론관계자들이 아동을 인터뷰할 때 숙지할 지침들을 제시하였으며, 그녀는 "기자들은 동정심과 민감성을 가지고 진실을 보도할 책임이 있다."라고 말한 바 있다(p. 2, Ocberg, 1995/2008도 참조할 것).

문제를 악화시키는 것

정신적 외상을 입은 청소년의 정신 상태를 이해하고, 마무리를 어떻게 할지 고려하고, 인터뷰 이후의 영향을 살피는 것은 대상자에게 해를 입히지 않으면서 효과적으로 인터뷰를 진행함에 있어 결정적인 부분이다(Nader, 1997, 2008). 아동들은 그렇지 않을 때에도 겉으로는 괜찮아 보일 수 있는데(Teichroeb, 2006), 증상 악화, 자살, 자살 시도, 살인, 심각한 우울증, 급성 정신질환 등은 훈련받지 않거나, 기술이 없거나, 문화적으로 무지한 이들이 인터뷰를 하고 난 후 발생한 해로운 영향들의 예이다(Mayou, Ehlers, & Hobbs, 2000; Nader, 1997; Raphael & Wilson, 2001; Ruzek & Watson, 2001; Swiss & Giller, 1993).

외상적인 사건에 노출된 이후, 아동들이 외부의 자극과 내부의 심리적 어려움에 대처해 가는 능력은 감소하게 된다(Nader, 1993). 사건 발생 직후 낯선 사람이 나타나거나, 보호자를 만나지 못하거나, 필요한 개입을 받지 못하면 아동의 증상은 악화될 수도 있다. 부모들 역시 너무나 당황해서 아동들을 그러한 자극으로부터 보호하지 못할 수도 있다(Teichroeb, 2006). 아동들은 스트레스를 견뎌낼 수 있는 수준이 줄어들고, 외상적 경험들과 계속적으로 싸우게 되고, 괴로운 정신적 이미지가 계속되고, 그 외 다른 외상적 반응들을 경험하는데 이때 많은 기자와 카메라가 몰려들고, 기자가 많은 질문들을 쏟아내면 이것은 아동들에게 또 다시 괴롭고 무서운 침입이 되는 셈이다(Nader, 1993).

배신감을 느끼는 것

아동들은 뉴스 내용이나 기자에게 오해의 소지가 있을 때 배신감을 느끼게 된다(Nader, 1993). 또한 커다란 관심이 집중되었다가 그 관심이 사라지면 자신이 버림받았다고 여길 수도 있다. 아동들은 처음에는 관심 받는 것을 기뻐하다가도, 나중에는 이것을 당황스럽게 여기기도 한다. 실제로 몇몇 아동들은 잠옷

사례 11-1

a. 3학년 조단^{Jordan}은 범죄조직이 자동차를 타고 가며 총격을 퍼부은 사건에서 회복되고 난 뒤 학교에 가기를 두려워했다. 친구들이 자신의 모습을 텔레비전에서 봤을 것이고, 자신을 피해자로 여기고, 지금 하고 있는 안대를 이상하게 여길 것이라는 생각 때문이었다. 조단이 학교로 돌아갔을 때, 실제로 조단의 같은 반 친구들은 범죄의 피해자가 되고 다치는 것이 전염된다고 생각하는 듯 조단에게 가까이 오기를 꺼려했다.

b. 8살 된 킴벌리^{Kimberly}는 폭발하는 소리와 부딪히는 소리를 듣고는 그 자리에서 기절했고, 자신에게 어떤 일이 있었는지 기억하지 못했다. 몇 주간 입원해 있으면서 부상은 회복되었고, 킴벌리가 퇴원했을 때에는 차의 수리도 다 끝나서 어떤 일이 벌어졌는지 확인할 수 있는 증거는 아무 것도 남아 있지 않았다. 킴벌리는 그 사건을 다룬 미디어에 실린 사진을 보고서야 그날 자신에게 일어난 일을 시각적으로 확인할 수 있었다.

c. 캘리포니아에 사는 15살 된 션^{Shawn}은 9/11 테러 장면을 반복적으로 시청했다. 션은 그 사건이 진짜가 아니기를 바란다고 계속 말했다. 뉴스가 라디오에서 들려왔을 때 모든 사람들은 두려워했지만 션은 "진짜 이런 일이 일어나고 있다고 믿을 수가 없었고, 다른 방법으로 결말이 지어지기를 바랬어요."라고 말했다.

d. 청소년기에 접어들기 직전에 대량학살을 경험했던 한 남자는 자신이 그 이후부터 어른이 되기까지 대량학살의 범인에 대한 내용을 담은 모든 책을 다 읽고, 모든 텔레비전 프로그램이나 영상을 봤다고 말한다. 누가 그런 일을 하는지, 왜 하는지를 알아내서 앞으로 그런 일이 벌어지지 않고, 자신과 같은 희생자가 나오지 않게 하려는 것이 그 이유였다.

e. 9살 된 죠슈아^{Joshua}는 9/11 테러가 발생하기 직전에 뉴욕시에서 뉴욕 북부로 이사를 왔다. 죠슈아와 같은 반인 아이들 대부분은 가족 중 누군가가 피해를 입지 않았다면 그다지 큰 반응을 보이지 않았다. 죠슈아가 알고 있는 사람 중에는 누구도 죽거나 다치지 않았고, 구조작업에 참여한 사람도 없었다. 하지만 죠슈아는 그 사건을 다룬 뉴스를 보고 난 후 외상적 반응을 보이기 시작했다. 테러 이전에 뉴욕시에서 살았었고, 뉴스를 반복적으로 본 것이 그런 반응을 보이게 된 원인이 아닐까 짐작되었다. 죠슈아는 몇 주간 그 사건에 몰입되어 있었고, 그런 내용으로 그림을 그렸으며, 그때 어떤 일이 있었는지에 대해 이야기했다. 뉴욕시에 친척들이 살고 있었음에도 불구하고 그곳에 가기를 싫어했고, 공격적인 행동을 보였으며, 혼자 잠자는 것을 무서워했고, 그 사건에 대해 반복적으로 이야기하기를 원했다. 부모와 죠슈아 간의 긴장된 관계로 인해 이런 반응들은 계속 악화되었다.

을 입은 채로(Libow, 1992), 혹은 감정적인 상태나 피해자인 상태로 텔레비전에 나온 것 때문에 친구들에게 놀림을 받거나, 친구들이 무서워서 같이 있기를 거부하는 일을 겪기도 했다(〈사례 11-1〉의 a에 소개된 조단의 경우를 읽어볼 것). 청소년들의 경우, 자신들의 모습을 묘사하는 내용에 대해 굴욕감을 느낄 수도 있다.

한 예로, 자블(Jabr, 2004)은 팔레스타인 땅에서 벌어지는 전쟁과 죽음 등이 계속 보도되면서, 팔레스타인 아동들은 폭력적이고 가족으로부터 사랑도 받지 못하는 모습으로 정형화되는 것에 깊은 불만을 표현했다.

가해자를 한층 강화시키는 것

미디어를 통해서 가해자에 대한 보도가 계속된다. 콜롬바인고등학교, 버지니아공대 총격사건의 범인들에 대한 뉴스는 미디어를 통해 집중적으로 보도되었다. 테러리스트들은 공격대상에게 두려움을 심어 주기 위해 자신들의 존재가 언론을 통해 세상에 알려지기를 기대한다. 따라서 언론의 자유를 보장하면서도 폭력이나 외상적 사건이 부추겨지고 가해자가 강화되지 않을 수 있는 방법을 마련하는 것이 시급하다.

전쟁이나 테러 이후에 도움 제공하기

미디어는 개입을 위한 노력에 도움이 되기도 한다(Nader, 2008; Fang & Chen, 2004). 지역신문이나 라디오, 텔레비전은 외상사건 이후에 지역주민을 준비시키고 교육하는 기능을 담당할 수 있다. 즉, 미디어는 부모나 교육자들에게 스트레스 해소방법, 나타날 수 있는 다양한 반응들, 가능한 대처방안 등에 대한 기본적인 정보를 제공할 수 있다. 또한 사정, 개입, 치료일정을 알려줄 수도 있다. 아동들에게서 나타날 수 있는 외상적 반응이 무엇인지에 대해 부모들을 교육할 수도 있으며(Teichroeb, 2006), 고통 받고 있는 이들을 폄하하지 않으면서도 희망과 치유를 불어넣기 위해 성공적으로 자신들의 삶을 일상으로 되돌린 가족들을 인터뷰할 수도 있다. 테러나 집단폭력 이후에 사망자의 기일에 그들을 추모하는 역할을 할 수도 있는데, 특히 테러 공격의 특성상 그들의 죽음에 대해 이야기하는 것은 긍정적인 효과를 불러일으킬 수 있다. 실제로 9/11 테러 이후 많은 청소년들이 다른 사람과 더 깊은 유대감을 갖게 되었고, 감사하는 마음이 증가했으며, 이타적 행동을 하게 되었고, 세상에서 일어나는 일들에 더 깊은 관심을 갖게 되었고, 애국심이 강해졌으며, 안전함에 대한 생각이 강화된 것으로 보고된다(Phillips, Prince, & Schiebelhut, 2004; Whalen, Henker, King, Jamner, & Levine, 2004; Mapp & Koch, 2004).

전쟁과 테러가 미디어에 등장하는 것

전쟁과 테러가 미디어에 등장하게 되면 청소년들은 그들이 전쟁과 테러에 직접적으로 노출되었는지 여부에 관계없이 영향을 받게 된다(Nader, 2008; Nader et al., 1993; Pfefferbaum Seale, et al., 2003; Schuster et al., 2001). 청소년들은 미디어를 통해서 혹은 다른 방법도 함께 활용하여 전쟁과 테러를 접하게 된다.

미디어에 노출되는 것의 결과를 비교하는 것에 영향을 미치는 쟁점들

주요한 변수를 파악하는 여부는 연구 결과에 영향을 미친다(Nader, 2008). 몇몇 연구자들(Bleich, Gelkopf, & Solomon, 2003)은 연구를 통해 테러리스트의 공격으로 부상을 입은 성인과 테러공격을 직접적으로 경험하지 못한 성인 간의 차이가 발견되지 않았다고 말하면서, 그 이유가 전화로 인터뷰한 이들이 수위를 낮추어 말했거나, 국가적 테러는 직접적인 경험을 한 이들에게만 영향을 미치는 것이 아니기 때문이라고 밝힌 바 있다. 연구들이 가능한 모든 징후를 사정하거나 동일한 변수를 투입하여 진행되는 것은 아니다. 또한 사정 이후 시간이 경과

표 11-1 미디어가 보여 주는 테러 혹은 전쟁에 대한 연령별 반응

연령대 미디어 영상에 대한 이해	연구(연구자)	연령대/ 시간	사건과 관련된 영상을 보는 것과 증상 간의 관계
유아-유치원 (2~6, 7세) • 죽음의 영원성, 영향을 이해하기 어려워함. • 괴로운 이미지를 회상하거나 꿈을 꿈.	9/11 테러, 전국조사 (Schuster et al., 2001)	영유아/ 사건 발생 후 3~5일 이후	• 영상을 보지 못하게 하는 것이 대부분이었음. • 몇 시간 동안 시청한 아동에게 다수 증상 나타남.
	가자지구전투 (Wang et al., 2006)	1~4세/ 진행 중	영상에 노출되는 것이 외현화행동, 저항, 공격적 행동, 감정적 반응 등과 연관됨.
아동 중기 (6,7~11,12세) • 죽음의 영원성을 이해함. • 하나의 사건이 반복되어 방영되는 것을 이해함. • 위기사건의 영향에 대처하기 위해, 혹은 호기심 때문에 영상을 보는 것에 빠져들 수도 있음.	걸프전 (Nader et al., 1993)	7~12세/ 한 달 이후	• 영상 노출의 정도가 외상후스트레스 정도와 연관됨. • 영상을 보는 것이 외상후스트레스 점수를 증가시킴. • 텔레비전을 보거나 누군가에 대해 염려하는 정도가 외상후스트레스 수준과 정적 상관관계를 가짐.
	가자지구전투 (Thabet et al., 2002)	9~15세/ 진행중	• 폭격을 경험한 경우 외상후스트레스장애 발생함 (폭격을 직접적으로 경험한 경우 구체적인 외상사건에 대한 두려움이 높았으며, 영상을 본 경우 불안이 높게 나타남). • 불안증상/장애는 폭격을 직접 경험하지 않고 영상을 본 아동에게 높게 나타남.
	가자지구전투 (Thabet et al., 2004)	9~15세/ 2000년 9월, 진행 중	• 외상 및 우울 점수가 외상사건에 노출된 횟수와 유의미하게 관계를 보임. • 텔레비전을 보는 것과 증상은 연령이 증가할수록 증가함.
	오클라호마시 폭탄테러 (Pfefferbaum, Moore, et al., 1999)	6~12 학년/ 7주 이후	• 폭발을 느꼈거나, 폭발사고의 사망자나 부상자를 알고 있거나, 그 장면을 텔레비전으로 본 경우 외상후스트레스와 연관됨. • 폭발 장면을 텔레비전으로 본 경우가 폭발을 느꼈거나, 폭발사고의 사망자나 부상자를 알고 있는 경우보다 외상후스트레스를 강하게 예측하는 변수로 확인됨. • 폭발 장면을 텔레비전으로 본 이후 여학생들이 진정하는 것이 더 어려웠음.
	오클라호마시 폭탄테러 (Pfefferbaum, Nixon, et al., 1999)	중고등 학생/ 7주 이후	• 지역 텔레비전에 폭발 관련 뉴스가 계속 보도됨. • 사별을 경험한 학생들은 더 높은 외상후스트레스 점수를 기록했고, 폭발 장면을 텔레비전으로 본 이후 진정하는 것도 어려웠음. • 가족이 사망한 경우 외상후스트레스 점수가 가장 높았음.

CHAPTER 11 전쟁과 테러로 인한 집단폭력에 노출된 아동과 청소년: 미디어의 역할

오클라호마시 폭탄테러 100 마일 바깥 (Pfefferbaum, Seale, et al., 2003)	6학년/ 2년 이후	• 폭발 장면이 방송 및 뉴스를 통해 보도될 때마다 외상후스트레스 수준이 증가함. • 언론 보도에 대한 감정적 반응에 따라 외상후스트레스 반응이 달라짐.
9/11 테러, 워싱턴 DC (Phillips et al., 2004)	5~12세/ 3개월 이후	• 텔레비전으로 미 전역에 사건 당일 장면이 계속 방송됨. • 텔레비전 시청 이후 증가된 증상: 침투적 사고, 과다각성, 악몽, 수면방해, 피로 증가, 미래에 대한 생각의 중지 • 안전에 대한 두려움을 느끼게 되자 애국적인 행동, 자선단체 후원 등이 증가함.
9/11 테러, 워싱턴주 (Lengua et al., 2005)	9~13세/ 1~6개월 이후	• 영상을 보는 것과 염려, 분노 간에 관계가 있음. • 청소년들은 부모들이 말하는 것보다 높은 수준으로 자신들의 증상에 대해 말함. • 처음에는 청소년과 학부모 모두 청소년의 증상이 감소했다고 보고함. • 텔레비전을 볼 때 느끼는 강력한 감정이 많은 증상들과 연결됨. • 남학생들에게서는 외현화, 여학생들에게서는 정신적 충격이 많이 나타남. • 보호요인: 자아존중감, 사회적 유능감
9/11 테러, 뉴욕시 (Hoven et al., 2005)	4~5학년/ 6개월 이후	• 영상을 많이 볼수록 장애도 증가함. • 28.6%의 학생들에게게서 외상후스트레스장애, 분리불안, 광장공포증 등의 불안 및 우울장애 증상이 하나 혹은 그 이상 보임. • 남학생들에게서는 행동장애, 여학생들에게서는 불안 및 우울장애가 많이 발견됨. • 나이가 어릴수록 텔레비전을 볼수록 더 많은 증상을 나타냄. • 위험요인: 직접적 노출, 가족의 노출, 미디어를 자주 접함, 두 가지 이상의 이전 외상, 어머니의 낮은 교육수준, 여성, 정신건강 서비스 이용 정도
9/11 테러, 워싱턴주 (Lengua et al., 2006)	9~13세/ 1개월 이후	• 스트레스 수준, 소극적 대처양식, 위협인식이 외상후스트레스를 예측함. • 테러 이전의 증상과 테러 위협인식 수준이 기능 손상에 영향을 미침. • 대처양식, 인지양식이 테러 이후 외상후스트레스에 영향을 미침.
9/11 테러, 런던 (Holmes et al., 2007)	10~11세/ 2~6개월 이후	• 영상을 본 청소년 중 소수가 외상후스트레스 증상을 보임. • 침투적 영상, 위협을 경험한 경우 증상을 보이는 것으로 예측됨. • 침투적 영상, 위협을 경험하지 않은 경우 시간이 지나면서 증상이 감소함.

청소년기
(13~17세)
• 죽음의 현실을
  이해함.
• 위기사건의 영
  향을 다양한 방
  면으로 이해하
  게 됨.
• 위기사건의 영
  향에 대처하기
  위해, 혹은 호
  기심 때문에 영
  상을 보는 것에
  빠져들 수도 있
  음.
	걸프전쟁,
	쿠웨이트
	(Nader et al.,
	1993)
		13~18세/
		4개월
		이후
			• 사건 노출과 외상후스트레스, 슬픔 수준이 관계
			  있고, 직접 목격 여부의 예측력이 가장 높음.
			• 텔레비전 시청이 외상후스트레스 증상과 직접적
			  으로 관련 있음.
			• 연령이 높을수록 사건에 노출되는 정도, 외상후
			  스트레스 정도가 높음.
			• 타인을 다치게 하는 것의 평균값이 가장 높았음.

	9/11 테러,
	뉴욕시
	(Aber et al.,
	2007)
		6~14세/
		공격 이전
		12~20세/
		4개월~
		2년 이후
			• 직접 테러를 경험한 경우 우울, 외상후스트레스
			  장애, 미디어를 통해 본 경우 불안, 외상후스트레
			  스장애, 가족이 테러를 경험한 경우 사회 불신 등
			  의 증상 보임.
			• 백인이 아닌 청소년들이 지역사회 폭력에 더 많
			  이 노출됨. 백인 청소년들은 9/11테러에 더 많이
			  노출됨.

	9/11 테러,
	전국조사
	(Gil-Rivas et
	al., 2004)
		평균연령
		15.27세/
		2주~
		1년 이후
			• 여학생, 정신건강 문제가 있었던 학생들이 급성
			  스트레스 반응과 관련 있었음.
			• 1년 뒤, 증상에 성별 차이 발견되지 않았고, 외상
			  후스트레스 수준이 높을수록 부모 자녀간의 갈
			  등이 높게 나타남.
			• 테러 이후 1년 뒤, 학습장애, 정신건강 문제가 있
			  는 학생들이 급성 스트레스 반응 정도를 더 많이
			  보고함. 학습장애, 정신건강 문제는 부모의 지지
			  수준이 낮을 때 더 높게 나타남.
			• 부모 자녀간 갈등은 기능손상에 전반적으로 관
			  계가 있음.
			• 보호요인: 부모의 긍정적인 영향, 자기효능감, 아
			  버지의 높은 지지

	9/11 테러,
	캘리포니아
	(Whalen et al.,
	2005)
		14~18세/
		사건
		1~3년 전,
		2~5개월
		이후
			• 영상에 노출되는 정도가 높을수록 집중력, 무언
			  가를 즐길 수 있는 능력이 감소함.
			• 불안 정도가 고통에 영향을 미침.
			• 유익: 대인관계가 가까워짐, 공동체성 증가, 감사
			  와 배려의 행동 증가, 애국심 증가, 세계에서 벌
			  어지는 사건에 대해 이해하게 됨.
			• 보호요인: 낙관론

	9/11 테러,
	뉴욕시
	(Hoven et al.,
	2005)
		6~12학년/
		6개월
		이후
			• 28.6%의 청소년들이 불안 및 우울장애 증상 중
			  한 가지 혹은 그 이상 증상을 보임.
			• 사건에 노출되는 정도가 높을수록 행동장애, 알
			  코올 남용 등의 장애도 증가함.
			• 남학생들은 행동장애, 여학생들은 불안, 우울장
			  애가 더 높게 나타남.
			• 연령이 높을수록 테러 노출 정도가 높고 더 높은
			  수준의 외상, 행동장애를 보임.

※ 이 자료의 저작권은 캐틀린 네이더[Kathleen Nader]에게 있다.

※ 추가 자료: Ford, 2009; Gershoff & Aber, 2004; Nader, 2008. OKC: Oklahoma City; NYC: New York City;
mh: mental health; mi.: miles; mo: months; sig.: significantly; yr: years.

함에 따라 결과가 다를 수 있고, 조절변수나 매개변수를 확인하지 못하는 것도 결과에 영향을 미친다. 이와 같은 이유로 연구결과가 상이하게 나타날 수 있는 것이다. 연령이 증가하면서 각종 사고를 접하게 되는 경우도 증가한다(Bosgeiter et al., 2006; Schuster et al., 2001; Thabet, Abed, & Vostanis, 2004). 죽음의 의미와 사건이 미치는 장기적인 영향을 이해하는 능력도 연령에 따라 다양하게 나타난다(〈표 11-1〉 참고). 발달단계에 따라 몇몇 증상은 특정 연령대의 아동에게 확연하게 나타날 수 있고, 일반적으로 아동들은 부모들이 자신들에 대해 말한 것보다 자신에게 더 많은 증상이 있다고 보고한다(Lengua, Long, Smith, & Meltzoff, 2005; Phillips et al., 2004). 사건이 발생하는 동안 그리고 그 이후에 어떤 것들이 방영되는지도 영향을 미친다. 전쟁으로 파괴된 쿠웨이트(Nader et al., 1993), 가자지구(Thabet et al., 2004), 크로아티아의 사진과 피 묻은 시신들이 반복적으로 텔레비전에 반복적으로 보여지기도 했고, 9/11 테러의 경우 뉴욕 쌍둥이 빌딩에서 사람들이 뛰어내리는 장면이 보여지긴 했지만 피가 흐르고 훼손된 시신이 미국 전역에 방송되지는 않았다.

청소년들이 영상을 접하는 이유

청소년들은 정보를 얻기 위해, 대처하기 위해, 혹은 슬프기 때문에 등의 다양한 이유로 텔레비전을 통해 외상적 사건의 영상을 접한다(Nader, 2008). 감정적으로 매우 고조된 청소년들은 그들의 흥분상태를 감소시키거나 혹은 지속하기 위해 언론 보도에 빠져들 수도 있다(Pfefferbaum et al., 2001; Pfefferbaum, Seale, et al., 2003). 믿지 못하겠음을 극복하기 위해 영상을 보는 청소년들도 있는데(〈사례 11-1〉의 c 선의 사례), 외상적 사건의 영상을 누군가가 보여 주거나, 성인의 지도감독이 없는 상태에서 혼자 보게 되는 경우, 그 이미지가 계속 떠오르는 경험을 하게 될 수 있다(〈사례 11-1〉의 b 킴벌리의 사례).

전쟁과 테러 중간 혹은 그 이후에 텔레비전을 시청하는 것이 성인과 청소년들에게 대처기제로 작용할 수도 있다(Bleich et al., 2003; Nader, 1997). 테러 발생 19개월 뒤, 이스라엘 및 아랍게 이스라엘 성인들이 보인 가장 보편적인 대처방법은 가족과 친구들에 대한 소식을 모으고, 텔레비전을 보거나 라디오를 들으면서 정보를 수집하는 것이었다(Bleich et al., 2003). 1991년에 끝난 걸프전의 경우, 쿠웨이트 안에 살고 있던 청소년들은 적이 얼마나 가까이 와 있는지, 집이 안전한지를 살피기 위해 텔레비전을 시청했고, 쿠웨이트 밖에 살고 있던 청소년들은 전쟁이 어떻게 진행되고 있는지, 고향에 있는 친척들이 어떤 상황인지 알기 위해 텔레비전을 시청했다(Nader et al., 1993). 이라크전 발발 초기의 경우, 텔레비전과 라디오 방송이 끊겨, 전쟁 위협이 어디에 존재하는지, 사랑하는 사람들이 안전한지, 음식, 물 등의 필요 물품을 어디서 구할 수 있는지, 전쟁이 끝났는지 등에 대해 알 수 있는 길이 없었다(Nader, 2008).

전쟁 생존자들은 적들이 자신들에게 어떤 일을 했는지 세상 사람들이 지켜보고 기억해야 한다고 말한다. 실제로 1991년 걸프전 종전 후, 1992년 크로아티아에서 많은 가족들이 끔찍한 영상을 반복하여 시청하였다. 쿠웨이트 가정에서는 텔레비전에 시선을 고정시키고 전쟁과 관련된 영상을 봤고, 식사시간에도 훼손되고 피범벅이 된 시신이 담긴 사진을 서로 돌려 보았다. 여섯 명의 아이를 기르고 있는 한 쿠웨이트 어머니는 "우리는 이 사진을 보아야만 한다. 이 시신들은 바로 우리들이다. 적들이 우리에게 무슨 짓을 했는지 우리는 잊어서는 안 된다."라고 말했다. 한 국제회의에서 보스니아 출신의 정신과 의사는 전쟁으로 인한 공포가 담긴 사진들을 보여 주면서 세르비아인들이 보스니아인들에게 저지른 참혹한 행위를 세상 사람들이 알아주기 바란다고 말하기도 했다.

무슨 일이 일어나고 있는지 이해하려는 욕구 혹은 통제력을 회복하고 싶은 욕구로 인해 미디어를 통해 외상사건을 반복적으로 보는 것일 수도 있다. 외상사건 이후 사람들에게는 왜 그 일이 일어났는지, 왜 그 일이 유독 자신에게 일어났는지를 이해하고 싶은 강렬한 욕구가 생기기 때문이다. 이러한 이유 때문에 청소년들이 외상사건을 다룬 미디어를 반복적으로 보거나 듣는 일이 생기는 것이다(〈사례 11-1〉의 d 사례).

미디어 시청과 증상 간의 관계

연구자들은 외상후스트레스장애와 미디어에 노출된 후 나타나는 다른 외상 관련 증상을 사건 발생지로부터 다양한 지점에서, 다양한 사건에 따라 정리한 바 있다(Bosgieter et al., 2006; Terr et al., 1999). 보스가이터 등(Bosgieter et al., 2006)은 부모가 보고한 아동의 불안수준과 9/11 테러, 허리케인 카트리나hurricane Katrina, 인도네시아 쓰나미 등의 세 가지 사건의 장면을 텔레비전을 통해 본 것 사이에 유의미한 관계가 있다는 것을 밝혀냈다. 테러리스트들이 뉴욕의 쌍둥이빌딩과 미 국방부, 민간 비행기를 공격한 9/11 테러가 발생한 뒤, 자녀들이 스트레스를 받고 있다고 응답한 부모들의 경우 대부분이 아동들의 텔레비전 시청을 제한하고 있었던 것으로 조사되었고(Schuster et al., 2001), 텔레비전 시청시간에 제한을 받지 않은 청소년들의 경우는 스트레스 증상이 텔레비전 시청시간과 관련된 것으로 보고되었다. 한 연구에 의하면, 가장 직접적으로 테러를 경험한 4~5학년 학생들의 경우, 미디어 시청시간이 매우 적어 미디어 노출의 영향이 나타나지 않았다.

위기사건 발생 중간 혹은 이후, 사람이 떨어져 죽는 모습(Ahern, Galea, Resnick, & Vlahov, 2004)이나 피가 흥건하거나 훼손된 시신(Nader et al., 1993; Thabet et al., 2004) 등이 미디어를 통해 방송되면, 흥분, 외상, 불안증상 등이 생길 수 있다. 9/11 테러와 관련된 긍정적 이미지(영웅적인 모습, 다른 사람을 돕는 모습 등)와 부정적 이미지 모두 뉴욕시 근교에 거주하고 있는 아동들에게 나타난 외상후스트레스장애와 관계가 있었다(Gershoff & Aber, 2004; Saylor, Cow-art, Livpovsky, Jackson, & Finch, 2003). 미디어에 등장하는 고통스러운 이미지가 청소년들에게 미치는 영향은 다양한 변수들에 의해 달라진다(Nader, 2008). 청소년들의 초기애착관계, 지지체계 등은 청소년들로 하여금 스트레스에 반응하게 하거나 적응유연하게 반응하는 데 영향을 미친다(Ford, 2009; Nader, 2008; Yates Egeland, & Sroufe, 2003). 발달단계상의 개인적 차이도 영향을 미치는데(Aber et al., 2004; Pfefferbaum, Gurwitch, et al., 2003), 예를 들어 아주 어린 아동은 텔레비전에서 반복적으로 보여 주는 영상들이 각기 다른 사건이라고 여길 수 있고, 청소년들은 반복적인 장면들이 하나의 사건에 대해 묘사하는 것임을 이해할 수 있을 것이다.

사건에 직접 노출되거나 미디어를 통해 노출되는 것 모두 감정을 확대하고 효과적인 대처 수준을 감소시키는 데 영향을 미친다. 청소년이 사건을 가깝게 경험했는지, 이전의 외상이 있었는지, 외상을 경험한 이들과 어떤 관계를 맺고 있는지 등에 따라 미디어에서 보여지는 이미지에 대해 다른 반응을 보이게 된다. 자신은 안전하고 멀리 떨어진 장소에 있지만 특정 사건으로 인해 친구나 친척이 위험한 상황에 처해 있는 것을 알면서 텔레비전을 시청하는 경우(Nader et al., 1993), 충동적으로 대처하는 경우(Silver, Holman, McIntosh, Poulin, & Gil-Rivas, 2002), 사건의 영향을 받은 장소에서 사회적 지지체계도 없고, 감정만 고조된 채로 텔레비전을 시청하는 경우(Ahern et al., 2004; Pfefferbaum, Seale, et al., 2003) 모두 반응을 증가시키는 요인이다. 과거 혹은 현재 외상을 경험한 청소년이 새로운 사건에 대한 영상을 접하게 되면 세상이 안전하지 않다는 확신을 갖게 되면서 다시 한 번 외상을 겪게 될 것이다.

노출과 관련된 변수

노출은 청소년이 보이는 외상적 반응의 심각성과 관계가 있다(Fletcher, 2003; Nader, 2008). 노출에는 감정반응의 강도, 위험의 인지 등과 같은 주관적인 노출과, 위기사건이나 위험을 실제로 맞닥뜨리게 되는 직접적인 노출이 있다(Lengua et al., 2005; Nader et al., 1993). 챌린저호가 폭발한 후, 사망한 교사와 가까운 지역에 살고 있던 청소년들이 멀리 떨어져 살고 있는 청소년들보다 커다란 반응을 보인 것으로 조사되었는데(Terr et al., 1999), 사건을 가까이에서 접하는 것과 미디어에 노출되는 것이 아동 및 청소년에게 미치는 영향은 아동 개인의 요인, 환경적 특성, 생명의 위협을 느끼거나 안전하지 않음의 확신을 갖게 되는 정도 등에 따라 다양하게 나타난다(〈사례 11-1〉의 e 조슈아 참고).

직접적으로 노출된 청소년

전쟁이나 테러에 대한 미디어에 노출되는 것은 해당 사건에 직접 노출되었던 청소년의 증상을 악화시킨다. 훼손된 시신이나 부상자의 모습이 미디어에 노출된 횟수와 개인의 외상, 우울점수가 밀접하게 연관되어 있음이 밝혀졌는데(Thabet, Abed, & Vostanis, 2004), 실제로 걸프전 당시 쿠웨이트에 거주하고 있던 청소년들의 미디어 노출 정도가 외상후스트레스장애 및 우울점수와 관련이 있는 것으로 조사되었다. 12가지 노출 유형의 영향(예를 들면, 납치되거나 부상을 당하거나 사망한 사람을 아는지, 땅에 쓰러진 시신을 보았는지, 부상이나 사망사건 발생현장을 목격했는지, 자신이 죽거나 다칠지도 모른다는 위협을 느꼈는지 등)을 통제한 이후에도, 텔레비전을 통해 훼손된 시신을 보는 것이 외상후스트레스 증상을 예측하는 데 더욱 강력한 영향을 미치는 것으로 밝혀졌다. 에이헌 등(Ahern et al., 2004)에 따르면, 뉴욕시에 거주하고 있는 성인의 경우, 연령, 인종, 사회적 지지, 이전의 외상경험, 사건 현장 목격, 가족이나 친구의 사망, 구조 활동 참여

여부 등이 텔레비전 시청 변수와 함께 모두 외상후스트레스장애에 영향을 미치는 변수임이 밝혀졌다. 9/11 테러사건을 텔레비전으로 많이 시청한 사람들의 경우, 텔레비전을 조금 본 사람들에게 비해 외상후스트레스장애를 겪게 될 가능성이 66% 이상 높은 것으로 나타났다. 외상사건과 관련된 내용을 텔레비전을 통해 자주 접한 아동과 청소년들 역시 그만큼 회복이 어려울 수 있다.

직접적으로 노출되지 않은 청소년

사건에 직접적으로 노출되지 않고 미디어로만 사건을 접하게 되는 청소년들도 외상후스트레스와 기타 증상을 경험할 수 있다(Nader et al., 1993). 119명의 6학년 학생들을 대상으로 실시된 연구에 의하면, 오클라호마 폭탄테러 사건에 직접적으로 노출되지 않았더라도 사건을 다룬 미디어를 접하는 시간이 증가할수록 외상후스트레스 반응 역시 증가하는 것으로 나타났다(Pfefferbaum, Seale, et al., 2003). 이 외에도 워싱턴주, 캘리포니아, 런던에 거주하는 청소년들 역시 9/11 테러에 대한 외상후스트레스 증상을 보이는 것으로 보고되었다(Lengua et al, 2005; Whalet et al., 2004; Holmes, Creswell, & O'Connor, 2007).

반면, 미디어를 접한 청소년들에게서 긍정적인 반응들이 나타나기도 하는데, 워싱턴 DC에 거주하고 있는 유치원부터 6학년까지의 학생들을 대상으로 9/11 테러 발생 3개월 후 자기보고식 연구를 진행한 결과, 사건을 보도하는 텔레비전에 노출되는 정도가 많을수록 부정적인 반응이 나타나는 것과 동시에, 애국적인 행동을 하거나 관련된 자원봉사를 하는 등의 긍정적인 활동 역시 증가한 것으로 나타났다(Phillips et al., 2004).

부모와 자녀 간의 관계가 반응에 중요한 역할을 한다는 점도 기억해 둘 필요가 있다. 9/11 테러 발행 1년 후, 급성스트레스증상, 이전의 정신건강문제, 학습장애와 같은 변수의 영향을 통제하고서도 부모-자녀 간의 갈등이 청소년의 높은 외상후스트레스장애에 유의미하게 영향을 미치는 것으로 나타났으며, 높은 수준의 기능장애와 상관관계가 있는 유일한 변수인 것이 확인되었다(Gil-Rivas, Holman, & Silver, 2004).

청소년들이 사건에 직접 노출되는 경우와 미디어에 노출되는 경우에서 다르게 보여 주는 반응의 차이를 분명히 이해하기 위해서는 앞으로 더 많은 양적, 질적 연구들이 진행될 필요가 있다. 웨일런 등(Whalen et al., 2004)은 캘리포니아에 거주하고 있는 청소년들이 9/11 테러에 대한 이야기를 듣지 않을 때보다 이에 대한 이야기를 듣게 될 때 부정적인 정서반응과 외상후스트레스 증상 수준을 높게 보인다고 보고하였는데, 사건과 관련하여 미디어에 노출된 청소년들이 보이는 반응들은 비슷한 일이 다시 일어날지 모른다는 두려움, 집중하는 것의 어려움, 예전처럼 즐거움을 누리지 못하는 것 등으로 나타났다.

노출 수준에 따른 비교

노출의 유형, 연령, 사건의 유형 등에 따라 반응이 다르게 나타나는 것에 대해 보다 깊이 이해하기 위해서는 더 많은 연구들이 진행될 필요가 있다. 왕 등(Wang et al., 2006)의 1~4세의 이스라엘 아동을 조사한 연구에서는, 이 아동들의 부모들 중 테러에 직접적으로 노출된 적이 있는 아동의 경우 외현화 문제와 내재화 문제에서 모두 유의미한 증가 양상을 보이는 것으로 나타났다. 매일 5분 혹은 그 이상 텔레비전을 통해 테러 장면을 시청한 유치원 아동의 경우 감정적 반응, 공격적 행동, 반항 등 외현화 문제의 위험성이 증가하는 것이 관찰되었다. 반면, 테러와는 관계없는 외상을 경험한 유치원 아동의 경우 우울과 불안, 정서적 문제 등의 위험성이 증가하는 것으로 나타났다. 뉴욕시에 거주하는 청소년들을 대상으로 실시된 연구 결과, 테러를 직접 경험한 청소년의 경우 우울과 외상후스트레스장애가 증가한 것으로 나타났고, 미디어에 노출된 청소년의 경우 품행장애 증상을 보이는 경우는 드물지만 불안과 외상후스트레스장애는 증가하는 것으로 나타났다(Aber et al., 2004). 다른 변수의 영향을 통제한 상황에서도 9/11 테러에 대한 미디어에 노출되는 것과 청소년의 외상후스트레스 증상 간의 관계만이 통계적으로 유의미한 것으로 확인되었다. 반면, 가정과 지역사회에서 폭력을 경험한 뉴욕시 청소년들에게서도 외상후스트레스장애, 우울, 품행장애, 불안 등의 정신적 문제뿐만 아니라 적대적 편견, 사회적 불신 등이 관찰되었다. 폭격과 주택폭파를 겪은 팔레스타인 어린이들 역시 외상후스트레스 반응과 두려움 수준이 매우 높은 것으로 확인되었고(Thabet, Abed, & Vostanis, 2002), 사건을 직접 경험한 아동들보다 미디어를 통해 소식을 접한 아동들이 더 높은 정도의 불안과 인지장애 문제를 겪고 있는 것으로 조사되었다. 폭격과 주택폭파를 경험한 아동들보다 이를 직접적으로 경험하지 않은 가자지구 거주 아동들에게서 불안과 관련된 증상 및 장애가 일관되게 높게 나타나기도 한다.

주변외상성 감정

9/11 테러 이후 성인들을 대상으로 실시된 연구 결과에 의하면, 사건에 노출된 상황에서 발생할 수 있는 주변외상성 공황상태peritraumatic panic attacks를 통제할 경우, 텔레비전을 시청하는 것과 외상후스트레스장애를 경험하는 것 간의 연관성이 감소하는 것으로 확인되었다. 몇몇 연구자들(Pfefferbaum, Stuber, Galea, & Fairbrother, 2006)은 평균 2시간 텔레비전을 시청한 청소년들의 주변외상성 공황상태와 외상후스트레스장애 간의 관계를 확인하였고, 이 외의 연구들(Pfefferbaum, Seale et al., 2003; Lengua et al., 2005)에서도 텔레비전을 시청하면서 강력한 감정을 느끼면 반응 역시 강력해진다는 것을 강조하고 있다. 홈즈 등(Holmes et al., 2007) 역시 영국 청소년들의 경우 공포, 위협, 무기력감, 세상이 이전보다 위험하게 느껴지는 등의 감정을 경험한 응답자들의 외상후스트레스 평균값이 그렇지 않은 응답자들보다 유의미하게 높게 나타났다고 보고하였다.

사건으로 인해 사망한 사람을 알고 있는 경우 사건에 대한 감정 수준 역시 높게 나타난다(Lengua et al., 2005; Nader et al., 1993). 전쟁이나 테러를 멀리 떨어진 곳에서 지켜보던 청소년들도 사건에 연관된 이들을 걱정하게 되거나 자신이 알던 사람이 그 사건으로 인해 사망했다는 것을 알게 되면 외상후스트레스 증상이 증가한다. 가족 구성원이 이라크전에 참전한 미국 아동들 역시 이라크전에서 발생한 폭발사고, 사망사고 등에 관한 뉴스를 접할 때 두려움과 불안, 공포 수준이 높아지는 것으로 알려져 있다.

성별

연구자들은 미디어 노출이 외상후스트레스 정도에 미치는 영향에 있어 성별에 따라 어떤 차이가 발생하는지 명확하게 밝혀내지 못하고 있다(Nader et al., 1993; Phillips et al., 2004; Thabet et al., 2004; Whalen et al., 2004). 다만 다른 유형의 외상과 같이, 남학생들의 경우 외현화 행동을 보이는 경향이 높고, 여학생들의 경우 분노감을 표현하는 경향이 높은 것으로 알려져 있다(Lengua et al., 2005). 이 결과는 여학생들이 감정을 인정하는 것이 남학생들보다 빠르기 때문일 수도 있고, 성별 간 스트레스 표현 방법에 차이가 있기 때문일 수도 있다.

청소년들의 특징 및 증상

미디어에 노출된 청소년들의 경우, 이전부터 존재했던 불안과 같은 기질이나 정서가 외상 반응 증가와 관련이 있는 것으로 알려져 있다(Lengua et al., 2005; Whalen et al., 2004). 상태-특성 불안state and trait anxiety은 청소년들의 고통을 예측하는 주된 요인이며(Whalen et al., 2004), 두려움, 높은 자극감수성, 낮은 자기조절능력, 충동성 등의 기질적 특성이 있는 청소년들의 경우에도 높은 수준의 외상후스트레스 증상을 보이는 것으로 나타났다(Lengua et al., 2005). 자기조절과 관련된 문제들은 특히 어린 아동들에게서 나타나는 특성인 것으로 보여지며(〈표 11-1〉 참조), 렝구아 등(Lengua et al.)은 아프리카계 미국인 청소년들에게서 더 높은 수준의 회피증상과 분노를 발견했는데, 그들은 더 높은 정도의 불안, 우울, 공격 이전과 이후의 비행행동을 보인다고 보고한 바 있다.

워싱턴주 청소년들을 대상으로 한 연구 결과(Lengua, Long, & Meltzoff, 2006), 스트레스로부터 위협을 느끼거나 소극적 대처기술을 사용하는 청소년들은 9/11 테러 이전과 이후의 반응이 다르지 않았던 반면, 스트레스를 도전으로 여기고 스트레스를 해결할 수 있는 자원이 있다고 생각하는 청소년들은 9/11 테러를 보다 긍정적으로 인식하고 낮은 수준의 외상후스트레스 관련 증상을 보이는 것으로 관찰되었다. 소극적 대처기술이나 회피적 대처기술을 사용하거나 테러 이전의 스트레스 수준이 높았던 청소년들은 외상후스트레스와 관련된 증상을 보이는 경향이 많았고, 특히 기능장애와 관련된 문제를 겪는 것으로 확인되었다.

보호요인

미디어에 노출되는 것과 관련된 보호요인을 살펴본 연구는 그리 많지 않으나, 효과적인 대처기술을 갖고 있는 것이 증상을 감소시키는 보호요인이라는 점이 몇몇 연구들을 통해 논의되고 있다(Silver et al., 2002; Lengua et al., 2006). 길-리바스 등(Gil-Rivas et al., 2004)은 9/11 테러 발생 1년 후 청소년들이 긍정적으로 적응해 가는 것에 부모의 긍정적인 관심과 양육효능감이 주요한 영향을 미치는 것을 확인하였고, 특히 아버지로부터 받는 지지가 청소년들에게 긍정적인 영향을 미친다는 것을 강조하였다. 이외의 연구들을 통해 청소년의 긍정적 사고(Whalen et al., 2004), 긍정적인 인식(Lengua et al., 2006), 사건 이전의 자아존중감, 사회적 유능감(Lengua et al., 2005) 등이 외상후스트레스 수준을 낮출 수 있는 보호요인으로 작용하는 것이 밝혀지기도 했다.

사건을 상기시키는 미디어 영상

미디어 영상은 외상사건을 경험한 청소년들에게 사건과 관련된 경험과 심리적, 사회적 증상들을 상기시키는 역할을 하게 된다(Nader, 2008; Pfefferbaum, Gurwitch et al., 2003). 사건을 묘사하는 미디어는 그 사건이 아니더라도 다른 외상사건을 경험한 청소년들이 당시의 경험을 떠올리게 하는 역할도 한다(Nader, 2008). 한 치료사는 몇 년 전에 개입이 종결되었던 클라이언트들로부터 9/11 테러가 발생하고 나서 전화를 받았다고 이야기한다. 그와의 통화에서 캘리포니아의 한 식당에서 벌어진 총격사건의 생존자였던 한 남성은 텔레비전에서 9/11 테러와 관련된 장면을 보고난 후 외상 증상을 다시 경험하게 되었다고 말했고, 7세 때 학교에서 벌어진 총격사건을 경험한 여성 역시 각종 사건 사고로 사람들이 죽었다는 뉴스를 볼 때마다 세상이 안전하지 않고 무서운 곳이라는 생각을 하게 된다고 말했다.

결론

전쟁이나 테러 등의 외상적 사건에 노출되면 외상후스트레스를 포함하는 심각하고 부정적인 반응들이 나타나게 된다(Phillips et al., 2004). 반응의 특성과 강도 간의 차이에 대해서는 더 많은 연구들이 진행될 필요가 있으나, 각종 사건을 텔레비전을 통해 과도하게 시청하게 되면 청소년을 포함한 모든 연령대의 사람들에게 문제가 되는 반응들이 나타나게 된다는 것은 분명해 보인다. 연구자들(Pfefferbaum, Gurwitch et al., 2003)은 아동이 텔레비전을 통해 외상적 사건을 시청한 이후에는 어른들이 아동들과 이야기를 나누면서 아동이 안전하다는 것을 확인시켜 주고, 감정을 처리할 수 있도록 도와주고, 대처기술을 습득할 수 있도록 거들어 주는 것이 필요하다고 말한다. 이러한 노력들은 과거 혹은 현재 외상을 경험하고 있는 아동과 청소년들에게 도움이 된다. 정신건강전문가들은 부모들이 외상적 사건으로 인해 자녀들이 보일 수 있는 반응, 텔레비전으로 사건을 시청하는 것의 영향, 자신들의 반응이 자녀들에게 미치는 영향 등에 대해 이해할 수 있도록 도와야 한다. 필립스 등(Phillips et al., 2004)은 연령이 어린 아동들의 경우 텔레비전을 통해 각종 사건을 접하지 않는 것이 좋다고 조언하고, 네이더 등(2003)은 모든 연령의 아동 및 청소년들이 죽거나 다친 사람의 영상을 보지 않는 것이 바람직하다고 말한다. 사건에 대해 알기를 원하는 아동들의 경우, 어른들이 정보를 제공하는 것과 동시에 대처할 수 있는 기술도 알려 주어야 할 것이다. 지역사회나 국가 차원에서 애국적인 활동에 참여하는 것도 윤리적 훈련의 한 부분이 될 것이다. 이때 부모들은 이러한 활동이 유발할 수 있는 잠재적 스트레스 영향에 대해서도 인지하고 있어야 하고, 활동을 마친 이후 자녀를 지지하고 지원해 줄 수 있어야 한다. 사건을 직접 경험했거나 미디어를 통해 간접적으로 경험하여 영향을 받은 청소년들 모두에게 초기 개입이 필요하고, 보다 심각한 증상을 보이는 청소년들에게는 장기적인 개입이 제공되어야 할 것이다 (Phillips et al., 2004).

1. 미디어를 통해 폭력적인 사건을 시청하는 것이 각 연령대의 청소년들에게 어떤 영향을 미치는가?
2. 언론인들은 청소년들의 치유과정을 어떻게 돕는가 혹은 어떻게 방해하는가? 미디어를 접하도록 허락하는 것과 금지하는 것에 있어서 부모들의 역할은 무엇인가?
3. 무엇에 노출되었는지에 따라 나타나는 반응에는 어떤 차이가 있는가?

감사의 글

수고해 준 크리스틴 멜로Christine Mello에게 감사를 드립니다.

참고문헌

Aber, J. L., Gershoff, E. T., Ware, A., & Kotler, J. A. (2004). Estimating the effects of September 11th and other forms of violence on the mental health and social development of New York City's youth: A matter of context. *Applied Developmental Science, 8*(3), 111-129.

Ahern, J., Galea, S., Resnick, H., & Vlahov, D. (2004). TV images and probable posttraumatic stress disorder after September 11: The role of background characteristics, event exposures, and perievent panic. *Journal of Nervous and Mental Disease, 192*(3), 217-226.

Beullens, K., Eggermont, S., & Van den Bulck, J. (2008, May). *TV viewing, adolescent females' body dissatisfaction and the concern that boys expect girls to be attractive.* Paper presented at the annual meeting of the International Communication Association, Sheraton New York, New York, NY. Retrieved July 11, 2008, from www.allacademic.com/meta/p14081_index.html.

Bleich, A., Gelkopf, M., & Solomon, Z. (2003). Exposure to terrorism, stress-related mental health symptoms, and coping behaviors among a nationally represented sample in Israel. *Journal of the American Medical Association, 290*(5), 612-620.

Bosgieter, B., Rasmussen, T., Cook, L., Kofford, J., & Caldarella, P. (2006, April 20-22). *Media exposure to traumatic events and its relationship to childhood anxiety.* Paper presented at the Rocky Mountain Psychological Association annual meeting, Park City, UT.

Bushman, B., & Huesmann, L. (2006). Short-term and long-term effects of violent media on aggression in children and adults. *Archives of Pediatric Adolescent Medicine, 160,* 348-352.

Fang, L., & Chen, T. (2004). Community outreach and education to deal with cultural resistance to mental health services. In N. B. Webb (Ed.), *Mass trauma, stress, and loss: Helping children and families cope* (pp. 234-255). New York: Guilford Press.

Fletcher, K. E. (2003). Childhood posttraumatic stress disorder. In E. J. Mash & R. A. Barkley (Eds.), *Child psychopathology* (2nd ed., pp. 330-371). New York: Guilford Press. 김혜리 · 박민 · 박영신 · 정명숙 · 정현희 · 하은혜 역. 2017. 『아동 청소년 정신병리학』. 시그마프레스.

Ford, J. D. (2009). Neurobiological and developmental research: Clinical implications. In C. Courtois & J. D. Ford (Eds.), *Treating complex traumatic stress disorders: An evidence-based guide* (pp. 31-58). New York: Guilford Press.

Gershoff, E., & Aber, J. (2004). Assessing the impact of September 11th, 2001, on children, youth, and parents: Methodological challenges to research on terrorism and other nonnormative events. *Applied Developmental Science, 8*(3), 106-110.

Gil-Rivas, V., Holman, E., & Silver, R. (2004). Adolescent vulnerability following the September 11th terrorist attacks: A study of parents and their children. *Applied Developmental Science, 8*(3), 130-142.

Holmes, E., Creswell, C., & O'Connor, T. (2007). Posttraumatic stress symptoms in London school children following September 11, 2001: An exploratory investigation of peritraumatic reactions and intrusive imagery. *Journal of Behavior Therapy and Experimental Psychiatry, 38,* 474-490.

Hoven, C. W., Duarte, C. S., Lucas, C. P., Wu, P., Mandell, D. J., Goodwin, R. D., et al. (2005). Psychopathology among New York City public school children 6 months after September 11. *Archives of General Psychiatry, 62*, 545-552.

Huesmann, R. L. (2007). The impact of electronic media violence: Scientific theory and research. *Journal of Adolescent Health, 41*, S6-S13.

Jabr, S. (2004). The children of Palestine: A generation of hope and despair. *Washington Report on Middle East Affairs, 23*(10), 18-76.

Lengua, L., Long, A., & Meltzoff, A. (2006). Pre-attack stress load, appraisals, and coping in children's responses to the 9/11 terrorist attacks. *Journal of Child Psychology and Psychiatry, 47*(12), 1219-1227.

Lengua, L., Long, A., Smith, K., & Meltzoff, A. (2005). Pre-attack symptomatology and temperament as predictors of children's responses to the September 11 terrorist attacks. *Journal of Child Psychology and Psychiatry, 46*(6), 631-645.

Libow, J. (1992). Traumatized children and the news media. *American Journal of Orthopsychiatry, 62*(3), 379-386.

Mapp, I., & Koch, D. (2004). Creating a group mural to promote healing following a mass trauma. In N. B. Webb (Ed.), *Mass trauma and violence* (pp. 100-119). New York: Guilford Press.

Marshall, R., & Galea, S. (2004). Science for the community: Assessing mental health after 9/11. *Journal of Clinical Psychology, 65*(1), 37-43.

Mayou, R. A., Ehlers, A., & Hobbs, M. (2000). Psychological debriefing for road traffic accident victims: Three-year follow-up of a randomized controlled trial. *British Journal of Psychiatry, 176*, 589-593.

Nader, K. (1993, October 4). *Violence and the media: Impact on traumatized children.* Conference presentation, Violence and the Media: Helping Victims of Trauma, Virginia Mason Medical Center, Seattle, WA.

_____ (1997). Assessing traumatic experiences in children. In J. Wilson & T. Keane (Eds.), *Assessing psychological trauma and PTSD* (pp. 291-348). New York: Guilford Press.

_____ (2008). *Understanding and assessing trauma in children and adolescents: Measures, methods, and youth in context.* New York: Routledge.

_____ (Ed.). (in press). *School rampage shootings and other youth disturbances: Early preventive interventions.* New York: Routledge.

Nader, K., Pynoos, R. S., Fairbanks, L. A., Al-Ajeel, M., & Al-Asfour, A. (1993). A preliminary study of PTSD and grief among the children of Kuwait following the Gulf Crisis. *British Journal of Clinical Psychology, 32*, 407-416.

Ochberg, F. (2008). PTSD 101 for journalists. Retrieved May 4, 2008, from www.gift-fromwithin.org/html/ptsd101.html. (Original work published 1995)

Pfefferbaum, B., Moore, V., McDonald, N., Maynard, B., Gurwitch, R., & Nixon, S. (1999). The role of exposure in postraumatic stress in youths following the 1995 bombing. *Journal of the Oklahoma State Medical Association, 92*(4), 164-167.

Pfefferbaum, B., Nixon, S., Tivis, R., Doughty, D., Pynoos, R., Gurwitch, R., et al. (2001). Television exposure in children after terrorist attacks. *Psychiatry, 64*(3), 202-211.

Pfefferbaum, B., Nixon, S., Tucker, P. M., Tivis, R., Moore, V., Gurwitch, R., et al. (1999). Posttraumatic stress responses in bereaved children after the Oklahoma City bombing. *Journal of the American Academy of Child and Adolescent Psychiatry, 38*(11), 1372-1379.

Pfefferbaum, B., Seale, T., Brandt, E., Pfefferbaum, R., Doughty, D., & Rainwater, S. (2003). Media exposure in children one hundred miles from a terrorist bombing. *Annals of Clinical Psychiatry, 15*(1), 1-8.

Pfefferbaum, B., Stuber, J., Galea, S., & Fairbrother, G. (2006). Panic reactions to terrorist attacks and problable posttrauamtic stress disorder in adolescents. *Journal of Traumatic Stress, 19*(2), 217-228.

Pfefferbaum, R., Gurwitch, R., Robertson, M., Brandt, E., & Pfefferbaum, B. (2003). Terrorism, the media, and distress in youth. *Prevention Researcher, 10*(2), 14-16.

Phillips, D., Prince, S., & Schiebelhut, L. (2004). Elementary school children's responses 3 months after the September 11 terrorist attacks: A study in Washington, DC. *American Journal of Orthopsychiatry, 74*(4), 509-528. Raphael, B., & Wilson, J. (Eds.). (2001). *Psychological debriefing: Theory, practice and evidence.* Cambridge, UK: Cambridge University Press.

Ruzek, J., & Watson, P. (2001). Early intervention to prevent PTSD and other trauma-related problems. *PTSD Research Quarterly, 12*(4), 1-7.

Saylor, C., Cowart, B., Livpovsky, J., Jackson, C., & Finch, A. (2003). Media exposure to September 11: Elementary school students' experiences and posttrauma symptoms. *American Behavioral Scientist, 46*, 1622-1642.

Schuster, M. A., Stein, B. D., Jaycox, L. H., Collins, R. L., Marshall, G. N., Elliott, M. N., et al. (2001). A national survey of stress reaction after the September

11, 2001 terrorist attacks. *New England Journal of Medicine, 345*(20), 1507-1512.

Silver, R. C., Holman, E. A., McIntosh, D. N., Poulin, M., & Gil-Rivas, V. (2002). Nationwide longitudinal study of psychological responses to September 11. *Journal of the American Medical Association, 288*, 1235-1244.

Swiss, S., & Giller, J. E. (1993). Rape as a crime of war: A medical perspective. *Journal of the American Medical Association, 270*(5), 612-615.

Teichroeb, R. (2006). Covering children and trauma: A guide for journalism professionals (Washington State University, Dart Center for Journalism and Trauma). Retrieved July 5, 2008 from www.dartcenter.org.

Terr, L., Bloch, D., Michel, B., Shi, H., Reinhardt, J., & Metayer, S. (1999). Children's symptoms in the wake of Challenger: A field study of distant-traumatic effects and an outline of related conditions. *American Journal of Psychiatry, 156*, 1536-1544.

Thabet, A., Abed, Y., & Vostanis, P. (2002). Emotional problems in Palestinian children living in a war zone: A cross-sectional study. *Lancet, 359*(9320), 1801-1804.

Thabet, A., Abed, Y., & Vostanis, P. (2004). Comorbidity of PTSD and depression among refugee children during war conflict. *Journal of Child Psychology and Psychiatry, 45*(3), 533-542.

Wang, Y., Nomura, Y., Pat-Horenczyk, R., Doppelt, O., Abramovitz, R., Brom, D., et al. (2006). Association of Direct Exposure to Terrorism, Media Exposure to Terrorism, and Other Trauma with Emotional and Behavioral Problems in Preschool Children. *Annals of the New York Academy of Sciences, 1094*, 363-368.

Whalen, C., Henker, B., King, P., Jamner, L., & Levine, L. (2004). Adolescents react to the events of September 11, 2001: Focused versus ambient impact. *Journal of Abnormal Child Psychology, 32*(1), 1-11.

Yates, T. M., Egeland, B., & Sroufe, A. (2003). Rethinking resilience: A developmental process perspective. In S. S. Luthar (Ed.), *Resilience and vulner-ability: Adaptation in the context of childhood adversities* (pp. 243-266). New York: Cambridge University Press.

CHAPTER 12

자연재해로 인한 죽음

제니퍼 베걸리 *Jennifer Baggerly*
알리슨 살룸 *Alison Salloum*

만연한 자연재해

수많은 자연재해가 끊임없이 발생하고 있기 때문에 자연재해로 가족들을 잃고 살아남은 아동들을 도울 수 있는 방법을 마련하는 것은 매우 중요한 과제라 하겠다. 2007년 한 해 동안 414건의 자연재해가 발생하였고, 이로 인해 전 세계적으로 2억 1,100만 명이 피해를 입었으며, 16,847명이 사망했고, 749억 달러의 경제적 손실이 발생하였다(Scheuren, Ie Polain, Below, Guha-Sapir, & Ponserre, 2008). 2005년에는 허리케인 카트리나로 인해 미국에서 1,833명이 사망하고, 천 억대의 손해가 발생하였다(Abramson, Redlener, Stehling-Ariza, & Fuller, 2007). 폭풍과 홍수를 비롯한 자연재해의 발생률은 점차 증가하고 있는 것으로 보인다. 최근 10년간, 수문학적 재난hydrological disaster은 연간 7.4%의 증가 추세를 보이고 있는데(Scheuren et al., 2008), 실제로 미국에서 홍수로 인해 연방재난사태가 선포된 경우가 1997년에는 28건에 그쳤던 것에 비해 2007년에는 44건에 이른 것으로 나타났다(Federal Emergency Management Agency, 2008). 화재와 같은 기타 재해 역시 매년 수천 명의 목숨을 앗아간다. 2006년 1년간 미국에서 412,500가구가 화재사고를 경험했고, 이로 인해 2,620명의 사망자와 12,925명의 부상자가 발생했다(U. S. Fire Administration, 2007).

자연재해가 아동에게 미치는 영향

자연재해는 아동들의 성장과 발달을 방해하는 신체적·정신적 건강상의 문제를 장기적·단기적으로 야기할 수 있다(Silverman & La Greca, 2002; La Greca, 2008). 연구들에 의하면, 허리케인 앤드류가 발생한 뒤 3개월 후, 1,086명의 3~5학년 중 56%가 보통에서 심각한 수준의 문제를 경험하고 있었으며(Vernberg, La Greca, Silverman, & Prinstein, 1996), 허리케인 카트리나가 발생한 뒤 2년이 지난 후, 46,582명에서 64,934명 사이의 아동들이 장기적으로 심각한 결과를 초래할 수 있는 학습적, 신체적, 정신적 문제를 경험하고 있는 것으로 조사되었고, 그중 31.5%의 아동들은 우울, 불안, 행동장애진단을 받기도 했다 (Abramson et al., 2007).

연구들을 통해 자연재해를 겪은 아동들에게서 다양한 생리적, 정서적, 행동적, 인지적 증상이 나타난다는 것이 보고되고 있다(Silverman & La Greca, 2002; Speier, 2000). 자연재해로 인해 아동들에게 발생할 수 있는 생리적 증상은 심장박동수가 감소하고, 혈압이 낮아지고, 통증을 느끼는 정도가 낮아지는 해리반응과, 심장박동수가 증가하고, 혈압이 높아지고, 코티졸, 아드레날린 등의 분비가 증가하는 각성반응 두 가지로 나눌 수 있다(Perry, Pollard, Blakely, Baker, & Vigilante, 1995; Silverman & La Greca, 2002). 이 외에도 두통, 복통, 흉통, 불면증, 과민성, 부주의 등이 빈번하게 관찰되는 생리적 증상의 예다(American Academy of Pediatrics, n.d.).

학령전기 아동과 초등학교 연령의 아동들에게 전형적으로 나타나는 정서적, 행동적, 인지적 증상으로는 두려움, 불안, 우울, 과민반응, 울음, 퇴행, 악몽, 야뇨증, 학교 가기를 거부함, 공격적 행동 등이 있다(Silverman & La Greca, 2002; Speier, 2000). 청소년들에게서는 퇴행, 우울, 절도 등과 같은 반사회적 행동, 위험한 행동, 음주, 약물사용, 학교에서의 문제 등이 나타난다(Speier, 2000).

대부분의 아동들은 이와 같은 문제를 경험하더라도 단기간에 증상이 해결된다(Speier, 2000). 하지만 일부 아동들은 급성스트레스장애나 외상후스트레스장애, 불안장애, 우울 등으로 이어질 정도로 심각한 문제 상황에 처하게 되기도 한다(La Greca, 2008; Speier, 2000). 외상후스트레스장애에는 침투적 사고, 꿈, 재연 등을 통해 외상적 사건을 재경험하거나, 외상 경험을 불러일으킬 수 있는 것들을 회피하고 감정을 느끼지 못하게 되거나, 불면증, 과민반응, 지나치게 깜짝 놀라는 것 등의 각성반응을 보이는 것이 포함된다(La Greca, 2008). 파괴적인 자연재해를 경험한 아동 및 청소년 중 24~39%는 사건 발생 이후 일주일에서 한 달 사이에 외상후스트레스장애에 해당하는 경향을 보인다는 연구 결과도 있다(La Greca, 2008, p.124).

자연재해 발생 이후, 일부 아동들은 외상적인 슬픔을 경험하기도 한다. 절대적인 공포감과 알고 지내던 사람의 이해할 수 없는 죽음이 결합되어 아동기 외상적 슬픔CTG: Childhood Traumatic Grief이 시작되기도 한다. 아동기 외상적 슬픔이란 미해결된 슬픔(사망한 사람을 그리워하거나 죽음을 받아들이기 어려워하는 것)과 외상후스트레스장애 증상이 공존하는 것을 뜻한다(Cohe, Mannarino, & De-blinger, 2006, p.17). 사랑하던 사람이 자연재해로 인해 사망한 아동의 경우 외상후스트레스장애 진단을 받기 매우 쉽다(La Greca, 2008).

위험요인과 적응유연성 요인

정신건강전문가들은 자연재해를 겪고 살아남은 아동들이 보일 수 있는 증상을 파악하는 것뿐만 아니라 위험요인과 적응유연성 요인을 살펴봄으로써 그들을 도울 수 있다. 자연재해 이후 보다 심각한 증상을 불러일으킬 수 있는 요인들은 다음의 네 가지 범주 — 자연재해 이전에 갖고 있던 특징, 외상에 노출된 수준, 사회적 지지, 대처 유형 — 로 나뉠 수 있다.

첫 번째로, 이전 외상 경험, 소수인종, 여성, 어린 나이, 불안 등과 같이 개인이 자연재해 이전에 갖고 있던 특징들은 외상후스트레스장애 발생률을 높이는 요소들이다(La Greca, 2008; Vernberg et al., 1996).

두 번째로, 외상에 노출된 수준이 강도, 기간, 생명의 위협 측면에서 높은 경우에도 외상후스트레스장애 발생 가능성이 높아진다(La Greca, 2008; Vernberg et al., 1996). 이외에도 재난 이전의 불안상태와 부정적인 정서가 허리케인 카트리나 이후 청소년들의 외상후스트레스를 예측하는 주요 변수임을 확인하거나(Weems, Pina, & Costa, 2007), 재난 이전의 불안, 무관심, 학업기술, 높은 외상 노출 수준 등이 허리케인 앤드류 발생 3개월 이후 아동의 외상후스트레스 증상을 예측한다는 결과를 제시한 연구도 발표된 바 있다(La Greca, Silverman, Wasserstein, 1998). 특히 아프리카계 미국인 아동들의 경우, 불안, 높은 외상 노출 수준 등이 허리케인 앤드류 발생 7개월 이후까지 외상후스트레스 증상을 예측하는 변수임이 확인되었는데, 이러한 특성은 인종 차이로 인한 것이라기보다는 문화, 문화적응, 사회경제적 지위의 차이로 인한 것으로 이해할 필요가 있다(Jones, Frary, Cunningham, Weddle, & Kaiser, 2001).

외상후스트레스장애를 예측하는 세 번째 위험요인 및 적응유연성 요인은 부모, 또래, 교사로부터 받는 사회적 지지의 수준이다(Vernberg et al., 1996). 부모들은 자연재해 이후 양육과 안전을 제공하는 역할을 하기 때문에 아동의 회복에

있어 가장 주요한 부분을 차지한다(Vernberg et al., 1996; Webb, 2004). 이 외에
도 아동들은 종교활동이나 교육, 레크리에이션 활동 등과 같은 사회적 지지에도
빠르게 영향을 받는다(Abramson, Stehling-Ariza, Garfield, & Redlener, 2008).

네 번째 위험요인 및 적응유연성 요인은 대처 유형이다. 긍정적인 대처유형
은 외상후스트레스장애 발생을 낮추는 반면, 분노나 비난 등의 부정적인 대처유
형은 외상후스트레스장애 발생을 높이는 경향이 있다(La Greca, 2008; Vernberg
et al., 1996). 이야기 나누기, 정보를 제공받음, 기도 등은 허리케인 카트리나 이
후 심리적 스트레스를 낮추는 요인으로 확인되었고, 아동들의 인지적, 신체적,
정서적, 행동적, 영적 대처 기술을 증진시키고, 사회적 지지수준을 향상시키는
것 역시 적응유연성 요인으로 작용하는 것으로 알려져 있다(Spence, Lachlan, &
Burke, 2007; Baggerly & Exum, 2008; Baggerly, 2007).

심리적 개입

라그레카(La Greca, 2008)는 자연재해 발생 이후 아동에게 심리적으로 개입
할 수 있는 범위를 다음과 같이 제시한다. 그녀는 자연재해가 발생한 직후, 단기
적으로는 학교를 기반으로 하는 인지행동치료와 지역사회를 기반으로 하는 스
트레스 대처 훈련을 실시하는 것이 효과적이라고 말한다. 장기적으로는 단기 외
상/애도초점 심리치료, 학교기반의 심리사회적 개입, 안구운동 민감소실 및 재
처리 요법EMDR: Eye Movement Desensitization and Reprocessing 등과 같은 보다 다양한 방
식의 외상치료가 필요하다고 말한다.

코헨 등(Cohen et al., 2006)은 외상초점 인지행동치료TF-CBT: Trauma-Focused
Cognitive Behavioral Therapy가 적절하다고 말한다. 이 치료법은 아동과 부모를 각각
만나기도 하고 함께 만나기도 하면서 심리교육, 양육기술, 이완, 정서표현과 조

절, 인지적 대처, 이야기하기, 미래의 안전함 향상시키기 등을 다룬다. 애도와 관련된 교육을 제공하고, 사망한 사람에 대한 상실을 애도하고 양가감정을 다루도록 도우며, 긍정적인 기억을 남기게 하고, 사망한 사람과의 관계를 재정의할 수 있도록 하며, 지금 맺고 있는 관계를 돌아볼 수 있게 하는 것이 이 과정에 포함된다. 이와 같은 요소들을 포함한 집단개입방법이 다음에 소개되고 있다.

아동을 대상으로 하는 슬픔과 외상개입

슬픔과 외상개입GTI: Grief and Trauma Intervention은 자연재해 혹은 폭력적인 죽음을 경험한 후 높은 수준의 외상 스트레스를 겪고 있는 아동들을 대상으로 시간의 제한을 두고 진행되는 집단 심리치료 모델을 뜻한다(Salloum, 2006). 최근 나이가 어린 아동들을 대상으로 활발하게 사용되고 있지만, 슬픔과 외상개입은 청소년들을 대상으로도 적용 가능하다(Salloum, 2004). 슬픔과 외상개입은 아동의 발달단계에 따른 구체적인 방법을 활용하고, 생태학적 관점을 취하며, 문화적으로 적절한 접근법에 근간을 두고 있다. 슬픔과 외상개입은 ① 적응유연성과 안전, ② 새로운 이야기로 말하기, ③ 다시 연결하기 등의 세 가지 단계를 아우르면서 진행되고(Herman, 1997; Rynearson, 2001), 이 과정에서 상실과 외상을 다루기 위해 인지행동치료기법과 이야기치료기법이 사용된다.

슬픔과 외상개입에서는 DDWW(그리기drawing, 토론하기discussing, 글쓰기writing, 말하기witnessing)의 과정을 통해 상실과 외상사건에 대한 아동의 이야기를 유도하고, 알아가고, 확장시킴으로써 외상사건이 아동에게 갖는 의미를 이해하게 된다. 전문가는 아동에게 특정 주제에 대해 그림을 그려줄 것을 부탁하고, 아동과 함께 그 그림에 담긴 아동의 생각이나 감정에 대해 이야기를 나누는데, 이 과정에서 아동들은 사건에 대한 관찰자가 아닌 사건의 내부 혹은 사건에 보다 가까운 위치에서 이야기할 수 있게 된다(Pynoos & Eth, 1984; Rynearson, 2001). 이 때 전문가는 아동의 이야기를 아동의 책에 기록해 주고, 이 과정에서 전문가와 부모, 다른 집단구성원들은 공감적으로 반응해 주면서 '외부의 목격자'가 되어 준다(Stacey & Loptson, 1995; White & Epston, 1990). 슬픔과 외상개입은 10회 기의 아동집단상담, 1회기의 부모상담, 1회기의 아동개인상담으로 구성되며, 필요시 개인 및 가족상담을 추가하기도 한다.

슬픔과 외상개입은 가까운 이 중 누군가가 살해를 당한 경험이 있는 7~12세 의 아동들을 위해 만들어졌다(Salloum, 2008). 개입 결과가 좋았음에도 불구하 고, 효과를 강화하기 위해 몇 차례의 수정을 거치게 되었고, 이후 허리케인 카트 리나로 인해 상실을 경험한 후 어느 정도의 외상후스트레스 상태에 있는 아동들 을 대상으로 하는 개입 과정에 적용되었다(Salloum & Overstreet, 2008). 이 개 입에서는 7~12세 56명의 아동들을 무작위로 선정하여 학교에서 진행되는 슬픔 과 외상개입 집단프로그램에 참여하도록 하였는데, 연구 결과, 슬픔과 외상개입 프로그램에 참여한 아동들에게서 외상후스트레스, 우울, 외상적 슬픔 등이 통계 적으로 유의미한 수준으로 감소하였다(Salloum & Overstreet, 2008). 문화적 차 이와 연령 차이를 고려한 상황에서도 슬픔과 외상개입을 활용할 수 있도록 하는 연구가 계속 진행되고 있다.

슬픔과 외상개입의 적용

사정

자연재해 생존자들은 종종 자신들의 인생을 재해 이전과 이후로 나누어 말 하곤 한다. 따라서 자연재해 이전의 상황과 현재의 생리적-심리적-사회적-영

표 12-1 자연재해 상황에서 활용할 수 있는 질문의 예

질문유형	질문의 예	예	아니요
노출정도	1. (자연재해 이름을 대고) 그 일이 있을 때 가까이에 있었니?		
	2. (자연재해로 파괴된) 불탄 건물, 파괴된 집과 조각, 물을 봤니?		
	3. (자연재해에 대한) 뉴스나 신문기사를 봤니?		
	4. (자연재해로 인해) 파괴된 것들을 지금도 계속 보고 있니?		
위협	1. (자연재해가 일어날 때 함께 있었던 가족, 교사 등과) 그 당시에 헤어졌었니?		
	2. (자연재해로 인해) 너 자신이나 네가 알고 있는 누군가가 죽거나 다칠 것 같아서 무서웠니?		
	3. 너 자신이나 네가 알고 있는 누군가가 다쳤니?		
	4. 가까운 사람 중에 (자연재해 이후) 실종상태에 있는 사람이 있니?		
	5. 네가 알고 있는 사람 중에 죽은 사람이 있니? 있다면 그 사람이 다친 것이나 죽어 가는 것을 보았니?(아래에 기록해 둘 것)		
	6. 너도 죽을 것 같다고 생각했니?		
	7. 가까운 사람이 죽을 수 있다고 생각했니?		
	8. 너 자신이나 네가 알고 있는 사람들이 (자연재해 때문에) 죽거나 다칠 것 같아서 아직도 무섭니?		
	9. (자연재해가) 다시 일어날 것 같아?		
상실과 변화	1. (자연재해로 인해) 장난감을 잃어버렸니?		
	2. (자연재해로 인해) 반려동물을 잃었니?		
	3. (자연재해로 인해) 옷을 잃어버렸니?		
	4. (자연재해로 인해) 친구를 잃었니?		
	5. (자연재해로 인해) 새 학교로 전학을 갔니?		
	6. 네가 놀 때 했던 것들이 바뀌었니?		
	7. 집에 손상이 갔니?		
	8. (자연재해)나 죽음 이후에 새로운 곳으로 거처를 옮겼니?		
	9. (자연재해)나 죽음 이후에 이사를 갔니?		
	10. (자연재해)나 죽음 이후에 가족에 큰 변화가 있었니?		
	11. (자연재해)나 죽음 이후에 일상에 변화가 있었니?		

	1. (자연재해를) 대비할 시간이 있었니?		
자연재해 중간 혹은 이후의 특별한 사건	2. (죽거나 다친 사람의 이름을 대며) 너 자신이나 다른 누군가가 그 사람이 죽거나 다치는 것을 막을 수 있었을 것이라고 생각하니?		
	3. (홍수, 불 등의 자연재해의 구체적 요소를 대며) 그것을 보았니?		
	4. (가스, 흙, 탄 냄새 등 자연재해와 관련된 요소를 대며) 자연재해 중간이나 이후에 그것의 냄새를 맡거나 맛보거나 만진 적이 있니?		
	5. 자연재해를 당한 상황에서 너 자신이나 다른 사람을 안전한 곳으로 옮길 수 있었겠니?		
	6. 자연재해 이전이나 중간, 이후에 보호소에 간 적이 있니?		
	7. 자연재해 이후 다른 사람을 도울 기회가 있었니?		
	8. 네가 겪은 상실에 대한 너의 생각이나 감정에 대해 이야기를 나눌 수 있는 어른이 주변에 계시니?		

※ 참고: 사망한 사람의 삶과 죽음, 아동과 그가 맺었던 관계에 초점을 맞추어 다시 사정하려면 질문하기를 잠시 멈추는 것이 가장 좋은 방법일 수 있다. 이 장에서 소개된 사례를 살펴보기 바란다.

※ 낸시 보이드 웹이 편집한 책『사별을 경험한 아이들과 함께하기-실천가들을 위한 지침서』(3판)에 실린 것으로 저작권은 길포드 출판사The Guilford Press에 있다. 이 책을 개인적 용도로 구매한 경우에만 촬영을 허가한다. 도서 구매자의 경우 길포드 출판사 홈페이지에서 보다 큰 표를 내려 받을 수 있다.

적-문화적 정보, 아동과 가족의 사회적 지지, 대처노력, 보호요인 등과 같은 아동의 강점 등에 대해 사정할 필요가 있다. 아동의 강점과 자원에는 부모가 아동에게 정서적 지지를 제공하는 것, 가족 간에 공개적이고 연령에 적합한 의사소통이 이루어지는 것, 사망한 사람에 대해 가족구성원들이 긍정적인 기억을 공유하는 것, 아동과 가족이 미래에 대해 낙관적인 생각을 갖는 것, 아동이 흥미로워하는 활동에 참여하는 것, 아동에게 긍정적인 또래 네트워크가 있는 것, 아동이 학업을 잘 수행하고 있는 것, 안전하고 적절한 주거환경에서 살고 있는 것, 재해로부터 회복하기 위한 대처기술을 적극적으로 사용하고 있는 것 등이 포함된다(Rosenfeld, Caye, Ayalon, & Lahad, 2005; Silverman & La Greca, 2002).

사정 단계에서는 아동과 가족의 삶에 영향을 미친 자연재해 당시와 그 이후에 그들이 경험한 노출, 위협, 상실, 변화에 대해 직접적으로 질문한다(〈표 12-1〉

참고). 예 혹은 아니요로 대답할 수 있는 질문들을 사용하고, 이후 적절하게 깊은 정보를 탐색한다. 아동이 몹시 불안해한다면, 질문하기 전에 심호흡하기 등의 이완기술을 알려 주면서 이번에는 자세한 것까지 설명하지는 않아도 된다는 것을 알려 주는 것이 좋다. 사정과정에서 아동이 자신의 스트레스 수준을 조절할 수 있도록 돕는 것이 가장 중요하며, 사정으로 인해 아동이 압도되지 않도록 주의해야 한다. 아동에게 질문에 대해 예 혹은 아니요로 대답할 수 있음을 알려 주고, 대답하기 꺼려지는 질문에 대해서는 손을 드는 것으로 대답을 건너뛴다는 것을 표현할 수 있는 권리가 있음을 알려 주도록 한다. 이런 질문에 대해서는 아동의 부모나 보호자에게 대신 물어볼 수 있다(〈표 12-1〉 참고).

자연재해로 인해 가까운 사람이 사망한 경우, 아동에게는 회복 및 적응과 관련된 다양한 이슈들 — 슬픔, 우울, 불안장애나 외상후스트레스 증상을 유발시킬 수 있는 요소들 — 이 있을 수 있다. 사정과정에서 전문가는 개입의 초점이 되는 영역을 확인할 필요가 있는데, 아동들에게 자연재해와 관련된 구체적인 경험을 물어본 이후 다음의 세 가지(Salloum, 2006)를 물어보는 것이 이 영역을 확인하는데 도움이 된다.

- 어떤 것이 가장 염려되고 신경쓰이니?
- 어떤 것이 가장 슬프니?
- 어떤 것이 가장 이야기하기 힘드니?

아동에게 사망한 사람이 갖는 의미를 이해하는 것은 중요하다. 아동과 사망한 사람이 가까운 관계였다면 자연재해와 관련된 정보들을 얻는 것보다 아동이 죽음에 대해 알고 있는 것이 무엇인지, 그것에 대해 어떻게 생각하고 있는지 등을 먼저 알아야 한다. 또한 불안, 외상후스트레스, 우울, 슬픔 등을 측정할 수 있는 표준화된 도구를 사용하여 개입의 초점을 어디에 두어야 할지 구분할 수 있다. 다른 유형의 자연재해 상황에서 사용할 수 있는 각종 검사 도구는 국립아동외상스트레스센터National Center for Childhood Traumatic Stress(www.nccts.org)에서 확인할 수 있다.

간단한 사정의 예

허리케인 카트리나 생존자인 10살의 아프리카계 미국인 소년과 상담가 간의 대화를 간단한 사정의 예로 제시하고자 한다.

내용	분석
상담가: 네가 아는 사람 중에 허리케인 카트리나 당시나 그 이후에 죽은 사람이 있니?	죽음에 대해 직접적으로 질문함. 가족이나 친구에 대해서만 묻는 것보다 '네가 아는 사람'으로 말하는 것이 좋음. 자연재해로 인한 죽음을 경험하게 되면 살아남은 자로서의 죄책감, 두려움, 위협, 자연재해의 파괴력에 대한 인식 등이 두드러지게 됨.
아동: 예. 이웃 아주머니가 물에 휩쓸려 죽었어요. 아주머니는 집을 떠나려 하지 않아서 우리와 함께 오지 않았어요. 집으로 돌아갔을 때 엄마가 아주머니를 진흙 속에서 발견했는데 냄새가 아주 고약했어요.	아동은 죽음에 대해 이해하고 있음. 아동은 상담가가 그 사람을 모른다고 생각했기 때문에 혹은 그 사람과 가깝지 않았기 때문에 혹은 그 사람에 대해 직접적으로 이야기하고 싶지 않았기 때문에 '이웃'이라는 단어를 사용함. 죽은 사람과 아동의 관계를 사정하고, 그 이후에 죄책감, 회피, 떠오르는 이미지 등을 사정할 것
상담가: 네가 집으로 돌아왔을 때 본 것, 어머니가 보신 것에 대해서 더 알고 싶은데 그 전에 먼저 그분의 이름이 뭐였는지 말해 줄래?	상담가가 죽은 사람에 대해 더 이야기를 듣고 싶어 한다는 것을 아동에게 알리고, 그것에 대해 이야기해도 괜찮다는 것을 알게 할 것. 죽음에 대해 이야기하기 전에 아동이 그 사람에 대해 더 이야기할 수 있는지 살펴볼 것
아동: 패트리스 아주머니요. 내가 태어났을 때부터 계속 옆집에 사셨어요. 학교가 끝나면 아주머니 댁으로 가서 엄마가 퇴근하시기 전까지 있었어요. 숙제가 끝나면 아이스크림을 만들어서 동네 아이들에게 팔기도 했고. 정말 재밌는 분이었어요.	아동은 죽은 사람이 자신에게 어떤 사람이었는지, 자신의 인생에서 어떤 역할을 했는지 말하면서 긍정적인 기억을 가지고 있음을 나타냄. 상담가는 아동이 죽은 사람에 대해 말할 때 스트레스 수준이 어느 정도인지 확인할 필요가 있음.

상담가: 너랑 그 아주머니가 아주 가까웠고 함께 시간도 많이 보낸 것 같구나. 아주머니랑 아이스크림 만들어서 팔았던 때 이야기를 더 들려줄 수 있니?	관계의 중요성을 알아차릴 것. 아동이 죽음에 대해서 떠올리지 않고 긍정적인 기억을 떠올릴 수 있는지 사정하면서 아동의 감정을 살필 것. 아동이 긍정적인 기억에 대해 구체적이고 긍정적인 감정을 유지하며 말할 수 있는가? 혹은 다른 생각이 떠올라 감정을 억제하면서 말하고 있는가?
아동: (눈을 맞추지 않고 슬픈 얼굴로 아래를 내려다보며 중얼거린다.) 그냥 아이스크림을 만들곤 했어요.	상실의 현실. 말하는 것과 동일한 감정을 느끼고 있으며 더 이상 말하지 못함. 슬픔과 상실감이 몸으로 나타남. 떠오르는 이미지, 회피, 죄책감을 계속 사정해야 함.
상담가: 패트리스 아주머니와의 관계나 네가 본 것을 말해 준 건 아주 용감한 일이야. 가까운 사람이 죽으면 그 사람이 죽은 것, 그리고 그 사람에 대해서 아주 많은 감정들이 생기는 건 자연스러운 일이란다. 네 감정이나 생각, 경험에 대해서 좀 더 물어보고 싶어. 가까운 사람이 죽은 경험이 있는 아이들이 말한 것들을 바탕으로 만들어진 질문인데 모든 사람들이 똑같이 반응하는 건 아니고, 네가 어떻게 지내고 있는지 이야기해 주면 좋겠어.	상실에 대해 상담가와 이야기할 수 있는 아동의 강점을 강조함. 상실과 외상으로 인한 사고와 감정을 알아주고 정상화해 줌. 재난과 관련된 구체적인 경험을 계속 사정할 것. 표준화된 도구로 우울, 불안을 사정할 것. 죄책감, 계속 떠오르는 이미지, 회피, 외상을 계속 발생시키는 특정 사건 등을 포함하는 외상후스트레스 수준을 파악할 것

아동을 위한 슬픔과 외상개입GTI: Grief and Trauma Intervention

이 부분에서는 애도와 외상에 초점을 두는 개입에 주로 사용되는 슬픔과 외상개입의 일반적인 주제를 개괄적으로 살펴보고자 한다. 이 주제는 크게 세 가지로 구분되는데, 첫째, 적응유연성, 둘째, 다시 이야기하기, 셋째, 다시 연결하기다. 각 단계의 자세한 내용을 살펴보고 싶다면 살룸(Salloum, 2006)의 책을 참고하기를 권한다.

자연재해 발생 이후, 부모들이 아동들을 매주 데려다 주고 데려오는 것이 쉽지 않은 일이기 때문에 개입은 주로 학교나 기관에서 진행된다. 아동을 대상으로 하는 슬픔과 외상개입은 일반적으로 한 집단이 6명의 아동으로 구성되고, 부모상담은 1~2회기 정도로 진행된다. 심각한 스트레스로 힘들어하거나 일상생활에서의 기능이 어려운 경우, 가족을 만나는 개입이 추가로 진행될 수 있다.

적응유연성

치료를 위한 개입의 시작은 사별을 경험한 아동의 대처기술을 향상시키고, 자신의 감정을 조절할 수 있도록 돕는 것에 초점을 둔다. 이 단계에서 다루어져야 할 주제들은 이완훈련(분노조절, 심호흡, 근육이완, 심상요법 등), 애도와 외상반응에 대한 교육(지지적인 사람들, 사고와 감정, 신체반응, 행동이 모두 연결된다는 것을 알려 주는 것), 가족의 지지와 변화에 대한 인지, 명절, 사망한 사람의 생일 등과 같은 중요한 날을 위한 문화적으로 적합한 의식들, 영성의 역할, 자연재해 유형에 따른 구체적인 교육, 숙면을 취하기 위한 전략들, 안전감을 증진시킬 수 있는 방법 등이다. 아동의 욕구와 준비정도에 따라 이 내용들을 회기 중에 다루게 되는데, 상담가는 사정과정에서 확인된 아동의 강점과 자원에 근간을 두고, 스트레스를 감소시키고 아동의 대처능력을 향상시키는 데 주력해야 한다.

다시 이야기하기

다시 이야기하기는 아동으로 하여금 멀리 떨어진 곳에 있는 관찰자로서의 입장보다는 사망한 사람에 대해, 자신과 그 사람 간의 관계에 대해, 그리고 죽음의 방식에 대해 보다 확실한 이야기를 할 수 있는 입장에 서도록 돕는 역할을 한다. 다시 이야기하기는 아동들에게 재해 이전과 중간, 이후의 자신들의 삶에 대한 이야기를 할 수 있는 방법을 제공함으로써 파편화된 이야기를 조직하도록 돕는다. 아동들이 다시 이야기하기 과정에 함께하게 되면 스스로의 역량이 강화되는 경험을 하게 된다. 다시 이야기하기를 통해서 외상에 초점을 맞춘 이야기가 아닌, 아동의 용기와 강점, 소망을 강조하는 대안적인 이야기를 확장시켜 가는 것이 중요하다. 그리기, 논의하기, 글쓰기의 체계적인 과정을 거치고, 다른 사람들이 자신의 지지적인 관찰자 혹은 증인이 되어 주는 경험을 통해 아동은 자신의 이야기에 연결되는 사고와 감정을 보다 편안하게 표현할 수 있게 된다. 이 과정은 개별적으로 진행되므로 아동이 어디부터 이야기를 시작할지 결정하되, 이야기의 구성을 돕기 위해 이전, 중간, 이후라고 쓰여진 종이를 나누어 줄 수 있고, 이 종이들은 이후에 '나의 이야기 책'에 삽입한다.

아동은 사망한 사람의 인생에 대해서 혹은 그가 자신에게 어떤 사람이었는지에 대해 먼저 이야기를 할 수도 있고, 재해 바로 이전 상황의 이야기로 시작할 수도 있다. 정신건강전문가와의 개별상담시간에는 최악의 순간에 대해 그리고, 논의하고, 글을 쓰는 과정을 거치게 되는데, 이때 아동이 죽음을 목격했는지 하지 않았는지의 여부에 관계없이 죽음에 대한 이미지가 종종 드러나곤 한다. 이 외에도 개별상담시간에는 스트레스 조절 전략 습득, 죄책감 수준 파악, 대처전략의 발전, 인지적 왜곡 다루기 등과 같은 아동의 특별한 임상적 욕구를 파악할 수 있다. 다음의 이야기는 허리케인 카트리나 이후 한 아동이 다시 이야기하기 과정에 참여한 기록을 간략하게 예시로 든 것이다.

태풍 이전

9살 된 제임스^{James}는 아프리카계 미국인이다. 제임스는 할머니 집을 그렸다. 할머니 집에는 창문과 문, 잔디, 나무가 그려져 있었다. "네 그림에 대해서 말해 주렴." 상담가가 말하자 제임스는 "가족 모두가 할머니네 집에 가곤 했고, 일요일에는 사촌들과 함께 점심을 먹었어요."라고 말했다. 상담가는 "할머니가 가르쳐 준 특별한 것을 나에게도 알려 줄 수 있니?" 등과 같은 질문을 통해 제임스와 할머니의 관계를 알아보려 했다. 제임스는 "할머니는 나한테 기도하는 법을 알려 주셨고, 내가 대학에 갈 수 있을 거라고 했어요."라고 대답했다. 상담가는 제임스가 할머니 집에서 사촌들과 무엇을 하며 놀았는지에 대해 말한 것을 옮겨 적었고, 제임스는 자신의 이야기를 집단의 다른 구성원들에게 자랑스럽게 들려주었다.

태풍이 일어났을 때

'이 일이 일어났을 때'를 그린 제임스의 그림에는 할머니와 삼촌이 물 속에서 두 손을 허우적거리며 입을 벌려 도와 달라고 하는 장면이 그려져 있었다. 상담 가는 "그림에 대해서 말해 주겠니?"라고 물었다. 제임스는 할머니와 삼촌이 물이 갑자기 불어나 집을 떠나야 했는데 그러지 못했다고 하면서 "할머니와 삼촌은 물 밖으로 빠져 나오려고 했지만 그러지 못했고 결국 할머니는 죽었어요."라고 대답했다. 자기 자신은 태풍이 몰려올 때 집에 있었는데 홍수 피해는 없었지만 바람에 지붕이 뜯겨 나갔다고 말했다. 상담가는 제임스에게 그 순간에 집 어느 곳에 있었는지, 제임스와 어머니가 스스로를 지키기 위해 무엇을 했는지, 어떤 소리를 들었는지, 그 소리를 들었을 때 어떤 생각이 들었었는지, 그 소리를 들었을 때 기분이 어떠했는지, 그 순간에 몸이 평소와 다르다고 느꼈는지 등에 대해 질문했다. 이야기를 나누면서 상담가는 제임스가 그 순간에 차분하게 어머니를 도우려던 것을 강조하면서 그의 용기를 칭찬해 주었다. 제임스는 그 당시에 자신이 어머니에게 "우리 화장실로 들어가서 계속 기도해요. 그럼 괜찮을 거예요."라고 말했던 것을 기억해냈다. 상담가와의 이야기를 마무리한 후 제임스는 자신의 이야기와 맞는 그림을 그려 집단구성원들과 공유하였고, 다음과 같은 글을 썼다. "모든 일이 일어났을 때 우리가 살아남지 못할 것 같아서 무서웠지만 결국 우리는 해냈다. 엄마는 우리가 괜찮을 거라고 계속 말해 주었고, 나도 엄마에게 괜찮을 거라고 말하면서 계속 기도했다. 할머니도 삼촌과 함께 있기 때문에 괜찮을 거라고 생각했다. 우리 집은 물에 잠기지는 않았지만 지붕이 날아가 버렸다. 태풍이 부는 동안 우리는 화장실에 앉아 있었고, 할머니와 삼촌은 물을 헤엄쳐 건너야만 했다. 힘 센 삼촌이 할머니와 같이 있어서 다행스러웠다. 삼촌은 할머니를 물에서 건져내려고 했지만 결국 그러지 못했다."

최악의 순간

개인상담시간에 제임스에게 최악의 순간(혹은 사정단계에서 가장 이야기하기 힘든 것이라고 밝힌 것)을 그려 줄 것을 부탁했다. 제임스는 할머니가 길에서 죽어 있고, 삼촌이 할머니를 붙들고 누군가에게 도움을 요청하는 모습을 그렸다. 상담가는 그림을 바라보며 "그림에 대해서 이야기해 주겠니?"라고 물었다. 제임스는 "할머니는 길에서 돌아가셨어요."라고 말하며 삼촌이 할머니를 안은 채 물속에서 몇 마일씩이나 걸어다닌 것을 자랑스러워 하면서도, 누구도 그들을 도우러 오지 않았다는 것에 대한 분노를 표현했다. 상담가는 제임스의 화를 알아주고 정당화해 주었다. 제임스는 할머니가 길에 누워 있는데 옆을 걸어다니는 사람들이 자신들만 살려고 하고 아무도 돕지 않는 모습을 상상한다고 말했다. 제임스는 삼촌이 할머니가 돌아가시는 모습을 보게 된 것이 마음 아프지만 한편으로는 삼촌이 할머니와 같이 있었던 것이 다행이라고 여긴다고 말했다. 제임스는 확실하지는 않지만 아마도 삼촌이 할머니가 돌아가실 때 할머니를 위해 기도해 주었을 것이라고 이야기했다. 삼촌이 할머니를 위해 기도하는 모습을 상상하는 것이 길에서 죽어 가는 할머니의 무서운 모습을 떠올리는 것과 균형을 맞추고 있는 듯 했다. 이에 상담가는 제임스에게 할머니가 길에 누워 죽어 가고 있는 모습이 떠오를 때마다 삼촌이 할머니와 함께 있으면서 기도해 드리는 모습을 기억해 보라고 권해 주었다.

상담가는 다음의 질문을 통해 죄책감을 탐색하였다.

"네가 한 행동 때문에 할머니가 돌아가시게 된 것 같니?"
"이번에 벌어진 일 때문에 누군가가 너에게 화가 난 것 같아?"

"이번에 벌어진 일 때문에 누군가에게 화가 나니?"

이와 같은 직접적인 질문 덕분에 제임스는 태풍이 불던 때 할머니를 자기 집으로 모셔 오지 않은 엄마에게 자신이 화가 나 있는 것을 알게 되었는데, 이렇게 이야기를 나누고 나서야 삼촌을 할머니와 머무르게 한 것이 그래도 태풍에 준비한 것이었고, 엄마도 그렇게까지 물이 금세 차오를 것을 예상하지 못했다는 것을 깨닫게 되었다.

태풍 그 이후

'태풍 이후'라는 제목으로 그린 제임스의 그림에는 집과 학교 그리고 웃고 있는 해와 찡그리고 있는 해가 그려져 있었다. 상담가가 그림에 대해 이야기해 줄 것을 부탁하자, 제임스는 삼촌이 새 집에서 자신들과 함께 살게 되었는데 할머니 이야기를 하는 것은 싫어한다는 이야기도 들려주었고, 태풍 이후 새 학교로 전학하게 된 변화도 이야기해 주었다. 더 이상 물이 없고, 지붕이 고쳐졌고, 학교도 다니게 되었고, 엄마와 가끔 외식도 할 수 있어서 "지금은 조금 기쁘지만", 할머니가 돌아가셔서 함께 계시지 않고, 삼촌도 조금 달라진 것 같고, 사촌들도 아직 집으로 돌아오지 않았기 때문에 여전히 슬프다고 말했다. 상담가는 다음의 질문 등을 활용하여 이야기를 이어 갔다.

"네가 그린 집에 대해서, 그리고 그 안에서 어떤 일이 벌어지는지 이야기해 주겠니?"

"해가 웃고 있는 것과 찡그리고 있는 것에 대해서 이야기해 주겠니?"

"어떤 변화를 좋아하고 어떤 변화를 힘들어 하는지 이야기해 주겠니?"

"할머니가 지금 너에게 뭐라고 말씀하실까?"

"너는 할머니에게 어떤 이야기를 하고 싶니?"

이야기가 끝난 후, 제임스는 태풍 이후 자신이 살고 있는 삶에 대해서 할머니에게 이야기를 들려주는 글을 써서 집단구성원들에게 읽어 주었다.

다음 부분에서 다룰 다시 연결하기 활동을 통해 제임스는 할머니가 자신의 인생에서 어떤 역할을 했었는지에 대해 이야기를 들려줄 수 있었고, 할머니가 제임스에게 알려 준 것처럼 기도하고, 대학에 가는 것을 계속 노력하겠다고 말했다. 제임스는 자신의 글과 그림을 엄마에게도 보여 주었고, 결국 삼촌에게도 보여 줄 수 있었다.

다시 연결하기

아동이 흥미있어 하는 활동에 다시 참여하는 것은 개입 초반에 시작되어 개입과정 전반에 걸쳐 이루어진다. 자연재해가 일어나고 나면 그 이전만큼 안전하게 여가를 즐길 수 있는 기회가 제한된다. 따라서 아동이 지금 가장 관심을 갖고 있는 것이 무엇인지 확인하고 아동을 그 활동에 연계시켜 주는 것이 중요하다. 또한 사별을 경험한 가족의 경우 가족이 휴식을 취하면서 즐거운 활동에 참여할 수 있는 시간을 마련해 주는 것이 필요하다.

가장 먼저 할 일은 아동을 지지적인 사람과 연결시켜 주는 것이다. 연구 결과에 따르면 다른 이들로부터 받는 지지가 아동이 잘 극복해 나가는 데 필요한 중요한 요소 중 하나이기 때문이다. 아동이 구호기관에서의 레크리에이션 활동이나 운동, 방과후프로그램, 클럽, 교회모임과 같은 지역사회 활동에 참여함으로써 지지적인 사람들과 연계할 수 있게 된다. 슬픔과 외상개입이 집단형태로 운영된다면, 집단 안의 다른 아동들이 지지자로서의 역할을 맡게 될 수도 있다. 사정단계에서 아동들이 상실과 재해로 인해 발생한 모든 것에 대한 자신의 생각과 감정을 말할 수 있는 사람이 있는지 확인하게 되는데, 이때 아동이 누군가의 이름을 말하지 못한다면 부모나 다른 가족구성원들을 비롯한 지지적인 어른들과의 교제가 이루어지도록 개입의 초점이 맞추어져야 한다.

다시 연결하기에는 사망한 사람과의 긍정적인 기억을 만들어 가는 것도 포함된다. 그리기, 논의하기, 글쓰기, 다른 사람들에게 자신의 이야기 들려주기 형식을 그대로 사용하여 아동들이 사망한 사람에 대해서 가장 좋았던 기억, 가장 그리워하는 것, 함께했던 행복했던 시간 등에 대해서 살펴보게 된다. 사망한 사람과의 내면화된 관계는 아동에게 버팀목이 될 수 있다.

다시 연결하기 단계에서는 아동의 현재 상황에 대한 긍정적인 측면이 부각되어야 하고, 미래에 대한 소망이나 낙관주의를 그리기, 논의하기, 글쓰기 등의 작업을 통해 확고하게 할 필요가 있다. 개입이 마무리될 시점에는 아동의 글과 그림을 부모나 양육자에게 보여 주어 그들이 아동에게 정서적 지지를 제공하고 공개적인 의사소통을 할 수 있도록 도울 필요가 있다.

결론

도전과 지침

아동기 외상적 슬픔CTG: Childhood Traumatic Grief을 경험하고 있는 아동들은 그들의 문화적 맥락에 근간을 두는 독특한 증상과 반응을 보인다. 예를 들어, 아프리카계 미국인 아동들이 보이는 애도반응에는 중국계 미국인 아동들의 반응에 비해 감정이 더 분명히 나타난다(Nader, Dubrow, & Stamm, 1999). '외상적 죽음'이라는 의미 역시 문화에 따라 다양하다. 베트남 사람들은 외상적 죽음을 귀신 물리치는 굿이 필요한 저주로 여기지만, 유럽계 미국인들은 '하느님이 정하신 때에 가게된 것'이라고 본다. 따라서 애도와 슬픔개입을 시행할 경우, 정신건강 전문가는 자기인식, 문화에 대한 이해, 특수한 문화권에 대한 민감한 기술 등을 포함한 다문화적 유능감을 지닐 필요가 있다(Sue, Arredondo, & McDavis, 1992; Webb, 2001).

아동들의 연령과 발달단계에 따라 애도와 슬픔개입이 융통성있게 적용되어야 하는데, 예를 들어, 어린 아동들에게는 장남감과 손인형을 활용하는 놀이치료와, 놀이를 통해 다시 이야기하는 작업을 촉진하는 두 가지 방법이 혼합될 때 개입 효과가 높게 나타나고(Baggerly, 2007; Baggerly, Exum, 2008), 연령대가 높은 청소년들에게는 다시 이야기하기 과정에서 창의적 글쓰기나 드라마치료 방법을 쓰는 것이 효과적일 수 있다.

만일 애도와 슬픔개입이 종결된 이후에도 아동의 증상이 계속된다면 상담가는 개인심리치료를 제공하거나 타 기관에 의뢰할 필요가 있다. 가족 간의 새로운 상호작용유형을 적응시키고 가족체계를 강화하기 위해서는 가족상담을 시행하는 것도 도움이 된다. 상담가는 이 외에도 학교, 정부기관, 보험사 등과 같은 사회체계 내에서 아동의 권리와 자원을 획득하기 위해 사회정의 옹호활동에도 참여할 수 있다(Constantine, Hage, Kindaichi, & Bryant, 2007).

죽음과 외상에 대한 사실적인 이야기들을 반복해서 듣다 보면 정신건강전문가들은 '연민피로감compassion fatigue'을 경험하게 된다. 이 용어는 젠트리Gentry가 정의한 것(2002)으로 상담가 자신의 외상으로 인한 외상적 스트레스와, 당사자의 이야기를 들음으로써 생겨나는 외상적 스트레스가 상호작용하여 발생하게 된다. 연민피로감을 예방하기 위해서는 상담가 자신이 연민피로에 대한 적응유연성 계획을 세워놓을 필요가 있는데, 개인적 · 전문적 사명문 작성하기, 평안한 상태 유지하기, 스스로를 달래기, 운동하기, 건강한 식습관 유지하기, 영적 활동하기, 지지적인 동료와 연대하기, 상담받기, 슈퍼비전 받기 등의 방법들이 도움이 될 수 있다(Gentry, 2002; Maschi & Brown, 이 책의 17장).

희망과 적응유연성

매년 전 세계적으로 수많은 아동들이 자연재해로 인해 사랑하는 사람의 죽음을 겪으면서 외상적 슬픔을 경험하게 된다. 그러나 인간의 영은 강건하고 적응유연성이 있기 때문에 아동과 가족에게는 희망이 있다. ① 자연재해 발생비율이 증가추세에 있다는 것, ② 아동의 일반적인 증상, ③ 위험요인과 적응유연성 요인, ④ 즉각적, 단기적, 장기적인 심리적 개입의 범위, ⑤ 애도와 슬픔개입 과정, ⑥ 도전을 위한 지침들의 총 여섯 가지 항목들을 이해하는 배려심 깊고 잘 훈련받은 전문가들을 통해 치유가 촉진될 수 있다. 따라서 상담가들은 위의 여섯 가지 요인들을 바르게 숙지하고 익혀, 자연재해로 사랑하는 사람을 잃은 아동과 가족을 위한 환경을 조성함으로써 치유과정의 한 부분이 되도록 노력해야 한다.

토론을 위한 질문들과 역할극 연습

토론을 위한 질문

1. 지진으로 가족 중 한 사람이 사망한 다음의 아동들이 보일 수 있는 잠재적 증상을 비교해 보자. (a) 장애가 있고, 엄마, 두 명의 형제들과 영구임대아파트에 살고 있는 5살 유럽계 미국인 소년; (b) 아빠, 엄마와 중산층 가정에서 살고 있는 10살 아프리카계 미국인 소녀; (c) 아빠, 엄마, 할아버지, 할머니와 저소득 가정에서 살고 있는 13살 멕시코계 미국인 소녀; (d) 엄마와 영구임대아파트에 살고 있는 다르푸르Darfur 난민 출신의 17살 소년. 이 가운데 누가 가장 위험한 상태에 처해 있을까? 설명해 보자.

2. 이 아동들을 위해 어떤 즉각적이고, 단기적이고, 장기적인 개입을 권하겠는가? 어떤 문화

적 적용을 권하겠는가?

3. 외상과 슬픔개입을 위한 연구설계를 논의해 보자. 참여자, 도구, 통제집단 및 비교집단, 방법, 기간, 자료분석 등에 대해 구체적으로 의논해 보자.

4. 이 장에서 다룬 내용을 기본으로, 미국연방비상관리국^{FEMA: Federal Emergency Management Agency} 미보건복지부^{DHHS: Department of Health and Human Services} 내에 어떤 체계와 개입의 변화가 필요하다고 말할 수 있겠는가? 당신이 살고 있는 지역사회의 주정부나 기관, 학교들에게는 어떤 체계와 개입의 변화가 필요하다고 말할 수 있겠는가?

5. 당신의 연민피로 적응유연성 계획을 이야기해 보시오. 당신이 경험한 죽음으로 인한 역전이 이슈를 어떻게 다룰 것인가? 외상적 슬픔을 경험하고 있는 아동들과 일할 때 가장 어려운 부분은 무엇일까? 준비를 위해 당신은 무엇을 할 것인가?

역할극 연습

1. 장애가 있고, 엄마, 두 명의 형제들과 영구임대아파트에 살고 있는 5살 유럽계 미국인 소년을 대상으로 애도와 슬픔개입을 시행하는 상담가

2. 아빠, 엄마와 중산층 가정에서 살고 있는 10살 아프리카계 미국인 소녀를 대상으로 애도와 슬픔개입을 시행하는 상담가

3. 아빠, 엄마, 할아버지, 할머니와 저소득 가정에서 살고 있는 13살 멕시코계 미국인 소녀를 대상으로 애도와 슬픔개입을 시행하는 상담가

4. 엄마와 영구임대아파트에 살고 있는 다르푸르 난민 출신의 17살 소년을 대상으로 애도와 슬픔개입을 시행하는 상담가

참고문헌

Abramson, D., Redlener, I., Stehling-Ariza, T., & Fuller, E. (2007). *The legacy of Katrina's children: Estimating the numbers of at-risk children in the Gulf Coast states of Louisiana and Mississippi* (National Center for Disaster Preparedness Columbia University Mailman School of Public Health Research Brief 2007: 12). Retrieved August 19, 2008, from www.ncdp.mailman.columbia.edu/files/legacy_katrina_children.pdf.

Abramson, D., Stehling-Ariza, T., Garfield, R., & Redlener, I. (2008). Prevalence and predictors of mental health distress post-Katrina: Findings from the Gulf Coast child and family health study. *Disaster Medicine and Public Health Preparedness, 2,* 77-86.

American Academy of Pediatrics. (n.d.). *Psychosocial issues for children and families in disasters: A guide for the primary care physician.* Elk Grove Village, IL: Author.

Baggerly, J. (2007). International interventions and challenges following the crisis of natural disasters. In N. Webb (Ed.), *Play therapy with children in crisis* (3rd ed., pp. 345-367). New York: Guilford Press.

Baggerly, J. N., & Exum, H. (2008). Counseling children after natural disasters: Guidance for family therapists. *American Journal of Family Therapy, 36*(1), 79-93.

Cohen, J. A., Mannarino, A. P., & Deblinger, E. (2006). *Treating trauma and traumatic grief in children and adolescents.* New York: Guilford Press. 이범수 역. 2014. 『아동과 청소년의 트라우마와 트라우마성 사별치료의 정석 』해조음.

Constantine, M. G., Hage, S. M., Kindaichi, M. M., & Bryant, R. M. (2007). Social justice and multicultural issues: Implications for the practice and training of counselors and counseling psychologists. *Journal of Counseling and Development, 85,* 24-29.

Federal Emergency Management Agency. (2008). *Disaster information.* Retrieved August 19, 2008, from www.fema.gov/news/disasters.fema.

Gentry, J. E. (2002). Compassion fatigue: A crucible of transformation. S. Gold & J. Faust (Eds.), *Trauma practice in the wake of September 11, 2001* (pp. 37-61). New York: Haworth Press.

Herman, J. L. (1997). *Trauma and recovery.* New York: Basic Books.

Jones, R. T., Frary, R., Cunningham, P., Weddle, D. J., & Kaiser, L. (2001). The psychological effects of Hurricane Andrew on ethnic minority and Caucasian children and adolescents: A case study. *Cultural Diversity and Ethnic Minority Psychology, 7*(1), 103-108.

Knabb, R. D., Rhome, J. R., & Brown, D. P. (2005). *Tropical Cyclone Report Hurricane Katrina 23-30 August 2005* [National Hurricane Center]. Retrieved August 15,

2006, from www.nhc.noaa.gov/pdf/TCR-AL122005_Katrina.pdf.

La Greca, A. M. (2008). Interventions for posttraumatic stress in children and adolescents following natural disasters and acts of terrorism. In R. G. Steele, T. D. Elkin, & M. C. Roberts (Eds.), *Handbook of evidence-based therapies for children and adolescents: Bridging science and practice* (pp. 121-141). New York: Springer Science.

La Greca, A. M., Silverman, W. K., & Wasserstein, S. B. (1998). Children's predisaster functioning as a predictor of posttraumatic stress following Hurricane Andrew. *Journal of Consulting and Clinical Psychology, 66,* 883-892.

Nader, K., Dubrow, N., & Stamm, B. H. (1999). *Honoring differences: Cultural issues in the treatment of trauma and loss.* Philadelphia: Brunner/ Mazel.

Perry, B., Pollard, R, Blakely, T., Baker, W., & Vigilante, D. (1995). Childhood trauma, the neurobiological adaptation and "use-dependent" development of the brain: How "states become traits." *Infant Mental Health Journal, 16*(4), 271-291.

Pynoos, R. S., & Eth, S. (1984). The child as witness to homicide. *Journal of Social Issues, 40*(2), 87-108.

Rosenfeld, L. B., Caye, J. S., Ayalon, O., & Lahad, M. (2005). *When their world falls apart: Helping families and children manage the effects of disasters.* Washington, DC: National Association of Social Workers Press.

Rynearson, R. (2001). *Retelling violent death.* Philadelphia: Brunner/Routledge.

Salloum, A. (2004). *Group work with adolescents after violent death: A manual for practitioners.* Philadelphia: Brunner/Routledge.

_____ (2006). *Project LAST (Loss and Survival Team) elementary age grief and trauma intervention manual.* Unpublished treatment manual.

_____ (2008). Group therapy for children experiencing grief and trauma due to homicide and violence: A pilot study. *Research on Social Work Practice, 18,* 198-211.

Salloum, A., & Overstreet, S. (2008). Evaluation of individual and group grief and trauma interventions for children post-disaster. *Journal of Clinical Child and Adolescent Psychology, 37*(3), 495-507.

Scheuren, J. M., le Polain, O., Below, R., Guha-Sapir, D., & Ponserre, S. (2008). *Annual Disaster Statistical Review: The numbers and trends 2007.* Brussels: Centre for Research of the Epidemiology of Disasters.

Silverman, W. K., & La Greca, A. M. (2002). Children experiencing disasters: Definitions, reactions, and predictors of outcomes. In A. M. LaGreca, W. K. Silverman, E. M. Vernberg, & M. C. Roberts (Eds.), *Helping children cope with disasters and terrorism* (pp. 11-34). Washington, DC: American Psychological Association.

Speier, A. H. (2000). *Psychosocial issues for children and adolescents in disasters* (2nd ed.). Washington, DC: U.S. Department of Health and Human Services.

Spence, P. R., Lachlan, K. A., & Burke, J. M. (2007). Adjusting to uncertainty: Coping strategies among the displaced after Hurricane Katrina. *Sociological Spectrum, 6,* 653-678.

Stacey, K., & Loptson, C. (1995). Children should be seen and not heard?: Questioning the unquestioned. *Journal of Systemic Therapies, 14*(4), 16-31.

Sue, D. W., Arredondo, P., & McDavis, R. J. (1992). Multicultural counseling competencies and standards: A call to the profession. *Journal of Multicultural Counseling and Development, 20,* 64-88.

U.S. Fire Administration. (2007). *Residential structure fires statistics.* Retrieved November 12, 2007, from www.usfa.dhs.gov/statistics/national/residential.shtm.

Vernberg, E. M., La Greca, A. M., Silverman, W. K., & Prinstein, M. J. (1996). Prediction of postraumatic stress symptoms in children after Hurricane Andrew. *Journal of Abnormal Psychology, 105*(2), 237-248.

Webb, N. B. (2001). (Ed.). *Culturally diverse parent, child, and family relationships: A guide for social workers and other practitioners.* New York: Columbia University Press.

_____ (2004). (Ed.). *Mass trauma and violence: Helping families and children cope.* New York: Guilford Press.

Weems, C. F., Pina, A. A., & Costa, N. M. (2007). Predisaster trait anxiety and negative affect predict posttraumatic stress in youths after Hurricane Katrina. *Journal of Consulting and Clinical Psychology, 75,* 154-159.

White, M., & Epston, D. (1990). *Narrative means to therapeutic ends.* New York: Norton. 정석환 역. 2015. 『이야기 심리치료 방법론 - 치유를 위한 서술적 방법론』. 학지사.

PART

4

사별아동을
대상으로 하는
개입

CHAPTER 13

아동기 외상과 상실을 위한 인지행동치료와 놀이치료

제닌 쉘비 *Janine Shelby*

아동과 청소년의 불안과 우울을 다룸에 있어 인지행동치료CBT: Cognitive-Behavioral Therapy의 효과가 검증되고 있음에도 불구하고, 어린 아동들에게 적용하는 데 있어 문제가 있을 수 있다는 주장들이 제기되고 있다. 예를 들어, 인지적 전환, 인과적 추론, 타인과의 관계 속에서 자신을 인지하는 것 등의 인지적 기술을 아동이 어느 정도 활용할 수 있을지에 대한 의문이 생겨나고 있는 것이다(Grave & Blissett, 2004; Ollendick, Grills, & King, 2001; Southam-Gerow & Kendall, 2000; Stallard, 2002). 아동의 발달단계와 관련된 이슈들도 있는데, 경험적이고 활동적인 방법으로 가르치기보다 언어를 활용하여 가르치는 것을 중심으로 진행되는 인지행동치료가 아동들에게 발달단계상 적절하지 않을 수 있다는 것이다(Shelby & Berk, 2009). 반면 놀이치료PT: Play Therapy가 스트레스 상황에 있는 아동들에게 효과적인 개입방법으로 활용될 수 있다는 연구결과는 많지 않음에도 불구하고, 인지행동치료와 달리 놀이치료는 아동들의 발달단계상 적합하다는 데 의견이 모아진다. 이에 최근 들어 인지행동치료와 놀이치료를 혼합하는 것에 대한 관심이 증가하고 있다(Drewes, 2009; Knell, 2009; Shelby & Berk, 2009). 이러한 논의는 지난 15년간 산발적으로 이루어져 왔는데(Gil & Johnson, 1993; Grave & Blissett, 2004; Knell, 1993; Schaefer, 1999; Shelby, 2000; Shelby & Felix, 2005; Webb, 2007), 교수법, 아동발달, 놀이치료, 증거기반 치료의 통합을 탐색하는 단계까지 이르게 된 것이다. 어린 아동들을 위한 치료가 발달단계에 적합하면서도 연구 및 증거에 기반을 둔 수준으로 향상되기 위해서는 지금까지의 접근법들이 더욱 발전되고 수정되고 혼합될 필요가 있다는 것에 대해서는 인지행동치료영역과 놀이치료영역 모두에서 전반적으로 동의하고 있다.

인지행동치료의 핵심적인 치료 요소들과 놀이치료의 발달단계 중심 요소들이 조합되는 것은 상호보완적이고 혁신적인 조합으로 보일 수 있는데, 과연 이러한 치료가 어느 정도 이루어지고 있을까? 실제로 표면적으로는 인지행동치료이론이나 용어를 사용하지 않았지만 어린 아동을 대상으로 진행되는 개입 과정에서 인지와 행동에 대한 내용을 다루고 있는 놀이치료 관련 문헌은 쉽게 발견할 수 있다.

이 장에서는 놀이치료에 강력한 인지적 요소가 포함되어 있다는 것을 탐색하면서, 인지행동치료의 인지적 요소 역시 놀이치료를 활용할 때 더욱 확장될 수 있다는 점을 생각해 볼 것이다. 나는 논의를 위한 상황을 제시하기 위해 외상사건 생존자이면서 말기질환을 앓고 있는 소년의 사례를 예로 들고자 한다. 나는 이 소년을 대상으로 몇 회기의 인지행동치료를 실시한 후 놀이치료로 개입방법을 전환하였다. 소년의 놀이와 이야기에 대해 묘사와 반영, 해석이라는 놀이치료의 기본적인 기법을 제공하고, 공감해 주고, 소년이 만들어낸 인물들의 감정과 모순, 행동 등을 반영해 주었으며, 그 인물들이 끝내 살아남지 못했을 때 소년과 함께 인물들을 애도했다. 나는 소년에게 잠재되어 있는 적응적 대처와 반응을 이끌어 내기 위해 가끔 질문을 던졌을 뿐, 놀이의 이야기를 이끌어 간 것은 대부분 소년의 역할이었다. 놀이를 하면서 소년은 문제해결방법을 발견하기도 했고, 놀이의 이야기가 슬프게 끝났음에도 불구하고 그 안에서 위안과 희열을 느끼기도 했다.

이 장에서는 어린 아동들이 놀이치료과정에서도 인지적 과정의 변화를 경험할 수 있다는 것을 전제로 하고, 놀이치료를 통해서 인지행동치료의 목적을 달성할 수 있는 구체적인 방법들을 탐색하고자 한다.

네이든 사례

네이든Nathan은 반복되는 입원에도 불구하고 대단한 유머감각과 모험심을 지닌 7살 소년이다. 네이든의 생명을 위협하는 병은 점점 악화되고 있고, 어른들은 이것을 쉬쉬하고 있다. 네이든의 엄마와 누나는 늘 네이든의 곁에 머물면서 그에게 희망을 주고, 위로해 주고, 지지해 주기 위해서 최선을 다해 왔다. 하지만 네이든이 엄마와 누나에게 차마 말하지 못하는 것이 있었다. 네이든은 자신의 상태를 파악하고 난 뒤부터 비관적인 생각을 하기 시작했고, 네이든이 겪고 있는 상황과 가족들이 말로 표현할 수 있는 것 사이에는 분명한 경계가 존재한다고 느꼈다. 의료진들은 병에 대해 네이든과 의논하는 것을 힘들어했다. 그 시점에 놀이치료가 시작되었고, 놀이치료를 통해 네이든은 그의 상태와 가족의 고통, 자신에게 미래가 없을 것이라는 상실감을 느끼면서도 큰 힘을 얻게 되었고, 이 힘은 가족들이 보태 주는 지지와 함께 그가 사는 동안 그리고 죽어 가면서 직면하게 되는 모든 것들을 견뎌 내는 데 충분한 요소가 되어 주었다.

네이든을 처음 보았을 때 나는 그 아이가 놀이를 좋아한다는 것을 느낄 수 있었다. 네이든의 병실은 장난감들로 가득 차 있었다. 우리는 고통조절기술, 대처전략, 다양한 문제해결 방법부터 이야기하기 시작했다. 나는 네이든에게 즐거운 활동에 가능한 한 많이 참여할 것을 권하면서 행동 활성화 전략을 사용하였고, 심리적 지지와 가족을 대상으로 하는 개입을 실시하였다. 즉, 네이든처럼 병원에 입원한 어린 아동들을 위한 표준업무지침을 충실히 따른 것이다. 네이든은 그 과정에서 협조적인 태도를 보여 주었고, 가끔은 도움을 얻는 것처럼 보이기도 했다. 하지만 네이든은 그의 경험을 말로 표현하는 것보다 노는 것을 더 좋아했고, 종종 "이제 우리 놀 수 있어요?"라고 묻기도 했다. 그럴 때마다 나는 어떻게 하면 네이든을 이 개입에 더 참여하게 할 수 있을지, 경험적으로 더 안정적이라는 결과를 보이고 있는 개입보다 아동의 흥미에 무게를 두어 개입할 수는 없을지 곰곰이 생각하곤 했다. 그래서 나는 내가 진행한 치료 기록을 검토했고, 네이든이 나에게 같이 놀자고 이야기했던 기록을 보고는 같이 놀기로 결정했다.

네이든은 치료 첫 주 동안 매번 성들을 인상적으로 배열했다. 네이든은 구름까지 닿는 높은 이 성의 튼튼한 벽 안쪽에 사는 사람들은 안전할 것이라고 말했다. 자신의 병에 대해서 직접적으로 언급하지는 않았지만, 네이든은 놀이를 통해서 자신의 병에 대해 명확하게 묘사하고 있었다. 네이든은 침대 주변에 인형들을 늘어 놓고, 장군의 명령에 따라 성 안의 모든 청년들이 성을 지키는 군인으로 훈련받게 되었고, 장군은 청년들에게 씩씩하고 하얀 말을 타는 법을 가르치기도 하고, 용맹하게 싸우는 법을 가르치기도 한다고 말해 주었다. 장군과 청년들은 강력한 군대를 만들어 갔고, 회색의 기사들이 자주 공격해 와도 이를 무찌르곤 했다. 이 놀이치료 회기 동안, 흰 말을 탄 청년들은 적의 공격에 맞서 싸우며 승리를 외쳤다. 전쟁이 벌어질 때마다 겁쟁이들은 용감한 사람들에게 늘 패했고, 무기력감은 승리로 변했다. 네이든이 만들어 내는 환상 속 세상에서는 기적이 가능했고, 어린 청년이 용감한 군인으로 성장해 갔으며, 두려움은 성 밖 숲으로 물러났다. 네이든의 병사들은 구름이 닿을 정도로 높은 산에 위치한 성을 용맹스럽게 지켰고, 이것은 네이든이 이해하는 그의 세상이었다. 나는 그가 그곳에서 소망과 위안을 발견하는 것처럼 느꼈다.

네이든의 가족들은 네이든이 치료 회기 이후 자신의 전쟁 이야기를 즐겁게 들려주는 것을 기뻐했다. 네이든의 엄마는 네이든이 들려주는 이야기의 주된 주제인 버텨내기, 용기, 생존 등을 반복해서 이야기하는 것에 능숙해졌고, 이 이야기들을 통해 네이든과 가족들은 편안하고 안전하게 이야기를 나눌 수 있게 되었다. 뿐만 아니라 네이든이 힘든 치료과정을 견뎌낼 희망을 찾아내려 애쓸 때에도, 전쟁에서 살아남는 것이 가능하다는 그의 이야기는 중요한 역할을 해냈다.

다음 단계의 치료가 시작되면서 네이든의 이야기 분위기도 바뀌기 시작했다. 줄어들었던 회색 기사들이 성 밖의 숲을 장악하면서 성의 사람들을 조금씩 사로잡기 시작했다. 흰 말을 탄 군인들은 성과 사람들을 지키기 위해 용맹스럽게 싸웠다. 전쟁은 회기가 거듭될수록 더욱 격렬해졌다. 군인들은 성을 지키기 위해 매번 다른 전략을 사용했고, 용감하고 재치있게, 그리고 고난을 견뎌 가며 싸웠다. 최선을 다했음에도 불구하고 전쟁에서의 패배가 계속되었고, 급기야 구름이 뒤덮인 높은 산에 있던 장군은 성이 함락되었다는 이야기를 듣게 되었다. 이 이야기를 들은 장군은 말들이라도 도망갈 수 있게 하려고 마구간으로 뛰어가 흰 말들을 풀어 주었다. "내 사랑하는 말들아, 잘 가거라!"라고 외치는 장군의 소리를 들으며 말들은 주인 없이 성벽을 뛰어넘어 깊은 숲 속으로 내달렸다.

적군에 의해 성이 무너지고 군인들이 죽어 가는 이야기를 들으면서, 네이든을 돌보던 의사는 네이든의 삶이 마지막에 다다르고 있음을 직감했다. 성은 입원실 구석에 놓여 있었고, 군인들은 책임을 다한 후 창문틀에 가지런히 누워 있었다. 내가 그를 찾아갔을 때 네이든은 너무 힘들어 놀 수조차 없었지만, 전쟁에서 승리했던 날들을 간간히 이야기했다. 네이든의 건강이 악화되면서 나는 그에게 다음 전투를 어떻게 맞이할 것인가는 오로지 그만의 결정이라고 말해 주었다. 나는 역사에는 수많은 장군들이 있었음을 알려 주면서, 길고 힘든 전쟁 끝에 승리를 거둔 장군도 있고, 승리하지는 못했지만 영웅으로 오래 기억되는 장군도 있다고 이야기해 주었다. 네이든은 그것이 진짜냐고 묻고 안도하는 듯 보였다. 나는 네이든이 사용하는 은유에 적합한 단어를 사용하여 항복하는 것과 지키는 것 모두 용감할 수 있는 서로 다른 두 가지 방법이라고 이야기해 주었다. 다음날 가족들이 모인 자리에서 나와 네이든은 '장군'이 계속 패배하면서도 어떻게 최선을 다했는지 설명했고, 그 누구도 '죽음'이라는 단어를 사용하지는 않았지만 네이든이 무엇을 전달하려 하는지 이해할 수 있었고, 네이든은 '전투'에 대해서 충분히 이야기를 이어 갔다. 네이든과 가족들이 모인 자리에는 슬픔이 가득했지만 나는 네이든이 그가 맞닥뜨리고 있는 도전에 대해서 말할 수 있는 은유를 찾은 것이 다행스러웠다.

무너져가는 왕국의 운명이 네이든에게 다가오면서, 네이든은 그것을 가지고 놀 힘이 없음에도 불구하고 성과 장군, 말들을 침대에 놓아 줄 것을 부탁했다. 네이든의 병세가 심각해지던 어느 날, 내가 병실을 나오려 할 때 네이든은 나를 불러 세웠다. 네이든은 천천히, 그리고 신중하게 입을 열어 "내 하얀 말들 이야기를 다른 아이들에게 들려주어도 좋아요. 적어도 하얀 말들은 도망갔잖아요." 라고 말했다. 그리고나서 네이든은 자신의 이야기를 이어 나갔다. 장군은 오랜 시간에 걸쳐 산 정상에 있는 마구간에 도착하여 그곳에서 마지막 남은 한 마리의 하얀 말을 발견해 냈다. 그 순간 네이든은 장군이 되어 "잘 가거라 내 좋은 말아!"라고 외쳤다. 네이든은 이 명령을 반복했고, 우리는 부드럽고도 슬픈 목소리로 함께 외쳤다. "잘 가거라 내 좋은 말아!" 네이든은 평화로운 미소를 작게 지어 보였다.

다음 회기에서 나는 네이든의 병에 대한 나 자신의 저항 때문에 괴로웠다. 말을 다시 잡으러 가야 하는 것은 아닌지, 장군이 다른 무언가를 해야 하는 것은 아닌지 고민했다. 나는 장군이 마지막 남은 하얀 말에 올라타 유리한 고지를 차지하고 이전보다 훨씬 강한 성을 쌓고 전쟁에서 승리를 거둘 수 있으면 좋겠다고 조용히 바랬다. 수없이 많은 전쟁을 겪었기 때문에 장군은 최선의 방법을 알고 있을 것이다. 그러나 그날 네이든은 나에게 성과 성벽 장난감을 건네 달라고 부탁한 뒤 "나는 이제 이걸 원하지 않아요. 말만 주세요."라고 조용히 말했다. 나는 네이든이 무슨 말을 하고 있는지 알아차렸다. 이제 더 이상의 전투는 없을 것이다. 장군은 살아남지 못할 것이다. 용맹스러운 장군과 도망치는 말을 지켜보는 것이 내 몫이었다. 네이든은 마구간에서 말들을 풀어 주는 이야기에 도달한 것이다. "그래. 말들만." 나는 그의 말을 따라했다. "이제부터는 말들만 필요한 거구나. 적어도 말들 만큼은 안전한 곳으로 보낼 수 있겠네. 적들이 쳐들어올 수 없는 곳으로 말이야." 네이든은 내가 정확하게 이해한 것인지 묻자 고개를 끄덕였고, 평소보다 몇 초 더 길게 나를 바라본 뒤, 나에게 성을 건네주고는 눈을 감았다.

병실을 나서면서 나는 이제 곧 다가올 네이든의 죽음에 깊은 슬픔을 느꼈다. 나는 간절하게 네이든을 살리고 싶었고, 그럴 수 없는 내 자신에게 절망감을 느꼈다. 내가 이렇게 반응하고 있다는 것을 깨닫고 받아들이면서 절망감 대신 슬픔을 견뎌내려는 의지가 샘솟았다. 나는 네이든을 만나면서 나에게 아무런 힘이 없음을 깨닫게 되었다. 그러나 내가 통제할 수 없는 것에 머무르기보다 네이든을 알아가는 것에 집중할 수 있고, 네이든이 고통을 견뎌 내는 것에 작은 것이라도 도움이 될 수 있는 것이 바로 나의 특권이라는 것을 알게 되었다. 공감하는 것을 넘어, 네이든이 무엇을 원하든 그 길을 함께 걸어갈 수 있는 용기도 갖게 되었다.

그날 저녁 네이든이 병원 침대에서 자고 있을 때 나는 다시 네이든을 찾아갔다. 그렇게도 멋진 이야기를 한 아이라고 믿기 어려울 정도로 네이든의 몸은 자그마했다. 나는 상자에서 하얀 말 한 마리를 꺼내 침대 곁 테이블에 올려놓았다. 네이든이 그것을 보면서 구름에 가려진 산에서 자유롭게 다닐 수 있는 말 한 마리를 떠올릴 수 있으면 좋겠다고 생각했다.

그 후로도 몇 번 네이든을 찾아갔지만 네이든이 깨어 있는 모습은 보지 못했다. 한 번은 네이든이 손에 쥐고 잠들었던 하얀 말이 손 밖으로 빠져나와 있는 것을 보았다. 나는 그것을 보면서 장군인 네이든이 그의 하얀 말을 도망가게 하려고 준비하고 있다는 생각을 했다. 그날 저녁, 나는 조용하고 어두운 병실에서 이야기를 들려주던 네이든을 떠올렸다. 이야기를 통해 네이든은 전투를 준비해 왔고, 마지막을 연습해 온 것이다. 나는 네이든이 나에게 그렇게 해 주기를 바라는 것 같아서 잠든 네이든을 향해 용기를 내어 속삭여 주었다. "잘 가라 나의 좋은 말아!" 그를 위해 마지막 명령을 내려 주었다.

며칠 뒤, 네이든의 엄마가 그의 임종을 지켰다. 네이든이 죽고 나서 나는 내가 찾을 수 있는 한 가장 멋지게 장식된 하얀 말을 네이든의 가족들에게 보냈고, 가족들은 네이든을 기억할 수 있는 물건들을 모아둔 상자에 그 말을 넣었다고 전해 주었다. 15년이나 지난 일이지만 나는 여전히 네이든과 함께 놀았던 말 모양의 인형을 간직하고 있다. 나는 그것을 보면서 네이든을 떠올리고, 용감함을 떠올린다. 그 오래 전, 한 용감한 소년은 놀이가 자신의 병과 삶, 삶과 죽음, 죽음과 추억을 연결하는 길을 찾아내는 방법이라는 것을 알고 있었던 것이다. 결국 놀이치료의 효과성이 온전하지 않다는 것을 알고 있음에도 불구하고 몇몇 어린 아동들에게는 놀이치료가 커다란 가치로 다가갈 수 있는 것이다.

인지치료와 놀이치료는 얼마나 유사한가?

네이든의 사례에서처럼, 놀이치료는 병이나 불안, 문제, 정서적 갈등 등을 직접적인 말로 표현하는 것보다 노는 것을 더 좋아하는 어린 아동들에게 사용되어 왔다. 네이든의 사례에서는 장난감을 활용하고 놀이에 강조점을 둔 것 이외에도, 전통적인 인지행동치료의 목적과 놀이치료의 목적이 중첩되는 부분들이 발견된다. 네이든이 참여한 놀이치료 회기 중에는 가장 보편적인 6개의 인지적 요소(Spence, 1994) 중 다음의 네 가지 요소가 포함되었다. ① 문제해결, ② 자기진술 수정, ③ 스트레스 예방 훈련, ④ 인지 재구조화. 이 외의 두 가지 요소인 자기조절과 사회적 기술 훈련은 네이든이 겪고 있는 문제 상황과는 거리가 먼 것이었기 때문에 활용하지 않았다. 네이든은 놀이치료 과정 중에 자신의 감정을 알아차리고 병에 대한 반응을 처리해 갔고, 문제해결방법을 시도하고 검증했으며, 스트레스를 조절하고 극복하기 위한 다양한 방법을 실험해 보았다. 그는 자신의 이야기 속에서 군인을 만들어낸 후 역경을 다루고 불편함을 참아내는 여러 가지 대처 방법들을 시연했다. 병세가 악화되면서 네이든은 자신의 상황을 다시 살펴보고 전투에서 지는 것으로 이야기와 인식의 방향을 수정하기도 했다.

그의 놀이에서는 인지적 측면뿐만 아니라 행동적 측면도 발견된다. 노는 행동 그 자체가 네이든에게는 도움이 되었다. 즉, 몸을 움직일 수 있는 수단이 되었고, 기분전환과 같은 행동 차원에서의 대처전략이 되기도 했으며, 자신의 인지를 바꿀 수 있는지 여부를 눈에 보이는 방법으로 실험해 볼 수도 있었다. 뿐만 아니라 놀이에서 사용된 은유는 그가 자신의 경험을 가족들과 이야기를 나누도록 하는 중요한 매개체가 되었다. 네이든은 먼저 놀고 난 뒤, 놀면서 발견하게 된 자신의 상황이나 해결방법, 대처노력들을 말로 풀어 내곤 했다. 따라서 네이든이 참여한 놀이치료는 인지행동치료의 요소들을 포함하고 있을 뿐만 아니라, 인지행동치료가 목표로 하는 바를 훨씬 넘어서는 유익을 준 것으로 보인다. 네이든은 자신이 만들어 낸 것들로부터 위안과 만족을 얻었다. 그는 놀이를 통해 기쁨을 느꼈으며, 이야기 속의 문제를 해결해 감으로써 역량이 강화되는 경험도 할 수 있었다.

인지치료와 놀이치료 사이에는 중복되는 부분이 얼마나 있을까? 놀이치료 회기중에 아동에게서 긍정적인 정서 변화가 관찰된다면 이것이 아동의 인지나 행동의 변화와 관련된 현상일 수 있다고 보는 것이 합리적인 판단이다. 따라서 사고와 행동, 정서가 상호 연관되어 있다는 인지행동치료의 근본적인 전제가 놀이치료의 경우에도 맞아 떨어지는 것이다. 인지적 변화가 일어나는 특정한 과정에 대해 인지행동치료사와 놀이치료사가 같은 생각을 하고 있는지에 대해서는 분명하지 않다. 이 사안을 검토하기 위해서는 인지행동치료와 놀이치료 각각의 핵심 치료 요소와 방법을 해체하는 것이 도움이 된다. 놀이치료가 아동의 발달단계에 더 민감한 자세를 견지하고 있으나 인지행동치료에 비해 덜 다듬어지고 연구가 덜 진행되었다고 볼 수 있을까?

인지행동치료와 놀이치료의 핵심 요소 해체하기

인지행동치료와 놀이치료가 얼마나 가깝게 연관되어 있는지에 대한 질문에 답하기 위해서 각 치료의 독특한 요소 혹은 핵심 요소들이 무엇인지 살펴보고자 한다. 인지행동치료의 치료적 성공을 가능케 하는 핵심 요소들에 대해서는 몇몇 학자들이 분석한 자료들이 있으나, 놀이치료에서 변화를 가능케 하는 요인들이 무엇인지에 대해서는 제대로 정리되어 있지 않다. 성인을 대상으로 하는 인지행동치료는 인지와 행동이라는 두 가지 주요 요소를 변화시킴으로써 치료적 효과를 얻게 된다고 알려져 있다. 놀이치료의 경우, 일부 학자들이 몇 가지의 치료적 요소들을 언급한 바 있으나, 이에 대한 합의가 이루어지지는 않은 상태다. 아동을 대상으로 할 경우 치료 과정에서 무엇이 핵심인지에 대해서는 더 깊은 논의가 필요하다. 아동을 대상으로 진행하여 긍정적인 결과가 있었던 것으로 보고된 요인들을 기술하면 다음과 같다.

인지행동치료

불안하거나 우울한 성인 및 연령이 높은 아동들을 대상으로 인지행동치료[CBT]를 실행했을 때 그들의 인지와 행동에 초점을 맞춤으로써 긍정적인 치료적 결과가 도출된다는 것에 대해서는 많은 연구자들이 동의하는 반면, 8세 이하의 어린 아동들의 경우 그 결과가 어떠한지에 대해서는 많은 연구가 진행된 바가 없다. 인지행동치료의 인지영역에서 당사자는 사고를 전환하고, 재해석 혹은 재명명하는 등의 기법을 통해 자신들의 사고에 대해 달리 생각하는 법을 배우게 되는데, 특히 성인 및 연령이 높은 아동들에게 이것이 적당하다고 본다. 행동영역의 경우 발달단계 때문에 적용의 한계가 있다고 보지는 않는데, 출생과 동시에 행동과 감정 및 기분의 변화가 연계되는 것을 관찰할 수 있기 때문이다. 따라서 행동영역보다 인지영역의 치료요소가 문제로 여겨지는 경우가 더 많은데, 이와 관련하여 그레이브와 블리셋(Grave & Blissett, 2004)은 인지행동치료를 어린 연령의 아동들에게 적용하는 데 있어 고려해야 할 몇 가지 주제들을 정리하였다. 첫째, 어린 아동들이 인지행동치료를 사용할 수 있는 인지발달능력을 가지고 있는지, 둘째, 자기성찰, 정보처리, 언어, 추론하기, 기억하기 등과 같이 치료 과정에서 활용하게 되는 인지적 기술을 갖고 있는지, 셋째, 어린 아동들에게 있어서 인지적 오류는 어쩔 수 없이 나타나는 특성인데 인지행동치료에서는 이 인지적 오류에 개입하는 것에 초점을 두고 있다는 점에서 이것을 어떻게 설명할 것인지 등이 그것이다. 따라서 인지적 변화가 감정과 기분의 변화를 만들어 낼 수 있다고 보는 인지행동치료의 기본 가정이 어린 연령의 아동들에게 적용되기에는 딱 맞아 떨어지지 않을 수 있다는 결론이 내려지기도 하고, 인지행동치료가 어린 연령의 아동들에게서 치료적 효과를 볼 수 있는지에 대한 의문이 제기되기도 하며(Grave & Blissett, 2004), 인지영역보다 행동영역이 아동들에게는 보다 효과적일 수 있다는 의견도 제시된다(Mahoney & Nezworski, 1985).

즉, 어린 아동들을 대상으로 하는 개입에 있어 사고의 변화가 얼마나 핵심적인 부분인지 아직 분명하지 않은데, 어쩌면 성인의 경우와 달리 어린 아동에게는 인지적 변화가 치료를 위한 가장 기본적인 요소가 아닐 수도 있을 것이다. 또 어쩌면 어린 아동들에게 인지행동치료로 개입하여 성공하는 것에도 역시 인지적 변화가 필수적인데 인지행동치료의 전형적인 교수학습법(말을 기본으로 하고 가르치는 것을 근간으로 하는)이 어린 아동들로 하여금 참여를 어렵게 하는 요인일 수도 있을 것이다.

놀이치료

스트레스 상황에 있는 아동에 대한 놀이치료[PT] 사례연구는 그리 많지 않다. 놀이치료사들은 연구 분야를 강조하지 않았었고, 구체적인 형식에 대한 기록 역시 인지행동치료에 비해 턱없이 부족하다. 따라서 놀이치료는 제대로 연구된 적도 없고, 그 효과성의 근거 역시 불충분한 상황이다. 인지행동치료가 유사한 치료기법과 요소, 과정을 활용하여 구체적이고 분명하게 진행되는 반면, 놀이치료는 인지행동치료와 기타 다른 치료방법들을 포함하는 광범위한 형식으로 진행되는 경향이 있다(Knell, 1993; 2009). 반면, 인지행동치료의 경우, 개입의 목적을 달성하는 수단으로 놀이기반의 개입방법을 활용하는 경우도 있어, 인지행동치료와 놀이치료 간에 중첩되는 부분이 생기기도 한다(Asarnow, Scott, & Mintz, 2002; Knell, 1993; Podell, Martin, & Kendall, 2009; Shelby & Berk, 2009; Webb, 2007).

놀이치료는 이제 막 연구를 통해 놀이치료의 핵심 요소들을 실증적으로 파악해 가는 단계에 있다. 2008년 놀이치료협회에서 놀이치료를 '당사자를 돕기 위해 훈련받은 놀이치료사가 놀이의 치료적 힘을 사용하면서 상호 간의 관계를 만들기 위해 이론적 모델을 체계적으로 사용하는 것'이라고 정의하였으나, 놀이치료의 치료적 핵심요소가 무엇인지에 대해서는 별도의 언급이 없었다. 반면, 쉐퍼와 드류스(Schaefer and Drewes, 2009)는 놀이치료의 치료적 핵심요소를 다음과 같이 나열하고 있는데, 자기표현, 무의식에의 접근, 직간접적인 가르침, 해제반응, 스트레스 면역훈련, 부정적 정서에 대한 역조건 형성, 카타르시스, 긍정적 정서, 승화, 애착과 관계증진, 윤리적 판단, 공감, 힘의 통제, 유능감과 자아

통제, 창의적 문제해결, 현실 검증, 행동연습, 라포 형성 등이 그것이다. 랜드레스(Landreth, 1991)는 놀이치료의 핵심요소가 첫째, 놀이도구의 활용, 둘째, 치료적 관계, 셋째, 표현, 다양한 감정의 발견, 인지, 역사, 행동 등이라고 정리하였고, 드류스(2009, p.4)는 놀이치료를 '문제를 해결하고 새로운 경험과 생각, 관심사들에 익숙해지면서 생겨나는 힘과 통제력을 제공하는 것'이라고 정의한 바 있다. 놀이치료의 개념과 치료적 핵심요소에 대한 정의에는 조금씩 차이가 있기는 하지만 연구자들은 인지적 과정이 치료적 변화를 일으키는 데 도움이 된다는 것에는 의견을 같이 하고 있다.

인지행동치료와 놀이치료의 통합

아동을 대상으로 하는 개입의 경우 발달단계에 보다 민감해야 한다는 것이 인지행동치료[CBT]를 연구하는 사람들이 공통적으로 주장하는 바임에도 불구하고, 어떻게 하면 어린 연령의 아동들에게 이 치료기법을 수정하여 적용할 수 있을 것인지에 대한 구체적인 논의는 시도된 바가 거의 없다. 인지적 발달 수준을 인지행동치료에 반영하려는 시도는 일반적으로 다음의 사안들을 고려하여 진행되어야 한다. 첫째, 복잡한 기술이나 상위 인지 기술을 요구하는 기술을 덜 사용할 것, 둘째, 말로 하는 방법에 덜 의존할 것, 셋째, 그림이나 이야기, 치료과업을 묘사하는 은유를 더 활용할 것 등이 그것이다. 몇몇 연구자들은 행동적으로 보다 활발한 학습기술을 강조하기도 한다(Grave & Blissett, 2004; Shelby & Berk, 2009).

그레이브와 블리셋(Grave & Blissett, 2004)은 비록 아동을 대상으로 하는 인지행동치료에서 은유, 비유, 이야기가 더 많이 사용되어야 한다는 수준으로 자신들의 의견을 펼치고 있지만, 프리드버그(Friedberg, 1994)의 말을 인용하면서 놀이치료의 활용을 정당화하고 있다.

> 추상적인 개념들(예를 들면, 인과 매개물 등과 같은 단어)이 구체적인 형식으로 나타날 수도 있고, 자기성찰이 표면적으로 드러날 수도 있다. 추론은 창의적이고 매력적인 유추와 비유로 입증될 수도 있다. 자아중심성은 아동 자신의 사고나 신념, 자기표상을 투사하는 이야기를 통해 치료적 장점이 되기도 한다. 특정 영역에 한정된 지식과 기억, 동기들이 갖는 한계 역시 아동이 만들어낸 주인공, 세팅, 줄거리에 의해 쉽게 극복되기도 한다(p. 416).

그레이브와 블리셋(p. 417)은 아동이 치료적 이야기를 세워나갈 때 어떤 은유가 적절할 것인지 치료자가 발견할 수 있어야 한다고 강조하고 있는데, 이와 같이 최근의 인지행동치료 관련 문헌을 통해 말을 적게 하고, 아동이 만들어 가는 구체적이고도 은유가 포함된 이야기를 사용해야 한다는 주장이 대두되고 있는 것은 이미 한 세기 전부터 놀이치료 실천에서 행해지던 내용과 일맥상통하는 부분이므로 매우 흥미로운 일이라 하겠다.

은유에 대하여

치료적 은유와 비유를 사용하라는 권유가 대부분이지만 주의해야 할 점도 있다. 나를 포함한 몇몇 실천가들이 아동을 대상으로 개입을 실시할 때 발달단계에 보다 민감하기 위해 부적응 행동을 고치는 것을 도울 때는 '나쁜 생각 괴물', '전사들' 등과 같은 은유를 사용하거나, 대안적인 자기진술을 하도록 도울 때는 '대처메뉴', '코치' 등의 은유를 사용하려는 시도를 한 적이 있었다. 그러나 이때 실천가들은 아동이 속한 다양한 출생지역, 문화권, 종교, 사회경제적 집단에 따라 여러 가지 상황에 처할 수 있다는 점을 기억할 필요가 있다. 어떤 아동들에게는 위의 은유들이 낯설거나, 두렵거나, 불쾌하게 받아들여질 수 있기 때문이다. 그렇다고 해서 은유를 사용하지 말라는 것은 아니다. 매뉴얼에 기록되어 있더라도 아동에게 잘 맞지 않는 정해져 있는 은유를 사용하는 것보다 '아동이 스스로 만들어 내는' 은유를 활용하는 것이 바람직하다는 것을 알아두어야 한다. 실천가 혹은 연구자들이 이미 만들어놓은 은유보다 더 적합한 은유를 만들어 내는 아동이 있을 수 있고, 그것은 전문가들에 의해 결정된 은유보다 훨씬 양질의 은유일 것이다.

네이든 사례를 일반화하는 것에 있어서 주의할 사항

네이든은 자신의 심리적 이슈들을 해결하는 데 있어 매우 뛰어난 능력을 갖춘 아동이었다. 모든 아동들이 네이든의 사례처럼 놀이치료로부터 큰 유익을 얻게 되는 것은 아니다. 예를 들어, 자발적인 결심과 문제해결기술이 부족한 아동에게는 보다 직접적이고 기술적인 측면에 초점을 맞춘 접근이 효과적일 것이다. 그렇다고 하더라도 이러한 아동들 역시, 놀이에 기반을 두면서 심리교육, 인지적 측면, 기술습득 등을 자신들의 이야기와 은유에 통합하려고 최대한 노력한다면 그것으로부터 많은 유익을 얻게 될 것이다.

본질인가 포장인가?

인지행동치료를 위해 사용되는 전형적인 방법들(숙제, 쓰기 연습, 말로 하는 토론 등)이 어린 아동의 치료에 도움이 되는지 혹은 그 반대인지를 검증하는 것은 매우 흥미로운 과제가 될 것이다. 놀이치료를 위해 사용되는 기술들(아동이 만들어 내는 은유, 놀이도구의 활용, 실험과 활동적 학습을 위한 지도방법 등)이 전통적인 인지행동치료와 비교하여 더 많은 장점이 있는지 혹은 그 반대인지를 검증하는 것도 필요한 과제다. 이러한 연구의 결과들이 쌓이기까지, 실천가들은 발달단계에 더욱 민감하도록 인지행동치료를 수정해 나가거나, 발달단계에 민감한 것과 증거를 기반으로 하는 것 사이의 균형을 맞추는 등 자신들만의 결과를 도출하려 노력해야 한다.

결론

어린 아동에게 인지행동치료의 인지적 요소들이 어떤 영향을 미치는지, 그리고 인지적 혹은 행동적 치료가 치료적 변화에 어느 정도 영향을 미치는지에 대한 질문은 여전히 남아 있다. 이 장에서는 인지행동치료의 핵심적 요소를 공유하고 있는 놀이치료의 형식에 대해서 탐색해 보았고, 인지적 변화 현상이 언어를 매개로 이루어지는 개입보다 놀이치료 현장에서 보다 쉽게 이루어지는 사례를 살펴보았다. 아마도 두 가지 치료가 성공적으로 전달될 때는 핵심요소에 큰 차이가 없을 것이다. 인지행동치료가 발달단계에 더욱 민감해져야 한다는 주장이 지배적이면서도 아직 놀이치료와의 통합이 이루어지지 않은 것은 의외이다. 반면, 놀이치료의 경우, 아직 놀이치료의 효과성을 증명할 수 있는 증거기반의 연구가 취약한 것이 사실이다. 따라서 실천가와 연구자들이 놀이치료의 효과성을 평가하고, 치료의 핵심적인 요소들을 검증하고, 증거기반실천을 강화한다면, 인지행동치료를 선호하는 실천가들은 놀이치료로부터 많은 유익을 얻을 수 있을 것이다. 마지막으로, 이 장에서 살펴본 네이든의 사례가 앞으로 인지행동치료와 놀이치료를 조합하는 과정에 자극제가 되기를 바란다.

1. 네이든의 이야기와 놀이에서 인지적 전환은 어떤 방법으로 이루어졌는가?
2. 네이든이 언어로 이야기하는 개입보다 놀이에 근거를 둔 개입을 더 원한 것에는 어떤 이유가 있었을지 생각해 보자.
3. 예를 들어, 놀이치료가 인지적 변화를 일으키는 데 효과적이지 않았다면(예를 들어, 네이든이 놀이를 하면서 결심이나 만족감, 긍정적인 감정 등을 표현하지 않고 패배하는 장면만을 반복적으로 연출했다면), 치료자는 어떻게 대처해야 했을지 논의해 보자.
4. 네이든과 같은 아동을 만날 때 상담가가 느끼는 자신의 슬픔을 어떻게 다루어야 할지 이야기해 보자. 당신이 네이든을 만나는 상담가였다면, 당신의 슬픔을 어떻게 긍정적인 것으로 바꾸었을지 이야기해 보자.
5 역할극: 당신이 말기질환을 앓고 있는 6세 소녀를 만나고 있는 놀이치료사라고 가정해 보자. 마법의 나무로부터 치유방법을 찾는 것으로 자신의 두려움을 다루고 있던 소녀가 몇 주간의 놀이치료가 지난 후, 더 이상 낙관적인 이야기를 만들어 내지 않고 있고, 급기야 이번 회기에는 자신이 마법의 나무를 찾을 수 없다는 이야기를 만들어 냈다. 이 소녀가 결심 혹은 위로를 받을 수 있도록 어떻게 반응하고 공감할지 의논해 보자.

참고문헌

Asarnow, J. R., Scott, C. V., & Mintz, J. (2002). A combined cognitive-behavioral family education intervention for depression in children: A treatment development study. *Cognitive Therapy and Research, 26,* 221- 229.

Association for Play Therapy. (2008). About APT. Retrieved March 16, 2008, from www.a4pt.org/ps.aboutapt.cfm?ID=1212.

Drewes. A. (2009). *Blending play therapy with cognitive behavioral therapy: Evidence-based and other effective techniques.* Hoboken, NJ: Wiley. 채규만 · 김유정 · 위지희 · 임자성 역. 2013. 『인지행동 놀이치료』. 시그마프레스.

Gil, E., & Johnson, T. C. (1993). *Sexualized children: Assessment and treatment of sexualized children and children who molest.* Rockville, MD: Launch Press.

Grave, J., & Blissett, J. (2004). Is cognitive behavior therapy developmentally appropriate for young children?: A critical review of the evidence. *Clinical Psychology Review, 24,* 399-420.

Knell, S. J. (1993). *Cognitive-behavioral play therapy.* Northvale, NJ: Aronson. Knell, S. J. (2009). Cognitive-behavioral play therapy: Theory and applications. In A. Drewes (Ed.), *Blending play therapy with cognitive behavioral therapy: Evidence-based and other effective techniques* (pp. 117-133). Hoboken, NJ: Wiley. 채규만 · 김유정 · 위지희 · 임자성 역. 2013. 『인지행동 놀이치료』. 시그마프레스.

Landreth, G. (1991). *Play therapy: The art of the relationship.* Muncie, IN: Accelerated Development. 유미숙 역. 1999. 『놀이치료 - 아동중심적 접근』. 상조사.

Mahoney, M. J., & Nezworksi, M. T. (1985). Cognitive-behavioral approaches to children's problems. *Journal of Abnormal Child Psychology, 13,* 467- 476.

Ollendick, T. H., Grills, A. E., & King, N. J. (2001). Applying developmental theory to the assessment and treatment of childhood disorders: Does it make a difference? *Clinical Psychology and Psychotherapy, 8,* 304-314.

Podell, J. L., Martin, E. D., & Kendall, P. C. (2009). Incorporating play within a manual-based treatment for children and adolescents with anxiety disorders. In A. Drewes (Ed.), *Blending play therapy with cognitive behavioral therapy: Evidence-based and other effective techniques* (pp. 165-178). Hoboken, NJ: Wiley. 채규만 · 김유정 · 위지희 · 임자성 역. 2013. 『인지행동 놀이치료』. 시그마프레스.

Schaefer, C. S. (1999). Curative factors in play therapy. *Journal for the Professional Counselor, 14*(1), 7-16.

Schaefer, C. S., & Drewes, A. (2009). The therapeutic powers of play and play therapy. In A. Drewes (Ed.), *Blending play therapy with cognitive behavioral therapy: Evidence-based and other effective techniques* (pp. 3-15). Hoboken, NJ: Wiley. 채규만 · 김유정 · 위지희 · 임자성 역. 2013. 『인지행동 놀이치료』. 시그마프레스.

Shelby, J. S. (2000). Brief therapy with traumatized children: A developmental perspective. In H. G. Kaduson & C. E. Schaefer (Eds.), *Short-term play therapy for children.* New York: Guilford Press.

Shelby, J. S., & Berk, M. J. (2009). Play therapy, pedagogy, and CBT: An argument for interdisciplinary synthesis. In A. Drewes (Ed.), *Blending play therapy with cognitive behavioral therapy: Evidence-based and other effective techniques* (pp. 17-40). Hoboken,

NJ: Wiley. 채규만 · 김유정 · 위지희 · 임자성 역. 2013. 『인지행동 놀이치료』. 시그마프레스.

Shelby, J. S., & Felix, E. (2005). Posttraumatic play therapy: The need for an integrated model of directive and nondirective approaches. In L. A. Reddy, T. M. Files-Hall, & C. Schaefer (Eds.), *Empirically based play interventions for children* (pp. 79-104). Washington, DC: American Psychological Association. 이유니, 이소영 역. 2019. 『아동을 위한 경험기반 놀이치료』. 학지사.

Southam-Gerow, M. A., & Kendall, P. C. (2000). Cognitive-behavior therapy with youth: Advances, challenges and future directions. *Clinical Psychology and Psychotherapy, 7*, 343-366.

Spence, S. H. (1994). Practitioner review: Cognitive therapy with children and adolescents: From theory to practice. *Journal of Child Psychology and Psychiatry, 35*, 1191-1228.

Stallard, P. (2002). Cognitive behavior therapy with children and young people: A selective review of key issues. *Behavioral and Cognitive Psychotherapy, 30*, 297-309.

Webb, N. B. (Ed.). (2007). *Play therapy with children in crisis: Individual, family and group treatment* (3rd ed.). New York: Guilford Press.

CHAPTER 14

부모의 죽음 이후
아동과 양육자를 함께 만나기

패트리샤 밴 혼 *Patricia Van Horn*

이 장에서는 아동의 애도현상을 이해하고, 아동이 부모의 죽음을 극복할 수 있도록 돕는 과정에서 알아두어야 할 틀에 대해 설명하고자 한다. 부모 사망 이후 아동은 부모의 영원한 부재라는 현실을 받아들이고, 외상을 극복하고, 부모와의 특별한 기억과 관계를 잃지 않으면서도 부모를 대체할 수 있는 새로운 애착관계를 형성함으로써 긍정적인 발달을 이루어 나갈 수 있어야 한다. 이 장에서는 사례를 들어 두 가지 질문 — 아동에게 과연 부모의 죽음을 애도할 수 있는 능력이 있는지, 부모가 갑작스럽게 사망했을 때 제공할 수 있는 적절한 개입방법은 어떤 것인지 — 에 대해 논의하고, 부모가 사망한 어린 아동들을 도울 수 있는 구체적인 전략들에 대해 살펴보고자 한다.

초기 아동기의 애도

어른들은 아직 말을 제대로 하지 못하는 아동들의 경우, 무슨 일이 일어나고 있는지 이해하지 못하고 누군가가 다시 이야기하지 않으면 사망한 부모에 대해 다시 기억하지 못할 것이라고들 쉽게 생각한다. 하지만 죽음이 끝이라는 것을 이해할 수 있는 인지적 능력, 그리고 새로운 대상과의 애착관계를 형성하기 이전에 사랑하는 부모를 단념하는 과정을 참아내는 데 요구되는 정서적 성숙도 이 두 가지가 모두 낮은 5세 이하의 아동에게도 애도능력이 발견된다는 것이 연구자들의 입장이다(Freud, 1960; Spitz, 1960). 즉, 그러한 기술이 없는 연령의 아동에게서도 애도 반응이 있을 수 있다는 것이다(Bowlby, 1960, 1980; Furman, 1974; Hofer, 2003).

부모들과 실천가들은 아동들이 스트레스 사건으로부터 금세 그리고 온전하게 회복되도록 돕는 특징을 타고났다고 말하면서 아동의 적응유연성을 언급하기도 한다. 하지만 아동의 적응유연성에 대해 보다 현실적으로 이해하는 연구자들은 이것이 신뢰할 수 있는 어른들이 제공해 주는 지지를 통해 아동이 내면의 자원을 활용함으로써 상황에 대처해 가게 되는 상호작용이라고 설명한다(Cicchetti & Rogosh, 1997; Lieberman, Compton, Van Horn, & Ghosh-Ippen, 2003).

부모상실을 애도하는 것은 아동의 기능과 발달의 전 영역에 영향을 미치는데, 이때 가까운 어른들이 충분한 지지를 제공해 줄 경우 부정적인 영향이 완화되기도 한다.

사례

칼라^{Carla}가 15개월이었을 때, 그녀의 아빠가 그녀의 엄마를 칼로 찔러 죽였다. 가족 중에 누구도 칼라를 맡아 키울 수 없었기 때문에 칼라는 위탁가정에 맡겨졌다. 가족들의 요청으로 사회복지사가 칼라를 엄마의 장례식에 데려왔는데 그곳에서 칼라는 엄마의 사진을 보고 손을 흔들고, 뽀뽀하고, 울기 시작했다. 가족들은 칼라를 사진으로부터 떼어놓고 다시 사회복지사에게 안겨준 뒤 그 방에서 나가도록 했는데, 그곳에 있던 어느 누구도 칼라에게 무슨 일이 있었던 것인지에 대해서 설명해 주지는 않았다.

몇 주가 지난 뒤, 사회복지사는 17개월이 된 칼라의 정서적 수준을 사정하기 위해 임상가와의 약속을 잡았고, 사회복지사는 임상가에게 칼라가 자신의 집을 떠날 때와 다름없는 모습으로 잘 자라고 있기 때문에 별 문제가 없을 것이라고 말해 주었다. 임상가는 위탁가정을 방문해 칼라와 위탁모인 제임스 부인Mrs. James을 함께 만났다. 임상가는 칼라가 자신의 엄마에 대해 묻는지 제임스 부인에게 물었고, 제임스 부인은 "칼라는 엄마나 아빠, 언니에 대해서 단 한 번도 물어본 적이 없어요. 우리도 아이에게 가족 이야기를 한 적이 없고요. 사실 어떻게 말해야 할지도 모르겠어요."라고 말했다. 제임스 부인은 임상가가 칼라에게 가족에 대해 이야기해도 된다고 허락해 주었다.

일주일 뒤 두 번째 만남에서 임상가는 칼라에게 그녀의 엄마 사진을 보여 주었고, 칼라는 잠시 사진을 쳐다본 후 아는 척을 하지 않았다. 임상가는 "이건 네 엄마 사진이야. 엄마한테 슬픈 일이 생겼단다. 엄마가 너무 많이 다쳐서 의사선생님도 엄마를 도와줄 수가 없었어. 병원에서 최선을 다했지만 엄마가 너무 많이 다친 상태여서 돌아가셨단다." 임상가는 칼라에게 그녀의 엄마가 죽었기 때문에 그녀를 만나러 다시 올 수도 없고, 같이 산책을 하거나 놀아 줄 수도 없다고 말해 주었다. 엄마는 칼라를 너무 사랑해서 죽고 싶지 않았지만 너무 많이 다쳐서 죽게 된 거라고도 말해 주었다. 칼라는 얼굴에 어떤 표정도 짓지 않고 조용히 이야기를 듣고 있었다. 칼라는 조용히 앉아 있었고 임상가는 칼라에게 아기 인형을 건네주었다. 칼라는 인형을 잠시 안고 있다가 옆으로 치워 두고, 임상가의 가방에 무엇이 있는지 살펴보았다. 칼라는 장난감 우유병을 찾아내 그것을 입에 물고 빨기 시작했다. 임상가가 "그래 칼라. 너는 아직 아기야. 그래서 너를 안아 주고 너에게 먹을 걸 줄 사람이 필요해. 엄마가 너를 그렇게 돌봐 주셨지. 엄마가 이제 더 이상 그렇게 해 줄 수 없다는 건 정말 슬픈 일이야."라고 말하자 칼라는 임상가의 무릎에 기어오르기 시작했다.

제임스 부인은 칼라가 엄마에 대해서 더 이상 생각하는 것처럼 보이지 않았다고 반복적으로 이야기했다. 칼라는 엄마를 찾지도 않았고 엄마의 이름에도 반응하지 않았다. 제임스 부인은 칼라가 같은 17개월 아이들보다 어려 보인다고 말했다. 칼라는 말이 없었고, 원하는 것을 가리키지도 않았으며, 누가 자신에게 주는 것을 받아들일 뿐이었다. 낯선 사람이라도 익숙해지면 안기는 것을 꺼려 하지 않았지만 먼저 안아 달라고 칭얼거리지도 않았다. 제임스 부인은 칼라가 다른 사람보다 임상가에게 더 빠르게 친밀감을 느끼는 것처럼 보인다고 말했는데, 두 사람은 이것이 아마도 임상가가 자신의 엄마에 대해 말을 해 주었고, 다시 아기가 되고 싶은 자신의 바람을 알아주었기 때문일 것이라고 추측했다. 제임스부인은 이렇게 말했다. "제가 제일 염려되는 것은 칼라가 성격이 없는 아이처럼 보이는 거예요. 칼라는 아이이기를 배운 적이 없는 것 같아요. 칼라는 자기가 누군지도 모르는 것 같아요."

여러 가지 영역에서 칼라의 발달은 엄마의 죽음과 동시에 멈춰진 것으로 보였다. 칼라가 엄마로부터 분리된 것은 갑작스러운 일이었고, 이 일로 인해 칼라는 바라는 것을 표현하지 않고, 말도 하지 않는 퇴행행동을 보이기 시작한 것이다. 하지만 칼라는 임상가가 엄마에 대해 이야기를 들려주고, 돌봄을 받고 싶은 자신의 욕구를 알아주고, 자신을 돌봐 줄 것이라고 약속하자 다시 발달을 시작했다.

개입을 위한 길 선택하기: 외상과 상실

나이에 관계없이 부모의 사망을 경험한 아동은 이중의 과업을 맞닥뜨리게 된다. 사망한 부모의 사랑을 계속 붙들고 기억하는 동시에 그들에게 사랑과 돌봄을 제공하여 그들이 성장할 수 있는 안전한 기반이 되어 주는 새로운 누군가와의 충성스러운 관계를 형성해야 하는 것이 그것이다. 아동들이 이 과업들을 완수하지 못할 경우, 그들의 발달은 위태롭게 된다. 따라서 부모 사별을 경험한 아동들에게 개입할 때에는 부모를 향한 사랑을 잃지 않은 채 작별인사를 건네도록 돕고, 동시에 새로운 애착관계를 형성하도록 도와야 한다.

하지만 부모의 죽음이 갑작스럽고 폭력적인 경우 아동이 직면하게 되는 일들은 매우 복잡해진다. 애도과정에는 사망한 사람에 대한 기억을 꺼내어 간직하는 것이 포함된다. 그러나 외상적인 사망이 발생하고 나면 아동은 사망한 부모에 대한 기억과 사건 당시의 끔찍한 광경과 소리를 합쳐서 기억하게 된다. 하지만 충격과 외상은 애도과정에 방해가 되기 때문에 외상적 죽음을 경험한 아동들을 만나는 치료사들은 오히려 순차적으로 개입할 필요가 있다. 즉, 사건에 대해 먼저 이야기하고, 아동이 외상사건을 다룰 수 있도록 돕고, 상실과 관련된 감정에 접근하는 것이 그 순서다(Cohe, Mannarino, & Deblinger, 2006; Webb, 2007).

하지만 모든 아동에게 있어서 개입의 욕구는 서로 다르게 나타난다. 어린 아동들은 주변으로부터 받는 돌봄의 유형에 따라 자신에 대한 생각을 형성한다. 누군가 자신을 안아 주고, 얼러 주고, 말하는 방법을 통해 자신들이 누구인지에 대한 핵심 신념을 형성하게 된다. 이러한 양육방식은 양육자에 따라 독특하게 나타나는데, 만일 양육자가 아동의 인생에서 사라져 버리게 되면 아동은 자신의 고유한 정체감을 잃게 되는 것이다. 뿐만 아니라 어린 아동은 스트레스나 위험으로부터 자신을 지키는 것에 있어 부모나 양육자에게 온전히 의존하기 때문에,

애도과정에서 발생하는 스트레스는 아동의 독립적인 대처기제가 형성되는 것을 어렵게 만든다(Hofer, 1996, 2003; Lieberman et al., 2003). 이러한 이유 때문에 자아의식이 확립되고 부모의 보호와 돌봄으로부터 독립성을 이루어 가는 시기인 5살이 되기 전에 부모의 죽음을 경험하게 되면 보울비(1980)가 언급한 '상실의 외상'을 경험하게 되는 것이다. 이에 대해 영유아 정신건강과 발달장애 진단분류 개정판(The revised edition of the Diagnostic Classification of Mental Health and Developmental Disorders of Infancy and Early Childhood, Zero to Three, 2005)에서는 정신질환 진단 및 통계 편람(American Psychiatric Association, 2000)에서 말하는 것처럼 신체적 온전함에 위협이 발생했을 때 외상이 발생한다고 보는 동시에 심리적 온전함에 위협이 발생할 때도 외상이 발생하여 아동들이 정신적으로 취약한 상태가 될 수 있다고 설명한다. 사별을 경험한 영유아, 학령전 아동들은 부모의 죽음을 목격했는지, 부모가 폭력으로 인한 충격적인 죽음을 당했는지, 평화로운 죽음을 맞이했는지, 질병으로 인해 죽게 되었는지 등과는 관계없이 여러 가지 어려움을 겪게 된다. 사별을 경험한 어린 아동들은 충격을 받고 압도되어 이해할 수 없는 행동을 하고, 가족이든 위탁가족이든지 간에 그들의 양육자를 곤란하게 만든다. 때로는 무섭게 화를 내기도 하고, 울기도 하고, 사망한 부모를 찾기도 한다. 또 어떤 때는 아무 일도 없었던 것처럼 행동하기도 한다. 따라서 이러한 아동들은 부모가 사망했을 때의 충격적인 기억을 처리해야만 하고, 그러한 기억이 없는 아동, 즉 부모가 사망한 것을 목격하지 않았던 아동이나 부모가 질병으로 인해 서서히 죽음을 맞이했던 아동이라고 할지라도 혼자만 외상사건에서 살아남았다는 고통을 경험하고 있을 수 있으므로 이를 다루어 줄 필요가 있다.

초기 아동기 사별에 개입하기 위한
아동-부모 대상 심리치료

사별을 경험한 아동을 대상으로 하는 개입의 이중목표 — 부모의 상실을 애도하고 부모와의 기억을 자아개념 형성에 통합시키도록 돕는 것, 지속적인 발달을 유지시켜 줄 새로운 애착관계 형성을 통해 자신이 안전하다고 느끼도록 돕는 것 — 는 관계에 근거한 목표다. 부모 사별을 경험한 아동을 위한 다양한 개입양식이 존재하지만 그중 목표를 달성하기에 가장 간략한 방법은 아동과 아동의 양육을 담당하고 있는 양육자를 함께 만나 개입을 진행하는 것이다. 아동과 양육자 간의 관계를 강화하는 것을 초점으로 두고 개입을 진행하면 아동에게 다음과 같은 유익이 생긴다. 첫째, 아동이 양육자와 함께 애도과정에 참여함으로써 도움을 받거나 의지할 수 있는 핵심관계를 형성하는 데 도움이 된다. 둘째, 아동의 발달을 지도할 수 있는 애착관계를 공고히 하는 데 도움이 된다. 부모-자녀 심리치료는 사별을 경험한 아동이나 다른 외상을 경험한 아동을 대상으로 실시된 바 있으며 (Lieberman & Van Horn, 2005, 2008; Lieberman et al., 2003), 부모와 자녀가 함께 심리치료를 받을 경우 그 효과성이 높은 것으로 알려져 있다(Cicchetti, Rogosh, & Toth, 2000; Cicchetti, Toth, & Rogosh, 1999; Lieberman, Ghosh Ippen, & Van Horn, 2006; Lieberman, Van Horn, & Ghosh Ippen, 2005; Lieberman, Weston, & Pawl, 1991; Toth, Maughan, Manly, Spagnola, & Cicchetti, 2002; Toth, Rogosch, Manly, & Cicchetti, 2006). 이 장에서는 부모와 자녀를 대상으로 하는 심리치료의 사정방법과 치료영역에 대해 간략하게 살펴보고자 한다.

사정

몇 시간에 걸친 인터뷰와 관찰을 통해 철저한 사정이 이루어질 때 비로소 최선의 실천이 가능해진다(Zero to Three, 2005). 가족구성원, 현재의 양육자, 어린이집 선생님과 같은 이차 양육자들을 대상으로 하는 인터뷰를 통해서도 정보를 모을 수 있다. 아동이 보여 주는 현재 양육자와의 상호관계도 직접 관찰해야 하고, 아동과 실천가가 부모의 죽음과 관련된 놀이를 하면서 관계를 맺는 양상도 파악해야 한다. 사정은 아동의 사별과정에 영향을 미치는 요인들에 초점을 맞추어 진행되어야 하고, 다음과 같은 영역들에 대한 정보를 확보할 수 있어야 한다.

- 사망 이전과 이후 아동의 정서적, 사회적, 인지적 기능: 아동의 기질, 타인과 관계를 맺는 능력, 사회적 기준, 제어 가능한 수준의 불안 범위 안에서 자율적으로 기능하는 능력, 애도과정을 어렵게 하는 인지적 발달의 지연 등이 포함된다.
- 아동이 죽음에 대해 알고 있는 것, 부모의 죽음에 대해 알고 있는 것: 아동이 부모의 죽음에 대해서 어떤 이야기를 어떻게 들었는지 아는 것이 중요하다. 또한 어른들이 하는 이야기를 엿듣거나 해서 알게 된 또 다른 사실들은 무엇인지 파악하는 것도 중요하다. 어른들은 자신들이 이야기를 하고 있을 때 아동들이 듣고 있다는 것을 모를 수도 있고, 혹은 아동들이 이야기를 듣더라도 그것을 이해할 수 있을 거라고 여기지 않는 경향이 있기 때문이다.
- 외상 사건을 다시 떠올리게 하는 것: 외상 사건을 다시 떠올리게 하는 것들이 아동의 발달을 저해하고 있는 것은 아닌지 이해하기 위해서는 아동의 행동을 조심스럽게 관찰할 필요가 있다(Pynoos, Steinberg, & Piacentini, 1999). 어린 아동들은 자신들이 무엇 때문에 스트레스를 받고 있는지 설명하기 어렵기 때문에 사정을 담당하는 사람은 아동에게 외상사건을 다시 떠올리게 하는 무언가가 있는지 살펴보아야 한다. 외상 사건을 다시 떠

올리게 하는 것들은 아동의 신경생리학적 기능을 교란시켜 감정을 다루는 것을 어렵게 만든다.

- 아동과 사망한 부모가 맺었던 관계: 사망한 부모가 아동의 인생에서 차지했던 부분을 아는 것은 중요하다. 기본적인 일상생활과 돌봄에 있어 아동이 부모에게 의지했었는가? 아동이 아프거나 스트레스를 받을 때 사망한 부모가 가장 큰 위로와 위안이 되었는가? 부모가 소중한 놀이친구로서의 특별한 역할을 담당했었는가? 사망한 부모와 관련이 있는 독특한 활동을 더 이상 할 수 없는 것을 애도하는 동시에 그러한 행동들을 하면서 부모를 떠올리는 것도 할 수 있어야 한다. 따라서 아동은 새로운 양육자가 앞서 언급한 일상생활과 활동을 대신하려고 하는 노력을 거부할 수도 있다.

- 아동이 현재 맺고 있는 관계: 애도과정 동안 아동에게 적어도 한 명의 지지적인 어른이 안전함을 제공해 주어야 한다. 사정의 중요한 기능 중의 하나는 누가 그런 어른의 역할을 하고 있는지 파악하고, 양육자와 다른 어른들이 사망한 부모와 아동이 함께하던 일상을 대신하여 유지할 수 있는지 확인하는 것이다. 아동의 일상을 유지하는 것은 아동과 갈등을 일으키기보다, 사망한 부모에 대해 이야기를 나누고 사망한 부모가 지금도 얼마나 그 아동과 함께 있기를 원할지 이야기 나누는 구실이 될 수 있다.

- 매일의 일상이 연속되는 것 혹은 무너지는 것: 연속성과 예측가능성은 아동의 애도과정을 촉진시킨다. 가족환경에 갑작스러운 변화가 생기면 애도과정이 더욱 어려워진다. 새로운 환경에 적응하는 것은 사별을 경험한 아동들에게 힘겨운 일이다. 아동은 이미 사망한 부모와의 관계에서 누리던 안전함을 잃었고, 살아 있는 어른들은 상실과 변화에 대처하려고 애쓰기 때문에 아동을 도울 만한 여력이 없을 수 있기 때문이다.

- 죽음과 죽어감에 대한 문화적 전통과 신념, 가족의 전통과 신념: 사정을 담당하는 사람은 가족의 신념이 무엇인지 알아야 하고, 그 신념이 아동에게

어떻게 전수되는지 이해해야 하며, 아동이 죽음과 관련된 의례에서 어떤 역할을 담당하는지 파악해야 한다. 전문가가 죽음 직후 개입하게 되면 아동을 장례식에 참석하게 할 것인지 아닌지를 결정하는 상황에 가장 먼저 마주하게 된다. 가족들이 이 상황을 결정하도록 돕기 위해서는 다음의 몇 가지 요인들을 고려하여 민감하게 균형을 잡아가야 한다. 슬퍼하는 어른들의 감정에 압도된 영유아들이 과연 무슨 일이 일어나고 있는 것인지 알아차릴 수 있을까? 아무런 반응 없이 관 속에 누워 있는 부모의 모습을 아이들이 이해할 수 있을까? 사망한 부모에게 작별인사를 하는 과정에서 장례식에 참여하는 것이 매우 중요한 부분이라고 가족들이 생각하고 있는가? 가족구성원들이 어린 아동들의 장례식 참여 여부를 결정할 때, 아동이 친밀하게 여기는 어른 한 사람이 아동과 함께하며 질문에 대답해 주거나, 장례식에 참석하는 것이 너무 힘겨워 보이면 잠시 밖에 데리고 나가 쉬도록 도와주는 등 그의 욕구에 반응할 수 있도록 준비하는 것도 고려해야 한다(Webb, 2002).

• 가족이 갖고 있는 아동양육과 관련된 가치, 계획: 사정을 담당하는 사람은 아동을 어떻게 돌볼 것인지에 대해 확대가족을 포함한 모든 가족구성원 간에 합의가 있었는지 혹은 갈등이 있었는지 알고 있어야 한다. 부모의 죽음이 누구의 책임인지에 대해 의견이 충돌할 때, 그 갈등은 더욱 심각해진다. 아동보호기관과 같은 외부 기관이 그 과정에 참여하게 되면 최종적으로 누가 아동을 양육하고 돌볼 것인지에 대한 결론은 쉽게 나지 않는다. 이러한 상황에서 도움이 되기 위해서 실천가는 첫째, 아동에게 일차적인 애착관계를 형성해 줄 수 있는 어른이 있는지, 둘째, 그 어른이 일차 양육자로서의 역할을 수행하는 것에 열의를 갖고 있고 그것을 수행하는 데 필요한 지지 자원을 확보하고 있는지, 셋째, 이 어른과 아동이 이전에 맺고 있던 관계의 특성은 어떠한지, 넷째, 그 어른이 아동의 감정에 공감할 수 있

는 능력이 있는지 등에 대해 파악하고 있어야 한다.

- 죽음에 대한 살아남은 양육자의 반응: 새롭게 양육을 담당하게 된 사람 역시 아동의 부모가 죽은 것을 슬퍼할 수 있다. 특히 그 사람의 죽음을 목격했거나 그 죽음이 매우 폭력적이었을 경우 문제는 더 복잡해질 수 있다. 이러한 조건에서 새롭게 양육을 담당하게 된 사람이 사정단계에서 죽음에 대해 이야기하고, 아동을 매일 돌보는 것 혹은 아동을 보는 것 그 자체가 죽음을 떠올리는 외상적인 경험이 될 수 있다. 따라서 실천가는 사정단계에서 민감하게 이 사안을 다루어야 하고, 새로운 양육자가 자신의 외상반응을 극복해 내고 아동을 잘 돌볼 수 있도록 도와줄 수 있어야 한다.

유익한 개입을 위해서는 양질의 사정이 선행되어야 하지만 사정단계 때문에 개입이 어려워지는 일이 생기지 않도록 주의해야 한다. 사정단계에서는 정보를 수집하는 것뿐만 아니라 관계를 형성하고, 초기개입으로 연결되도록 유도하는 일들이 함께 일어나는 것이 바람직하다.

사정단계에서 얻어진 정보를 사용하기

사정단계가 마무리되어 갈 때, 실천가는 가족구성원들을 만나 약점뿐만 아니라 강점에도 초점을 맞춘 피드백을 제공해야 한다. 피드백을 제공하는 회기를 통해 전문가는 이미 논의되었던 내용들을 다시 검토하고, 대안을 의논할 수 있는 기회를 얻을 수 있으며, 가족들은 사정단계에서 얻어진 정보들로 인해 놀라거나 압도당하지 않게 된다.

개입을 통해서 가족구성원들의 욕구나 바램, 가족구성원들이 아동을 위해 이야기했던 것들을 다루게 되면 가족의 저항은 감소하게 된다. 개입을 통해 이룰 수 있을 것으로 보여지는 것, 개입기간 등에 대해서도 솔직하게 이야기하는 것이 필요하다.

사별을 경험한 아동에게 개입하기: 부모-자녀 심리치료 영역

부모-자녀 심리치료는 아동(들)과 양육자의 감정적 경험을 해석함으로써 서로를 이해할 수 있도록 돕는 것에 초점을 두고 진행된다. 따라서 실천가는 이 과정에서 아동과 양육자의 주관적인 경험과 상호작용에서 보여지는 정서적 분위기를 동시에 알아챌 수 있어야 한다. 양육자의 욕구를 다루는 것이 매우 시급하다면 전문가가 아동에게 집중하기가 어려운 상황이 되고 혹은 그 반대의 상황이 되기도 하는데, 실천가가 개입을 통해 궁극적으로는 양육자와 아동의 관계를 향상시켜 아동을 도와야 한다는 점을 숙지하고 있으면 이러한 상황이 개입의 전반적인 목적을 달성하는 데 큰 방해가 되지는 않는다.

놀이 그리고 감정에게 이름 붙여 주기

놀이는 안전과 관계, 상실에 대한 아동의 믿음과 불안을 포함한 아동의 내면세계를 이해할 수 있는 매개물이다. 따라서 아동이 다양한 욕구를 표현하는 데 사용할 수 있는 장난감을 선택하는 것은 중요한 일이다. 부모의 폭력적인 죽음을 목격한 아동이 사용할 수 있는 장난감을 마련해 두어야 하고, 모든 아동들이 분리와 상실, 가는 것과 다시 돌아오는 것, 상처와 회복 등에 대한 개념을 표현할 수 있는 장난감을 마련해 두어야 한다. 놀이에는 인형과 사람, 동물, 가족모형이 반드시 포함되어 있어야 하고, 구급차나 소방차 등의 자동차, 의료키트, 미술재료들이 마련되어 있어야 한다. 철회행동을 보이는 아동들에게는 신체적 활동을 유도할 수 있는 말랑말랑한 공이나 찰흙이 도움이 된다. 비눗방울 불기나 음악 듣기, 양육자의 무릎에 파고들 수 있는 시간 주기 등도 부모-자녀 회기에 포함되어야 할 활동이다.

부모-자녀 심리치료 회기 중에 책이나 게임을 활용하는 것도 좋다. 독서치료는 아동의 회복에 중요한 역할을 차지한다. 아동과 양육자가 죽음과 관련된 감정을 이야기할 때 책을 읽으면 대화의 시작을 쉽게 이끌어 낼 수 있다. 까꿍놀이나 숨바꼭질은 영유아들이 가버리는 것과 다시 돌아오는 것에 관한 감정들을 통제할 수 있도록 돕는 훌륭한 게임이다.

사례

마리Marie의 엄마는 그녀가 17개월일 때 약물과다복용으로 사망하였다. 마리를 돌보아 줄 다른 가족들이 아무도 없었기 때문에 마리는 위탁가정에 배정되었고 위탁모와 함께 부모-자녀 심리치료 회기에 참여하게 되었다. 마리는 덮개가 달려 있어서 이야기의 등장인물을 사라지게도 하고 다시 나타나게도 할 수 있는 책을 가장 좋아했는데, 종종 위탁모의 무릎에 앉아 등장인물을 원하는 횟수만큼 사라지게도 하고 다시 나타나게도 하면서 시간을 보냈다. 위탁모는 마리에게 "이것 봐. 사람들이 갔다가 다시 돌아오네. 내가 출근하면서 나가지만 다시 너에게 돌아오는 것처럼 말이야."라고 말해 주었고, 실천가는 "엄마가 이제 다시는 돌아오지 못하는 것은 정말 슬픈 일이야. 하지만 사람들은 대부분, 언제나 떠나면 다시 돌아온단다."라고 덧붙여 주었다.

발달단계상의 특성 알려 주기

가장 단순한 개입이 가장 효과적인 경우가 종종 있다. 양육자가 아동의 욕구를 이해하도록 정보를 제공하는 것이 이에 해당하는데, 실천가가 가족구성원 중 어른들만을 만나 애도과정 동안 아동을 지지할 수 있도록 돕거나, 자녀-부모 회기 중에 양육자에게 아동의 행동을 발달적 맥락에서 이해할 수 있도록 돕는 것이 이에 해당된다.

사례

줄리엣Juliet은 엄마, 할머니와 함께 살고 있었다. 줄리엣의 엄마는 심각한 양극성 장애 진단을 받았고, 자살 시도로 수차례 입원한 적이 있다. 줄리엣의 세 번째 생일 직후, 줄리엣의 엄마는 목을 매 자살했다. 줄리엣이 엄마의 시신을 보지는 않았지만 할머니와 다른 어른들이 엄마가 어떻게 죽었는지에 대해 이야기하는 것을 통해 엄마가 자살을 했고, 목을 매 죽었다는 것을 알게 되었다. 할머니인 아놀드 부인Mrs. Arnold은 줄리엣에게 엄마의 상태에 대해 사실대로 이야기할 수 없었기 때문에 엄마가 아파서 죽은 것이라고 말해 주었다. 엄마가 사망한 후, 줄리엣은 할머니와 살게 되었다. 사정단계에서 할머니는 줄리엣이 울면서 엄마를 찾다가 다시 아무 일도 없었던 듯이 노는 것을 반복하는 행동 때문에 스트레스를 받고 있다고 말했다. 줄리엣은 엄마의 죽음에 대해 말할 때에도 할머니가 이해할 수 없는 말을 하기도 하고, 울면서 "나는 안 그랬어, 나는 안 그랬어."라는 말을 하기도 한다고 말했다.

이 사례에서 발달단계상의 특성을 알려 주는 것은 매우 유익했다. 실천가는 할머니가 이해할 수 없는 부분, 즉 줄리엣이 엄마를 신경 쓰지도 않고 그리워하지도 않으면서 노는 것은 발달단계상 그 연령대의 아동들이 아주 짧은 시간 동안만 애도하는 특징이 있기 때문이며, 할머니가 딸의 죽음을 슬퍼하고 있을 때 줄리엣이 웃고 노는 것을 바라보는 것 자체가 스트레스를 유발할 수 있음을 설명해 주었다. "어른들에게 있어서 슬픔은 사라지지 않은 것처럼 보여요. 하지만 어린 아이들에게는 그렇지 않아요. 슬픔이 순식간에 아이들을 사로잡았다가도, 또 모든 에너지가 자라고 배우는 것에 집중되기도 해요."

또한 실천가는 줄리엣이 울면서 "나는 안 그랬어."라고 말하는 것에는 발달단계상 두 가지 의미가 있을 수 있다고 알려 주었다. 첫째, 어린 아동들은 주변에서 벌어지는 중요한 모든 일들이 자신과 연결되어 있다고 여긴다는 것을 설명했다. 아놀드 부인은 딸이 줄리엣의 줄넘기 끈으로 목을 매 죽었다는 사실을 말하면서 "줄리엣은 어린이집에 가 있었기 때문에 엄마가 목을 매는 걸 보지 못했어요. 줄리엣이 집에 돌아왔을 때는 시신을 다 치운 상태였어요."라고 이야기했다. 이에 대해 실천가는 줄리엣이 엄마가 어떻게 죽었는지에 대해 어른들이 말하는 것을 엿들었기 때문에 엄마가 아파서 죽었다고 들었던 것과 그 이야기 사이에서 혼란을 겪고 있을 수 있고, 특히 아픈 엄마가 죽을 때 자기 장난감을 사용했다는 것에 대해 책임을 느끼고 있을 수 있다고 말해 주었다. 이 이야기를 들은 아놀드 부인은 줄리엣에게 사실을 말해 주는 것이 더 좋겠다고 판단하게 되었고, 실천가는 아놀드 부인과 함께 줄리엣이 이해할 수 있는 수준의 말을 찾으려 노력했다. 줄리엣이 "나는 안 그랬어."라고 말한 다음에는 아놀드 부인이 "물론이야. 너는 안 그랬어. 엄마가 너무 아파서 다른 사람들이 엄마 문제를 해결해 줄 수 있다는 걸 깜박 잊었어. 엄마는 너무 슬펐고, 좋아지지 않을 것 같아서 자살한거야. 하지만 이게 너 때문은 아니란다. 네 잘못이 아니야. 엄마가 아팠기 때문이야."라고 말해 주도록 도와주었다.

줄리엣의 행동을 발달단계의 맥락 안에서 바라봄으로써 아놀드 부인과 줄리엣 모두 줄리엣의 감정상태에 대해 더 잘 이해할 수 있게 되었다. 이야기가 계속되면서 줄리엣이 "할머니도 지금 슬프잖아. 그럼 할머니도 죽어?"라고 할머니에게 물었고, 아놀드 부인은 "아니. 나도 너처럼 엄마가 죽어서 슬퍼. 하지만 언젠가는 좋아질 걸 알아. 나는 엄마를 잊지 않을거야. 지금도 네 엄마가 그립고. 하지만 내 기분은 좋아질 거야."라고 말해 주었다.

일상생활에서 벌어지는 문제에 대한 실제적인 지원

이 개입영역은 가족구성원들이 사별로 인한 스트레스로 고통 받고 있어서 정서적 자원이 거의 바닥난 상태일 때 특별히 중요하다. 새로운 양육자가 아동의 생물학적 부모가 아닐 때, 아동의 보호자로서 지정되고, 아동을 돌보는 데 필요한 지지적 자원을 확보하는 것과 관련된 도움을 받을 수 있어야 한다. 아동이 위탁가정에 보내지게 되면, 위탁부모는 아동이 가족들의 사진, 사망한 부모의 유품, 집에서 가져온 장난감이나 옷 등을 지닐 수 있도록 도와야 한다.

사례

2살 난 새미Sammy의 엄마는 아빠가 휘두른 칼에 찔려 사망했고, 아빠는 범행으로 인해 구속되었다. 집은 사건현장이 되어버려 새미는 입고 있던 옷 이외에는 아무 것도 들고 나오지 못한 채 위탁가정으로 보내지게 되었다. 사례를 배정받은 사회복지사는 범죄현장에 방해가 되지 않는 수준에서 앨범, 새미의 인형과 담요, 새미와 부모님의 소지품 등을 챙겨 나와 위탁가정에 전달해 주었다. 이 과정에서 사회복지사는 새미의 부모님 사진을 코팅해서 사진이 찢어지거나 훼손되지 않도록 했고, 새미의 물건들을 상자 안에 넣어두어서 새미가 계속 머무르게 될 집을 발견하게 되면 그 양육자에게 상자를 그대로 전할 수 있도록 조치해두었다.

말하기 이전 단계에 있는 아동에게 개입하기

아주 어린 아동들도 그들의 상실에 대처하기 위해 상징적인 놀이를 활용할 수 있다. 어린 아동의 정서적 욕구를 이해하는 실천가는 말을 아직 하지 못하거나 아주 조금 할 수 있는 정도의 아동들과도 놀이과정에서 의사소통을 시도함으로써 사망한 부모와의 소중한 기억을 간직하고 영원한 상실이라는 상황을 직면할 수 있도록 도울 수 있다.

사례

앞서 예로 든 칼라의 경우, 위탁가정에서 편안함을 느껴 가면서 위탁모인 제임스 부인과 더 가까워지게 되었고, 놀이에도 더 집중할 수 있게 되었다. 실천가가 칼라의 집을 방문하자, 칼라는 장난감을 넣어둔 가방에서 아기 인형을 꺼내어 우유병을 입에 넣어 주고, 담요로 아기를 부드럽게 감싼 채 팔에 안고 가볍게 흔들어 주었다. 그것을 본 실천가가 "엄마가 너를 그렇게 잘 돌봐 주셨구나. 네가 아기를 돌볼 때, 너는 엄마와 엄마가 네게 해 준 모든 것을 기억하는 거란다. 엄마가 지금 여기서 너를 돌봐 줄 수 없는 게 정말 슬프다."라고 말해 주었다. 제임스 부인 역시 칼라에게 엄마의 죽음에 대해 이야기하는 것이 훨씬 편안해졌다고 말했다. 그녀는 칼라에게 "엄마가 천국에서 칼라를 지켜보고 계시단다. 엄마는 너를 그리워해. 엄마는 너랑 같이 있고 싶어 하셨는데 너무 많이 다쳐서 의사 선생님들이 엄마를 도와줄 수 없었단다."라고 말해 준다고 이야기했다. 회기가 끝날 때마다, 칼라는 제임스 부인의 무릎에 안겨 등장인물을 나타나게 했다가 사라지게 할 수 있는 책을 보곤 했는데, 제임스 부인은 칼라가 책을 보는 동안 "안녕!"이라고 말할 수 있도록 도와주었고, 실천가는 "네가 그 사람들을 사라지게 할 수도 있고 다시 나타나게 할 수도 있구나. 엄마가 돌아오게 하고 싶은가보구나."라고 말해 주었다.

몇 주간의 개입이 계속되던 어느 날, 칼라는 실천가가 그리는 그림을 바라보고 있었다. 실천가가 그림을 가리키며 "이건 너, 이건 엄마야."라고 말하는 순간 칼라가 그 그림을 뺏어들고 엄마가 그려진 부분을 찢었다. 그리고 나서 칼라는 제임스 부인을 바라보며 "반창고"라고 말했고, 제임스 부인이 반창고를 건네자 엄마 그림이 다 가려질 정도로 조심스럽게 반창고를 붙이기 시작했다. 실천가가 "엄마가 다시 좋아질 수 없고, 다시 돌아올 수 없는 건 정말 슬픈 일이야. 네가 엄마를 도와주고 싶고, 엄마를 그리워하는구나. 하지만 엄마는 너무 많이 다쳤어."라고 말하자 칼라는 제임스 부인의 무릎 위로 기어오르기 시작했다.

칼라는 자신의 감정을 표현할 수 있는 말을 거의 모르지만 놀이를 통해 칼라의 욕구가 분명하게 드러났다. 칼라는 엄마가 자신을 돌봐 주던 기억을 붙들고 싶어 하고, 상실에 대한 불안감을 처리하고, 엄마가 좋아져서 다시 자신에게 돌아오기를 바라고 있었던 것이다. 칼라가 위탁가정에서 편안함을 느끼고, 그곳에서 위로받을 수 있다는 것을 알아가면서 놀이를 통해 그 욕구가 드러나게 된 것이다.

작별인사: 개입의 중단과 종결

사별을 경험한 아동을 대상으로 하는 개입에 있어서 종결은 핵심적인 위치를 차지한다. 부모의 죽음을 경험한 아동에게 작별인사를 건네는 것은 조심스럽게 진행될 필요가 있다. 질병이나 휴가로 인해 개입을 중단하거나 개입을 완전히 종결하는 것은 아동이 경험한 상실을 되풀이하게 되는 가능성을 내재하고 있으나, 잘 진행되기만 하면 회복의 잠재력을 이끌어 낼 수도 있다.

일정한 의례를 통해 아동이 헤어지는 과정에서 수동적인 피해자가 되기보다 적극적인 참여자가 되는 경험을 할 수 있도록 돕는 것이 바람직하다. 아동의 욕구와 실천가의 상상력 수준에 따라 의례의 형태는 다양하게 나타날 수 있다. 장난감들을 한 군데 모아두고 하나하나에 작별인사를 전하는 것은 가장 강력한 의례 중 하나다. 칼라에게도 이 방법이 효과적으로 사용되었는데, 매 회기가 끝날 때마다 칼라는 장난감을 실천가의 가방에 집어넣으면서 "안녕"이라고 말했고, 가방이 다 차면 실천가가 칼라에게 다음 주에 다시 만날 것을 약속해 주었으며, 그 말을 듣고 난 칼라는 울지 않고 위탁모와 함께 문으로 향하곤 했다. 어떤 아동들에게는 헤어진다는 것이 더 힘겨울 수 있는데, 그런 경우에는 실천가와 영원히 헤어지는 것이 아니고 다시 만나게 된다는 것을 상기시켜 줄 수 있는 구체적인 방법을 알려 주어야 한다. 한 꼬마 소년은 실천가의 장난감 자동차와 자신의 장난감 자동차를 맞바꾸어 가서 실천가의 장난감 자동차를 침대 곁 탁자에 올려둔 뒤, 일주일 뒤 실천가를 만날 때 그 자동차를 돌려주곤 했다. 실천가가 자기 장난감 자동차를 가지고 갔으니 자신을 기억하면서 다시 돌아올 것이라고 믿은 것이다. 또 어떤 아동들에게는 장난감보다 치료 회기를 떠올릴 수 있는 보다 분명한 물건이 도움이 될 수 있다. 한 꼬마 소녀는 개입을 마치고 돌아갈 때마다 방에 있었던 색종이 세 장을 들고 갔는데, 할머니의 말에 의하면 소녀는 집에 돌아간 후 그 색종이 위에 그림을 그리고 방 벽에 붙여두곤 한다고 했다.

그보다 긴 헤어짐의 경우에는 더욱 정교한 의례가 필요하다. 예를 들어, 달력은 아동이 실천가의 휴가가 언제까지인지 눈으로 보고 이해하는 데 도움이 된다. 실천가와 양육자, 아동은 회기중에 달력을 만드는 작업에 함께 참여하면서 휴가 이전에 마지막으로 만나는 때가 언제인지 표시하고, 다시 개입이 시작되는 때가 언제인지 표시하며, 그 기간 사이에 있는 중요한 날들에도 표시를 해 둔다. 실천가가 허락할 경우 아동은 그 달력을 집에 가지고 가서 하루씩 날짜를 지워갈 수 있다. 개입이 수 주 이상 중단될 경우에는 양육자의 동의하에 실천가가 살아 있고, 여전히 아동을 생각하고 있다는 내용을 담은 카드를 아동에게 보낼 수도 있다.

이러한 활동은 개입을 종결하는 시점에 더욱 중요해진다. 개입이 종결되어 실천가가 더 이상 아동을 찾아오지 않더라도 실천가가 살아 있고, 여전히 아동을 생각하고 있다는 것을 알려 주어야 한다. 사별을 경험한 아동을 대상으로 하는 개입을 종결할 때에는 마지막 몇 주간 동안 아동과 양육자, 실천가가 장난감의 사진을 찍어 책을 만드는 작업을 해도 좋고, 개입 종결 이후 일정 기간 동안 아동에게 발송할 수 있는 편지를 아동과 실천가가 함께 써보는 것도 도움이 된다. 또한 실천가는 양육자에게 1~2개월 후 아동과 함께 다시 방문해 줄 것을 부탁할 수도 있다. 이와 같은 방법들을 통해 아동은 영원한 상실과 다른 작별 사이에 차이가 있다는 것을 이해할 수 있게 된다.

사별을 경험한 아동에게 개입하기: 실천가의 경험

사별을 경험한 아동을 만난다는 것은 매우 어렵고 정서적으로 고갈될 수도 있는 일이다. 실천가는 아동이 느끼는 고통의 깊이와 넓이를 잘 받아들일 수 있어야 한다. 만일 실천가가 아동의 감정에 대해 방어적인 태도를 취하게 되면, 아동이 경험하는 상실은 견뎌내기 너무 크고, 슬픔과 분노는 참아내기 힘든 것이라고 말하게 될 것이다. 한편으로 실천가는 아동의 슬픔에 전문가적 거리를 두어 그 슬픔으로 인해 자신이 괴로워하는 경우가 생기지 않도록 유의해야 한다. 이것은 모든 실천가들에게 해당되는 말이기도 하다. 하지만 아주 어린 아동들과 사별과 관련된 작업을 할 때에는 실천가 자신도 놀랄 만큼의 매우 강렬한 정서적 경험을 하게 되기도 한다. 발달단계 특성상, 어린 아동들의 감정은 최선의 환경에서도 잘 조절되지 않는다. 한때 자신의 세상의 중심이었던 부모가 사망한 것으로 인해 힘겨워할 때, 그들의 감정은 더욱 맹렬해지고, 조절하기 어려워진다. 이때 실천가는 그런 감정들을 이해하고, 아동의 경험을 정당화시켜 주며, 아동들이 감정을 이해하고 대처할 수 있도록 도와야 한다. 실천가는 아동이 가장 바라는 소원 — 죽은 부모가 다시 돌아오기를 바라는 것 — 을 들어줄 수 없다는 진실에 직면할 때 무기력감과 절망감을 느낄 수도 있고, 현재의 양육자들이 아동에게 적절한 지지와 돌봄을 제공하지 못하는 것을 보면서 분노감을 느낄 수도 있으며, 차라리 자기가 아동을 입양하거나 양육하는 환상을 품게 되기도 한다. 또한 아동의 절망감은 실천가가 겪었던 상실에 대한 슬픔과 불안감을 일깨울 수도 있다. 이 모든 감정들은 실천가들이 아동 및 양육자와 함께 일하는 것에 있어 의식적 혹은 무의식적으로 방해가 될 수 있는데, 이 책의 17장에서 이러한 주제들을 보다 깊이 있게 다루게 될 것이다.

사별을 경험한 아동들과 함께 할 때 실천가는 어린 아동의 감정뿐만 아니라 외상사건과 상실이 그들의 발달에 미치는 영향도 잘 알고 있어야 한다. 또한 스스로를 돌보고 자신의 일상과 관계를 유지해갈 수 있도록 지지적인 슈퍼비전을 받는 환경이 조성되어야 한다.

결론

어린 아동들에게 부모의 죽음은 매우 강력한 상실이라는 것이 실제적인 관찰과 증거들을 통해 증명되고 있다. 아동은 돌봄을 제공하는 어른들의 계속적인 지지를 통해 앞으로 펼쳐질 발달단계상의 필요를 채워줄 새로운 애착관계를 형성함으로써 이러한 상실에서 회복될 수 있다.

토론을 위한 질문들

1. 어린 아동과 양육자가 부모의 죽음을 다룰 수 있도록 돕는 과정에서 가장 어려운 부분 중 하나가 죽음에 대해 이야기할 수 있는 적절한 말을 찾아내는 것이다. 이 책에서 몇 가지 예를 들었지만, 그 외에도 죽음에 대해 말할 수 있는 많은 방법들이 존재한다. 아동에게 활용할 수 있는 간단하고 구체적인 말에는 어떤 것들이 있을지 논의해 보자.
2. 사별을 경험한 아동 및 가족들과 함께 일하는 실천가들에게 슈퍼비전은 필수적이다. 슈퍼비전 상황에서 벌어질 수 있는 어려움에는 어떤 것들이 있을지 의논해 보자.

참고문헌

American Psychiatric Association. (2000). *Diagnostic and statistical manual of mental disorders* (4th ed., text rev.). Washington, DC: Author.

Bowlby, J. (1960). Grief and mourning in infancy and early childhood. *Psychoanalytic Study of the Child, 15,* 9-52.

_____ (1980). *Loss: Sadness and depression.* New York: Basic Books.

Cicchetti, D., & Rogosch, F. A. (1997). The role of self-organization in the promotion of resilience in maltreated children. *Development and Psychopathology, 9,* 797-815.

Cicchetti, D., Rogosch, F. A., & Toth, S. L. (2000). The efficacy of toddler-parent psychotherapy for fostering cognitive development in offspring of depressed mothers. *Journal of Abnormal Child Psychology, 28,* 135-148.

Cicchetti, D., Toth, S. L., & Rogosch, F. A. (1999). The efficacy of toddler-parent psychotherapy to increase attachment security in offspring of depressed mothers. *Attachment and Human Development, 1,* 34-66.

Cohen, J. A., Mannarino, A. P., & Deblinger, E. (2006). *Treating trauma and traumatic grief in children and adolescents.* New York: Guilford Press.

Freud, A. (1960). A discussion of Dr. John Bowlby's paper "Grief and mourning in infancy and early childhood." *Psychoanalytic Study of the Child, 15,* 53-62.

Furman, E. (1974). *A child's parent dies: Studies in childhood bereavement.* New Haven, CT: Yale University Press.

Hofer, M. A. (1996). On the nature and consequences of early loss. *Psychosomatic Medicine, 58,* 570-581.

_____ (2003). The emerging neurobiology of attachment and separation: How parents shape their infants' brain and behavior. In S. Coates, J. L. Rosenthal, & D. S. Schechter (Eds.), *September 11: Trauma and human bonds* (pp. 191-211). Hillsdale, NJ: Analytic Press.

Lieberman, A. F., Compton, N. C., Van Horn, P., & Ghosh-Ippen, C. (2003). *Losing a parent to death in the early years: Guidelines for the treatment of traumatic bereavement in infancy and early childhood.* Washington, DC: Zero to Three Press.

Lieberman, A. F., Ghosh Ippen, C., & Van Horn, P. (2006). Child-parent psychotherapy: Six month follow-up of a randomized control trial. *Journal of the Amer-*

ican Academy of Child and Adolescent Psychiatry, 45, 913-918.

Lieberman, A. F., & Van Horn, P. (2005). *Don't hit my mommy!: A manual for child-parent psychotherapy with young witnesses of family violence.* Washington, DC: Zero to Three Press.

_____ (2008). *Psychotherapy with infants and young children: Repairing the effects of stress and trauma on early attachments.* New York: Guilford Press.

Lieberman, A. F., Van Horn, P., & Ghosh Ippen, C. (2005). Towards evidence-based treatment: Child-parent psychotherapy with preschoolers exposed to marital violence. *Journal of the American Academy of Child and Adolescent Psychiatry, 44,* 1241-1248.

Lieberman, A. F., Weston, D., & Pawl, J. H. (1991). Preventive intervention and outcome with anxiously attached dyads. *Child Development, 62,* 199-209.

Pynoos, R. S., Steinberg, A. M., & Piacentini, J. C. (1999). A developmental psychopathology model of childhood traumatic stress and intersection with anxiety disorders. *Biological Psychiatry, 46,* 1542-1554.

Spitz, R. (1960). A discussion of Dr. John Bowlby's paper "Grief and mourning in infancy and early childhood." *Psychoanalytic Study of the Child, 15,* 53-62.

Toth, S. L., Maughan, A., Manly, J. T., Spagnola, M., & Cicchetti, D. (2002). The relative efficacy of two interventions in altering maltreated preschool children's representational models: Implications for attachment. *Development and Psychopathology, 14,* 877-908.

Toth, S. L., Rogosch, F. A., Manly, J. T., & Cicchetti, D. (2006). The efficacy of toddler-parent psychotherapy to reorganize attachment in the young offspring of mothers with major depressive disorder: A randomized preventive trial. *Journal of Consulting and Clinical Psychology, 74,* 1006-1016.

Webb, N. B. (Ed.). (2002). *Helping bereaved children* (2nd ed.). New York: Guilford Press.

_____ (2007). *Play therapy with children in crisis* (3rd ed.). New York: Guilford Press.

Zero to Three: National Center for Infants, Toddlers, and Families. (2005). *Diagnostic classification of mental health and developmental disorders of infancy and early childhood (DC:0-3R)* (rev. ed.). Washington, DC: Author.

CHAPTER 15

아동을 위한 사별집단과 캠프: 다학제적 접근

프리실라 루핀 *Priscilla A. Ruffin*
사라 짐머만 *Sarah A. Zimmerman*

인생에서 겪을 수 있는 가장 고통스러운 경험 중 하나가 사랑하는 사람의 죽음이다. 충분한 대처기술과 높은 수준의 인지적, 언어적 능력을 갖춘 어른에게도 가족이나 친구의 죽음은 심각한 문제들을 불러일으킬 수 있는 사건이다. 죽는다는 것이 어떤 것인지 이해할 수 있는 인지적 능력이나 강력한 슬픔의 감정들을 말로 표현할 수 있는 언어적 능력이 채 발달되지 않은 아동에게는 사랑하는 사람의 죽음이 더욱 큰 어려움을 발생시킬 수 있다.

애도과정에 있는 아동들은 위기상황에 처한 것과 같다. 갑자기 일어난 고통스럽고 외상적인 사건으로 인해 인생이 갈기갈기 찢기고 있는 것이다(Kirwin & Hamrin, 2005; Turner, 1999). 사랑하는 사람이 사라졌다는 것에서부터 오는 고통과 혼란, 세상이 안전하고 예측가능한 곳이라고 믿었던 신념이 깨어졌다는 상실감으로 인해 혼돈이 생겨난다(Turner, 1999; Zambelli & DeRosa, 1992). 사랑하는 사람의 죽음 이후, 아동들은 매일 살아내기 위해 애쓰면서 다른 사람들처럼 평범하게 살던 때로 돌아가기를 간절히 바라게 된다(Granot, 2005). 애도과정 중에 있는 아동들은 성인들과 동일한 주제를 놓고 씨름하게 된다. 즉, 죽음의 현실을 받아들이는 것, 상실의 고통에 직면하는 것, 새로운 삶을 살아가고 의미 있는 새로운 애착관계를 형성하기 위해 감정적으로 적응해 가는 것이 그것이다 (Fox, 1988; Lohnes & Kalter, 1994; Worden, 1996).

아동이 죽음의 현실을 이해하는 능력은 발달단계에 따라 다르게 나타나는데, 아동은 성장해 가면서 얼굴을 맞대고 상호작용하던 사람과의 관계를 기억 속의 관계로 전환하는 과업을 수행해야 한다(Cohen & Mannarino, 2004; Leighton, 2008; Oltjenbruns, 2001). 슬픔에 동반되는 아동과 청소년의 반응들을 누군가 알아보고 관심을 가져 주지 않는다면 그 반응들은 그들의 성공적인 발달이나 관계형성, 안녕 등에 지속적으로 부정적인 영향을 미치게 된다(Cohen & Mannarino, 2004; Farber & Sabatino, 2007; Kirwin & Hamrin, 2005; Worden & Silverman, 1996).

아동이 슬픔을 겪는 과정에서 사용하는 특수한 방법들이 무엇인지 이해할 수 있는 전문가들은 아동들이 슬픔의 고통을 조절하는 데 필요한 대처기제를 습득하고, 양육자에게 자신의 감정을 분명하게 전달할 수 있는 방법을 익히도록 도움을 줄 수 있다(DiSunno, Zimmerman, & Ruffin, 2004; Ruffin & Zimmerman, 2007). 이 두 가지는 아동과 가족이 상실 및 슬픔과 관련된 고통스러운 감정을 극복해 내는 데 매우 중요한 기술이다(Turner, 1999).

발달단계, 행동, 인지, 정신역동이론 등의 이론적 틀을 조합하여 애도과정 중에 있는 아동의 욕구를 성공적으로 충족시킬 수 있는 다학제적 사별프로그램을 개발할 수 있는데(Leighton, 2008), 특히 이 장에서는 아동을 대상으로 하는 사별집단, 사별캠프 프로그램에 적용 가능한 치료적 개입방법인 루핀-짐머만 모델을 소개하고자 한다(Ruffin & Zimmerman, 2007). 윌리엄 워든(William Worden, 1996)이 제시한 전통적인 애도작업의 과업, 산드라 폭스(Sandra Fox, 1988)가 제시한 애도과정 중에 있는 아동의 과업, 위니캇(D. W. Winnicott, 1965)이 제시한 촉진적 환경, 메리 터너(Mary Turner, 1999)가 제시한 스트레스 상황에 있는 아동에게서 나타나는 원초적 두려움과 마술적 사고, 어빈 얄롬Irvin Yalom이 제시한 '지금 여기에서'라는 개념과 집단치료의 치료적 요소(Yalom & Leszcz, 2005), 에릭 에릭슨(Eril Erikson, 1963)이 제시한 발달의 8단계, 피아제(1969)가 제시한 인지발달이론, 에디트 크레이머(Edith Kramer, 1993)가 제시한 미술치료, 버지니아 엑슬린(Virginia Axline, 1969)과 웹(2007)의 놀이치료 등이 이 모델에 포함되어 있다.

집단치료

집단치료는 애도과정 중에 있는 아동을 대상으로 할 때 가장 선호되는 개입 중 하나다(Mitchell et al., 2007; Webb, 2002). 아동사별집단에서 발견되는 보편성과 또래로부터의 지지가 핵심적인 치료적 요소로 작용한다(Bacon, 1996; MacLennan, 1998; Mitchell et al., 2007, Tonkins & Lambert, 1996; Yalom & Leszcz, 2005). 아동들은 또래와 다르게 느끼는 것을 싫어하기 때문에 유사한 상황을 경험하고 있는 아동들과 함께 있을 때 긍정적으로 반응하게 되고(Bacon, 1996; Glazer & Clark, 1999; Webb, 2002), 사랑하는 사람의 죽음으로 인해 인생이 무너지고 있는 아이들 속에 있으면서 자신의 슬픔과 상실을 정상적인 것으로 여기고 일상생활을 회복하려는 노력을 할 수 있게 되는 것이다. 또래 친구들의 고통을 지켜보고 공감함으로써 자아존중감이 향상되고 집단 안에서 누군가를 돕기 위해 참여하는 수준도 증가하게 된다(Lohnes & Kalter, 1994).

사별을 경험한 아동을 대상으로 하는 루핀-짐머만 모델Ruffin-Zimmerman model 에는 다음의 일곱 가지 목적이 있다. 첫째, 아동이 자신의 슬픔을 '정상화'하도록 돕는 것(DiSunno et al., 2004; Glazer & Clark, 1999; Lohnes & Kalter, 1994;

Schuurman, 2008), 둘째, 대처기제 발달을 돕고 자신의 감정을 가라앉히는 기술을 익힐 수 있도록 모델이 되는 것(Ruffin & Zimmerman, 2007; Turner, 1999), 셋째, 슬픔의 감정을 표현할 수 있는 언어를 습득할 수 있도록 돕는 것(DiSunno et al., 2004; Farber & Sabatino, 2007; Ruffin & Zimmerman, 2007), 넷째, 부모나 보호자로부터 독립되어 새롭고 복잡한 감정을 조절하는 기술을 습득해 가는 과정에서 개인화를 돕는 것(Erikson, 1963), 다섯째, 과거를 감사하고 기억하도록 하는 것(Silverman, Nickman, & Worden, 1992), 여섯째, 사망한 사람에 대한 기억을 아동의 매일의 경험과 재통합시키는 것(Cohen & Mannarino, 2004; Ruffin & Zimmerman, 2007), 일곱째, 애도작업을 통해 아동들을 돕는 것이 얼마나 중요한지에 대해 어른들을 교육시키는 것(DiSunno et al., 2004; Ruffin & Zimmerman, 2007)이 그것이다.

루핀-짐머만 모델의 중심 목적은 아동이 비극적인 사건과 상실, 슬픔으로 생겨나는 새롭고 혼란스러운 감정들을 표현하는 데 필요한 언어를 배우도록 돕는 데 있다(DiSunno et al., 2004). 상실과 슬픔에 대한 이야기를 하고 또 다시 이야기를 하다보면 구조화와 경험의 의미가 생겨나는데 이것이 중요한 치료적 요소 중 한 가지다(Gilbert, 2002; Yalom & Leszcz, 2005). 두려움을 표현할 수 있는 언어를 모르는 아동은 자신이 무엇을 생각하고 느끼는지에 대해 어른들에게 이야기할 수 없기 때문에 부모와 교사, 기타 양육자들이 종종 아동의 정서적 고통과 돌봄 및 지지의 필요성에 대해 오해하는 일이 일어나게 된다(Gilbert, 2002; Kirwin & Hamrin, 2005; Oltjenbruns, 2001; Ruffin & Zimmerman, 2007; Turner, 1999). 집단을 운영하는 동안 실천가는 감정에 이름을 붙이는 데 필요한 언어를 배우도록 돕는 핵심적인 역할을 하게 된다.

아동이 슬픈 감정을 표현할 수 있는 언어를 배우게 되면 죽음과 상실, 슬픔에 대해 연령에 적합한 지식을 얻게 되고, 가정과 학교에서 의미 있는 대화를 시작하게 되는 두 가지의 이익이 생긴다(Glazer & Clark, 1999; Ruffin & Zimmerman, 2007). 아동이 언어로 자신의 감정을 표현할 줄 알게 되면, 아동이 죽음에 대해 이해하는 수준이나 죽음이 그들의 삶에 어떤 영향을 미쳤는지에 대해 어른들이 바르게 이해할 수 있게 되고, 아동에게 적절한 수준의 공감과 지지를 제공할 수 있게 된다.

사례

6살된 앤디Andy는 아빠가 퇴근길 교통사고로 돌아가신 뒤 몇 개월이 지나고 나서 사별집단에 참여하게 되었다. 앤디는 집단 안에서 적극적으로 참여했고, 종종 다른 아이들을 도와주기도 했다. 앤디의 엄마는 실천가에게 전화를 걸어 앤디가 집단에 참여하게 되어 감사하다는 인사를 전해 왔다. 앤디의 엄마는 앤디가 집단에 참여하기 전에는 아빠의 죽음에 대해 말하려 하지 않았었는데, 지금은 서로 이야기를 나눈다고 하면서, 이야기를 나누다보니 앤디가 어떤 생각을 하고 있는지 알게 되었다고 말했다. 그녀는 앤디에게 아빠는 천국에 갔다고 말했기 때문에 앤디가 아빠의 죽음을 모른다고는 전혀 생각지 못했다고 말했다. 어느 날 앤디가 천국에 가려면 죽어야 하는 걸 엄마가 알고 있었는지 물었는데, 이 질문에 앤디의 엄마가 깜짝 놀라며 상황을 파악하게 된 것이다. 집단 안에서 앤디는 슬픔을 표현할 수 있는 언어를 배우기 시작했고, 죽음이 되돌릴 수 없는 것임을 이해하기 시작했다. 앤디가 집단에서 새로운 지식과 언어기술을 배우게 되면서 두 사람은 함께 서로의 슬픔을 공유하고 일상의 변화를 다루어 갈 수 있게 된 것이다(Glazer & Clark, 1999; Turner, 1999).

아동이 그 어느 때보다 더 부모의 관심을 필요로 할 때, 살아 있는 부모 역시 상실로 인해 힘겨워하고 있기 때문에, 슬퍼하고 있는 아동에게 관심을 기울이거나 정서적 필요를 채워 줄 수 있는 에너지가 거의 없다고 봐야 한다(Corr & Corr,

1996; Glazer & Clark, 1999; Kirwin & Hamrin, 2005; Pynoos, 1992; Ruffin & Zimmerman, 2007). 아동을 사별집단에 참여시키는 가정의 경우, 집단의 리더와 구성원들이 지지체계의 역할을 할 수 있고, 부모나 양육자가 슬픔과 혼란으로 인해 위로와 확신에 대한 아동의 욕구에 반응할 수 없는 상황에서 많은 도움을 얻을 수 있다(Glazer & Clark, 1999; Zambelli & DeRosa, 1992).

아동들은 부모나 양육자의 스트레스를 정확하게 알아차린다. 가족들이 깊은 슬픔에 빠져 있을 때, 아동들은 모든 것이 괜찮은 척 행동한다. 부모가 더 슬퍼할까봐, 자신 때문에 더 울게 될까봐 걱정하기 때문이다. 따라서 집단지도자는 아동이 표현하는 고통에 대해 감정적으로 반응하지 않음으로써 아동이 염려나 두려움 없이 감정을 쏟아낼 수 있도록 도울 수 있다.

미술치료

루핀-짐머만 모델에서 미술치료의 기술들은 반드시 포함되어야 하는 요소이며, 아동이 슬픈 감정을 표현할 수 있도록 돕는 데 활용된다. 미술은 상징적 표현을 구체화하고, 아동이 말을 쓰지 않고도 자신의 고통스러운 생각과 감정을 표현하도록 돕는다. 실천가의 지도를 받으면서 아동들은 자연스럽고도 열정적으로 창의적인 과정에 몰입하게 되고, 슬픔으로 인한 감정, 좌절감, 두려움을 녹여내는 그림과 조각품들을 만들어 내게 된다(DiSunno et al., 2004; Lohnes & Kalter, 1994). 아동들은 창의적 활동에 참여하면서 자신의 마음을 진정시키기도 하고, 무질서하게 보이는 것을 알아차리게도 되며, 새로운 현실을 해석할 수 있는 근간을 형성해 간다(Kramer, 1993).

놀이치료

놀이는 아동이 무언가를 표현하는 데 있어 자연스러운 매개물이 되어 준다 (Axline, 1969; Glazer & Clark, 1999; Webb, 2007). 놀이치료가 진행될 때 아동들은 안전하고 통제된 환경 안에서 간단한 도구와 뛰어난 창의력을 활용하여 외상사건을 재현하게 되고, 슬픔과 관련된 감정들을 털어놓게 된다(Glazer & Clark, 1999; Pynoos, 1992; Turner, 1999; Webb, 2007). 반복되는 놀이활동을 통해 아동들은 자신들이 잘못 생각했던 것을 수정하고 미래에 대한 희망을 품기도 한다(Erikson, 1963). 예를 들어, 어떤 아동은 아빠가 출근할 때 자신이 인사를 하지 않았기 때문에 나쁜 일이 생긴 것이라고 여기며 힘들어하고 있을 수도 있고, 또 어떤 아동은 마술적 사고의 영향으로 자신이 한 행동 혹은 하지 않은 행동으로 인해 누군가의 죽음이 생긴 것이라고 여기며 힘들어하고 있을 수도 있는데, 사건을 반복적으로 다루며 놀이를 하는 과정을 통해 아동들은 잘못된 신념을 고치고, 자신의 경험을 재구조화하고, 문제해결 기술을 발전시켜 나가는 것이다(Axline, 1969; Kramer, 1993; Webb, 2007).

사별아동을 만나는 놀이치료에서 아동들은 종종 사망한 부모와 다시 만나는 것을 꿈꾸기도 하고, 완전한 가정을 만들어 내기도 하며, 혼란스러운 감정을 표현하기도 한다. 손가락인형이나 봉제인형, 게임을 활용하는 것은 애도과정 중에 있는 아동이 외상사건을 떠올리는 것을 조절하도록 돕고, 사망한 사람에 대한 마지막 기억 때문에 갖고 있던 고통을 덜어 주도록 도와준다(Lohnes & Kalter, 1994; Pynoos, 1992). 실천가의 조심스러운 지도를 통해 아동은 감정에 단어를 붙이는 과정을 익히게 된다. 상징적인 놀이를 통해 아동의 생각을 알게 되고, 아동이 죽음을 둘러싼 것을 어떻게 이해하고 있는지 파악하게 되며, 혼란스러운 것을 명확하게 함으로써 적절하게 개입할 수 있는 방안을 마련하게 된다(Webb, 2007).

사례 1

4살된 메기^{Maggie}는 엄마가 살해된 후 2년이 지나서 사별캠프에 참여하게 되었다. 엄마의 남자친구가 엄마를 총으로 쏜 후 자살하는 사건이 벌어졌을 때 메기도 그 현장에 있었고, 주민의 신고를 받고 출동한 경찰관에 의해 발견되었다.

메기는 외할머니와 함께 살게 되었는데, 외할머니는 딸의 죽음으로 큰 슬픔에 빠져 있었기 때문에 점점 더 큰 문제를 일으키는 메기를 돌보는 것을 힘겨워하고 있었다. 외할머니는 메기가 거친 행동을 일삼고, 아주 단순한 일도 마무리하는 것을 어려워하며, 어린이집에서 다른 아이들과 자주 싸운다고 말했다. 캠프 지도자는 메기가 심리적 외상 때문에 그런 행동을 보이는 것이라고 판단했다. 캠프 기간 동안 메기는 반복적으로 참여한 게임에서 충동적인 모습을 보였고, 음식, 비누거품, 물감, 찰흙, 우유, 물 등을 자신의 머리나 머리카락, 얼굴에 문지르기도 했으며, 심지어 다른 아이들에게도 그렇게 하려고 했다. 사별아동을 오랫동안 만나 왔던 한 실천가는 메기의 그런 행동이 2년 전에 목격한 사건으로 인한 외상반응임을 알아차렸다. 이 일을 통해 메기의 외할머니는 메기의 외상적 슬픔을 해결하기 위해 장기적인 개입이 필요하다는 것을 이해하게 되었다. 즉, 사별캠프가 메기 가정이 서비스를 받게 되는 시작점이 된 것이다.

어린 아동들은 놀이치료와 미술치료를 통해 상실과 슬픔에 대한 이야기를 들려준다(Gilbert, 2002). 놀이치료에서 아동을 돕기 위해 사용되는 활동은 무궁무진하고, 사용할 수 있는 손가락인형, 인형, 게임, 물감, 종이 등의 단순한 도구와 소품은 매우 다양하다. 비행기 추락사고, 홍수, 태풍, 허리케인, 전쟁 등의 영향을 받은 아동들이 사용할 수 있는 물건들을 구비해 놓는 것도 중요하다(Lohnes & Kalter, 1994). 9/11 테러가 발생한 뒤, 우리는 아동들이 당시 사건을 재현할 수 있도록 크고 작은 건물모양의 블록을 준비해 두고 사별캠프를 진행했다. 연령이 높은 아동들에게는 일기쓰기나 편지쓰기와 같은 방법이 감정을 표현하는 데 도움이 되고, 이것을 통해 그들이 어떤 생각을 하고 있는지, 그 일을 통해 얼마나 고통 받고 있는지 어느 정도 알게 된다.

사례 2

8~10세까지의 사별아동을 위한 캠프를 진행하면서 사망한 사람에게 편지를 쓰게 한 적이 있는데, 10살 된 소년이 아빠에게 다음과 같이 편지를 쓰고 낭독한 적이 있다. "사랑해요. 막내 조이^{Joey}는 잘 자라고 있고 말을 하기 시작했어요. 있잖아요 아빠. 나는 아빠가 무엇 때문에 죽었는지 아직 모르겠어요. 간호사 선생님이 나한테 아빠가 죽었다고 말했을 때 나는 듣고 있지 않았거든요." 한 소녀는 죽은 오빠에게 이렇게 편지를 썼다. "오빠가 죽고난 뒤부터 모든게 지옥같아. 오빠가 죽고 할머니도 죽고. 나는 내가 더 참아낼 수 있을지 잘 모르겠어. 내가 오빠를 사랑한다는 걸 기억해줘. 걱정말고 잘 지내." 엄마를 그리워하던 한 아이는 이렇게 편지를 썼다. "사랑해요. 엄마가 여기 있었으면 좋겠어. 엄마 목소리를 못 듣는 게 참을 수가 없어. 외로워. 내가 엄마한테 작별인사를 못한 게 너무 싫어. 엄마가 죽어서 나는 밤마다 울어. 엄마가 해 주던 음식이 먹고 싶어. 엄마 얼굴이 보고 싶어. 잘 지내요." 또 다른 아동은 이렇게 편지를 썼다. "할아버지 보고 싶어요. 내가 할아버지한테 작별인사를 해서 화가 났는지 알고 싶어요."

학교를 기반으로 하는 사별집단

학교는 아동을 대상으로 하는 사별집단을 운영하는 데 있어 매우 이상적인 공간이다. 아동은 학교를 친숙하고 편안한 곳으로 여기고, 부모들은 학교를 신뢰하기 때문이다. 사별집단을 운영하기 위해서는 먼저 사별집단의 개념에 대해 학교 행정가들과 학교상담사, 학교사회복지사에게 설명하는 것부터 시작한다. 사별집단의 효과성을 뒷받침해 줄 수 있는 연구 결과물들을 제시하고, 집단의 보조지도자로 활동하는 것에 관심을 보이는 교직원들에게 사별집단을 소개하는 워크숍을 진행할 수도 있다. 학교장으로부터 허가를 받게 되면, 집단구성원을 모집하고 선별하는 과정을 학교상담사, 학교사회복지사와 함께 진행한다. 교사들이 학생들에게 집단을 소개할 수 있도록 관련 자료를 제공하며, 부모들에게 편지를 보내 이 집단의 목적을 알리고, 자녀가 집단에 참여하는 것을 허락한다는 자필사인을 받는다. 사회복지사와 집단 보조지도자들이 집단을 운영하고, 활동에 필요한 자료 및 간식을 제공하며, 특정 이슈가 생기면 부모 및 학교상담가, 학교사회복지사와의 만남을 진행한다. 한 학교에서 학부모들을 대상으로 발송된 편지의 예를 들면 다음과 같다.

> "우리 학교에는 최근 들어 상실을 경험한 아동들이 다수 재학 중입니다. 이에 본 학교는 이스트 엔드 호스피스East End Hospice에서 근무하는 사회복지사를 모셔 관심 있는 학생들을 대상으로 도움을 주고자 합니다. 이러한 시도는 상실 및 애도 전문가들과 함께 학생들에게 지지적인 환경을 제공할 수 있는 좋은 기회라고 여겨집니다. 이와 같은 프로그램에 참여했던 청소년들은 프로그램을 통해 큰 도움을 얻었다고 말하고 있습니다. 자녀분과 이 프로그램의 참여 여부를 의논하여 주시기를 부탁드립니다."

아동을 대상으로 하는 사별집단의 형식

학령전 아동과 아동기, 청소년기 학생들을 구분하여 집단을 운영하는 것이 바람직하다(MacLennan, 1998; Tonkins & Lambert, 1996). 하지만 그렇게 집단을 운영하는 것이 불가능하다면 각 연령대별로 집단 보조지도자를 한 사람씩 배치하여 회기 중에 모든 연령대의 아동들이 잘 참여할 수 있도록 도와야 한다. 집단 보조지도자는 아동들이 정해진 시간을 효과적으로 사용할 수 있도록 돕고(Bacon, 1996), 활동을 이끈다든가, 활동에 필요한 물품을 나누어 준다든가, 사회복지사가 아동 하나하나를 따로 관찰하고 혹은 함께 시간을 보낼 수 있도록 돕는 역할을 하게 된다. 일반적인 상황에서는 잘 훈련받고 적절한 경험을 한 자원봉사자가 사별집단의 보조지도자로 활동하는 것이 적절하다. 하지만 특정 상황에서는 자원봉사자를 배제하고 또 다른 전문가 한 사람을 보조지도자로 활용하는 것이 안전하고 효과적으로 집단을 운영하는 데 도움이 되기도 하는데, 특히 아동의 혼란스러운 가정환경이 그대로 노출되는 학교환경에서는 또 다른 전문가 한 사람을 보조지도자로 활용하여 복잡한 문제들이 아동에게 미치는 영향을 파악하는 것이 바람직하다.

집단은 8회기로 구성하여 매주 실시하며, 각 회기는 45분에서 1시간 동안 진행된다. 집단구성원은 8명이 가장 적절하며, 10명을 넘지 않도록 한다. 사별집단 참석시간을 자원봉사시간으로 인정해 주면 참석률이 높아질 수 있다.

루핀-짐머만 모델은 사별집단의 구조와 형식에 대해 다음의 내용들을 제안한다. 1회기에서는 집단의 분위기를 형성한다. 집단의 목적을 설명하고 집단 안에서 지킬 규칙에 대해 합의한다(Samide & Stackton, 2002). 전체가 돌아가면서 자기소개를 하고, 사회복지사는 아동들이 사망한 사람에 대해서 한두 가지 이야기를 할 수 있도록 격려한다. 아동들은 말이 아닌 행동으로 애도작업을 하기 때문에 대부분의 집단시간은 구성원들의 논의를 거쳐 결정된 각종 활동에 할애된다. 집단활동은 구성원들의 저항감을 누그러뜨리고, 아동이 감정에 어느 정도 거리를 둘 수 있게 하는데, 이 과정을 통해 아동들은 이곳이 강력한 감정을 표현해도 안전한 곳이라고 여기게 된다. 회기를 마치면서 모두가 열심히 참여한 것에 대한 보상으로 과자와 주스 등의 간단한 간식을 제공한다.

그 이후의 회기도 유사한 형식으로 진행된다. 사회복지사는 슬픔을 동반하는 감정 조절하기, 죽음 이후의 변화, 장례식과 기일, 문제해결, 추억하기, 미래에 어떤 일이 있을지 생각해 보기 등과 같은 주제를 소개하고 그 주제를 포함하는 활동을 안내한다. 활동 이후에는 반드시 토론을 진행하고, 아동들이 자신의 슬픔을 조절하면서 다른 아동들을 위로하는 법을 배워 나갈 때는 브레인스토밍을 시도하는 것도 좋다. 마지막 회기는 축하하는 분위기 속에서 진행하는데, 지난 회기들을 정리하면서 아동들은 새롭게 알게 된 것을 이야기하고, 슬픔 속에 있는 다른 아이들에게 무엇이라고 말하면 좋을지도 이야기한다. 피자를 먹는 것으로 회기를 마무리하고, 모든 아동들에게는 수료증을 전달한다.

집단치료에 동일함이란 존재하지 않는다. 과정과 결과가 유사하더라도 각 집단만의 독특한 방식이 존재한다. 아동을 대상으로 하는 사별집단의 내용과 흐름은 집단이 운영되는 환경, 참여자들의 문화와 규범, 아동들이 가정과 학교에서 현재 경험하고 있는 스트레스 등과 같은 다양한 요인에 의해 영향을 받게 된다. 따라서 집단을 지도하는 사회복지사는 집단의 목적을 달성하기 위해 융통성을 발휘하면서 집단의 과정을 촉진할 수 있어야 한다.

아동이 집단활동을 하면서 그곳에서는 자신의 생각이나 감정을 말하는 것이 안전하고, 누군가 자신의 이야기를 들어 주고, 자신의 경험이 정당화된다는 것을 경험하는 것이 집단치료의 목적이다(Lohnes & Kalter, 1994; MacLennan, 1998; Yalom & Leszcz, 2005). 아동의 삶이 아무리 혼란스럽고 파괴되었다 할지라도, 아동이 가장 이해받고 싶고 위로받고 싶을 때 바로 그곳에 있어 줌으로써 아동은 사회복지사를 통해 일관성을 배울 수 있게 된다. 교실 안과 밖에서 끊임없이 문제라고 손가락질 받았던 한 아동은 엄마의 죽음 이후 참여하게 된 사별집단을 마치면서 이렇게 말했다. "이곳은 내가 문제아가 아닌 유일한 곳이었어요."

아동을 대상으로 하는 사별캠프

아동을 대상으로 하는 사별캠프의 목적은 짧은 시간 동안 어린이들을 치료적 환경에 모아 놓고 대처기술을 습득하게 하고, 슬픔 및 사별과 관련된 감정을 표현할 수 있는 언어를 배우도록 하며, 상실을 매일의 삶에 통합시키는 지속적인 과정을 시작하도록 돕는 것이다(Faber & Sabatino, 2007; Ruffin & Zimmerman, 2007; Webb, 2002). 사별 프로그램을 개발할 때 가장 중요한 변수 중 하나는 돌봄이 이루어지는 환경이 어떤 곳이냐에 대한 부분이다(Winnicott, 1965).

일반적으로 캠프에 참여하는 것은 아동의 자아존중감과 자신감을 향상시키는 데 도움이 된다고 알려져 있는데, 사별을 경험한 아동 역시 캠프를 통해 그들의 고유한 욕구를 충족시킬 수 있다. 사별과 애도라는 공통적인 주제들은 아동들을 한데 묶어 각 발달단계별로 적합하게 설계된 활동에 참여하도록 이끄는 역할을 한다. 아동들은 활동을 통해 슬픔과 관련된 감정을 이해하고, 친구나 사랑하는 사람의 죽음 이후를 견뎌내는 데 필요한 자신감과 기술들을 습득하는 것과 관련된 도움을 받게 된다(Faber & Sabatino, 2007; Turner, 1999; Yalom & Leszcz, 2005).

아동들은 애도와 연관된 고통스럽고 혼란스러운 감정을 오래 참아 내지 못한다. 이러한 낯설고도 강력한 감정을 폭발시키는 상황을 통제하기 위해, 아동들은 일반적으로 슬픔을 아주 짧은 순간 동안만 밖으로 표현하기도 하고, 불편함을 없애기 위해 친구로부터 멀어지거나 같이 놀지 않으려 할 수도 있다(Lohnes & Kalter, 1994; Oltjenbruns, 2001; Webb, 2002). 아동들은 사별캠프 기간 동안 즐거움이 가미된 애도작업에 참여함으로써 고통스러운 감정으로부터 잠시 벗어날 수도 있고, 표현이 필요한 감정에 대한 언어들을 배움으로써 양육자로부터 관심을 얻는 데 도움을 받을 수도 있다(Ruffin & Zimmerman, 2007; Schuurman, 2008). 뿐만 아니라 다른 참여자들이 사용하고 있는 자기 자신의 감정을 가라앉히는 기술을 배움으로써 이것을 평생 동안 사용할 수도 있다.

사별캠프에서 아동들은 연령과 인지적 능력에 따라 구성된 다양한 활동에 참여하면서 또래와 어울리는 기회도 누리게 된다. 집단치료와 미술치료를 통해 생각의 표현, 감정의 탐색, 죽음을 둘러싼 환경에 대해 이야기하기, 미래의 두려움 나누기, 죽음 이후의 변화에 대처하는 기술 발전시키기 등을 경험하게 된다. 집단치료와 미술치료는 운동, 게임, 그림 그리고 만들기 등의 다양한 레크리에이션 활동과 접목되어 실시되는데, 이 시간들을 통해 집단응집력이 향상되고, 아동의 자아존중감이 높아지며, 고립감이 감소되는 효과가 나타난다(Samide & Stockton, 2002).

굿 그리프 캠프Camp Good Grief는 숙박형 프로그램이 아닌 아침부터 저녁까지만 진행되는 당일형 프로그램으로 일정을 구성하였다. 12년간의 경험을 통해 당일형 프로그램이 아동과 가족에게 더 많은 도움이 된다는 것을 확신하게 되었기 때문이다. 당일형 프로그램으로 캠프를 진행할 경우 아동들은 첫째, 강력한 감정들을 탐색한 후 익숙하고 편안한 가족들에게 돌아감으로써 위로와 위안을 받을 수 있다. 둘째, 새로 익힌 언어기술을 사용함으로써 캠프에서 있었던 일을 가족들과 공유하고, 더 많은 대화를 나눌 수 있게 된다. 부모들이 자신의 자녀가 캠프에서 돌아와 자신의 감정과 죽음에 대해 쉽게 이야기하는 것을 듣고 깜짝 놀라는 경우도 종종 있다. 아이들은 평소 죽음이나 자신의 감정에 대해 이야기하지 말라는 말을 듣곤 하는데(Glazer & Clark, 1999), 캠프 첫날, 아동들이 이곳에 모인 모든 아이들에게 누군가의 죽음을 경험했다는 공통점이 있으며, 죽음에 대해 이야기해도 괜찮다는 것을 깨닫고 안도감을 느끼는 것을 쉽게 발견하곤 한다. 사별캠프는 아동들에게 두고두고 기억할 만한 경험이 되어야 한다. 재미와 웃음이 가득했고, 서로를 격려하는 활동이 있었으며, 새로운 친구들과 돌봄을 제공하는 어른들에 둘러싸여 있던 시간으로 말이다.

전문가

집단을 지도하는 전문가를 신중하게 선택하는 것이 아동을 대상으로 하는 사별프로그램의 성공을 좌우한다고 해도 과언이 아니다. 사별캠프의 경우는 더욱 그러하다. 굿 그리프 캠프의 경우, 루핀-짐머만 모델에 맞추어 캠프를 진행하기 위해 다양한 실천현장에서 일하는 전문가들을 모아 다학제 팀을 구성하였다. 호스피스나 말기 환자 돌봄서비스를 담당하는 숙련된 사회복지사, 아동을 만나본 경험이 많은 정신건강의학과 간호사, 지역사회나 학교 등에서 아동을 진료하고 있는 정신건강의학과 의사, 학교사회복지사, 미술치료사, 아동 심리학자 등을 팀의 일원으로 구성하였고, 그들은 모두 아동이 생각이나 감정을 이야기하거나 오래된 질문에 대한 답을 찾기 원하는 순간을 치료적 순간으로 활용하는 데 능숙한 모습을 보였다.

돌봄의 초점을 애도과정 중에 있는 아동에게 맞추기 위해서는 모든 전문가들이 아동의 발달단계에 대해 잘 알고 있어야 하고, 아동의 사별과 애도, 감정적 외상, 집단과정 촉진 등에 대해 숙달되어 있어야 한다. 또한 긍정적인 태도와 높은 수준의 에너지, 부드럽게 감정을 표현하도록 돕는 능력, 아동과 가족이 미래에 대한 희망을 품을 수 있도록 곁에서 지지하는 자세를 갖추고 있어야 한다 (Mitchell et al., 2007; Webb, 2002).

사랑하는 사람이 사망하는 것은 아동에게 위기이고, 위기상황에서는 발달과업을 달성하는 것이 어렵기 때문에 발달이 지연되거나 혹은 멈추게 되는 경우도 생긴다(Fox, 1998; Oltjenbruns, 2001; Webb, 2002). 위니캇Winnicott의 이론을 빌리면, 사별캠프를 지도하는 전문가는 아동에게 충분히 좋은 엄마good-enough mothering의 역할을 하게 되는 것이다(Winnicott, 1965).

사별캠프에서 자원봉사자 활용하기

사별캠프를 적절하게 운영하기 위해서는 전문가와 자원봉사자 팀이 필요하다. 자원봉사자를 신중하게 선택하고, 훈련시키고, 슈퍼비전을 주는 것이 캠프의 성공 여부를 결정하는 주요한 부분이다. 다양한 연령과 성별, 직업적 배경을 갖고 있는 자원봉사자들이 참여하면 캠프가 더욱 풍성해지는데, 이들과 상호관계를 맺으면서 아동들은 사망한 부모나 조부모, 형제자매를 떠올리며 의미 있는 순간을 재경험하게 되는 것이다. 자원봉사자들은 캠프에 참여하는 전문가로부터 슈퍼비전을 받으면서 다양한 책임을 맡게 되는데, 집단을 함께 지도할 수도 있고, 자유시간 활동을 지도할 수도 있으며, 점심식사하는 것을 거들 수도 있다.

사례 1

5살짜리 테디^{Teddy}의 아버지는 9/11 테러공격으로 인해 사망했다. 캠프 첫날 점심시간에, 테디는 자원봉사자인 마이크^{Mike}에게 무등을 태워 달라고 부탁했다. 마이크가 테디를 들어 올려 무등을 태워주자 테디는 아빠가 자기를 늘 무등 태워 주었다고 웃으면서 말했다. 마이크는 테디를 어깨에 올려놓은 채 울먹이며 식당으로 걸어 들어 왔다.

루핀과 짐머만^{Ruffin-Zimmerman}의 사별캠프 다학제 간 모델에서는 캠프 치료사, 스태프, 자원봉사자들이 모두 슬픔과 사별에 대한 공인된 과정을 이수해야 한다고 본다. 그래야만 아동과 가족을 만나게 되는 모든 사람들이 아동의 슬픔에 어떻게 개입해야 할지에 대해 숙지하고 있을 수 있기 때문이다. 자원봉사자들은 캠프 책임자와 코디네이터로부터 슈퍼비전을 받아가면서 다양한 책임을 맡게 된다. 치료사와 함께 소집단에 들어가 집단을 지도하기도 하고, 자유시간 활동을 진행하기도 하며, 슈퍼비전을 주거나, 점심을 주기도 하고, 힘들어하는 캠프 참여자에게 특별한 무언가를 제공하기도 한다.

사례 2

자원봉사자인 루실Lucille은 6~8세 아동집단을 공동으로 지도하고 있었다. 집단 토의시간 중에 갑자기 앨런Allen이라는 한 소년이 집단을 뛰쳐나갔다. 루실은 앨런을 뒤따라 나갔고, 앨런은 기숙사 건물 밑으로 숨어들었다. 루실은 앨런에게 네가 생각하고 느끼는 모든 것을 이야기할 수 있으니 밖으로 나오면 좋겠다고 달랬지만 앨런은 그 말을 듣지 않았다. 루실은 결국 앨런과 함께 있기 위해 건물 밑으로 기어들어갔고, 두 사람은 벌레들이 기어다니는 땅 위에 드러누웠다. 앨런은 루실을 바라보며 말했다. "누나가 나를 찾아낼 줄 알았어. 아무도 나를 찾아 주지 않지만 말이야." 앨런은 누군가가 자신을 찾기 위해 애썼다는 것에 위로를 받았고, 루실은 자기가 벌레를 싫어하는 것을 참아가며 이 꼬마 아이가 어른으로부터 돌봄을 제공받을 수 있다는 것을 재경험하게 해 준 것에 대해 뿌듯함을 느꼈다(Schuurman, 2008).

십대 자원봉사자들은 캠프에 생기를 불어넣어준다. 14세 이상의 십대들은 근처 학교에서 선발되어 캠프에 참여하게 된다. 아동사별캠프에서 자원봉사를 한다는 것은 중요한 일이기 때문에 철저한 선발과정을 통해 청소년들의 헌신도를 검증한다. 십대 자원봉사자들은 소집단에서 집단지도자 돕기, 자유시간에 아동들과 함께 시간을 보내면서 운동이나 게임, 기타 활동에 참여하도록 돕기 등의 활동에 배정된다. 활동을 마치고 나면 자원봉사활동 증명서가 발급되고 지역사회를 돌보는 사람들의 모임의 일원이 되었다는 것을 인정받게 된다. 몇몇 십대 자원봉사자들은 사별캠프에 참여한 이후 진로 선택이 명확해지고, 개인적인 경험에 대한 통찰력이 깊어졌다고 말하기도 한다.

사례 3

캠프에 참여한 아동 제임스James와 6살 많은 자원봉사자 데이빗David은 미술치료시간에 같은 책상에 앉아 있었다. 데이빗은 제임스가 찰흙으로 배를 만드는 것을 도와주고 있었고, 다른 아이들이 떠난 이후에도 그 자리에 남아 있었다. 제임스의 아버지는 6개월 전 낚시배를 타러 갔다가 사망했고, 제임스는 배를 만들면서 아버지와의 기억을 다시 만들어 내고 있는 것이었다. 데이빗의 아버지 역시 2년 전에 사망했기 때문에 데이빗은 기억의 힘을 알고 있었다. 같은 경험을 한 두 사람은 서로를 온전히 이해할 수 있었고, 그날 그들은 서로의 아픔을 나누었다. 데이빗은 캠프를 마치고 이렇게 말했다. "가끔은 누군가 옆에 그냥 앉아만 있어 주면 좋겠다는 생각을 해요. 뭔가를 잘해 보려고 애쓰기보다 내가 내 감정을 느끼도록 옆에 앉아만 있어 주면 좋겠어요."

아동을 대상으로 하는 사별캠프에 참여하면서 정서적으로 에너지가 많이 투입되는 환경에 노출되는 사람들에게 적절한 슈퍼비전을 제공하는 것은 매우 중요하다. 전문가들과 자원봉사자들이 매일 이야기 나누고, 문제를 해결하고, 지지를 받고, 필요한 지도를 받게 되면 연민피로감을 피하고 성취감을 느끼면서 캠프에서의 하루를 마무리할 수 있다.

구조와 조직

캠프 참여자들은 연령에 따라 한 집단에 8~11명씩 배정된다. 각 집단에는 한 명의 전문가가 지도자로, 한 명의 자원봉사자가 보조지도자로, 2~3명의 성인이나 십대들이 자원봉사자로 투입된다. 9/11 테러로 사랑하는 사람을 잃었거나 혹은 누군가의 죽음을 목격한 아동의 경우처럼 고위험군에 속하는 아동들을 따로 분리하여 집단을 구성할지의 여부는 조심스럽게 결정되어야 한다. 그와 같은 아동들은 자신들이 또래와 다르다는 것에 대해 부정적으로 반응하면서도, 같은 슬픔을 겪고 있는 아동들에게는 쉽게 공감하는 모습을 보이기 때문에, 집단 안에서 또래 아이들로부터 지지를 받는 것이 큰 유익이 될 것이다. 이것은 12년 간의 실천 결과를 통해서도 뒷받침된다(Ruffin & Zimmerman, 2007).

캠프를 운영하면서 얻게 된 실질적인 지식은 각 집단별로 색깔을 하나씩 지정해 주는 것이 좋다는 점이다. 티셔츠, 명찰, 모자, 팔찌, 집단 마스코트를 모두 같은 색깔로 하되, 어린 아동들에게는 원색으로, 12~16세의 아동들에게는 염색이 된 타이다이tie-dye로 지정할 수 있다. 집단별로 고유한 색깔을 지정해 주면 집단응집력이 높아질 뿐만 아니라, 각종 활동이나 점심식사 시간에 아동들을 모으는 데에도 도움이 된다.

굿 그리프 캠프는 월요일부터 금요일까지 매일 진행되었다. 매일 일정한 주제가 주어지고, 아동의 발달단계에 맞추어 집단활동, 미술치료 시간에 해당 주제를 다루게 된다. 루핀-짐머만 모델에서는 참여자들의 발달단계에 맞추어 집단의 활동이 융통성 있게 수정되어야 한다고 말한다. 폭스(1988)가 제시한 애도 과정 중에 있는 아동의 과업(이해하기, 애도하기, 기념하기, 나아가기)과 워든(1996)이 제시한 과업(상실의 현실을 받아들이기, 상실의 고통을 경험하기, 사망한 사람이 더 이상 존재하지 않는 환경에 적응하기, 사망한 사람을 내 인생에 재위치시키고 그 사람을 기억할 수 있는 방법을 찾아내기) 중 몇 가지를 조합하여 매일의 주제로 선택하였다.

예를 들어, 캠프 첫날의 경우 폭스가 제시한 과업 중 하나인 이해하기와 워든이 제시한 과업 중 하나인 상실의 현실을 받아들이기 두 가지를 주제로 선택할 수 있다. 보통 캠프 첫날에는 서로를 알아가고, 공통의 목적을 분명히 하고, 규칙을 만들고, 참여를 이끌어 내는 것에 초점을 맞춘다. 집단 마스코트에게 이름을 지어 주고 꾸며 주면서 아동들이 주인의식을 가질 수 있도록 돕기도 한다. 아주 어린 아동들에게는 곰인형을 나누어 주고 자기 자신의 감정을 누그러뜨릴 때 사용할 수 있도록 지도하기도 하는데, 가장 거칠게 구는 아동이 집단 안에서 그 곰인형을 가슴에 끌어안고 있는 모습도 쉽게 발견된다.

조금 더 나이가 든 아동들에게는 인디언들이 사용하던 토킹스틱talking stick이 좋은 도구가 된다. 인디언들의 부족연맹체에서 토킹스틱은 말하는 사람의 중요성을 상징하고, 듣는 이들에게는 존경과 인내를 요구하는 도구였는데, 집단 안에서 토킹스틱을 손에 쥔 사람에게는 발언권이 주어지고 다른 모든 이들은 그 사람의 이야기에 경청하도록 함으로써 참여에 소극적인 구성원도 자연스럽게 집단활동에 참여하게 되는 효과를 볼 수 있다(Locust, 2008).

미술치료는 집단 안에서 시작된 대화를 지속시키고, 죽음에 대해 말하기를 금기시하는 태도가 사라지게 한다. 아동들에게 기억을 대표할 수 있는 것들을 만들어 보자고 하면, 아동들은 그들의 기억을 담은 아름다운 작품들을 만들어낸다. 무릎에 아이를 앉혀 놓은 채 천사가 되어 날아가고 있는 엄마, 아빠의 야구 글러브, 오빠의 낚시대 등이 그것들이다.

캠프 첫날에는 모르는 이들에 대한 불안함과 두려움의 분위기가 이곳 저곳에 가득하다. 하지만 하루를 보내면서 분위기가 변화되는 것이 분명하게 느껴진다. 모두가 끔찍한 일을 겪고, 인생이 바뀌었다는 공통된 경험을 갖고 있다는 것 때문에 서로가 연결되어 있다고 느끼게 되고, 다음 날 다시 캠프장에 오기를 기대하게 된다. 캠프 둘째 날에는 다양한 감정들이 오고간다. 아동들은 감정을 표현하는 언어를 습득하기 시작하고 그들의 슬픔을 정상화하는 과정을 시작한다.

셋째 날에는 아동들이 감정을 직면하고 두려움을 소리내어 말하기 시작한다. 고통스러운 감정들이 수면 위로 올라오면서 아동들이 집중하지 못하거나 과격한 행동을 할 수도 있다. 이날 실시되는 미술치료 시간에는 상실과 감정을 연결시킨다. 아동들은 세상 사람들에게 보여 주는 자신의 감정을 표현하는 가면과, 내면에 숨겨진 자기만의 감정을 표현하는 가면 하나씩을 고르는데, 일반적으로 아동들이 고른 두 개의 가면은 선명하게 대조되는 경향이 있다. 전문가는 아동들이 언어나 자기 감정을 누그러뜨리는 방법을 선택하여 감정을 통제하거나 견제하도록 도와야 하는데(Turner, 1999), 이때 아동들은 그동안 비밀로 해 두었던 것들을 말하기도 한다.

캠프 셋째 날은 흥분으로 가득하다. 아동들은 고통스러운 감정으로 인한 스트레스로부터 벗어나기 위해 활동수준을 높이고, 자신의 한계를 시험하게 되며, 옛날에 하던 짓궂은 장난도 치게 된다.

사례 1

샘Sam의 아빠는 9/11 테러공격으로 사망했다. 첫 번째 회기에서 샘은 집단 안에 속하고 싶어 하는 것처럼 보이기는 했지만 자신의 경험을 나누어 주지는 않았다. 집단활동을 하면서 자신이 재미를 느낀다고 여길 때마다 샘은 집단지도자를 흘긋흘긋 쳐다보았다. 집단활동이 한창이던 순간, 샘이 자신의 아빠는 테러리스트들의 공격 때문에 죽었다고 불쑥 이야기를 꺼냈다. 불안수준이 높아지면서 말하는 것을 통제할 수 없었던 듯, 샘 역시 자신의 말에 놀라고 있는 눈치였다. 샘은 다른 아이들을 바라보았고, 아이들은 그저 하던 활동을 계속할 뿐이었다. 샘은 안도하는 듯 보였다. 얼떨결에 비밀을 말했는데도 아무것도 달라진 것이 없었다. 다른 아이들이 조용하고 침착하게 자신의 이야기를 받아 준 것이다. 샘이 자신의 비밀을 누군가에게 털어놓고 짐을 벗어버리게 된 순간이었다.

캠프 셋째 날의 분위기는 다소 과격해진다. 아동들은 활동량을 증가시키거나, 자신의 한계를 시험해보고, 짓궂은 장난을 침으로써 고통스러운 감정에서 비롯되는 스트레스에서 벗어나려 애쓴다. 미술치료 시간에는 아동들이 위로가 필요할 때 그들의 마음과 생각에 들어갈 수 있는 특별한 장소를 의미하는 상자 꾸미기 작업을 통해 감정을 보관하는 안전한 장소 만들기를 시도하게 된다.

캠프 넷째 날에는 새로운 도전을 지배하는 것, 사망한 사람과의 내적 연결을 발전시키는 것, 캠프 종결 준비를 시작하는 것 등의 주제를 다루게 된다. 모든 아동들이 아빠가 쓰던 낚시 모자, 엄마의 결혼반지, 할머니의 단추 상자, 아빠에게 전하지 못한 크리스마스 선물 등과 같이 사망한 사람과의 추억이 담긴 특별한 물건을 가져와서 집단구성원들과 경건하게 이야기를 나눈다. 이러한 물건들은 사망한 사람과의 연결에 있어서 매우 중요한 것들이다(Corr & Corr, 1996; Silverman et al., 1992; Yalom & Leszcz, 2005).

집단활동은 매우 강력하며, 아동에게 감정이 정화되는 경험을 제공한다. 사망한 사람과의 연결을 느끼도록 기획된 활동을 진행하면서 아동들에게 커다란 조개껍데기와 펜을 나누어 주고, 사망한 사람에게 글을 쓰도록 했다. 캠프장 근처 바닷가에 가서 원하는 아이들에게는 조개껍데기를 바다로 던지게 했는데, 한 소년은 자기가 쓴 글이 엄마에게 전달되었을 것이라고 여기며 위안을 받기도 했다.

사례 2

제이크Jake는 엄마가 살해당했을 때 4살이었다. 사건이 일어나기 전부터 집에 문제가 있어서 제이크는 약 1년간 아빠와 살고 있었는데, 엄마는 제이크를 보러 올 수 없다는 전화도 없이 찾아오기로 한 날을 자주 잊었다. 아이들에게 조개껍데기를 나누어 주고 사망한 사람에게 하고 싶은 말을 적게 한 후 바닷가에서 그것을 던지는 활동을 할 때, 제이크는 조개껍데기를 던지기 전에 자기가 왜 자기 전화번호를 적었는지 말해 주었다. "이제 엄마도 나를 어디서 찾아야 할지 알거예요."

캠프 넷째 날에는 아동들이 자신들에게 소중한 물건에 대한 이야기를 나누는 활동을 하게 되면서 일반적으로 조용하고 자기성찰적인 분위기가 형성된다. 아동들은 슬픔과 관련된 강력한 감정들을 받아들이기 시작하고 그것을 어떻게 극복해 나가야 할지 노력하기 시작한다. 같은 집단에 있었던 구성원들과 연대감을 형성해 왔으나 이제는 그들과의 이별을 준비한다.

캠프 마지막 날에는 형식이 다소 변경된다. 이날은 가족들과 함께 보내는 날이고, 아동들이 책임을 맡게 되는 날이다. 아동들은 부모나 양육자에게 캠프장 여기저기를 보여 주고, 서로의 어색함을 깨기 위해 신나는 음악을 틀고, 밀짚모자, 스카프, 화려한 색깔의 종이 꽃다발 등으로 치장한 가족들이 함께 춤을 추고 게임에 참여하면서 즐거운 시간을 보낸다. 캠프 코디네이터가 캠프의 과정과 활동에 대해 알려 주는『제레미가 굿그리프 캠프에 가요*DiSunno et al*』(2004)라는 책을 읽어 주려고 준비하고는 있었으나 가족들은 이런 아동들의 모습을 보면서 자녀들에게 일어난 마법과도 같은 변화를 방해하고 싶어 하지 않는다. 이런 어색함을 깨뜨리기 위해 하루가 멋지게 시작된다. 디제이는 최신 춤곡과 파티음악을 틀고, 이내 사람들이 모여 콩가춤을 추게 된다. 밀짚모자를 쓰고, 반다나를 머리에 두르고, 화려한 종이 화환을 목에 건채 가족들은 웃고 즐기면서 빠른 속도로 치킨댄스를 추기도 한다.

그리고나서 전문가들과 부모들이 만나는 시간을 갖는다. 아동들은 캠프를 통해 감정을 표현하는 언어를 배웠고, 감정을 표현할 수 있다는 자신감을 갖게 되었다. 가족들은 앞으로 아동들과 죽음과 상실에 대해 대화를 이어갈 수 있을 것이다. 일부 가족들은 이후의 상담에 의뢰될 수도 있고, 일부 아동들은 학교에서의 사별집단에 참여할 것을 권유받을 수도 있다. 또 일부 아동들은 내년에 다시 이 캠프를 찾아올 수도 있을 것이다(Kirwin & Hamrin, 2005; Worden & Silverman, 1996). 모든 이들이 캠프가 끝난 뒤에 서로 연락을 주고받기로 한다.

캠프 마지막 날 진행되는 집단활동은 종결의 모델로 활용된다. 아동들은 자신이 속했던 집단에 다시 모이게 된다. 이메일 주소와 전화번호를 교환하고, 캠프를 떠올릴 수 있는 물건인 작은 곰인형을 선물로 받게 된다. 모두와 포옹을 나누면서 집단을 마치게 된다. 아동들이 일주일간 미술치료시간에 해왔던 프로젝트를 부모들과 나누는 시간이 진행된다. 특히 마지막 날에는 사망한 사람을 추억하는 물건을 만들게 되는데, 엄마의 이름을 새긴 돌에 자신의 손바닥을 찍은 후 정원에 둘 수도 있고, 집 마당에 걸어둘 깃발을 장식하면서 할머니를 기억할 수도 있고, 낚시줄을 장식하면서 아빠를 떠올릴 수도 있다.

야외에서 점심을 먹고 난 후, 아동들은 장기자랑대회를 연다. 아동들이 훌라후프 돌리기, 발레, 농담, 마술, 립싱크, 카드마술을 보여 주면 그곳에 모인 모두가 박수를 치고 응원을 한다. 장기자랑대회가 끝나면 모두 모여 캠프 주제가를 함께 부르고, 노래가 끝나면 기념품을 넣은 작은 가방들을 하나씩 받고, 작별인사를 한다. 모두에게 행복하고도 슬픈 시간이다.

캠프가 끝나고 난 뒤, 각 가정에 평가서를 보내고, 그 결과를 통해 아동과 가족이 캠프에서 어떤 도움을 얻었는지, 앞으로 어떤 부분이 바뀌었으면 좋겠는지 등에 대한 정보를 얻는다. 아동들은 캠프 식단이 이미 아동들을 위해 마련된 메뉴임에도 불구하고 어떤 음식들이 더 추가되면 좋겠는지 답을 써 보내기도 한다. 그러나 캠프에서 가장 좋았던 점이 무엇인지 응답하는 부분을 보면, 사망한 사람에 대해서 이야기할 수 있게 된 것, 감정에 대해 배운 것 등이 가장 좋았다고 쓴 경우가 가장 많다. 한 아동은 이렇게 표현했다. "슬프다고 해도 괜찮다는 걸 배웠어요." 활동에 대해서도 긍정적인 이야기들이 많고, 한 아동은 낮잠자는 시간도 일정 중에 포함되면 좋겠다는 답을 써 주었다.

부모들은 평가서를 통해 감사함을 전해 온다. 자신의 아이가 캠프를 마치고 집에 들어와서 행복하다고 말했다는 부모도 있었고, 자기보다 더 힘든 일을 겪고 있는 사람이 있다는 것을 알게 되었다고 말하는 자녀를 둔 부모도 있었으며, 소속감을 느끼게 되어 기쁘다고 말하는 자녀를 둔 부모도 있었다. 한 어머니는 이런 답을 보냈다. "대단한 일주일이었어요. 아이가 그렇게 행복해 하는 걸 참 오래간만에 봤어요. 우리가 이 힘든 시간을 지나갈 때, 캠프는 치유를 위한 기간으로 기억될 거예요."

사별캠프를 조직하는 것에 있어 눈에 잘 보이지 않는 유익은 지역사회에서 사별아동에 대한 관심이 높아지고 그들을 도우려는 마음들이 생겨난다는 것이다. 굿 그리프 캠프는 29명의 아동과 4명의 전문가들, 8명의 자원봉사자들로 시작되었다. 12년이 지난 지금, 120명의 아동과 12명의 전문가들, 75명의 자원봉사자들이 함께하고 있다. 짧은 시간 동안 지역사회가 사별캠프에 큰 관심을 갖게 되었고, 사별을 경험한 가족을 돕는 것이 지역사회의 전통처럼 세워져 가기 시작한 것이다. 상담가, 목회자, 심리학자, 교사, 친구, 이웃들이 사별을 경험한 가정의 아동들이 캠프에 참여할 수 있도록 소개해 주고 있다. 지역사회의 각 영역에서 후원금을 전해 오고, 우리의 활동을 지지해 준다. 즉, 사별을 경험한 가족과 아동이 비극적인 사건 이후에도 그들의 삶을 유지해 나갈 수 있도록 돕는 것이 얼마나 중요한 일인가에 대한 지역사회의 인식 수준이 향상된 것이 사별캠프 조직의 숨겨진 유익인 것이다.

결론

사별집단이나 캠프에 참여하는 것은 주변에 사별을 경험한 아동이 있는지 확인하는 것에서부터 시작된다. 새롭게 변화된 환경에 아동이 적응할 수 있도록 정보와 지지를 제공하고 상실 및 슬픔과 관련된 강력한 감정을 조절하는 방법을 알려 주는 것이 사별 프로그램의 목적이다. 안전한 환경 속에서 전문가의 지도 아래 학습과 재미의 균형을 맞춘 다양한 활동을 실시함으로써 아동과 가족 모두의 사별 애도 과정을 도울 수 있게 된다. 루핀-짐머만의 모델에 근거를 둔 아동을 위한 다학제적 사별 프로그램을 시행함으로써 상실로 인해 나타날 수 있는 부정적인 결과를 최소화할 뿐만 아니라, 학습한 언어와 감정을 활용하여 아동의 자신감을 높이고, 과거에 대한 긍정적인 기억을 바탕으로 밝은 미래를 설계할 수 있도록 돕는 것이 가능해질 것이다.

1. 아동을 대상으로 하는 사별집단을 지도할 때, 전문가가 아동의 질문에 대해 준비되어 있는 것은 매우 중요하다. 만일 한 아이가 당신에게 사람이 죽을 때 어떤 일이 일어나는지 설명해달라고 하면 당신은 어떻게 대답하겠는가? 5살과 9살, 13살에게 다르게 대답할 것인가? 만일 그렇다면 왜 그래야 하는지 그리고 어떻게 대답하겠는지 설명해 보자.

2. 아동을 대상으로 하는 사별집단의 일차적 목적은 아동이 감정을 표현할 수 있는 언어를 배워서 양육자에게 자신의 욕구를 전달하고, 양육자는 그 욕구를 충족시키기 위해 노력하는 관계를 형성하는 데 있다. 아동에게 슬픔의 언어를 가르칠 수 있는 방법에는 어떤 것들이 있을지 논의해 보자.

3. 사별캠프 기간 동안 아동들이 자신의 감정에 직면하면서 적극적인 반응을 보일 때가 있다. 이 상황에서 효과적으로 개입하기 위해 전문가가 갖추어야 할 특성들이 무엇일지 이야기해 보자.

4. 구성원들이 기억을 유지할 수 있도록 돕는 집단활동을 지도하고 있다고 가정하고 연습해 보자. 구성원들을 동그랗게 모여 앉게 한다. 긴장완화에 도움이 되는 간단한 활동을 한 후 사망한 사람을 떠올릴 수 있는 무언가를 만들어 줄 것을 요청한다. 자원봉사자들 중에 자신이 만든 것을 공유할 수 있는 사람이 있다면 이야기를 부탁해도 좋다.

5. 역할극: 6살 앤디Andy는 사람이 천국에 가기 위해서는 먼저 죽어야 한다는 것을 배우고는 깜짝 놀랐다. 앤디의 부모는 앤디에게 이것을 어떻게 말해 주면 좋을지 모르겠다며 사회복지사를 찾아 왔다. 당신이 사회복지사라면 앤디의 엄마에게 어떻게 이야기해 주겠는지, 그리고 앤디에게는 어떻게 말해 주겠는지 연습해 보자.

참고문헌

Axline, V. (1969). Play therapy (rev. ed.). Boston: Houghton Mifflin. 서영숙 역. 1990. 『놀이를 통한 아동심리치료』. 학문사.

Bacon, J. (1996). Support groups for bereaved children. In C. A. Corr & D. M. Corr

(Eds.), *Handbook of childhood death and bereavement* (pp. 285-303). New York: Springer.

Cohen, J. A., & Mannarino, A. P. (2004). Treatment of childhood traumatic grief. *Journal of Clinical Child and Adolescent Psychology, 33*(4), 819-831.

Corr, C. A., & Corr, D. M. (Eds.). (1996). *Handbook of childhood death and bereavement.* New York: Springer.

DiSunno, R., Zimmerman, S., & Ruffin, P. (2004). *Jeremy goes to Camp Good Grief.* Westhampton Beach, NY: East End Hospice.

Erikson, E. (1963). *Childhood and society* (2nd ed.). New York: Norton. 송제훈 역. 2014. 『유년기와 사회』. 연암서가.

Farber, M. L. Z., & Sabatino, C. A. (2007). A therapeutic summer weekend camp for grieving children: Supporting clinical practice through empirical evaluation. *Child and Adolescent Social Work Journal, 24,* 385-402.

Fox, S. S. (1988). *Good grief: Helping groups of children when a friend dies.* Boston: New England Association for the Education of Young Children.

Gilbert, K. R. (2002). Taking a narrative approach to grief research: Finding meaning in stories. *Death Studies, 26,* 223-239.

Glazer, H. R., & Clark, M. D. (1999). A family-centered intervention for grieving preschool children. *Journal of Child and Adolescent Group Therapy, 9*(4), 161-168.

Granot, T. (2005). *Without you: Children and young people growing up with loss and its effects.* London: Jessica Kingsley.

Kirwin, K. M., & Hamrin, V. (2005). Decreasing the risk of complicated bereavement and future psychiatric disorders in children. *Journal of Child and Adolescent Psychiatric Nursing, 18*(2), 62-78.

Kramer, E. (1993). *Art as therapy with children* (2nd ed.). Chicago: Magnolia Street.

Leighton, S. (2008). Bereavement therapy with adolescents: Facilitating a process of spiritual growth. *Journal of Child and Adolescent Psychiatric Nursing, 21*(1), 24-34.

Locust, C. (2008). The talking stick. Retrieved September 26, 2008, from www.aciacart.com/stories/archive6.html.

Lohnes, K. L., & Kalter, N. (1994). Preventive intervention groups for parentally bereaved children. *American Journal of Orthopsychiatry, 64*(4), 594-603.

MacLennan, B. W. (1998). Mourning groups for children suffering from expected or sudden death of family or friends. *Journal of Child and Adolescent Group Therapy, 8*(1), 13-22.

Mitchell, A. M., Wesner, S., Garand, L., Gale, D. D., Havill, A., & Brownson, L. (2007). A support group intervention for children bereaved by parental suicide. *Journal of Child and Adolescent Psychiatric Nursing, 20*(1), 3-13.

Oltjenbruns, K. A. (2001). Developmental context of childhood: Grief and regrief phenomena. In M. Stroebe, R. O. Hansson, W. Stroebe, & H. Schut (Eds.), *Handbook of bereavement research: Consequences, coping, and caring* (pp. 169-198). Washington, DC: American Psychological Association.

Piaget, J., & Inhelder, B. (1969). *Early growth of logic in the child.* New York: Norton.

Pynoos, R. S. (1992). Grief and trauma in children and adolescents. *Bereavement Care, 11*(1), 2-10.

Ruffin, P., & Zimmerman, S. (2007). *A parent's guide to children's grief.* Unpublished manuscript. Westhampton Beach, New York, East End Hospice.

Samide, L. L., & Stockton, R. (2002). Letting go of grief: Bereavement groups for children in the school setting. *Journal for Specialists in Group Work, 27*(2), 192-204.

Schuurman, D. (2008). Grief groups for grieving children and adolescents. In K. J. Doka & A. S. Tucci (Eds.), *Living with grief: Children and adolescents* (pp. 255-268). Washington, DC: Hospice Foundation of America.

Silverman, P. R., Nickman, S., & Worden, J. W. (1992). Detachment revisited: The child's reconstruction of a dead parent. *American Journal of Ortho- psychiatry, 62*(4), 494-503.

Tonkins, S. A. M., & Lambert, M. J. (1996). A treatment outcome study of bereavement groups for children. *Child and Adolescent Social Work Journal, 13*(1), 3-21.

Turner, M. (1999). Tackling children's primitive fears during the grieving process. *Bereavement Care, 20*(2), 22-25.

Webb, N. B. (Ed.). (2002). *Helping bereaved children: A handbook for practitioners* (2nd ed.). New York: Guilford Press.

_____ (Ed.). (2007). *Play therapy with children in crisis* (3rd ed.). New York: Guilford Press.

Winnicott, D. W. (1965). *The maturational process and the facilitating environment: Studies in the theory of emotional development.* Madison, CT: International Universities Press.

Worden, J. W. (1996). *Children and grief: When a parent dies.* New York: Guilford Press.

Worden, J. W., & Silverman, P. R. (1996). Parental death and the adjustment of school-age children. *Omega: Journal of Death and Dying, 33*(2), 91-102.

Yalom, I. D., & Leszcz, M. (2005). *The theory and practice of group psychotherapy* (5th ed.).

New York: Basic Books. 최해림 · 장성숙 역. 2008. 『집단정신치료의 이론과 실제』. 하나의학사.

Zambelli, G. C., & DeRosa, A. P. (1992). Bereavement support groups for school-age children: Theory, intervention, and case example. *American Journal of Ortho-psychiatry*, *62*(4), 484-493.

CHAPTER 16

사별아동과 함께하는 스토리텔링

도나 오툴 *Donna O'Toole*

> 이야기는 정신의 발달이라는 현실에 덧붙여진
> 보기 좋거나 재미있는 장식이 아니다.
> 그것은 여러 가지 면에서 정신의 발달 그 자체다.
> 이야기를 통해 아이들은 자신을 만들어 가고
> 그것으로 타인과 소통한다.
> _엔겔(Engel, 1995, p.206)

말의 길을 위한 시

사람들이 이야기를 모으던 때가 있었다.

난로와 집을 안전하고 따뜻하게 하기 위해서 석탄과 나무를 모으던 것처럼 말이다.

사람들은 살아가고 배워가기 위해 이야기를 했다.

이야기는 사람들에게 약과도 같은 존재였다.

두려움을 희망으로 바꾸고, 혼란에서 질서를 만들어 내며,

위험에서 용기와 열망, 결단을 끌어내는.

그리고 오늘날에도 이야기는 우리에게 여전히 살아 있다.

납을 금으로 바꿔가면서 우리를 다시 불 옆으로 불러낸다.

우리가 혼자 있는 것 같이 여겨질 때도, 암흑이 눈앞을 가릴 때도,

이야기는 다시 들려지고 전해지기를 기다린다. 치유하기 위해, 두려움을 달래기 위해.

이야기는 우리에게 여러 가지 모습으로 다가온다. 자유롭게. 그리고 스스로.

이야기는 우리 안에 있고 죽지 않는다.

기억은 영원하다. 기억하라. 타고 남은 기억은 한밤중에도 빛난다.

_도나 오툴(Donna O'Toole, 2008)

이야기를 통해 우리의 길 발견하기: 세대를 뛰어넘는 여행

이야기하기storytelling는 인간의 문명이 존재하면서부터 시작되었다. 치유와 자각, 지도, 희망을 위해 사용되던 이야기가 분석심리학의 영향으로 사라진 듯 보였으나, 전 세계 문화권에서 이야기의 가치와 풍부함이 다시 인식되고 있다. 오늘날 다양한 영역에서 활동하고 있는 전문가 — 사별아동이나 말기질환을 앓고 있는 아동을 위해 일하고 있는 우리를 포함한 — 들 역시 앞으로 나아가고, 용기를 불어넣어 주고, 정보를 제공하고, 통찰력을 제공하기 위해 고대 및 현대의 이야기를 사용하고 있다.

신경과학자들과 이야기 전문가들은 이야기가 어떻게 작용하는지에 대해 알려 준다. 우리의 대뇌피질이 이야기의 중요성을 알고 있기 때문에 인류가 이야기로 다시 돌아가고 있다는 것이다(Haven, 2007). 이야기는 슬픔과 역경 속에서도 의미를 발견하는 힘과 능력이 있음을 우리에게 알려 준다. 현대사회에는 영웅들에 대한 이야기, 사랑하는 사람을 잃는 것처럼 생각할 수도 없는 상실을 경험했음에도 불구하고 그 상실로부터 의미를 발견해 내고 희망과 힘을 얻어 가는 아이들에 대한 이야기들이 많이 존재한다. 조안롤링J. K. Rowling이 쓴 『해리포터

Harry Potter』시리즈(1998, 1999, 2000a, 2000b, 2004, 2006, 2007) 역시 그런 내용들이 담긴 책이다. 상실로 인해 고통을 받는 아동에 대한 다른 많은 이야기들에서처럼, 부모를 잃은 해리포터는 어려움을 직면하는 결단력, 의미, 그리고 희망을 찾아나서는 용감함을 우리에게 들려준다(Haven, 2008). 아동들은 이러한 이야기들을 읽으면서 자신의 삶의 의미와 안전함 등을 발견하게 된다.

주인공들이 역경과 상실을 경험하면서 결국 힘과 능력을 얻게 되는 이야기는 어른들에게도 공감을 산다. 어린 시절부터 아버지 없이 살았던 버락 오바마 Barack Obama는 자신의 삶에 가득했던 슬픔과 두려움, 희망, 이해하려 애썼던 불확실성, 회복을 글로 남겼다. 『내 아버지로부터의 꿈*Dreams from My Father*』(1995), 『담대한 희망*The Audacity of Hope*』(2006)이라는 책에서 그는 아버지 없는 흑인 소년이 품었던 믿음과 함께 결국 자신이 영리하고 강한 사람으로 자라나 미국의 대통령이 될 수 있었던 삶을 기록했다.

이야기에는 현실을 창조하고 만들어 가는 힘이 있음이 연구와 실천, 과학을 통해 증명되고 있다. 우리의 이야기에 외상이 포함되어 있더라도 그것을 두려워 할 필요는 없다(Johnson, 2004). 어떻게 이야기를 구성하고, 기억하고, 의미를 만들어 가는지가 중요한 것이다. 이야기를 통해 우리는 세상으로 길을 떠나고 상실과 슬픔을 어떻게 하면 좋게 만들어 갈지 배우게 된다.

부모나 양육자는 상실로 인해 슬퍼하고 있는 영아기부터 청소년기까지에 이르는 자녀들에게 치료적 이야기나 책을 소개해 줄 수 있다. 아이들은 나이가 들어 가고 삶의 중요한 사건들을 경험할 때마다 상실에 대해 연령에 적합한 의미를 새롭게 부여하게 된다. 우리는 지속성과 불확실성에 대한 이야기를 바탕으로 새로운 생각을 하게 되고, 역량강화를 이루어낸다. 즉, 이야기, 그리고 이야기하기는 동기를 불러일으키면서 정보도 제공할 수 있는 훌륭한 도구가 되는 셈이다.

나는 상실과 애도, 죽음과 죽어감의 현장에서 40년간 일하고 연구하면서 누구나 날 때부터 가지고 있고 활용할 수 있는 이야기, 그리고 이야기하기가 매우 소중하고 실용적인 인생의 형식이라는 것을 발견하게 되었고, 이를 통해 심리학 이론의 경계를 확장시켜 나갈 수 있었다. 이야기를 민속 예술이라고 부를 수도 있겠으나 그것보다 더 많은 것이 내포된다. 이야기는 우리의 뇌가 정보를 주고 받는 방법이다. 이야기에는 특수한 내용 요소가 포함되어 있고, 질문과 탐구, 위험, 결론이 포함된다. 이야기에는 형식이 존재한다(Haven, 2007). 그리고 우리는 이야기를 통해 세상에 대해 알게 되고 의미를 만들어 가게 된다. 이야기를 통해 인생의 도전이나 기쁨을 맞닥뜨리거나 그것으로부터 뒷걸음질 치게 된다. 태어날 때부터 의미를 만들어 가는 데 능숙한 인류는 상실로 인해 생겨나는 어려움과 도전을 헤쳐 나가면서 가장 자연스러운 방법으로 이야기를 선택하게 된다. 이야기는 암흑과 절망에 빠져 있는 우리에게 해답을 주고, 질문을 이끌어 가며, 등대가 되어 준다.

나의 개인적 경험: 이야기가 나의 인생을 어떻게 바꾸었는가

내 아들 매튜matthew가 21살의 나이에 죽고 나서 6개월 뒤『땅돼지 알비가 희망을 발견하다Aarvy Aardvark Finds Hope』라는 책이 출판되었다. 내가 느끼던 슬픔의 공허함 속으로 땅돼지 한 마리가 찾아왔던 11월의 어느 오후, 창문 틈새로 비추던 빛을 나는 아직도 기억한다. 그 몇 주 동안 나는 내 아들을 너무나도 그리워하고 있었다. 그 당시 나는 누군가의 죽음을 애도하는 과정에서 창의적인 표현을 활용하는 것의 가치에 대해서 논문을 쓰고 있던 때였는데, 스스로를 땅돼지 알비라고 이름 붙인 누군가의 죽음을 겪은 동물에 대한 이야기가 떠오른 것이다. 내가 이 이야기를 생각해냈다기보다는 이 이야기가 나에게 찾아왔다는 표현이 맞을 것이다. 내 머리가 아닌 몸을 통해 글이 써지는 경험이었다.

이야기가 너무도 강렬해서 멈출 수가 없었다. 알비의 이야기가 내 눈 앞에서 신기하게 펼쳐지기 시작했다. 나는 종이뭉치와 펜을 꺼내 이야기를 적어 내려 갔다. 시간이 얼마나 흘렀을까. 나는 어두운 방에 앉아 있었고, 내 손에는 보물이 놓여 있었다. 이야기가 있었다. 엄마가 태어난 아기의 손가락과 발가락을 찬찬히 살펴보듯 단어 하나하나를 살펴보았다. 이야기는 모든 것을 말해 주고 있었다. 내가 아는 것 그 이상으로. 인생을 변화시키는 이야기였다. 이 이야기가 어디에서 왔을까? 이 일이 어떻게 일어났을까? 말에 대한 새로운 경험이면서도 무언가를 표현하기에 말이라는 것이 얼마나 부족한지도 깨닫게 되는 경험이었다. 처음에는 이 이야기를 나 혼자만 간직하고 있었지만, 다른 이들에게 들려주게 되었고, 결국『땅돼지 알비가 희망을 발견하다』라는 책으로 출판되었다.

나는 다른 이들에게 이 이야기를 읽어 주고, 또 읽어 줄수록 이 이야기에 새겨진 더 깊은 의미를 발견할 수 있었다. 알비의 이야기에는 내 삶의 이야기가 들어 있었다. 어린 딸의 죽음, 21살된 아들의 죽음 이외에도 내가 어릴 때 아버지가 우리 가족을 버리고 떠났던 상실도 담겨 있었다. 이 책을 읽으면서 내 어린 시절의 상실로 생겼던 그림자가 환해지는 것을 느꼈다. 새로이 발견된 의미와 통찰 그리고 희망을 가지고 나의 뼈아픈 기억을 다시 이야기하게 되었다.

이 책을 읽고 나에게 감사를 전해오는 사람들을 통해 알비의 이야기에 시간과 공간을 넘어서는 가치가 있음을 알게 되었다. 알비의 이야기에는 우리가 상실로 인한 애도를 깨닫고, 표현하고, 당연하게 여기고, 직면하게 되면 그때 자연스러운 치유가 일어나고, 변화가 일어날 수 있다는 가능성이 담겨있다. 책을 읽은 사람들과의 새로운 경험을 통해 나는 이야기하기 수업을 듣기 시작했고, 결과적으로는 이야기하기를 상실과 고통, 치유, 변화와 연관된 교육과정에 통합하게 되었다.

엄마 앵무새 이야기

『엄마 앵무새Mama Mockingbird』(Wood, 1998)는 슬픔이 어떻게 이야기가 되고, 희망이 되는지를 보여 주는 또 하나의 사례다. 이 책의 작가인 써니 우드Saunie Wood가 성인이 된 아들의 갑작스러운 죽음 이후 산산이 부서진 자신의 삶이 다시 온전해질 수 있을지 의심하며 집 근처를 산책하고 있을 때, 바람결을 타고 그녀에게 이 이야기가 다가왔다. 이 이야기 속의 엄마 앵무새처럼 그녀는 아들이 살아 있을 때 느꼈던 인생의 생기와 기쁨을 찾고 있었다. 이 이야기에서는 엄마 앵무새의 아들이 갑자기 죽게 된다. 엄마 앵무새와 모든 가족들은 울고 또 운다. 그들은 너무 많이 울어 노래하는 법도 잊게 된다. 엄마 앵무새는 노래를 찾기 위해 여행을 떠나며 가족들에게 이렇게 말한다. "나는 내 아들을 잃었어. 하지만 내가 내 노래를 잃으려던 건 아닌 것 같아."

나와 마찬가지로 써니 역시 자신에게 찾아온 이야기의 힘에 깜짝 놀랐다고 한다. 그녀는 오랫동안 자신의 이야기를 감추고 아무에게도 들려주지 않았다고 한다. 써니는 재능 있는 이야기꾼이지만 그 당시만 해도 그 책을 누군가에게 이야기하기에는 너무나도 고통스러웠기 때문이다. 어느 날 한 친구가 그녀에게 『땅돼지 알비가 희망을 발견하다』를 선물했고, 그 책을 읽은 써니는 나에게 『엄마 앵무새』의 녹음본을 선물로 보내왔다. 써니의 고통이 점차 가벼워지면서 이 책이 출판될 수 있었다. '엄마 앵무새' 이야기는 자연을 애도치유과정에 빗대어 말한다.*

어른들만 이야기를 통해 희망을 찾고 고통을 감소시키고 의미를 이해하는 것은 아니다. 19살된 나의 아들 매튜 슈미트Matthew Schmidt와 5살된 요에리 브리바르트Joeri Breebaart의 경우를 봐도, 어린 아동들 역시 이야기를 만들어 내고 이야

---

* 저자가 자신의 목소리로 낭독한 『엄마 앵무새』 녹음본은 어린이들을 위한 치유 이야기 '납 이야기, 황금 이야기(Stories of Lead, Stories of Gold, O'Toole and Wood, 2002)'의 CD로 들을 수 있다.

기하는 과정을 통해 상실의 상황에서 어떻게 길을 찾아나가는지를 잘 알 수 있다.

매튜 이야기

매튜는 창백하고, 마르고, 많이 아프던 아이였지만, 그의 책『슈퍼 방광*Super Cystic, Schmidt*』(1981)처럼 자신을 강하고 다른 모습을 가진 것으로 표현하는 이야기들을 써나갔다. 매튜는 낭포성 섬유증cystic fibrosis을 갖고 태어났는데, 이 병은 몸의 내분비계에 영향을 미치는 유전성 질병이다. 매튜는 자기 자신을 위해, 그리고 치료를 받기 위해 두려움과 지겨움, 향수병을 느끼며 병원에 가는 아이들을 위해 병의 공격을 재치있게 이겨내는 캐릭터가 등장하는 색칠 그림책coloring book을 만들어냈다.

슈퍼 방광에게는 힘 센 친구들이 있다(〈그림 16-1〉참고). 창의력이 풍부한 간호사 멋진 섬유증 프란Fabulous Fran Fibrosis, 휴식 밥Bob the Breather, 캡슐 캐롤Carol Capsule, 경찰관 폴리Polly Pounder, 호흡기 랄프Ralph Respiratory, 효소 얼빙Erving Enzyme 이 그들이다. 슈퍼 방광과 힘세고 지혜로운 친구들은 강력한 적들인 박테리아 보리스Boris Bacteria, 폐렴 내스티Nasty Pneumonia에 맞서 싸운다.

잦은 입원과 투병 중에서도 매튜는 고결함과 상상력, 유머를 가지고 21살까지 살아 냈다. 그의 짧지만 도전 가득한 인생은 나와 다른 사람들이 인생을 창의적으로, 그리고 충만하게 살아갈 수 있도록 귀감이 되어 주었다. 그가 죽고 1년 뒤, 한 제약회사가 그의 색칠 그림책을 출판했고, 매튜와 같은 낭포성 섬유증을 앓고 있는 수많은 아이들이 이 책을 통해 자신의 병을 이해하게 되었고 희망을 갖게 되었으며 역량이 강화될 수 있었다.

그림 16-1 슈퍼방광과 동료들의 삽화(Schmidt, 1981)

※ 올가논사(Organon Inc.)의 허가를 받고 게재하였다.

요에리 이야기

하지만 모든 아이들이 치유와 회복과정에서 이야기를 활용할 수 있다고 말할 수 있을까? 요에리와 그 아빠 피엣Piet의 사례를 통해 살펴보도록 하자. 다음 단락은 그들의 책『죽으면 더 이상 아프지 않을까?*When I Die, Will I Get Better?*, Breebaart & Breebaart』(1993)에서 발췌했다.* 이 책에서 피엣은 3살이었던 그의 아들 레

---

*　맥그로우힐사McGraw-Hill Companies의 허가를 받고 게재하였다.

미^{Remi}가 뇌수막염으로 갑자기 죽고 난 뒤 일어난 일을 이렇게 쓰고 있다. 그때 레미와 같은 방을 쓰고, 서로 친하게 지냈던 형 요에리는 5살이었다.

장례식이 끝나고 몇 주가 지났다. 요에리는 슬퍼하기도 했고, 화를 내기도 했고, 움츠러들기도 했다. 요에리는 레미가 사라진 것 그리고 죽는다는 것에 대해 혼란스러워 하는 것처럼 보였다. 요에리는 레미의 병과 죽음에 대해 말할 수 없었기 때문에 우리는 요에리에게 다가가기도 어려웠고 요에리의 감정을 이해하기도 어려웠다. 죽음에 대한 동화책을 찾아보았지만 마음에 드는 책을 발견할 수 없었다. 레미가 죽고 나서 6주가 지났다. 나와 요에리는 토끼 조^{Joe Rabbit}에 대해 이야기하기 시작했다. 조는 요에리와 레미가 잠들기 전 들려주던 이야기에 등장하는 지어낸 캐릭터였다. 요에리에게 조는 레미를 의미했고, 자신은 조의 형 프레드^{Fred}였다. 요에리는 레미가 죽었기 때문에 더 이상 조 이야기를 만들 수 없다고 했다. 그래서 나는 조가 죽는 이야기를 만들어 보자고 제안했고 요에리는 그 제안에 동의했다.

요에리는 스스로 이야기를 만들어냈고, 어떤 그림이 들어가면 좋을지 이야기했다. 나는 이야기를 적어 내려갔고, 그림도 그려 주었다. 내가 요에리가 말하는대로 움직여 주는 것이 요에리에게는 중요했다. 예를 들어, 내가 늑대를 의사로 만들려 하자 요에리는 늑대가 토끼를 잡아먹기 때문에 싫다고 말하면서 부엉이를 의사로 만들어달라고 했다. 어떤 날은 아무 이야기도 하고 싶어 하지 않았다.

그 이야기는 요에리 자신의 경험을 묘사하고 있다. 우리는 이야기의 제목을 '죽으면 더 이상 아프지 않을까?'라고 붙였다. 이 이야기에는 레미가 어떻게 병들게 되었는지와 어떻게 죽었는지에 대해, 장례식과 상실감, 슬픔에 대한 내용이 담겨 있다. 우리에게는 요에리와 이 모든 주제에 대해 이야기를 나눌 수 있다는 가능성을 의미했다. 요에리는 토끼들에 대해 그리고 우리에 대해 이야기해 주었다.

약 4주간 이 치유 과정이 진행되었고, 요에리는 결과에 대해 매우 자랑스러워했다. 요에리는 선생님에게 자기가 토끼에 대한 책을 만들었다고 말했고, 나중에서야 그것이 죽은 동생에 대한 이야기라고 말해 주었다. 그 책을 학교에 가져가 선생님이 교실에서 그 책을 큰 소리로 읽어 주게 되었는데 이것은 요에리에게 대단한 일이었다(Breebaart & Breebaart, 1993, p. 2).

이것은 피엣에게도 대단한 일이었다. 이야기를 듣는 것은 세대를 뛰어넘어 영향을 미친다. 내 아들 매튜가 아픔 중에서도 희망에 대한 이야기를 다시 써나감으로써 자기 자신과 다른 이들이 힘과 온전함을 상상할 수 있도록 도왔던 것을 바라보면서 내가 위안을 얻었던 것처럼, 피엣 역시 요에리의 이야기에서 위안을 얻었다. 요에리가 자기 동생의 죽음에 대해 하는 이야기를 듣고, 그 이야기대로 그림을 그려나가면서 피엣은 참을 수 없는 고통에서 머물던 단계에서 추억하기라는 새로운 단계로 옮겨갈 수 있었다.

적응유연성과 온전함이라는 주제를 담은 이야기들은 사람들로 하여금 상실과 애도의 시기에 치유로 향하게 도와준다(Taylor, 1996; Dwivedi, 1997). 이야기는 삶을 하나로 엮어낸다. 치유를 돕는 이야기는 생각과 감정을 분명하게 하고 정당화할 뿐만 아니라, 새로운 지식과 통찰력을 제공해 준다. 이야기의 주제는 인종과 연령, 문화차이를 뛰어넘어 전달되기 때문에 연결은 강화시키고 고립과 불확실성은 감소시키게 된다(Taylor, 1996).

사별을 경험한 아동들이 잘 자라도록 돕기를 원하는 사람들은 이야기하기, 이야기 만들기, 이야기 나누기 기술을 확장시킴으로써 아동을 지도하는 능력을 강화시킬 수 있다. 우리는 이야기를 활용하여 독특한 환경과 욕구에 대해 다룰 수 있고, 통찰력과 상상력, 이해력을 장려할 수 있다. 우리는 이야기를 통해 고립된 것을 흩트리고, 희망을 돋우고, 애도과정에서 느껴지는 감정의 변화를 정상인 것으로 만들어갈 수 있다. 비록 이야기가 아이들을 상처로부터 지켜낼 수는 없지만, 왜곡된 사고로 인해 생기는 상처나 이상하고 외롭다고 느끼는 감정으로부터는 아이들을 지킬 수 있을 것이다. 우리는 아이들이 보다 의미 있고 행복한 내일에 대한 희망을 다시 써나갈 수 있도록 도울 수 있다.

다시 이야기하기에서
적응유연성과 꿋꿋함이 맡는 역할

적응유연성과 꿋꿋함에 대한 연구들은 우리가 치유의 이야기를 이끌어 내고 촉진하는 데 있어 발판이 되어준다. 적응유연성과 꿋꿋함에 대한 연구들(O'Connell Higgins, 1994; Flach, 1998; Walsh, 2006; Kobasa, 1985)은 이야기를 통해 아동들을 돕는 것에 있어서 우리의 자신감을 강화시켜 준다. 아동과 성인이 상실과 역경을 긍정적으로 변화시켜 삶의 질까지도 향상시킨다는 것이 많은 연구들을 통해서 검증되고 있다. 적응유연성이 있는 사람은 인생에서 풍파를 만날 때 두려움에 근거를 두기보다 희망에 근거를 두고(Schneider, 2000), 상실로 인해 위축되기보다 더욱 강해지며, 힘겨운 환경이 그들의 삶에 녹아듦으로써 삶이 향상되었다고 느낀다. 삶에서 일어나는 모든 일들을 통합하여 다시 이야기를 만들어 내는 것은 일회성의 사건이 아닌 과정으로 일어난다.

'헝겊 토끼의 눈물The Velveteen Rabbit' 이야기에 나오는 스킨 호스Skin Horse는 삶에서 일어나는 많은 일들이 통합되는 것은 일회성의 사건이 아닌 일련의 과정이라는 점을 다시 말해 준다.

단번에 일어나는 것이 아니란다. 되어 가는 것이지. 긴 시간이 걸린단다. 그래서 쉽게 무너지는 사람들, 그대로 머물기만을 바라는 사람들에게는 그런 일이 쉽게 일어나지 않지. 하지만 네가 진짜가 되고 나면 더 이상 너는 흉한 사람이 아니란다. 그것을 이해하지 못하는 사람에게는 아니지만 말이야(Williams, 1922/1995; 강조됨).

따라서 사별아동을 돕기 원하는 이들은 적응유연성, 긍정적인 재처리, 변화 등과 같은 바람직한 과정이 무엇인지, 그리고 복합적 애도, 병리와 같은 그릇된 과정이 무엇인지를 알고 있어야 하고, 인생에서 계속 나타날 수 있는 애도경험이 복합적 애도 혹은 우울과는 다르다는 것을 인지할 필요가 있다(Schneider, 2000). 사별아동과 함께 일하려는 사람이라면 테리스 란도(Therese Rando, 1993)와 존 슈나이더(John Schneider, 2000)의 책을 포함하여 최근 들어 출판된 관련 도서를 정독하기를 권한다.

아동과 가족을 대상으로 어떤 치유의 이야기를 들려주어야 할지 선택하려 할 때 다음의 몇 가지 요소들(희망에 근거를 두고 있는 등장인물, 적응유연성을 지닌 등장인물)이 포함되었는지 살펴보는 것이 도움이 된다.

- 강렬하게 바라면 그것이 이루어진다는 믿음을 갖고 있거나 혹은 그와 같은 믿음을 발견하는 등장인물이 존재하는 이야기. 의심이 되고 두려움이 생길 때 이러한 등장인물은 그것을 회피하기보다 직면하고, 내면의 작고 희망 섞인 목소리를 따라 그 길을 걸어간다. 포기나 단념, 불신에 사로잡히지 않고 결심에 따라 움직인다.
- 개인적이고, 판단적이지 않은 자각, 욕구와 감정, 가치, 신체적 · 정신적 상태를 수용하는 이야기와 등장인물
- 사적인 경계가 온전한 등장인물
- 자신의 욕구나 감정을 강압, 조작, 판단에 의해서가 아닌 스스로의 선택에 따라 표현하는 등장인물

- 무엇인가에 참여할 수 있는 능력을 지닌 등장인물
- 일상적인 삶에서 혹은 특정 의례를 통해서 추억하고 기념하는 것을 보여 주는 이야기. 이러한 이야기는 현실의 상실과 그것의 가치, 의미를 눈으로 볼 수 있게 하거나 상징적으로 알 수 있게 해 준다.
- 자신보다 더 커다란 존재들과의 연결하기, 관계맺기 등을 보여 주거나 존중하는 것을 들려주는 이야기
- 상상력을 사용하고 권장하는 요소가 담긴 이야기. 분명하게 정해진 끝이나 답이 있는 이야기보다 열려 있고 계속되고 변화되는 것의 가능성을 열어둔 이야기
- 비난과 수치에 대해 용서를 택하는 이야기. 여기서 용서라는 것은 자기 자신과 타인의 불완전함을 수용할 수 있는 능력을 뜻한다.

상실과 사별을 겪고 있는 아동과 가족에게 적절한 이야기책 목록은 컴패션책Compassion Book 출판목록(O'Toole, 2009)과 코어(Corr, 2000), 코어 · 네이브 · 코어(2000), 오툴(O'Toole, 1995)에서 참고할 수 있다.

인생의 기술 – 애도하기

요람에서부터 무덤에 이르기까지 상실과 애도는 인생의 부분을 차지한다. 아동들은 인생을 살아가면서 상실에 따르는 다양한 반응을 이해하게 된다. 애도가 개인의 사고, 감정, 행동, 영적인 질문, 의미 만들기 등에 어떻게 나타나게 되는지를 이해하면서 아동들은 지각과 수용, 유능감을 세워나가는 법을 익히게 된다.

애도하기는 학습할 수 있는 인생의 기술이다(O'Toole, 1989). 어른들은 여러

가지 상황에서 다양한 방법으로 애도를 가르쳐줄 수 있다. 반려동물이 죽었을 때 애도의 경험이 정상적인 것임을 알려줄 수 있고, 새 집으로 이사를 갈 때 아동의 상실감을 알아봐 주고, 인정해 주고, 그 감정에 이름을 붙여줄 수 있다. 자기 자신이나 다른 사람을 해치지 않고 감정을 외현화할 수 있는 방법을 알려 주거나 본보기가 되어 줄 수도 있다.

스스로의 상실을 헤쳐 나온 경험이 있는 어른은 사별아동에게 희망을 주고 본보기가 되는 주요한 역할을 담당하게 된다(Jevne & Miller, 1999). 아동들은 역경과 상실을 극복하고 성장해 나갈 수 있다. 희망을 품고, 의미 있는 미래를 꿈꾸는 것은 괴로운 상실로부터 얻어낸 긍정적인 결과를 토대로 이루어진다(Schneider, 2006).

의미를 만들어 가는 과정으로서의 이야기

인생에 대한 이야기는 애도를 정해진 길을 따라가는 단 한 번의 사건이라기보다 나선형으로 움직이는 평생의 과정이라고 인식한다. 은유나 이론, 애도의 단계들이 결국 많은 사람들의 경험에서 만들어진 것이기 때문에 가치 있는 지도로서의 역할은 할 수 있지만 개개인이 애도과정에서 정확히 어떤 길을 가게 될지에 대해서는 알려 주기 어렵다.

이야기는 거대한 놀이터를 제공한다. 이야기를 하는 사람에게도, 듣는 사람에게도 이야기는 한 사람의 모든 면(신체적, 정서적, 사회적, 영적)을 포함하여 다가간다. 즉, 이야기는 전체론적인 접근방법을 지니고 있어서 각각의 요소로 나누어 분석하기가 어렵다. 경험, 정서, 언어가 교차되는 지점에서 의미 만들기 과정으로 이야기가 등장하게 되는 것이다.

영적인 관점에서 보면, 이야기와 애도는 의미 만들기와 개인적인 영적 발달

두 측면에서 모두 풍부한 기회로 작용할 수 있다. 평생동안 상실을 처리하고, 계속되는 이야기들을 고치거나 다듬어 나가면서 '진짜' 이야기, 인생의 의미를 만들어 가게 되는 것이다. 상실을 보다 긍정적인 것으로 변환시켜가는 것은 우리의 기억을 어떻게 품어 나가는지, 우리 스스로에 대해 어떻게 새로운 이야기를 써 나가는지에 달려 있다(Harvey, 1996).

이야기로 접근할 때, 우리는 아동 혹은 개인 한 사람을 중심에 둔다. 이야기하기 관점에서 볼 때 사별아동의 치유과정에 함께하려는 사람은 전문가라기보다는 상호관계를 맺는 사람으로서의 역할을 맡는다. 아동과 어른은 지금 알고 있는 것과 통찰력 두 가지를 가지고 이야기와 놀면서 탐색, 연결, 변화, 치유를 이루어 낸다.

또한 상실의 경험을 처리해 가는 방법으로 이야기하기를 사용할 때에는 수평적인 관계가 유지되는 놀이터가 있어야 한다. 이야기하는 사람과 듣는 사람 사이의 상호관계 과정이다. 정확하고 예측 가능한 것이 아닌 유동적이고 잘 알 수 없는 것에서부터 이야기가 시작된다. 수직적인 관계보다 협력적인 관계가 수반된다. 이야기하는 사람과 듣는 사람 모두 말하기에 영향을 받고, 그 과정에서 모두 변화를 경험한다. 이야기가 정해진 대로 흘러가지 않고 가능성을 열어두기 때문에 많은 선택이 존재한다. 권위는 객관적인 공식이나 힘이 아닌 직관력이나 개인적 경험에서 시작된다.

사건에 이름을 붙이고, 우리 인생의 특별한 일로 기록하는 것은 중요한 일이다. 이야기에 이름을 붙이고, 글을 쓰고, 말함으로써 그 사건들이 우리의 기억에 자리 잡을 권리가 있음을 주장하게 되는 것이다. 매튜와 요에리가 이야기를 하고, 써내려가고, 그것에 제목을 붙여 주었기 때문에 두 사람이 세상을 떠난 이후에도 오랫동안 인생의 의미를 떠올릴 수 있게 된 것이다.

이야기를 통해 개인의 삶의 역사를 짚어보게 되기도 한다. 꼬마였을 때 가족 전부를 잃게 된 땅돼지 알비의 이야기를 통해 나는 내 아버지가 가족을 버리고 떠났을 때 꼬마였던 내가 버림받았다고 느꼈던 것을 찾아낼 수 있었다. 알비의 이야기를 써나가면서 나는 이 상실로 인해 나와 내 모든 가족이 영원히 바뀌게 되었다는 것을 깨닫게 되었다.

나의 어머니는 이미 돌아가셨지만 너무나도 큰 상실을 경험한 알비의 시선을 통해 나는 어머니와의 관계를 탐색할 수 있었다. 어머니는 왜 그렇게도 상상력을 신뢰하지 않으셨을까? 왜 나에게 재미있는 소설보다 사실이 가치 있는 것이라고 가르치셨을까? 엄마를 떠올리면 나는 나보다 5살 많은 언니 샤론Sharon을 생각하게 된다. 언니는 요정이 나오는 이야기를 지치지 않고 읽어댔고, 사람들을 웃기기 위해 이야기를 만들곤 했다. 이제는 내가 언니와 연결이 되는 느낌이다. 언니와 가족에 대한 이야기를 나누면서 내가 언니 마음에는 동생이 아닌 자식과도 같은 존재였다는 것을 알게 되었다. 언니는 나를 돌봐 주려 했던 것이다. 언니는 다섯 명의 자녀를 두고 있지만 내가 언니에게는 첫째 아이인 셈이었다. 알고 있든지 모르고 있든지 간에 이야기를 하고 이야기를 나누는 것은 세대를 넘어 많은 것들을 연결할 수 있는 수단이 된다.

이야기 바꾸기와 이야기 선택하기의 역할

사별아동에게 이야기를 하거나 이야기를 들려주는 것은 과학이면서 동시에 예술이다. 이야기를 선택할 때에는 그 이야기를 듣게 되는 아동의 욕구와 발달 단계상의 특성을 민감하게 알고 있어야 한다. 하지만 한 번 그 과정에 익숙해지고 나면 어떤 책이 적합하고 좋은지 결정하는 데 그리 많은 시간이 걸리지 않는다. 특정 상황에서 이야기를 어떻게 바꾸어 들려주어야 할지 결정하는 것도 가능해진다. 도리스 브렛Doris Brett의 책 『애니 이야기Annie Stories』(1988)는 아동들이 다양한 상실을 극복해 내도록 명료하면서도 정확한 이야기를 들려주는 훌륭한 자료다.

이야기를 선택하는 것과 바꾸는 것은 치유와 이해를 위해 이야기를 활용할 때 숙지하고 있어야 하는 두 가지 기술이다. 그러나 이때 주의할 점이 있다. 이야기를 바꾸려고 할 때에는 원작자 혹은 판권자와 먼저 상의를 하고 허락을 받아야 한다. 이야기하기와 관련된 판권에 대한 보다 깊이 있는 논의는 무니와 홀트Mooney & Holt의 『이야기하는 사람을 위한 지침서The Storyteller's Guide』(1996)를 참고하기 바란다.

앞서 기록한 바와 같이, 이야기하기는 말하는 사람과 듣는 사람 간의 상호관계다. 이야기를 전하기 위해 자신의 모든 면(몸과 마음, 영)을 활용할 때, 듣는 사람의 이해와 수용에 따라 말하는 사람도 변화된다. 예를 들어, 지금 나는 이 글을 읽고 있는 당신 ─ 내가 의미 있는 방법으로 연결되기를 바라는 누군가 ─ 과 상호작용을 하고 있는 것이므로 이 글이 당신에게 어떤 의미를 가져다주는지 생각하게 되는 것이다. 이야기를 잘 하는 사람은 단순히 이야기를 전하는 것에 그치지 않고 이야기를 통해 자신의 생각을 전한다(Stotter, 1994). "내 이야기 경험에서 무엇을 더하고 빼서 당신에게 전달해야 하는가?, 어떻게 하면 이 글의 의미가 전달되고, 그 의미가 울려 퍼질 수 있는 환경을 만들 수 있을까?, 이 이야기를 읽고 당신이 상담현장에서 아이들에게 이야기를 읽어 주겠노라 결심하도록 도울 수는 없을까?" 등의 질문을 스스로에게 던지곤 한다.

오랜 경험을 통해 치유에 도움이 되는 이야기는 감정적인 기억뿐만 아니라 지적인 기억도 되살아나게 해 준다는 것을 알게 되었다. 강력한 치유의 잠재력을 가진 이야기에는 독자들이 자신의 의견을 개진할 수 있는 부분들이 존재한다. 이러한 이야기들을 통해 생각과 이해가 바뀌게 되고, 인지적으로 이해하는 능력이 제대로 기능하게 된다.

상상력의 중대한 역할

상실이 발생하고 난 뒤 애도과정을 통해 우리가 성장할 수 있는 길을 찾아내려면 새로운 가능성을 상상하고 예전 경험을 새롭게 만드는 능력이 있어야 한다. 이러한 능력은 삶의 의미와 희망을 새로 만들어 가고, 적응유연성을 향상시키고, 독특한 한 사람 한 사람으로서의 의미를 세워 가는 역할을 담당하기 때문에 아동이나 성인 모두에게 있어 매우 중요한 요소라 하겠다.

치유적인 이야기 알아보기

치료를 목적으로 하는 이야기를 선택하고 발전시켜 감에 있어 나는 두 가지 지침을 따른다. 첫째, 내가 실천을 통해 얻은 경험, 그리고 적응유연성, 성실함, 상실이나 외상으로부터의 성장 등 관련 연구의 결과를 참고한다. 둘째, 나는 수많은 전문적인 이야기하기 강사들의 연구와 워크숍으로부터 많은 것을 얻었다. 도널드 데이비스(Donald Davis, 1993), 로빈 무어(Robin Moore, 1991), 데이비드 홀트와 빌 무니(David holt & Bill Mooney, 1994, 1996), 짐 메이스(Jim Mays, 1989), 켄달 헤이븐(Kendal Haven, 1999)이 그들인데, 나는 이야기를 찾아보거나 혹은 나 자신의 이야기를 말하고 쓸 때 그들의 가르침이나 내가 써둔 것을 다시 참조한다.

온전한 이야기 발견하고 이야기해 주기

험티 덤티Humpty Dumpty를 듣고 그 가사가 마음에 들지 않은 한 꼬마 아이가 심각한 표정으로 아빠를 올려다보며 "아마 최선을 다하지 않았나봐요."라고 말하는 장면이 삽입된 만화를 본 적이 있다. 이야기는 아동들의 자연스러운 언어이다. 아주 어린 아동들도 무엇이 재미있는 이야기인지, 무엇이 재미없는 이야기인지 알 수 있고(McAdams, 1993), 더 만족스러운 결과를 얻어 내기 위해 이야기의 이미지를 조작할 수도 있다. 험티 덤티를 주제로 한 만화처럼, 아동들 역시 이야기를 듣고 나서 그 결말이 무언가 잘못되었다고 여길 수 있는 것이다.

나는 일주일간의 훈련 프로그램에 참여한 적이 있는데, 그때 이야기 전문가 도날드 데이비스는 이야기가 온전한 것인지 확인하기 위해서는 세 가지의 기준을 숙지하고 있어야 한다고 했다. 그는 온전한 이야기란 이야기를 듣는 사람이 편안함을 느끼는 것에서 시작된다고 말한다.

첫째, 매일의 일상에 등장하는 인물들, 시간, 장소 등에 대한 이야기를 먼저 풀어냄으로써 이야기를 듣는 사람들이 그것을 함께 경험하도록 하는 이야기인지 살펴본다. 전체 이야기를 세우고 전달하기 위해 이 시기에 가장 많은 시간이 소요되기도 한다.

둘째, 위기나 문제 상황이 등장하고, 그것을 다루어 가는 이야기인지 확인한다. 데이비스는 우리가 익숙하게 여기던 세상에서 한 조각이 떨어져나가고, 세상이 뒤집어져서, 앞으로 나아가기 위해서는 적응을 해 나갈 필요가 있는 모든 것을 위기라고 정의한다. 사별로 인해 애도과정에 있는 아동이 바로 여기에 해당된다. 위기는 갑작스럽거나 극적인 모습일 수도 있고, 잠재되어 있던 것일 수도 있다. 데이비스는 이것을 "문제가 다가오고 있다… 문제가 다가오고 있다… 문제가 다가오고 있다… 문제가 온다."라고 표현한다. 데이비스는 전체 이야기에서 문제나 위기가 실제로 발생하여 그것을 해결해 가는 부분보다 '문제가 다가오고 있다.'라는 부분을 나타내는 데 더 많은 관심과 시간을 할애한다고 설명한다. 치유의 이야기 전체를 읽어나가면서 서서히 해결방법을 깨닫게 되는 것이다. 앞서 말한 만화에 등장하는 소년은 확실한 요점을 갖고 있었다. 그 소년은 험티 덤티의 문제가 해결되지 않았다는 것을 알고 있었고, 그래서 그 이야기를 들으면서 아무 것도 배우거나 발견하지 못한 것이다. 그렇기 때문에 험티 덤티 이야기는 상실이라는 것이 영원하고 되돌릴 수 없는 개념이라는 것을 알려 주는 데에는 유용하지만, 상실을 경험한 아동의 희망과 안녕감 향상에 도움이 되는 것으로 알려진 적응유연성이나 연결감의 개념을 알려 주기에는 한계가 있다 (Klass, Siverman, & Nickman, 1996). 이러한 이유에서 데이비스가 제안한 세 가지 요소가 포함되어 있는 이야기를 찾아내는 것이 중요하다.

셋째, 이야기가 짧은지 살펴본다. 이와 관련하여 데이비스는 길게 설명하여 가르치지 말 것을 경고한다. 아동들은 배우기를 좋아하지만 가르침을 받는 것은 그리 좋아하지 않는다. 아동들이 발견하도록 하라. 따라서 이야기를 통해서 무언가를 배우는 것이 중요하지만 짧은 이야기를 통해 그것이 가능하도록 하는 것이 필요하다.

다니엘 테일러Daniel Taylor는 그의 책 『이야기가 갖고 있는 치유의 힘The Power of Stories』(1996)에서 상실을 치유하고 적응유연성을 향상시키는 이야기들에 공통적으로 드러나는 세 가지 요소들을 설명하고 있다. 첫째, 외적·내적 경험을 설명하는 것, 둘째, 이 세상이 살아갈 만한 곳이라는 점에 대해 만족스럽게 설명하는 것, 셋째, 인생은 고통을 감내할 가치가 있으며, 그 의미를 타인과 공유하고 우리의 경험을 가치 있다고 여길 수 있어야 한다고 말하는 것이 그 세 가지다.

아동들로 하여금 연결하기와 추억하기를 돕도록 험티 덤티 이야기의 결말을 수정해 보면 다음과 같다.

> 왕의 말과 군인들이 부서진 험티 덤티를 다시 붙여놓을 수는 없었지만 그들은 험티 덤티를 기억하기 위해 이렇게 했답니다. 그중 몇몇은 험티 덤티의 모든 조각을 조심스럽게 모았고, 다른 몇몇은 험티 덤티의 가족과 친구들을 불러 모았습니다. 다른 몇몇은 험티 덤티가 담장에서 떨어져 산산조각이 나기 전까지 어떤 모습이었는지에 대해 이야기해 주는 다른 이의 이야기에 조용히 귀를 기울

였습니다. 험티 덤티를 사랑했던 이들은 지금도 그 사랑이 변하지 않았음을 알고 있습니다. 비록 그 사랑에 커다란 슬픔도 포함되었지만요. 모든 일이 끝나고 그들은 손을 잡고 둘러서서 이 노래를 불렀습니다. "험티 덤티는 담장에 앉아 있었어요. 험티 덤티는 그만 아래로 떨어지고 말았어요. 왕의 말과 군인들은 험티 덤티를 그들의 특별한 이웃이자 친구로 항상 기억할 거예요."

사별을 경험한 아동과 가족을 대상으로 이야기를 사용하는 이유

사별을 경험한 아동과 가족을 만날 때 이야기는 다양한 방법으로 사용될 수 있다. 치료의 목적으로 이야기를 선택할 때, 가장 유용한 이야기는 지시하기보다 설명하고, 변화를 권하거나 묘사할 뿐, 현학적으로 설득하면서 명령하지는 않는다는 점을 기억해야 한다.

첫째, 치유를 돕는 이야기에는 지적인 내용과 정서적인 내용뿐만 아니라 영적인 내용도 포함된다. 말하는 사람과 듣는 사람 모두 이야기를 통해 알고 있는 것과 알고 있지 못하는 것에 접근하게 되고, 해결책을 시행하기보다 가능성을 생각하게 된다.

둘째, 이야기를 통해 정보를 제공하고, 슬픔의 짐을 벗게 하고, 호기심과 상상력을 격려하고, 감정을 인정하고, 변화를 일구어 내는 것이 가능해진다. 이야기를 통해 통찰력을 얻게 될 수도 있고, 점진적으로 혹은 간접적으로 무언가를 알 수도 있게 된다.

셋째, 이야기를 통해 잘못된 가정을 바로잡을 수 있는 새롭거나 부가적인 정보를 얻게 될 수 있고, 애도과정이 정상적인 것임을 알게 된다. 이야기를 통해 과거를 기억하고, 아동이 중요하게 여기는 것을 확인하고, 사라진 것을 추모하고 기리며, 희망과 미래의 발전으로 이어지는 다리를 놓을 수 있다(Gersie, 1991). 이야기는 고립감을 사라지게 하고, 희망을 품게 하며, 아동의 세상을 더욱 친숙하고 안전한 것으로 만들어 가도록 하기 때문에 아동의 영적 발달에도 기여하게 된다(Coles, 1991).

이야기의 형식과 실천

이야기를 치료현장에서 사용하는 것에 대한 관심이 증가하면서, 다양한 이야기 형식이 활용되고 있다. 시를 읽고 쓰기, 일기쓰기, 큰 소리로 이야기를 읽고 나누기 등이 그 예이다. 인형극, 연극, 음악, 영화 등을 통해 전달되는 보다 향상된 수준의 이야기는 이 장의 범위를 넘어서기는 하지만 잠시 이야기하도록 하겠다. 애도과정 중에 있는 아동을 돕기 위해서 스티브 도슨^{Steve Dawson}과 로라 해리슨(Laura Harrison, 1997, 1999)은 애도연출법^{grief dramatics}이라는 흥미진진한 과정을 만들어냈다. 이 작업은 9주간의 과정으로 구성되어 있고, 사별아동을 대상으로 하는 개별상담, 집단상담, 캠프 등의 현장에서 사용될 수 있다.

『땅돼지 알비가 희망을 찾아내다』에서 알비는 가족들이 다 잡혀간 뒤 홀로 남게 된다. 알비는 너무도 슬프고 절망스러워서 죽고 싶다는 생각을 하기도 한다. 알비의 고통을 곁에서 지켜봐 주고, 자신의 경험을 들려주기도 하는 지혜로운 토끼 덕분에 알비는 점점 내면의 힘을 발견하게 되고 미래를 상상하게 된다. 알비는 가족들을 추모하는 의례를 통해 서서히 그리고 조금씩 깨달음을 얻게 되고 그의 상실을 애도할 수 있는 용기도 얻게 된다. 엄마를 기리는 의례를 마치고 나서 알비는 무지개 각각의 색깔들이 얼마나 아름다운지 다시 한 번 기억할 수 있게 된다.

알비 이야기는 손가락 인형 공연으로 각색되어 노스캐롤라이나주^{North Caroli-}

na에 있는 학교들과 버지니아 노폭에 있는 유대인 상담센터The Jewish Counseling Center of Norfolk, Virginia에서 훈련받은 자원봉사자들에 의해 정기적으로 공연되고 있다. 알비 이야기가 보다 향상된 수준의 이야기 형식을 통해 수많은 아동들과 성인들에게 전해지고 있는 것이다.

알비 이야기가 손가락 인형극 형태로 공연되면서 교사와 학교상담가들이 많은 사별아동들을 어떻게 대해야 할지에 관해 도움을 받게 되었다. 현재 상실로 인한 고통을 받지 않고 있는 아동들 역시 상실이 누구에게나 찾아오는 보편적인 것임을 알게 되었고, 애도와 관련된 감정이나 행동을 정상적이고 자연스러운 것으로 받아들일 수 있게 되었다. 모든 아동들이 인형극의 인형들과 상호작용하고 그림 그리기 등의 관련 활동에 참여하면서 개인적인 욕구와 대처유형에 따라 이야기를 바꾸어 나가기도 했다.

사별아동을 상담하는 실천가는 말로 전해지는 이야기, 글로 전해지는 이야기와 책 만들기, 동화책 읽기, 개인적인 이야기 나누기와 듣기 등의 네 가지 방법으로 이야기를 사용할 수 있어야 한다.

말로 전해지는 이야기

말로 전해지는 이야기는 치료적 가치로 볼 때 모든 이야기 형식 중에서 가장 강렬한 매체일 것이다. 나는 아동들과 성인들을 대상으로 크고 작은 규모로 상실과 애도, 죽음과 죽어감에 대한 이야기를 들려준 적이 많다. 내가 만들어낸 이야기도 있었고, 민속문학에서 발견해낸 것을 수정한 이야기도 있었는데, 이야기를 들려주는 동안 그리고 들려주고 난 뒤 사람들이 반응하고, 그 이야기에 빠져들고, 자신들이 필요로 하던 것을 얻어 가는 배움의 크기가 깊고 넓다는 것을 종종 목격하곤 했다. 사람들이 이야기에 몰입하여 그들만의 의미를 만들어 내고 발견할 수 있게 되는 것이다.

개인적인 이야기, 만들어낸 이야기 말하기

도리스 브렛Doris Brett은 호주의 심리학자이자 치료적 이야기하기의 선구자이다. 그녀는 아동들이 두려움과 고통, 입원, 죽음을 잘 다룰 수 있도록 효과적으로 이야기들을 구성했다(Brett, 1988, 1992). 그녀는 아동의 발달과정에서 생길 수 있는 장애물들과 삶의 도전들을 겪게 되면서 자신의 딸 애니Annie에게 이야기를 들려주기 시작했다. 이후 그녀는 다양한 재료와 환경들을 사용해 자신이 만나는 당사자들에게 그 이야기를 들려주었는데, 브렛은 치료적 이야기를 만들 때 다음의 개요를 따를 것을 권한다.

① 아동을 모델로 하여 등장인물 만들기: 아동이 이야기 속의 등장인물과 자신을 동일시하는 데 도움이 된다.

② 아동이 경험하고 있는 문제와 갈등 다루기: 이야기의 분위기는 당신이 아닌 아동이 갈등을 어떻게 바라보고 있는지를 담아내야 한다. 이럴 때 아동과 등장인물의 동일시가 가능해져서 "맞아, 바로 저게 내가 느끼고 있는 거야."라고 아동이 말할 수 있게 된다. 아동이 등장인물과 동일시를 한 뒤에 등장인물이 문제와 어떻게 씨름하고 있는지, 어려움을 어떻게 해결하는지에 대해 소개해 줄 수 있다.

③ 단순하게 하기: 아동이 이해할 수 있는 개념과 언어를 사용하라. 아동이 집중할 수 있는 시간을 고려하여 이야기의 길이를 조절하라.

④ 이야기가 실제의 갈등, 불확실성, 몸부림을 솔직하게 담아내기: 이야기가 믿어지려면 아동이 경험하고 있는 실제적인 감정들이 다루어져야 한다.

⑤ 아동의 강점을 확인하고 그것을 이야기에 포함하기: 아동이 이야기를 들으면서 자신에 대해 생각하고, 가치감, 잠재력을 향상시키게 된다.

⑥ 가능할 때마다 유머 사용하기: 유머를 사용하는 것은 긴장을 완화시키는 데 도움이 된다.

⑦ 아동이 긴장되어 있을 때에는 당신의 목소리를 통해 긴장을 이완할 수 있도록 도와야 한다.

⑧ 이야기를 하면서 아동의 바디랭귀지를 확인하기: 아동이 당신의 이야기에 집중하고 있다면 당신은 잘하고 있는 것이다. 하지만 아동이 집중하지 못하고 있는 것처럼 보이면 무언가 잘못하고 있는 것일 수도 있고, 아직 들을 준비가 되어 있지 않은 상태에서 이야기를 하고 있는 것일 수도 있다.

⑨ 다음으로 넘어가야 할지 확신이 서지 않으면 아동에게 물어보기: "토미 Tommy가 그 다음에 뭘 했을 것 같아?"라고 물어볼 수 있다. 지속해야 할 방향이 분명해질 때까지 추측하기 게임 등을 활용해 아동의 반응을 유도한다.

⑩ 등장인물의 스트레스가 해소되는 내용으로 이야기를 끝맺어 아동에게 희망 주기: 브렛은 이야기의 결말이 정직하고 가능성 있는 내용일 때 아동들이 그것을 사용할 수 있다고 말한다.

상호 이야기 나누기

브렛의 지침은 구체적인 상황에서 이야기를 만들 때 사용된다. 치유적인 이야기를 만들어 내는 데 사용할 수 있는 또 다른 방법은 리차드 가드너(Richard Gardner, 1993)가 만든 상호 이야기나누기 기법Mutual Storytelling Technique이다. 상호 이야기나누기 기법은 정신역동이론에 근거를 두고 있으며 전문가와 아동이 함께 이야기를 꾸미는 과정에서 두 사람 모두 통찰력을 얻을 수 있도록 도와준다.

조이스 밀스와 리차드 크롤리(Joyce Mills & Richard Crowley, 1986)는 정신분석보다 아동과 함께할 때 보여지거나 추론되는 행동적인 부분에 초점을 맞추려 노력했다. 두 사람은 민감하고 조심스럽게 이야기를 선택한 후 그 이야기가 아동의 언어와 비언어적 반응을 통해 바뀌어 나가는 과정에서 은유와 이야기를 통해 강력한 치유적 힘이 발휘된다고 본다. 상호 이야기나누기에서는 아동과 함께 이야기를 만들어나가는 과정을 중요하게 여기는데, 밀스와 크롤리는 아동이 자신의 변화를 인지하여 분명히 말할 수 없는 상황이라도 내면의 긍정적인 결과물을 얻어 내는 데 이야기가 큰 역할을 한다고 말한다.

글로 전해지는 이야기와 책 만들기

아동뿐만 아니라 성인들을 대상으로 하는 개인적인 이야기들도 증가하고 있다. 짧고도 감동을 주는 개인적 이야기가 담긴 『영혼을 위한 닭고기 수프*the Chicken Soup for the Soul*』(Canfield & Hansen, 1993)는 오랫동안 베스트셀러로 이름을 올렸다. 매년 많은 이들이 자신의 이야기를 책으로 출판하기도 한다. 부모, 전문가가 함께 책을 만드는 경우도 있다. 책 만들기는 앞서 언급한 아버지와 아들이 펴낸 책『죽으면 더 이상 아프지 않을까?*When I Die, Will I Get Better?*』(Breehaart & Breehaart, 1993)처럼 부모나 전문가들이 함께 할 수 있는 일이다. 로버트 지글러(Robert Ziegler, 1992)는『아동의 대처를 돕기 위한 책 만들기*Homemade Books to Help Kids Cope*』라는 책에서 책 만들기를 치료과정에서 활용할 때 부모와 전문가들이 알아두어야 할 지침들에 대해 소개하고 있다.

동화책 – 동화책 읽기

우리 중 많은 이들은 우리에게 희망을 주고, 어려움에 맞설 수 있는 통찰력을 주었던 특별한 책, 시, 노래, 이야기를 기억하고 있을 것이다. 『칙칙폭폭 꼬마 기관차의 모험*The Little Engine That Could*』(Piper, 1990) 이야기는 그런 이야기 중 하나일 것이다. 장난감들을 태우고 가던 기차가 고장이 나고, 그 기차를 높은 언덕 위로 끌어올리는 것은 불가능해보이기만 한다. 하지만 꼬마 기차는 힘을 내 그 일에 도전한다. 가는 길이 힘들지만 꼬마 기차는 희망을 놓지 않고 "나는 할 수 있어, 나는 할 수 있어."를 외친다.

『칙칙폭폭 꼬마기관차의 모험』은 많은 아이들과 어른들이 불가능해 보이는 일을 할 수 있도록 돕는 데 사용되어 왔다. 한 초등학생 꼬마가 "나는 할 수 있어, 나는 할 수 있어."를 외치면서 다리를 다쳐 사고가 난 차 안에서 빠져 나오지 못하는 엄마를 안전한 곳까지 끌어냈다는 이야기를 들은 적도 있다.

나는 이야기에 담긴 치유의 힘을 경험해 왔다. 나는 내 책『땅돼지 알비가 희망을 찾아내다』를 읽고 전화로, 편지로 인사를 전해오는 많은 이들을 만나게 되었다. 그들은 알비의 이야기를 통해 절망과 외로움 속에서 희망을 붙들 수 있었다고 말한다. 혼자서 아이를 기르고 있던 한 여성이 나에게 전화를 걸어 했던 말은 결코 잊을 수 없다. 하나 뿐이던 아이가 교통사고로 죽고 나서, 아이를 만날 수 있는 유일한 방법은 죽어서 만나는 것이라고 생각하고 그녀가 죽기를 결심하고 있었을 때, 한 친구가 그 책을 선물해 주었다고 한다. 그녀는 잠이 너무 오지 않아 괴로울 때마다 침대맡에 둔 책의 표지를 만지작거리며 자신도 알비처럼 살려는 희망을 가질 수 있으면 좋겠다고, 무지개의 색깔을 떠올릴 수 있으면 좋겠다고 생각했다고 한다. 가게에서 집으로 향하던 어느 날, 도시를 가로지르고 있는 무지개가 그녀의 눈에 들어왔다. 그 순간 그녀는 희망과 기쁨을 느꼈고, 모든 것 그리고 모든 상황에 함께 존재하는 딸과 다시 연결되는 느낌이었다고 말했다. 그녀에게 전환점이 된 순간이었다. 앞으로 가야할 길이 멀지만 그녀는 이제 혼자가 아니고 앞으로 그 길을 찾아나갈 수 있을 것 같다고 말했다.

함께 이야기를 읽을 때, 이야기 그 이상의 것들이 존재한다는 것을 나는 분명히 안다. 경험, 함께 만들어감, 신비로움 등이 그것이다. 우리가 읽는 동화책을 통해, 특히 우리 자신에 대해 다시 이야기를 하는 것을 통해, 우리는 우리를 세워갈 뿐만 아니라, 사랑이라고 불리는 신비로움 안에 거하게 된다. 동화책을 읽으면서 고립감에서 벗어나고 우리의 길을 찾는 것이 가능해진다.

개인적인 이야기 나누기와 듣기

다양한 이야기 형식을 통해 치유와 성장을 경험한 사람으로서, 나는 개인적인 이야기를 나누고 듣는 것의 가치에 대해 말하지 않을 수가 없다. 한 사람과 이야기를 나누든, 두 사람과 이야기를 나누든, 집단 안에서 이야기를 나누든, 이야기를 나누는 것을 통해 우리는 세상을 새롭게 만들어 가게 된다. 자신을 투명하게 보여줌으로써 우리는 신념을 표현할 수 있고, 인생에 의미를 주는 것이 무엇인지 증명할 수 있으며, 내재화된 혹은 억압된 감정들을 해소할 수도 있다. 이야기를 나눔으로써 우리 자신을 잘 바라보게 되는 것이다.

따라서 우리의 이야기를 들으면서 이 이야기를 유지해 나갈 것인지 혹은 현재의 경험과 지식, 바램, 인식을 바탕으로 이야기를 바꾸어 갈 것인지 결정할 수 있게 된다. 또한 다른 사람의 이야기를 듣는 것에서도 유익을 얻을 수 있다. 이야기를 들음으로써 유사한 상황을 경험하는 수많은 개인들의 서로 다른 대처법을 알게 되고, 새로운 통찰력이 생겨난다. 판단하지 않고 이야기를 들음으로써 우리 자신과 타인을 이해하는 능력이 향상된다.

우리의 도전: 아동들의 이야기가 발전되도록 돕기

적응유연성이 높은 아동을 기르려면 부모는 아동이 이야기를 말하는 것에 관심을 두고 양육해야 한다. 수잔 앵글(Susan Engle, 1995)은 이야기를 하는 아동의 타고난 능력을 향상시키려면 집중해서 들어 주고, 제대로 반응해 주고, 이야기를 분명히 하고 확장시키기 위해 함께 이야기를 써 나가야 한다고 말한다. 그녀는 이야기를 표현할 때 다양한 목소리와 장르를 활용하고, 광범위한 형식을 사용하도록 격려하고, 아동 개인에게 의미 있고 중요한 이야기를 할 것을 권장하라고 조언해 준다.

　아동들이 삶의 변화에 준비되기를 바란다면, 우리는 우리가 소중히 여기는 이야기를 격려하고, 재형성하고, 유지할 수 있어야 한다. 세대를 뛰어넘는 여정을 아동과 함께 걸어갈 때, 우리는 그 이야기들이 아동들에게 도움이 된다는 것을 발견하게 될 것이다. 회복에 대한 이야기는 허구가 아니기 때문에 이러한 이야기를 통해 이해, 통찰, 해방을 이룰 수 있다. 우리는 이야기를 통해 아동들과 연결되고, 우리 자신과 연결된다. 이야기를 통해 우리는 진짜가 될 수 있다.

토론을 위한 질문들과 역할극 연습

1. 3학년 선생님이 자기 반 학생이 교통사고로 사망한 것에 대해 조언을 얻고 싶다고 학교사회복지사인 당신을 찾아왔다고 가정해 보자. 선생님은 반 학생들에게 읽어줄 만한 책이 있는지 물었다. 당신은 이러한 상황에 준비되어 있는가? 선생님에게 권해 줄 책들은 무엇인지, 친구의 죽음을 슬퍼하는 학생들에게 도움이 될 말한 활동은 무엇인지 토의해 보자.
2. 이 장에서 예로 든 책들을 읽어 보고 등장인물의 적응유연성에 영향을 미친 요인들이 무엇인지 확인해 보자. 다른 이들에게 이 책들을 읽어 주고 그들의 치유에 도움이 된 요인들은 무엇인지 정리해 보자. 두 가지 경우에서 확인된 요인들을 취합하고 확인해 보자.
3. 사별아동에게 이야기를 들려주는 것을 누구나 배울 수 있다고 생각하는가? 전문가들로 하여금 이야기를 사용하는 것을 어렵게 하는 것들은 무엇일까? 전문가들로 하여금 이야기를 사용하는 것을 쉽게 하는 것들은 무엇일까?
4. 사별아동에게 동화책을 읽어 주는 경우와 당신 자신의 이야기나 아동과 함께 만들어낸 이야기를 들려주는 경우를 비교하여 각각 어떤 장점과 단점이 있을지 토의해 보자. 호스피스 세팅에서 이야기를 영상으로 만든 것을 상영할 때 어떤 장점이 있을지 토의해 보자.
5. 역할극: 동물인형을 활용하여 부모님의 죽음에 대한 이야기를 만들어 보자. 이야기를 듣게

될 아동의 나이나 발달단계상의 능력을 가정한 뒤, 도널드 데이비스가 제안한 세 가지 요인을 이야기에 어떻게 적용할지 연습해 보자.

참고문헌

Breebaart, J., & Breebaart, P. (1993). *When I die, will I get better?* New York: Bedrick Books.

Brett, D. (1988). *Annie stories*. New York: Workman.

_____ (1992). *More Annie stories*. Washington, DC: Magination Press/American Psychological Association. 김인옥 역. 2009. 『은유적 이야기치료: 아동을 위한 스토리텔링 기법』. 여문각.

Canfield, J., & Hansen, M. (1993). *Chicken soup for the soul*. Deerfield Beach, FL: Health Communications. 류시화 역. 2008. 『영혼을 위한 닭고기 수프』. 푸른숲.

Coles, R. (1991). *The spiritual life of children*. New York: Houghton Mifflin.

Corr, C. A. (2000). Using books to help children and adolescents cope with death: Guidelines and bibliography. In K. Doka (Ed.), *Living with grief: Children, adolescents, and loss* (pp. 295-314). Washington, DC: Hospice Foundation of America.

Corr, C. A., Nabe, C. M., & Corr, D. M. (2000). *Death and dying, life and living* (3rd ed.). Belmont, CA: Wadsworth.

Davis, D. (1993). *Telling your own stories*. Little Rock, AR: August House.

Dawson, S., & Harris, L. (1997). *Adventures in the land of grief*. Wilmore, KY: Words on the Wind.

_____ (1999). *Death of a forest queen*. Wilmore, KY: Words on the Wind.

Dwivedi, K. N. (1997). *The therapeutic use of stories*. New York: Routledge.

Engel, S. (1995). *The stories children tell*. New York: Freeman.

Flach, F. (1988). *Resilience: Discovering a new strength at times of stress*. New York: Ballantine Books.

Gardner, R. (1993). *Storytelling in psychotherapy with children*. Northvale, NJ: Aronson.

Gersie, A. (1991). *Storymaking in bereavement*. London: Jessica Kingsley.

Harvey, J. (1996). *Embracing their memory: Loss and the social psychology of storytelling*. Needham Heights, MA: Allyn & Bacon.

Haven, K. (1999). *Write right! Creative writing using storytelling techniques.* Little Rock, AR: August House.

_____ (2007). *Story proof: The science behind the startling power of story.* Westport, CT: Libraries Unlimited.

_____ (2008). *Reluctant heroes: True five-minute-read adventure stories for boys.* Westport, CT: Libraries Unlimited.

Holt, D., & Mooney, B. (Eds.). (1994). *Ready-to-tell tales.* Little Rock, AR: August House.

_____ (1996). *The storyteller's guide.* Little Rock, AR: August House.

Jevne, R., & Miller, J. (1999). *Finding hope.* Fort Wayne, IN: Willowgreen.

Johnson, S. (2004). *Mind wide open: Your brain and the neuroscience of everyday life.* New York: Scribner. 이한음 역. 2005. 『굿바이 프로이트 인간 심리의 비밀을 탐사하는 뇌과학 이야기』. 웅진지식하우스.

Klass, D., Silverman, P., & Nickman, S. (1996). *Continuing bonds.* Washington, DC: Taylor & Francis.

Kobasa, S. (1985). Stressful life events, personality, and health: An inquiry into hardiness. In A. Monat & R. S. Lazarus (Eds.), *Stress and coping* (2nd ed.). New York: Columbia University Press.

Mays, J. (1989). *The farm on Nippersink Creek.* Little Rock, AR: August House. McAdams, D. (1993). *Stories we live by.* New York: Morrow. 양유성·이우금 역. 2015. 『이야기 심리학: 개인적 신화의 탐색과 재구성』. 학지사.

Mills, J., & Crowley, R. (Eds.). (1986). *Therapeutic metaphors for children and the child within.* New York: Brunner/Mazel.

Mooney, B., & Holt, D. (1996). *The storyteller's guide.* Little Rock, AR: August House.

Moore, R. (1991). *Awakening the hidden storyteller.* Boston: Shambhala.

Obama, B. (1995). *Dreams from my father.* New York: Three Rivers Press. 이경식 역. 2007. 『내 아버지로부터의 꿈』. 랜덤하우스코리아.

_____ (2007). *The audacity of hope.* New York: Three Rivers Press. 홍수원 역. 2007. 『버락 오바마 담대한 희망』. 랜덤하우스코리아.

O'Connell Higgins, G. (1994). *Resilient adults.* San Francisco: Jossey-Bass.

O'Toole, D. (1988). *Aarvy Aardvark finds hope.* Burnsville, NC: Compassion Press.

_____ (1989). *Growing through grief: A K-12 curriculum to help young-people through all kinds of loss.* Burnsville, NC: Compassion Press.

_____ (1995). Using story to help children cope with dying, death and bereavement issues: An annotated resource. In D. W. Adams & E. J. Deveau (Eds.), *Beyond the innocence of childhood* (Vol. 2, pp. 335-346). Amityville, NY: Baywood.

_____ (1998). *Aarvy Aardvark finds hope* [Video]. Burnsville, NC: Compassion Press.

_____ (2009). *The compassion books catalog*. Burnsville, NC: Compassion Press. Available online at www.compassionbooks.com.

O'Toole, D., with Wood, S. (2002). *Stories of lead, stories of gold* [storytelling CD]. Burnsville, NC: Compassion Press.

Piper, W. (1990). *The little engine that could*. New York: Platt & Munk.

Rando, T. (1993). *Treatment of complicated mourning*. Champaign, IL: Research Press.

Rowling, J. K. (1998). *Harry Potter and the sorcerer's stone*. New York: Scholastic. 김혜원 역. 2003. 『해리포터: 마법사의 돌』. 문학수첩.

_____ (1999). *Harry Potter and the prisoner of Azkaban*. New York: Scholastic. 김혜원 역. 2003. 『해리포터: 아즈카반의 죄수』. 문학수첩.

_____ (2000a). *Harry Potter and the chamber of secrets*. New York: Scholastic. 김혜원 역. 2003. 『해리포터: 비밀의 방』. 문학수첩.

_____ (2000b). *Harry Potter and the goblet of fire*. New York: Scholastic. 최인자 역. 2004. 『해리포터: 불의 잔』. 문학수첩.

_____ (2004). *Harry Potter and the order of the phoenix*. New York: Scholastic. 최인자 역. 2005. 『해리포터: 불사조 기사단』. 문학수첩.

_____ (2006). *Harry Potter and the half-blood prince*. New York: Scholastic. 최인자 역. 2006. 『해리포터: 혼혈왕자』. 문학수첩.

_____ (2007). *Harry Potter and the deadly hallows*. New York: Scholastic. 최인자 역. 2016. 『해리포터: 죽음의 성물』. 문학수첩.

Schmidt, M. (1981). *Super Cystic Fibrosis and Fabulous Fran Fibrosis*. West Orange, NJ: Organon Inc.

Schneider, J. (2000). *The overdiagnosis of depression: Recognizing grief and its transformative potential*. Traverse City, MI: Season's Press.

_____ (2006). *Transforming loss: A discovery process*. Traverse City, MI: Season's Press.

Stotter, R. (1994). *About story*. Stinson Beach, CA: Stotter Press.

Taylor, D. (1996). *The healing power of stories*. New York: Bantam-Doubleday-Dell.

Walsh, F. (2006). *Strengthening family resilience* (2nd ed.). New York: Guilford Press.

Williams, M. (1995). *The velveteen rabbit*. New York: Doubleday. (Original work published 1922). 김숙 역. 2017. 『헝겊 토끼의 눈물』. 북뱅크.

Wood, S. (1998). *Mama mockingbird*. Omaha, NE: Centering Corporation.

Ziegler, R. (1992). *Homemade books to help kids cope*. New York: Brunner/Mazel.

상담가, 부모,
교사를 위한 도움

CHAPTER 17

전문가의 자기돌봄과
이차적 외상의 예방

티나 마쉬 *Tina Maschi*
데렉 브라운 *Derek Brown*

> 내 아버지가 암으로 임종을 앞두고 계셨을 때였어요.
> 사회복지사가 집으로 와서 우리 가족들과 이야기를 나누었지요.
> 그는 정말 친절하고 배려심 있는 사람이었어요.
> 그 사람을 보면서 이게 바로 내가 원하던 모습이라는 걸 알게 되었어요.
> _엘리*Ellie*, **실천가**

> 나는 늘 다른 사람을 돕고, 그들의 문제를 기꺼이 들어 주고,
> 문제를 함께 해결해 가는 걸 좋아했어요.
> 나는 특히 아이들을 대상으로 일할 때
> 변화를 만들어갈 수 있는 사람이라고 여겼어요.
> 나는 사람이라는 존재에 대해서는 회의적이지만 모든 사람 안에는 선함이 있고
> 내가 도움이 되어 줄 수 있는 부분이 있다고 생각해요.
> _이사벨*Isabelle*, **실천가**

> 내 아버지는 내가 대학을 졸업하고 8개월 후에 돌아가셨어요.
> 그 일 이후 나는 인간의 행동과 상실,
> 좋은 사람에게 왜 나쁜 일이 생기는지에 대해 질문하게 되었지요.
> _존*John*, **실천가**

실천가들은 사별아동과 가족들을 지지하고 돕는 중심적인 역할을 감당한다. 위에서 인용한 말처럼 실천가들은 다른 사람들이 복잡한 문제를 해결하고 극복하도록 돕는 것에 동기부여를 받고, 실제로 그렇게 하면서 높은 직업만족도를 경험한다. 하지만 누군가를 돌보기 위해서는 그만큼의 값을 지불하게 되기 마련이다. 제니퍼 프리드(Jennifer Freyd, 1996)는 "우리가 세상을 두 눈을 다 뜨고 바라보면 평화와 폭력, 사랑과 증오, 기쁨과 고통, 아름다움과 추함 모두가 보인다. 인간이 살아가는 현실은 달콤쌉싸름하다."라고 인류에 대해 설득력 있는 이야기를 남겼다. 즉, 사별아동과 함께 일하는 실천가들의 경우 높은 직업만족도 이외에 개인적, 대인관계적, 조직적 수준에서 일과 관련된 스트레스 역시 경험하게 되는 것이다.

사별아동과 일하는 것이 개인적 수준에서는 상실의 미해결된 감정을 유발시키는 자극이 될 수도 있고, 대인관계적 수준에서는 사별아동에게 공감하면서 비극적인 환경을 접하게 되므로 자신이 갖고 있는 긍정적인 세계관에 회의감을 느끼게 될 수도 있다. 조직적 수준에서는 효과적으로 일할 수 있는 능력에 영향을 미치는 과도한 업무량, 초과근무 등의 부가적 스트레스를 경험할 수 있다. 따라서 실천가들은 일과 관련된 스트레스가 무엇인지 확인하고 이것을 관리하는 것이 필요한데, 자기돌봄 전략을 사용하여 개인의 안녕과 실천의 효과성을 유지하고 강화하는 것도 이것에 포함된다.

이 장에서는 사별아동과 일하는 실천가들이 일을 하면서 겪을 수 있는 위험들이 무엇인지 살펴보고, 특히 연민피로감과 이차적 외상을 예방하고 조절하는 것에 초점을 두고자 한다.

상실의 연속

사별아동과 일하는 실천가들은 아동들이 상실을 극복할 수 있도록 돕는 역할을 한다. 사랑하는 사람의 죽음 이외에도, 상실은 '신체적, 정서적 안녕과 역할, 지위에 영향을 미치는 사람 혹은 물건 등과의 분리'를 의미한다(Weinstein, 2006, p. 5). 실천가들은 아동들이 다양한 형태의 상실에 반응하는 "사별과정"을 돕는다. 예를 들어, 암진단을 받은 할머니가 언젠가는 돌아가실 것이라는 알고 있었던 예기된 죽음을 경험하는 아동을 만나게 될 수도 있고, 부모님이 살해당하는 것을 목격한 예기치 않은 외상적 죽음을 경험하는 아동을 만나게 될 수도 있다(Webb, 2002, 2004; Weinstein, 2006). 상실과 외상이 모두 발생하는 예기치 않은 외상적 죽음을 접하면서 실천가 역시 간접적 혹은 이차적 외상을 경험하게 될 위험이 높아진다(Cunningham, 2004; Figley, 1995; Jenkins & Baird, 2002).

돌봄의 유익: 연민만족감

많은 실천가들이 도움이 필요한 이들을 돕고 싶다는 열망 때문에 이 일을 하게 된다. '연민만족감compassion satisfaction'이라는 말은 타인을 돕는 것에서 생기는 만족을 말한다(Radey & Figley, 2007; Stamm, 2002). 메리엄 웹스터 사전(The Merriam Webster Dictionary, 2008)에서는 '연민'을 '타인의 어려움에 동정심을 느끼면서 그 문제를 완화시키고자 하는 열망'이라고 정의한다(p. 254). 사회사업가인 데이지Daisy는 연민이 일하는 것에 동기를 부여해 준다고 말한다. 그녀는 "나는 내가 하는 일을 사랑한다. 삶이 변하도록 다른 사람을 돕는 일, 그들의 삶에 영향을 미치는 일, 억압되어 있고 권리를 빼앗긴 이들을 돕는 일 말이다." 실천가들로 하여금 어려움을 경험하고 있는 사람들을 돕도록 움직이게 하는 것이 바로 이 만족감이다(Radey & Figley, 2007). 연민만족감은 실천가들이 적응유연한 상태를 유지하면서 전문가로 왕성하게 일하는 동안 스트레스에 압도되지 않도록 해 주는 강력한 동기가 된다. 노련한 실천가 한 사람은 이렇게 말한다. "20년 간 사회복지사로 일하고 나서야, 나는 내가 항상 전쟁터에 있었던 것을 깨닫게 되었다. 나는 그동안 늘 가정폭력 피해 여성과 아동을 대상으로 일해 왔고 내가 실천가로서 유능했다고 생각한다."

전달의 역할을 하는 공감

공감은 연민과 마찬가지로 사별아동과 함께 일하는 실천가들이 갖추어야 할 핵심요소 중 하나다. 칼 로저스(Carl Rogers, 1980)는 공감에 대해 다음과 같이 정의했다.

> 공감이란 타인의 사적인 지각 세계에 들어가, 그 안에서 집에 있는 것과 같은 편안함을 느끼는 것을 말한다. 타인이 느끼는 두려움, 분노, 연약함, 혼란 등 그가 느끼고 경험하는 모든 것에 매순간 민감하게 반응하는 것을 말한다. 판단하지 않고 조심스럽게 타인의 세계에 임시로 들어가 사는 것을 의미한다(p. 251).

로저스가 말한대로, 공감은 타인의 사고와 감정을 그들의 관점으로 바라보는 인지적 기술과 감정적 기술 모두를 포함한다. 실천가가 자신의 관점을 상실하지 않으면서 타인의 눈으로 타인의 세상을 바라보는 동안은 자신의 생각틀을 잠시 유예하는 것을 뜻한다(Pearlman, 1999). 제대로 공감이 이루어져야 실천가와 당사자들이 효과적으로 연결될 수 있는데, 공감으로 인해 실천가가 심리적, 정서적, 사회적, 행동적으로 위험에 처할 수도 있다(Pearlman & Saakvitine, 1995a, 1995b).

돌보기 위해 지불해야 하는 것들

연구자들은 상실을 경험한 아동과 성인들을 만나는 실천가들이 직업적으로 경험할 수 있는 위험들을 정리해 두었다(Cunningham, 2004; Figley, 1995; Hooyman & Kramer, 2006; Ryan, & Cunningham, 2007). 사별아동과 일하는 실천가들은 만성 사별, 심리적 손상, 역전이, 소진, 이차적 외상, 연민피로감, 대리외상vicarious trauma 등 업무와 관련된 부작용들을 겪게 될 위험소지가 높다.

사별, 슬픔, 애도 그리고 만성 사별

사별아동과 일하는 실천가들은 상실에 대한 아동의 반응에 항상 노출되어 있다. 많은 수의 사별아동을 만나는 실천가는 만성 사별chronic bereavement에 노출될 위험이 높다. 만성 사별이란 '슬픔과 관련된 여러 가지 일들을 동시다발적으로 경험하면서 받게 되는 영향들, 해결되지 않은 슬픔 등이 복합적으로 작용하는 상실'을 의미한다(Cho & Cassidy, 1994). 예를 들어, 청소년 사법 제도 안에서 일하고 있는 실천가들은 청소년들로부터 가족이나 친구들이 약물남용이나 말기질환으로 사망했다고 말하는 것을 지속적으로 듣게 되는데, 이렇게 애도과정 중에 있는 청소년들을 계속 만나게 되면 신체적, 심리적, 사회적, 영적으로 영향을 받게 된다(Cunningham, 2004; Gamble, 2002; Meyers & Cornille, 2002; Weinstein, 2006).

심리적 손상

심리적 손상은 당사자들을 만나는 실천가에게 나타날 수 있는 경미한 직업적 위험으로 여겨진다. 심리적 손상이란 실천가가 당사자를 만날 때 당사자의 이야기나 상황을 접한 후 감정이 전이되면서 자연스럽게 생겨나는 현상이다 (Cunningham, 2004). 예를 들어, 한 아동이 부모님의 건강상태가 악화되는 것을 자세하게 이야기 하고 나면 어떤 실천가는 마음에 동요가 일어나고 무기력감을 느끼게 되는 반면, 어떤 실천가에게는 이런 감정이 일시적일 뿐이고 실천에 아무런 영향도 받지 않는다.

역전이

역전이Countertransference는 당사자와의 관계를 맺으면서 발생할 수 있는 또 다른 직업적 위험이다. 정신역동치료에서 역전이는 일반적으로 해결되지 않은 개인적 이슈들이 당사자나 상황에 대한 실천가의 반응에 영향을 미치게 되는 것을 말한다(Freud, 1959; Wilson & Lindy, 1994). 즉, 아동이 이야기한 내용 중의 일부로 인해 실천가가 자신의 과거 경험에 근거를 둔 개인적인 반응을 보이게 되는 것이다. 예를 들어, 부모님의 죽음을 애도하고 있는 아동은 실천가 자신이 부모님의 죽음과 관련해서 아직 해결하지 못하고 있던 감정들이 드러나도록 만드는 구실이 된다. 실천가 개인의 경험이 뒤섞이게 되면 당사자를 효과적으로 만나는 데 어려움이 생기게 된다.

자기성찰, 공감, 불안조절 등과 같은 전략을 사용한다면 비교적 쉽게 역전이를 예방하거나 방지하는 것이 가능하다(Cunningham, 2004; Figley, 1999).

소진

소진Burnout은 실천가들이 경험할 수 있는 또 다른 직업적 위험이다. 역전이와는 다르게, 소진은 실천가와 당사자 사이의 관계에서 생겨난다기보다, 근무현장에서 발생한다. 소진은 정서적 고갈, 비개인화, 개인적 성취감의 감소 등과 같이 타인들과 일하는 개인에게서 나타나는 심리적 증상이다(Maslach, 2003). 소진은 천천히 시작되어 아무런 개입이 제공되지 않으면 점차적으로 악화된다는 점이 중요한 특징이다. 실천가의 안녕, 당사자를 만나는 효과, 전반적인 직업 수행에 영향을 미치게 된다(Maslach & Leiter, 1997).

소진을 경험하고 있는 실천가는 정서적 고갈이 점차 심해지는 것을 느끼게 되고, 자신이 심리적으로나 정서적으로 다른 사람들에게 더 이상 도움이 되어줄 수 없다고 여기게 된다. 비개인화를 경험하고 있는 실천가라면 당사자를 부정적이고 냉소적인 태도와 감정으로 대하게 된다. 소진을 경험하고 있는 실천가는 개인적인 성취감이 낮아진다고 느끼게 되고, 자기 자신이나 일을 부정적으로 바라보게 된다. 과도한 업무량, 슈퍼비전의 부재 등이 소진에 영향을 미치는 것으로 알려져 있다(Maslach, Jackson, & Leiter, 1996, 1997; Rothschild, 2006).

소진은 실천가나 당사자, 그들이 속한 조직 모두에 심각한 결과를 초래한다(Lloyd & King, 2002). 말라크 소진 측정 도구MBI: Maslach Burnout Inventory를 활용하여 진행된 연구들에서 소진은 신체적 피로, 불면증, 약물사용, 정신건강 문제, 결혼생활과 가족 간의 갈등과 같은 개인적 문제뿐만 아니라, 낮은 사기, 결근, 직원 이직률 등과 같이 업무와 관련되어 생기는 문제와도 연관이 있음이 보고되고 있다(Lloyd & King, 2002; Maslach, 2003).

이차적 외상 스트레스와 연민피로감

이차적 외상 스트레스STS: Secondary Traumatic Stress 혹은 이것을 보다 대중적으로 부르는 용어인 연민피로감CF: Compassion Fatigue은 사별아동과 함께 일하는 실천가들과 직접적으로 연결된 직업적 위험이다. 테러리스트들의 공격이나 예기치 못한 자연재해 등과 같이 갑작스럽고 외상적인 환경에서의 죽음을 경험한 아동을 만나게 되는 경우에는 더욱 그러하다. 당사자와 함께 일하는 것과 반드시 연결되지는 않는 소진과 달리 이차적 외상 스트레스는 당사자와 일하는 것에 연결되어 있다. 이차적 외상 스트레스 혹은 연민피로감은 '주요한 타인이 경험한 외상사건을 알게 된 후 자연스러운 결과로 나타나는 행동과 감정이며, 외상을 입은 사람 혹은 고통 받고 있는 사람을 돕거나 돕기 원하는 것으로 인해 생겨나는 스트레스'로 정의된다(Figley, 1995, p.7). 외상 사건에 직접 노출된 사람과 유사하게 실천가들 역시 일을 하면서 그 사건에 이차적으로 노출되는 것이다.

DSM-VI-TR에서 규정하는 외상후스트레스장애 범주에 따르면, 실천가들이 당사자의 외상 관련 자료에 반응하면서 이차적 외상스트레스장애를 경험할 수 있다고 본다(American Psychiatric Association, 2000; Figley, 1995). 피글리는 실천가가 경험하는 스트레스 요인들이 일반적인 사람들이 경험하는 것의 범위를 넘어서고, 대부분의 사람들에게 두드러진 어려움을 발생시킨다고 말한다. 실천가는 외상사건을 지속적으로 재경험하거나, 당사자의 외상경험을 꿈 등의 방법으로 기억하게 된다(Stamm, 1999, 2002).

실천가들은 당사자가 했던 말이나 행동들을 기억하면서 생리적, 심리적 반응을 보이게 된다(Adams, Boscarino, & Figley, 2006). 회피, 무감각, 끊임없는 각성상태 등이 이에 해당된다. 회피와 무감각은 실천가들이 당사자나 그 사건을 떠올리게 하는 사고, 감정, 활동, 환경을 피하려고 하는 노력을 뜻한다. 실천가들은 회피와 무감각 전략을 사용하면서 심인성 기억상실증, 부정적 사고, 활동에의 관심 저하, 타인으로부터 거리두기 등의 부정적인 심리적, 정서적 변화를 겪기도 한다. 반대로 실천가들은 끊임없는 각성상태를 경험하기도 하는데, 잠들기 어려워하는 것, 혹은 잠자는 것을 어려워하는 것, 짜증을 잘 내는 것, 분노가 폭발하는 것 등을 포함하는 신체화 증상이 이에 해당된다. 실천가들은 외상을 입은 사람이나 과장된 반응, 생리적 반응 등을 예민하게 받아들일 수도 있다(Bride, 2007; Bride, Radey, & Figley, 2007; Figley, 1995, 1999; Valent, 2002).

이차적 외상 스트레스 혹은 연민피로감은 '자기 일을 잘하는 사람들에게 영향을 미치는 장애'라고 불리운다(Figley, 1995). 실천가들은 다른 사람을 도우면서 자신의 정서적, 인지적, 행동적 영역에 영향을 받게 된다(Stamm, 1999, 2002). 연민피로감은 심각한 정서적, 신체적 고갈을 발생시키고, 미래와 자신의 일에 대해 희망적이고 낙관적으로 생각하던 실천가의 생각에 변화를 가져온다. 이차적 외상 스트레스 혹은 연민피로감의 증상은 특정 사건을 마주하면서 갑작스럽게 시작되는데, 당사자의 이야기를 듣고 나서 두려움을 느끼거나, 잠자는 것에 어려움이 생기거나, 불편한 이미지들이 계속 떠오르는 것 등이 그 예다. 실천가들이 경험하는 연민피로감의 수준은 매일 그 강도를 달리하면서 발생하는데, 일-가정 양립의 균형을 맞추는 것에 오히려 도움을 주기도 한다. 하지만 외상과 관련된 일을 너무 많이 하거나, 업무량이 과도하게 많고, 지지적이지 않은 근무현장에서 일하면서 연민피로감이 소진과 동반되는 경우에는 높은 수준의 연민피로감을 경험하게 될 것이다(Figley, 1995; Maslach, 2003; Stamm, 2002).

최근 들어, 연민피로감의 잠재적인 부정적 결과만을 협소하게 이해할 것이 아니라, 긍정적인 맥락 안에서 보다 광범위한 시각으로 바라보아야 한다는 주장이 제기되고 있다(Radey, & Figley, 2007). 즉, 업무와 관련된 스트레스 회피수단으로서라기보다는 일로 인해 얻을 수 있는 긍정적인 성취와 만족에 실천가들의 초점이 모아져야 한다는 것이다. 라디와 피글리(Radey, & Figley, 2007)는 프레드릭슨(Frederickson, 1998)의 연구에 근거하여 긍정적 정서와 내적, 외적 자원이 연민피로감의 증상을 감소시키고 연민만족감을 향상시킨다고 보는 개념적 모델을 제안한 바 있다.

대리외상

대리외상VT: Vicarious Trauma은 사별아동과 일할 때 실천가들에게 나타날 수 있는 직업적 위험 중 하나이다. 이차적 외상스트레스증후군이 분명한 임상적 증상과 진단범주로 설명될 수 있는 반면, 그와 유사한 대리외상은 이론적 개념에 근거를 두고 있는데, 실천가들이 반드시 이해하고 있어야 하는 특성 중 하나이다(Pearlman, 1999; Saakvitne & Pearlman, 1996; Saakvitne, Gamble, Pearlman, & Tabor Lev, 1999). 펄만과 삭비튼(Pearlman & Saakvitne, 1995a)은 대리외상을 실천가가 당사자의 외상경험과 후유증을 공감해 주면서 끔찍한 사건을 생생하게 전해 듣거나, 잔인한 장면을 목격한 것을 듣게 되거나, 외상사건 재현을 목격했거나 참여하면서 당사자와 함께한 결과로 실천가 자신에게 나타나는 변화이며, 직업적 위험요소 중 하나라고 정의한다(p. 31). 이차적 외상스트레스의 경우 갑자기 발현되는 반면, 대리외상은 당사자의 외상사건에 대한 기억이 쌓여가고, 그것이 실천가의 자신과 타인, 세상에 대한 관점에 영향을 미치게 되어 점차적으로 나타난다는 특성이 있다(Figley, 1995; Pearlman, 1999).

구성주의 자기개발 이론

구성주의 자기개발 이론CSDT: Constructivist Self-Development Theory은 실천가들이 겪는 대리외상을 설명할 때 가장 보편적으로 활용되는 이론적 틀이다(Saakvitne & Pearlman, 1996). 구성주의 자기개발 이론에 따르면, 대리외상으로 인해 실천가 개인의 핵심적인 측면에 많은 변화가 일어나게 된다(Pearlman & Saakvitne, 1995b). 대리외상은 외상과 관련된 업무를 담당하는 것에 뒤따르는 자연스러운 결과이기 때문에 실천가의 자아정체성, 신념, 인식, 기억 등의 인지적 도식에 혼란이 생기게 되는 것이다.

이론에 따르면, 실천가들이 긍정적인 것과 부정적인 것 모두를 들려주는 당사자를 열린 마음, 공감하는 마음으로 만나기 때문에 그들에게 대리외상이 발생할 수 있다고 한다(Pearlman & Saakvitne, 1995b). 대리외상으로 인해 실천가가 부정적인 세계관을 갖게 되었는지의 여부를 점검하지 않고 실천을 계속하게 되면, 실천가는 개인적 · 직업적으로 파괴적인 수준의 영향을 받게 된다.

그림 17-1 자기돌봄 생태도(Maschi and Brown)

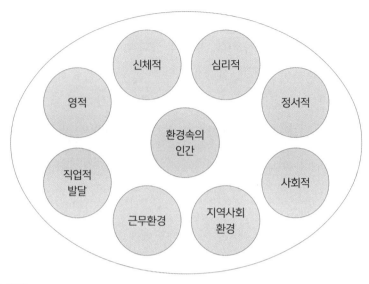

연결의 유형
· 선이 없는 것: 연결 없음.
· 직선(―): 강한 관계
· 점선(---): 빈약한 관계
· 해쉬마크(/////): 스트레스를 받는 관계

화살표(에너지가 움직이는 방향을 나타냄.)
· 한쪽에만 화살표가 있는 경우(→): 에너지가 한 방향으로 흘러감.
· 양쪽에 화살표가 있는 경우(↔): 에너지가 양방향으로 흘러감.

※ 참고: 눈으로 볼 수 있는 사정도구를 활용하면 실천가들이 튼튼하고 긍정적인 영역, 방치되어 있는 영역, 갈등이
발생하는 영역을 확인할 때 도움이 된다. 가장 중심에 있는 원 안에는 실천가의 이름을 적고, 각각의 자기돌봄 원
안에는 자기를 돌보는 것과 관련된 활동, 관계를 적는다. 당사자들에게도 이 생태도를 사용할 수 있다.
※ 낸시 보이드 웹이 편집한 책 『사별을 경험한 아이들과 함께하기-실천가들을 위한 지침서』(3판)에 실린 것으로 저
작권은 길포드 출판사The Guilford Press에 있다. 이 책을 개인적 용도로 구매한 경우에만 촬영을 허가한다. 도서 구매
자의 경우 길포드 출판사 홈페이지에서 보다 큰 표를 내려 받을 수 있다.

　　구성주의 자기개발 이론에 의하면, 외상을 맞닥뜨리게 되면 각 사람은 적응
하고 극복하려 할 것이다(Pearlman, 1999). 따라서 적응과 극복은 '자신을 개발
하는 것'에 영향을 미치게 된다(Saakvitne & Pearlman, 1996). 긍정적인 적응과
극복은 실천가의 건강과 안녕을 지켜 주는 반면, 부정적인 적응과 극복은 실천

가에게 해를 끼치게 된다. 적응하고 극복하는 실천가의 능력에 영향을 미치는 요인은 개인적, 대인관계적, 환경적 요인으로 구분할 수 있으며, 현재의 맥락, 실천가가 이전에 경험한 상실과 외상, 가족적, 사회적, 문화적 요소 등이 그것에 해당된다(Saakvitne et al., 1999). 실천가가 외상에 노출되면 준거기준, 개인적 수용능력, 개인적 자원, 심리적 욕구, 인지적 도식, 기억과 인식 등의 자기개발에 위협을 받게 된다(Pearlman & Saakvitne, 1995a; Saakvitne et al., 1996, 1999; 〈그림 17-1〉 참조).

준거기준

구성주의 자기개발 이론에서는 모든 개인에게 개인적, 전문가적 경험의 영향을 받는 자아정체감, 세계관, 영성으로 이루어진 준거기준이 있다고 본다. 개인의 준거기준은 자기 자신과 관계, 경험에 대한 해석을 형성한다.

개인적 수용능력

개인적 수용능력이란 내면의 균형을 유지하고 자기진정능력을 발휘하는 정도를 말한다. 실천현장에서는 강렬한 감정을 조절하고, 자신이 살아 있고 사랑받을만한 자격이 있다고 느끼며, 타인을 지각하는 실천가의 능력을 포함한다(Saakvitne et al., 1999). 실천가의 준거기준은 감정과 개인적, 전문가적 관계를 조절할 수 있는 능력에 영향을 미치는 높은 수준의 외상에 노출될 때 혼란스러워진다.

개인적 자원

대리외상은 개인적 자원에도 영향을 미친다. 개인적 자원이란 바람직한 의사결정 및 판단뿐만 아니라 대인관계 상황을 협상해 내는 개인의 능력을 의미한다(Pearlman, 1999). 자기인식(통찰력), 다른 사람의 관점을 취하는 것(공감), 의

지력과 주도권을 사용하는 것, 개인적 성장을 위해 노력하는 것이 개인적 자원에 포함된다. 실천가가 개인적 자원을 효과적으로 활용한다는 것은 결과를 미리 내다보고, 자기를 보호하는 판단을 내리고, 자신과 당사자와의 건강한 경계를 만드는 것을 뜻한다(Pearlman & Saakvitne, 1995a; Saakvitne et al., 1999). 실천가가 대리외상의 영향을 받고도 그것을 점검하지 않은 채로 일하게 되면 개인적 자원이 제대로 발휘되지 못한다.

심리적 욕구와 인지적 도식

실천가의 심리적 욕구와 인지적 도식 역시 대리외상의 영향을 받는다. 안전, 존중, 신뢰, 통제, 친밀감이라는 다섯 가지의 기본적인 심리적 욕구가 있는데, 구성주의 자기개발 이론에서는 이 다섯 가지의 욕구들이 실천가를 대리외상 혹은 타인의 외상에 영향을 받아 취약한 위치에 놓이게 되는 것으로부터 지켜내는 데 중대한 요인이라고 설명한다((Pearlman & Saakvitne, 1995a).

기억과 인식

실천가의 기억과 인식 역시 상실과 외상을 이야기하는 당사자를 만나면서 바뀌기 쉬운 것 중 하나다(Pearlman, 1999). 기억과 인식은 다양한 형식으로 존재하고, 언어, 시각, 정서, 신체, 대인관계 등과 같은 여러 가지 감각을 포함하므로, 어떤 경험을 하게 되더라도 인지(언어), 시각, 정서, 신체, 대인관계에 영향을 미치게 된다(Pearlman & Saakvitne, 1995b; Saakvitne et al., 1996, 1999). 언어적 기억과 인식은 외상 사건 이전과 중간, 이후에 어떤 일이 일어났는지에 대한 이야기이고, 시각적 기억과 인식은 사건에 대한 영상을 의미하며, 정서적 기억과 인식은 사건과 관련된 감정을 뜻한다. 신체적 기억과 인식은 외상사건을 겪으면서 나타났던 신체적 경험들을 말하고, 대인관계적 기억과 인식은 학대와 관련된 외상적 관계로 인해 나타나는 관계유형과 행동을 의미한다(Saakvitne et al.,

1996). 실천가들이 대리외상의 영향을 예방하거나 중재하려고 할 때, 서로 다른 기억과 인식의 부분들을 통합하고 서로 연결시켜 기억과 인식들이 단절되거나 분리되지 않도록 하는 것에 어려움을 느낄 수 있다.

대리외상의 조짐과 증상

사별아동과 일하는 실천가들은 대리외상을 경험하게 될 위험이 높기 때문에 대리외상의 조짐과 증상에 대해 숙지하고 있을 필요가 있다. 예를 들어, 대리외상의 영향을 받은 실천가의 기억은 단편적일 수 있다. 즉, 당사자가 외상에 대해 이야기한 것을 그때의 공포, 공황 등과 같은 감정을 떠올리지 않고는 생각해 내지 못할 수 있고, 당시 장면이 떠오르면서도 당사자의 이야기나 감정과는 연결시키지 못할 수도 있는 것이다.

대리외상이 '당사자의 외상경험에 감정이입하여 일을 하다보면 전문가의 내적 경험이 변형되는 것'(Saakvitne et al., 1996, p.40)이라고 정의될 수 있기 때문에, 삭비튼과 그의 동료들은 실천가들에게 영향을 미칠 수 있는 일반적이고도 특수한 증상이 무엇인지 설명한다. 사별아동과 일하는 실천가들은 에너지 수준이 낮을 수 있고, 사랑하는 사람들로부터 분리되어 있다고 느낄 수 있으며, 사회적으로 철회하거나, 상실과 외상에 다른 사람들보다 더 민감할 수 있다. 실천가는 냉소, 절망감, 계속되는 악몽, 준거기준의 혼란이나 손상, 영적 신념, 개인적 수용능력, 개인적 자원, 심리적 욕구와 인지적 도식 등과 같은 개인 내적인 변화를 이전보다 더 많이 경험하게 될 수 있다. 실천가들이 자기 자신이나 세상에 대해 부정적인 태도를 취할 때 이런 변화들이 일어나는데, 이러한 부정적인 변화는 실천가 개인의 안녕과 실천효과성 모두를 손상시킨다(Pearlman, 1999). 다음의 〈그림 17-2〉는 실천가들이 자신의 대리외상 정도에 대해 스스로 측정할 수 있는 점검표의 예이다.

그림 17-2 대리외상 자기사정 점검표

준거기준 _____ 나의 자아정체성은 확고하다. _____ 세상은 전반적으로 좋은 곳이다. _____ 나는 영적인 사람이다. _____ 나는 내 신앙과 연결되어 있다. _____ 내 삶은 의미가 있다. _____ 나는 이루어 낼 목적이 있다.	**기본적인 심리적 욕구** **안전** _____ 내가 안전하다고 느낀다. _____ 내가 사랑하는 이들이 안전하다고 느 낀다. **자아존중감** _____ 나는 내가 자랑스럽다. _____ 나는 내 판단을 신뢰한다.
개인적 수용능력 _____ 내 강렬한 감정을 조절할 수 있다. _____ 내가 사랑하는 이들을 기억하고 있다. _____ 내가 사랑하는 이들이 나를 돌봐준다. _____ 나는 가치가 있다. _____ 나는 좋은 것들을 누릴 자격이 있다. _____ 나는 사랑스럽다.	**신뢰** _____ 타인을 신뢰할 수 있다고 믿는다. _____ 타인에게 의지할 수 있다고 느낀다. **통제** _____ 내 삶을 통제할 수 있다고 믿는다. _____ 타인에게 영향을 줄 수 있는 힘이 있다. **친밀감** _____ 나는 나에게 좋은 친구다. _____ 타인과 내가 가깝다고 느낀다.
개인적 자원 _____ 나를 위해 내 자원을 사용한다. _____ 사적인 삶에서 좋은 결정을 내린다. _____ 직업적인 삶에서 좋은 결정을 내린다. _____ 내 자신을 보호할 수 있다. _____ 개인적 경계가 분명하다. _____ 직업적 경계가 분명하다. _____ 성장을 위해 자원을 쓰는 법을 안다. _____ 개인적으로 계속 성장하고 있다. _____ 나에 대해 깊은 통찰력을 갖고 있다. _____ 전문가로서 계속 성장하고 있다.	**기억과 인식** _____ 밤에 잠을 잘 잔다. _____ 악몽을 꾼 적이 없다. _____ 당사자의 경험이 나를 자극한다. _____ 몸에 스트레스가 쌓인다. _____ 긴장된다. _____ 무감각해질 때가 있다.

※ 당신이 각 항목에 얼마나 동의하는지 다음의 척도를 사용하여 기록하시오.
강점이 될 수 있는 항목 옆에 + 표시를 하고, 염려되는 항목 옆에 v 표시를 하시오.
1=전혀 그렇지 않다, 2=그렇지 않다, 3=보통이다, 4=그렇다, 5=매우 그렇다
※ 시드란기관Sidran Institute의 허가를 받아 Saakvitne, Gamble, Pearlman, & Tabor Lev(1999)의 자료를 게재하였다. 낸시 보이드 웹이 편집한 책『사별을 경험한 아이들과 함께하기-실천가들을 위한 지침서』(3판)"에 실린 것으로 저작권은 길포드출판사The Guilford Press에 있다. 이 책을 개인적 용도로 구매한 경우에만 촬영을 허가한다. 도서 구매자의 경우 길포드 출판사 홈페이지에서 보다 큰 표를 내려 받을 수 있다.

대리외상에 영향을 미치는 요인들

그 위험성에도 불구하고, 대리외상에는 스스로 예방하고 개입할 수 있는 여지도 많다(Pearlman, 1999). 개인적, 사회적-환경적 요인에 따라 실천가들이 대리외상의 위험에 놓일 수도 있고 그것으로부터 보호될 수도 있다. 개인력, 성격, 대처유형, 현재의 삶, 전문가로서의 교육 및 훈련 경험, 개인 슈퍼비전이나 상담 참여 수준 등의 개인적 요인이 대리외상에 영향을 미칠 수 있고(Crestman, 1999; Saakvitne et al., 1996), 업무나 당사자의 환경, 외상에 지속적으로 노출되는 것, 조직맥락, 사회적 맥락, 문화적 맥락 등의 사회적-환경적 요인 역시 대리외상에 영향을 미칠 수 있다(Bell, Kulkarni, & Dalton, 2003; Catherall, 1995).

일반적으로, 실천가가 업무현장에서 외상에 덜 노출되고, 직장이나 지역사회로부터 많은 지지를 받고, 자신의 적응유연성과 적응적 대처기술에 대해 많은 강화를 받게 되면, 외상과 관련된 증상들을 예방하거나 혹은 중재할 수 있다고 알려져 있다(Adams & Riggs, 2008; Bell, 2003; Figley, 1995, 1999; Radey & Figley, 2007). 이와 같은 개인적, 사회적-환경적 요인의 영향은 대리외상뿐만 아니라 이차적 외상스트레스증후군에도 적용된다. 사별아동과 일하는 실천가들이 당사자들의 외상경험으로 인해 자신이 받을 수 있는 영향을 정기적으로 점검하는 것은 매우 중요하다. 다음에서 실천가들에게 도움이 될 만한 사정도구들을 소개하고자 한다.

사정도구

소진, 이차적 외상스트레스/연민피로감, 대리외상과 같은 직업적 위험들을 확인할 수 있는 표준화된 측정도구들을 소개하면 다음과 같다. 전문직 삶의 질 척도ProQOL: Professional Quality of Life Scale, 이차적 외상스트레스 척도STSS: the Secondary

Traumatic Stress Scale, 외상과 애착신념 척도TABS: Trauma and Attachment Belief Scale 등이 그것이다.

전문직 삶의 질 척도(Stamm, 2005)는 총 30문항이며, ① 연민만족도, ② 소진, ③ 연민피로감/이차적 외상스트레스의 세 가지 하위척도로 구성되어 있다. 전문직 삶의 질 척도는 자기기입식 설문지로, 높은 심리측정적 속성을 갖춘 것으로 알려져 있다(Bride et al., 2007; Stamm, 2005). 척도는 www.isu.edu/~bh-stamm/tests.htm에서 다운받을 수 있고, 10분 이내에 스스로 점수를 확인할 수 있다.

이차적 외상스트레스 척도(Bride, Robinson, Yegidis, & Figley, 2004)는 총 17개 문항이며, 침투적 상상, 회피, 증가된 각성의 빈도를 측정한다. 응답을 완료하는 데 약 5분이 소요되며, mailer.fsu.edu/~cfigle/cfas/stssweb.htm에서 문항을 출력할 수 있다.

외상과 애착신념 척도(Pearlman, 2003)는 총 84문항으로, 대리외상으로 영향을 받을 수 있는 자신 및 타인에 대한 실천가의 신념, 다섯 가지의 심리적 욕구(안전, 신뢰, 존중감, 통제, 친밀감)를 측정한다. www.isu.edu/~bhstamm/tests/tsisample.htm에서 척도를 확인할 수 있고, 전체 척도는 portal.wps-publish.com에서 구입 가능하다. 외상과 관련된 증상을 사정한 후에는 그 영향을 예방하거나 중재하기 위해 자기돌봄 전략을 활용할 것을 권한다.

자기돌봄의 세 가지 요소: 자각하기, 균형잡기, 연결하기

많은 연구자들은 자기를 돌보는 전략이 개인적, 전문적, 조직적 영역에서 이루어져야 한다는 것에 동의한다(Gamble, 2002; Ryan & Cunningham, 2007;

그림 17-3 자기돌봄 활동 점검표

신체적 자기돌봄 _____ 충분한 잠자기 _____ 하루 세 번 식사하기 _____ 건강한 음식 먹기 _____ 운동하기 _____ 필요하면 병원가기 _____ 마사지 받기 _____ 성생활하기 _____ 휴식하기 _____ 기타 신체적 자기돌봄활동	**감정적 자기돌봄** _____ 타인과 있는 것을 즐김 _____ 나 자신을 사랑함 _____ 필요하면 울기 _____ 웃기 _____ 창의적 활동에 참여하기 _____ 사회적 활동으로 분노 표현하기 _____ 기타 감정적 자기돌봄활동
심리적 자기돌봄 _____ 반영의 시간 갖기 _____ 자기인식 연습하기 _____ 상상요법 활용하기 _____ 긴장완화 연습하기 _____ 상담받기 _____ 일기쓰기 _____ 오락거리 읽기 _____ 스트레스 최소화하기 위해 노력하기	**영적 자기돌봄** _____ 자기반성의 시간 갖기 _____ 자연에서 시간보내기 _____ 영적공동체에 소속되기 _____ 긍정적 사고 연습하기 _____ 묵상 _____ 기도 _____ 요가 _____ 영적인 가르침을 배우기 _____ 마음챙김 연습하기 _____ 소망과 낙관적 시각을 갖기 _____ 기타 영적 자기돌봄활동
사회적 자기돌봄 _____ 가족과 양질의 시간 보내기 _____ 친구들과 양질의 시간 보내기 _____ 사회적 활동에 참석하기 _____ 사회적 행동에 참여하기 _____ 도움이 필요할 때 도와달라고 하기	**전문적 자기돌봄** _____ 전문적 경계 유지하기 _____ 규칙적인 근무 일정 유지하기 _____ 훈련과 워크숍 참석하기 _____ 기관 정책 검토하기
근무환경 _____ 점심시간에 휴식 취하기 _____ 점심시간에 식사하기 _____ 보람있는 일에 참여하기 _____ 업무와 관련된 훈련에 참석하기 _____ 정기적으로 슈퍼비전 받기 _____ 필요에 대해 협상하기(월급인상, 혜택) _____ 동료지지집단에 참석하기 _____ 외상과 관련 없는 일 하기	**지역사회 환경** _____ 지역사회 활동 참여하기 _____ 지역사회 집단에 참석하기 _____ 사회적 활동에 참여하기 _____ 지역사회에서 자원봉사하기 _____ 집에서 정원일하기 _____ 지역사회에서 녹지 만드는 것 참여하기 _____ 자선단체에 후원하기 _____ 지역사회에서 지도력 발휘하기

※ 당신이 다음의 자기돌봄활동을 얼마나 자주 활용하고 있는지 표시하시오. 0=전혀 하지 않는다, 1=거의 하지 않는다, 2=가끔 한다, 3=자주 한다. 당신이 계속 하고 싶은 자기돌봄활동 항목 옆에 v 표시를 하고, 앞으로 해 보고 싶은 자기돌봄활동 항목 옆에 vv 표시를 하시오.

※ 시드란기관Sidran Institute의 허가를 받아 Saakvitne, Gamble, Pearlman, & Tabor Lev(1999)의 자료를 게재하였다. 낸시 보이드 웹이 편집한 책 『사별을 경험한 아이들과 함께하기-실천가들을 위한 지침서』(3판)"에 실린 것으로 저작권은 길포드출판사The Guilford Press에 있다. 이 책을 개인적 용도로 구매한 경우에만 촬영을 허가한다. 도서 구매자의 경우 길포드 출판사 홈페이지에서 보다 큰 표를 내려 받을 수 있다.

Yassen, 1995). 일과 관련된 소진, 이차적 외상스트레스, 대리외상을 겪게 되는 경로는 다양하지만, 실천가들이 경험하게 되는 심리적, 정서적, 사회적, 행동적 결과들은 유사하다. 따라서 자기돌봄은 모든 실천가들에게 빠져서는 안 되는 부분이다(Pearlman, 1999; Trippany, White Kress, & Wilcoxon, 2004).

연구자들(Saakvitne et al., 1996)은 서로 맞물려 있는 세 가지 자기돌봄 요소가 자각하기, 균형잡기, 연결하기라고 말한다. '자각하기'란 실천가가 자신의 욕구와 한계, 감정, 자원이 무엇인지 알고 있다는 것을 의미한다. 자각을 위해서는 실천가가 자신의 몸과 마음, 감정을 잘 들여다볼 수 있어야 하는데, 이를 위해서는 조용하게 자신을 들여다볼 시간을 갖고, 마음챙김^{mindfulness}을 연습하는 것이 가장 중요하다(Cunningham, 2004; Gamble, 2002). 자기만의 시간을 갖는 것은 실천가들이 사별아동과 일할 때 느끼게 되는 개인적인 애도과정을 도와 그들이 당사자의 외상에 영향을 받지 않는 내면세계를 유지할 수 있도록 거들어 준다(Figley, 1995).

'균형잡기'란 내부활동과 외부활동 간의 균형잡기를 뜻한다(Saakvitne & Pearlman, 1996). 균형잡힌 삶을 사는 실천가들은 일과 놀이, 휴식활동의 균형을 맞출 수 있다. 매우 활동적인 사람이라고 할지라도 자기 자신을 들여다보고 자유롭게 선택할 수 있는 시간을 갖는다(Saakvitne et al., 1996).

자기 자신과 타인, 외부세계와의 '연결하기'에 힘쓰는 실천가들은 이미 예방적인 수준에서 자기돌봄활동을 하고 있는 것이다(Saakvitne et al., 1996). 자기 자신이나 타인과 연결되어 있다고 여기는 것은 실천가들이 이차적 외상스트레스나 대리외상으로 인해 절망감과 고립감을 느끼게 될 때 이에 대응할 수 있는 강력한 수단이 된다. 자신의 내면에 대해 잘 인지하고 있는 실천가는 자신에게 일어나는 욕구와 인식의 변화를 쉽게 알아차리고 이에 대응할 수 있다(Pearl-man, 1999). 연구들에 의하면, 자기 자신과 외부를 연결할 수 있는 실천가들은 자기 자신과 타인, 세상을 향해 희망과 긍정적인 시선을 유지하는 것으로 알려져 있다(Adams & Riggs, 2008). 연결하기는 실천가들이 허무주의적 태도와 절망, 고립감에 빠지지 않도록 돕는 역할도 감당한다.

실천가들이 이차적 외상스트레스나 대리외상의 증상을 확인했다면 그것에 대해 언급하고 변화시키는 것이 필요하다. 많은 연구들을 통해 실천가의 몸과 마음, 정서, 영을 긍정적으로 발달시키는 데 있어 자기돌봄이 핵심적인 전략이라는 점이 강조되고 있다. 애도 및 외상과 관련된 일을 하다보면 부정적인 결과들이 늘 뒤따르기 때문에, 실천가들은 부정적인 신념, 좌절감, 절망감, 무기력감, 의미상실 등을 적극적으로 변화시켜야만 한다(Pearlman, 1999).

실천가들이 사고와 행동을 포함하는 의미만들기 활동에 참여하면 이차적 외상스트레스나 대리외상으로 인한 절망을 변화시켜 나갈 수 있다. 이와 관련하여 연구자들(Saakvitne et al., 1996)은 실천가들이 현재 하고 있는 활동에 새로운 의미를 부여할 필요가 있다고 권한다. 즉, 실천가들이 지역사회를 세워가는 활동에 참여하는 등의 활동을 통해 허무주의, 냉소주의, 절망 등과 같은 부정적인 신념과 가정들을 지속적으로 거부해 나갈 수 있는 것이다(Yassen, 1995). 이와 관련하여 커닝햄(Cunningham, 2004)은 마음챙김과 관계구축이 중요하다고 말한다. 예를 들어, 가정폭력 및 지역사회의 폭력을 근절하는 것을 목표로 다른 지역사회 구성원들과 공익을 위해 일하는 것은 개인과 집단의 연결을 만들어 내고 역량을 강화하게 된다. 삭비튼 등(1999)은 이차적 외상스트레스나 대리외상에 대해 언급하고 변화시켜가는 과정이 매우 밀접한 관계를 맺고 있다고 말한다.

예방을 위한 생태적 모델

실천가들의 자기돌봄에 유용하게 활용될 수 있는 또 다른 방법은 야센(Yassen, 1995)이 제시한 생태적 예방 모델EPM: Ecological Prevention Model(〈그림 17-4〉 참

그림 17-4 야센(1995)의 생태적 예방 모델과 개인적 돌봄, 전문적 돌봄, 환경적 돌봄의 세 가지 수준

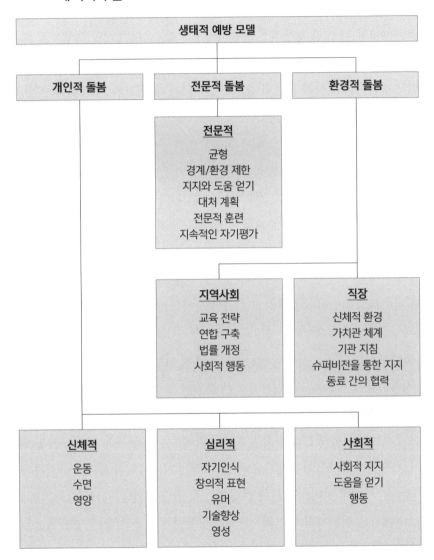

고)이다. 생태적 예방 모델은 이차적 외상스트레스나 대리외상을 예방하는 데 있어 생태학적 틀을 사용하고, 스트레스와 소진을 감소시키고 예방하기 위해서

지식에 근거한 전략과 기술을 사용하는 다면적 접근방법이다. 생태적 예방 모델은 이차적 외상스트레스나 대리외상을 비정상적이거나 흔하지 않은 사건(폭력, 자연재해 등)에 대한 정상적인 반응이라고 본다. 생태적 예방 모델은 준비, 계획, 실행, 변화의 네 단계로 구성된다. 예를 들어, 실천가들은 사별아동과 함께하면서 생겨나는 외상과 관련된 경험을 견디어내는 데 견고한 기반이 되는 건강한 생활양식 기술을 발전시킬 수 있다.

생태적 예방 모델은 1차, 2차, 3차 예방으로 구성되어 있다. 이차적 외상스트레스나 대리외상을 1차적으로 예방한다는 것은 그것의 근원이 되는 사회적 원인에 초점을 맞추는 것이고, 2차적으로 예방한다는 것은 위험을 줄이거나, 앞으로 발생할 수 있는 외상에 준비할 수 있는 구체적인 전략을 살펴보는 것이다. 3차적인 예방은 9/11 테러로 인해 많은 아동들이 부모나 가족을 잃었던 것처럼, 상실이 일어날 수 있는 외상 사건이 발생한 이후에 이루어진다. 갑작스러운 죽음과 지역사회 지도자의 죽음으로 인해 비상상황이 벌어졌을 때 24시간 통화가 가능한 상담전화가 개설되는 것이 그 예가 될 수 있다(Yassen, 1995).

생태적 예방 모델은 생태적 접근방법을 통해 이루어지기 때문에, 가정이나 직장, 지역사회에서 벌어지는 일들로 인해 생겨나는 심리적 영향과 사회적 영향을 모두 개입 대상으로 삼는다. 이 모델에 따르면, 1차 예방은 전문가와 사회구성원들이 장기적인 사회적 변화를 위해 활동에 참여하는 것을 통해 이루어진다. 예를 들어, 가족이나 친구들의 생명을 앗아갈 수 있는 지역사회의 폭력을 근절하기 위해 교육적, 사회적 서비스를 통해 개입하는 것이 이에 해당된다(Yassen, 1995).

2차 예방은 전문가의 개인적·환경적 상황에 초점을 맞춘다. 2차 예방을 실시한 전문가들은 자기돌봄 계획을 수립하고 자신의 발전을 점검하게 되는데, 이러한 전략을 사용함으로써 전문가들은 외상적 상실을 극복해 내게 된다. 이때 사회복지프로그램이나 상담프로그램은 당사자들을 도울 뿐만 아니라, 외상과 상실을 극복해 낼 수 있도록 자기돌봄 전략을 알려 주기도 한다(Cunningham, 2004).

3차 예방은 개인과 지역사회를 대상으로 하는 위기개입을 뜻한다. 예를 들어, 자연재해로 많은 아동이 가족과 친구를 잃게 되는 일이 발생하고 난 뒤 실시되는 과정이 이에 해당된다. 이 단계에서는 실천가가 자기돌봄 전략을 통해 이차적 외상스트레스나 대리외상의 장기적인 영향을 감소시킬 수 있어야 한다 (Yassen, 1995). 1차, 2차, 3차 예방은 개인과 지역사회 수준에서 이루어진다.

개인적 자기돌봄

개인적 자기돌봄은 자기인식과 함께 신체적, 심리적, 정서적, 영적, 사회적 영역에서 이루어지는 자기발전을 위한 활동들을 의미한다.

자기인식

다른 자기돌봄 모델과 유사하게, 생태적 예방 모델에서는 자기인식이 이차적 외상스트레스나 대리외상을 예방하는 데 있어 핵심적인 요소라고 강조한다. 이 접근에서는 개인의 성격과 특성이 외상과 관련된 증상의 수준에 영향을 미친다고 본다. 실천가들이 자기 자신과 타인을 향해 판단하지 않고 공감하는 마음을 유지하면서 현재 상황에 대해 깊이 이해하고 있어야 하며, 자신들의 인생에 존재하는 힘의 역동, 즉 그들이 무엇을 통제할 수 있는지, 무엇을 통제할 수 없는지에 대해 인식함으로써 도움이 필요할 때는 다른 사람들에게 도움을 요청할 수 있어야 한다. 훌륭한 자기인식 기술은 실천가에게 나타나는 신체적, 심리적, 정서적, 영적 변화의 표시를 이해하는 데 반드시 필요하다.

자기돌봄 전략

실천가들은 신체적, 심리적, 인지적, 행동적, 대인관계적, 영적 안녕을 이루기 위해 자기돌봄 전략들을 연습해야만 한다(Saakvitne et al., 1999). 잘 자고, 건

그림 17-5 자기돌봄 활동으로써 요가 활용하기

요가는 예방적이고 개인적인 자기돌봄 활동이다. 요가는 정신과 몸, 영을 통합시키는 힌두철학 혹은 삶의 방식이다. 요가는 집중력, 명상, 영성, 신체적 활동 등의 여덟 가지 요소를 포함하고 있으며, 미국에서 가장 보편적으로 행해지고 있는 것이 요가 아사나이다. 요가는 실천가들이 심리적, 신체적, 영적 자아를 긍정적으로 발달시킬 수 있는 활동이다. 요가는 힘과 유연성, 인내력, 예민한 정신을 기르는 데 도움이 되고, 실천가는 이를 통해 자기인식과 마음챙김을 이룰 수 있다. 요가는 자기인식과 균형잡기, 연결하기를 가능하게 하기 때문에 예방적인 자기돌봄 활동으로 여겨진다. 인식하기는 요가 지도자의 말에 따라 자세를 잡기 위해 실천가가 몸의 어떤 부분을 사용해야 하는지 생각하는 과정에서 이루어진다. 균형잡기는 실천가가 일과 운동을 병행하면서 일-놀이-휴식 간의 균형을 이루도록 한다. 요가의 목적은 실천가 자신과 그보다 더 큰 존재와의 연결을 이루어 당사자를 포함한 타인과의 관계를 세워가는 데 있다. 실천가들이 이차적 외상스트레스장애를 극복하고, 외상후스트레스장애 증상을 감소시키는 데 요가가 자기돌봄의 방법 중 하나로 매우 유용하게 활용될 수 있다는 것이 최근 연구들을 통해 검증되고 있다. 요가 아사나, 요가 명상 등은 집이나 사무실에서 적용할 수 있으며, 다음은 사별아동을 만나는 실천가들이 대리외상에 대처하고 이차적 외상스트레스장애 증상을 완화시키는 데 도움이 되는 요가에 대한 간단한 설명이다.

1. 요가 아사나(Yoga Asana)

· 1단계: 서 있는 것과 정확히 같은 자세로 바닥에 누운 뒤, 다리의 긴장을 푼다.

· 2단계: 두 팔의 긴장을 풀고 손바닥을 펴 천장을 향하게 한다.

· 3단계: 뒷머리의 중심이 바닥에 닿아 있는지 확인하고 목의 긴장을 풀어 앞이나 뒤로 향하지 않게 한다.

· 4단계: 눈을 감고 스트레스와 긴장, 밀려오는 생각들은 덜어 내려고 노력한다.

 – 첫째, 발가락, 발목부터 시작해 몸의 윗부분까지 올라가면서 근육과 관절의 긴장을 푼다고 스스로 말한다. 혀가 입천장으로부터 떨어지게 하고 눈의 긴장을 푸는 것도 잊지 말라.

 – 둘째, 외부환경에서 들려오는 소리를 거부하지 말고 받아들여라.

 – 마지막으로, 숨을 들이쉬고 내쉬면서 집중하고 있는 모든 것을 밖으로 내보내라.

 – 할 수 있는 만큼 오랫동안 하고, 바닥에 누워 휴식을 취하라.

 – 이 자세에 대해 더 많은 것을 알고 싶다면 www.yogajournal.com/poses/482를 참고하라.

 – 이보다 더 적극적인 자세들은 요가 강사로 등록된 이들의 조언에 따라 실행하라.

2. 요가 명상(Yoga Meditation)

· 1단계: 의자에 앉아 다음을 시행하라.

 – 얼굴은 정면을 향해 바라보고 턱은 바닥과 90도 각도를 이루게 하라.

 – 어깨에 긴장을 빼고 자연스럽게 앉으라.

 – 의자에 등을 편안하게 기대고 앉으라.

 – 손은 무릎에 편안하게 올려두라.

 – 무릎과 바닥이 90도 각도를 이루게 하라.

> – 발을 바닥에 붙이거나 바닥 가까이에 두라.
> – 눈을 감는다.
> · 2단계: 호흡에 집중하면서 마음을 진정시키려 노력하라.
> – 숨을 들이마신다.
> – 코로 숨을 들이마시고 내쉬면서 정신이 그 흐름을 따르도록 노력하라.
> – 숨을 들이마시고 내쉴 때마다 1, 2, 3을 세라.
> – 1, 2, 3을 세면서, 지금 막 당사자를 만나 진행했던 회기, 다른 사람과 논쟁했던 것, 기타 당신을 방해하는 주제들을 내보내려 애쓰라. 내면의 침묵을 유지하라. 요가는 이기고 지는 것이 아니라는 점을 기억하라. 반복적으로 생기는 생각을 몰아내서 이기는 것이 중요한 것이 아니고, 반복적으로 생기는 생각이 있다는 것을 아는 것이 더욱 중요하다. 시간이 흐르면 반복적으로 생기는 생각은 점점 사라질 것이고, 당신은 당신 자신과 더욱 연결되면서 긴장을 이완할 수 있게 될 것이다.

※ 낸시 보이드 웹이 편집한 책 『사별을 경험한 아이들과 함께하기-실천가들을 위한 지침서』(3판)"에 실린 것으로 저작권은 길포드출판사The Guilford Press에 있다. 이 책을 개인적 용도로 구매한 경우에만 촬영을 허가한다. 도서 구매자의 경우 길포드 출판사 홈페이지에서 보다 큰 표를 내려 받을 수 있다.

강한 음식을 섭취함으로써 신체적 건강을 유지하는 것은 실천가들에게 매우 중요한 일이다. 뿐만 아니라, 힘과 인내력, 맑은 정신, 안녕감을 향상시키기 위해 신체적 활동에 참여하고, 조깅, 에어로빅, 운동팀에 소속되어 시합에 나가기, 강아지와 산책하기, 요가 등과 같이 실천가의 생활양식에 맞는 운동을 하는 것도 필요하다(Cunningham, 2004). 자기돌봄 전략으로 요가를 사용하는 법이 〈그림 17-5〉에 설명되어 있다.

심리적, 정서적 자기돌봄 전략 역시 실천가의 신체적 증상들을 감소시키는 데 도움이 된다(Gamble, 2002; Jenkins & Baird, 2002). 실천가들은 자신의 업무와 그 이외의 것들(개인적 시간, 여가활동, 사회생활 등) 간의 균형을 잡아야 한다. 시간을 많이 들이지 않고도 도움이 되는 활동들로는 매일의 긴장이완, 이미지 유도법, 호흡법, 자연에서 시간 보내기 등이 있다(Cunningham, 2004; Gamble, 2002; Yassen, 1995). 창의적인 활동 역시 이차적 외상스트레스나 대리외상을 예방하거나 중재하는 데 도움이 된다. 창의적인 예술 활동에는 글쓰기, 시 쓰기, 드라마, 사진 찍기, 요리, 그림그리기, 춤추기, 유머, 악기 연주하기, 일기쓰기 등이 포함된다. 이 중 유머는 스트레스를 감소시키고, 긴장을 이완시켜 주며, 신체적, 심리적, 정서적 건강을 향상시키는 것으로 알려져 있다(Moran, 2002). 자기돌봄 전략에는 인지적, 행동적 기술의 발달도 포함되어야 하는데(Yassen, 1995), 자기주장훈련, 스트레스 관리, 시간 관리, 의사소통 기술 훈련 등이 이에 해당된다.

영적 훈련과 명상도 유익한 자기돌봄 전략 중 하나이다(Ryan & Cunningham, 2007). 실천가들은 영적 훈련과 명상이 안녕감에 긍정적인 영향을 미친다고 말하는데(Cunningham, 2004), 실제로 영적 훈련과 명상은 혈압을 낮춰 주고, 호흡을 돕고, 근육을 이완시켜 주며, 소망에 대한 감정과 안녕감을 증가시키는 것으로 입증되고 있다(Trippany et al., 2004).

사회적 · 대인관계적 수준의 개입

사별아동과 일하면서 생기는 외상과 관련된 스트레스를 예방하고 감소시키기 위해서는 사회적, 대인관계적 수준에서의 개입이 이루어져야 한다. 사회적 지지는 외상사건 생존자와 실천가 모두에게 외상과 상실을 극복해 내는 힘을 북돋아 준다(Pearlman, 1999). 지지적인 사회적 연계망에 속해 있는 실천가는 가족과 친구, 동료들과 가까이 지내면서 그들로부터 중요한 피드백을 받아 지속적인 자기인식을 이루는 데 도움을 받는다. 지지적인 사회적 연계망은 알맞은 방법으로 도움을 제공함으로써 실천가들에게 안전망을 제공해 주기도 한다(야센, 1995). 생태적 예방 모델에서 사회적 행동은 이차적 외상스트레스나 대리외상으로 인한 효과들이 서서히 퍼지는 것을 막아내는 역할을 한다. 이것은 희망과 목적의식을 고양하기 위해 타인들과 함께 일하는 또 다른 방법이기도 하다. 자폐증 알리기 걷기대회에 참여하는 것과 같은 작은 행동일지라도, 실천가들이 느끼기 쉬운 무기력감을 털어 내는 데 큰 도움이 된다.

전문적 자기돌봄

실천가들은 직업수행, 높은 도덕성, 훌륭한 시민의식, 책임감 있는 행동을 유지하기 위해 전문적 자기돌봄 활동에 참여해야만 한다(Bell, 2003). 야센(1995)은 전문적 자기돌봄 전략에 균형과 경계 유지하기, 환경 제한하기, 동료와 슈퍼바이저로부터 도움 구하기, 자기돌봄 계획, 지속적인 전문가 훈련 등을 포함하였다.

자기돌봄을 실천하는 실천가는 약속시간을 정해 두거나, 야근을 피하는 것 등과 같이 시간의 경계를 정해 두며, 당사자와의 관계에서 전문가로서의 경계를 확실하게 유지하고, 이중 혹은 삼중의 역할을 효과적으로 유지한다. 그들은 동료들과 자신의 경험을 솔직하게 이야기하고, 지지와 도움을 주고받으며, 자유롭게 의견을 나누면서 서로 피드백을 제공하기도 한다. 경험이 많은 슈퍼바이저나 지도자로부터 슈퍼비전을 받는 것은 외부에서 바라보는 관점을 알게 되고, 필요한 지도를 받고, 성공에 대해 지지와 축하를 받을 수 있는 기회가 된다(Saakvitne et al., 1999; Yassen, 1995).

생태적 예방 모델은 상실과 외상을 경험한 이들과 일하는 실천가라면 자기돌봄 계획을 수립하는 것이 좋다고 권한다. 자기돌봄 계획에는 사별을 경험한 아동의 위급한 상황에 대한 전략뿐만 아니라 사별을 경험하지 않은 아동을 만나기 이전과 만나는 동안, 만나고 난 뒤에 활용할 수 있는 대처전략을 세우는 것도 포함된다. 전문가 훈련, 워크숍, 학회, 전문가 조직에 속하는 것 등은 전문가로서 성장하고, 이차적 외상스트레스나 대리외상을 예방하는 데 중요하다. 이와 같은 부가적인 학습 기회는 그들이 갖고 있는 지식과 기술을 보충해 주고 가치와 추측을 지속적으로 평가하도록 도와준다.

환경적 예방의 요소들: 직장과 지역사회

개인적 환경 이외에도 생태적 예방 모델에는 직장과 지역사회 환경도 포함된다. 직장 사정은 물리적 환경 — 벽의 장식, 가구의 종류, 조명 사용 등을 포함한 기관의 전반적인 외관 — 에 관심을 둔다. 기관의 가치, 기대, 문화 등과 같이 눈에 보이지 않는 부분도 직장 사정 내용에 포함된다. 경영방침과 같은 근무환경의 미묘한 측면도 명확히 이해하고 있어야 하는데, 효과적으로 일하기 위해서는 실천가들이 근무지의 가치, 과업(업무분장, 철학, 현실적 기대, 슈퍼비전의 적절성 등), 훈련, 직업적 기회 등에 대해 잘 알고 있어야 한다.

또한 긍정적인 근무 분위기를 형성하는 것이 중요하다. 기관의 지침과 기준을 통해 서로 간의 다름을 존중하고, 사회적 지지와 상호부조를 격려하고, 구성원 간의 협조와 신뢰를 향상시키고, 직원의 안녕(스트레스 관리 훈련, 적절한 사례배분 등)에 민감성을 유지하는 것 등이 긍정적인 근무 분위기에 속한다.

지역사회 환경에서 예방하고 개입하는 것은 보다 큰 사회를 대상으로 한다(Yassen, 1995). 실천가들은 개인과 지역사회의 부정, 잘못된 정보, 불의, 선입견 등에 맞서 싸울 수 있다. 교육적 개입은 태도의 변화, 정보제공, 더 큰 영향을 미치기 위해 다양한 집단과 연합해 가는 것, 법률개정, 사회적 활동, 대중매체 교육, 세계를 대상으로 하는 의사소통을 통해 이루어진다. 실천가들은 이러한 활동에 참여함으로써 무기력감에서 벗어나 개인과 사회의 긍정적인 변화를 도모하게 된다(Bell, 2003; Herman, 1992; Lee, 2001).

8단계 예방 및 개입 계획

생태적 예방 모델에서는 실천가들을 위한 8단계 예방 및 개입 계획을 제안하고 있다(Yassen, 1995, p. 204).

① 현재의 자기돌봄 상태와 예방기능을 점검하라.

② 개인적 영역과 환경적 영역에서 각각 한 가지씩 목표를 선택하라.

③ 활용 가능한 자원을 분석하고 목표달성의 장애물을 확인하라.

④ 당신을 지지해 주는 사람(들)과 함께 목표 및 실행계획을 의논하라.

⑤ 계획을 실행하라.

⑥ 당신을 지지해 주는 사람(들)과 함께 매주, 매월, 매년 단위로 계획을 평가하라.

⑦ 변화를 알아차리고 인정하라.

⑧ 1단계부터 7단계를 반복한다.

빠른 회복 프로그램

실천가들은 이차적 외상스트레스나 대리외상을 예방하고 이를 해결하는 데 있어 보다 공식적인 프로그램에 참여하기를 원할 수도 있다. 빠른 회복 프로그램ARP: Accelerated Recovery Program은 연민피로감이나 이차적 외상스트레스를 예방하거나 중재하는 것을 목적으로 개발되었다(Gentry, Baranowsky & Dunning, 2002). 이 프로그램은 실천가들이 경험하는 연민피로감 증상의 강도와 빈도, 지속기간을 감소시키는 것을 목적으로 개발되었으며, 총 5회기로 구성된 포괄적이면서도 간단한 자기돌봄 프로그램이다. 이 프로그램은 증상 확인, 연민피로감 촉발 요인 인식, 자원 확인 및 활용, 개인적 · 전문가적 히스토리 검토, 흥분 및 각성상태 통제, 삶의 질 향상을 위한 계약 체결, 갈등해결의 시작, 자기돌봄 프로그램을 활용한 사후 지지 제공 등을 목표로 삼는다. 실천가들에게 개입할 경우 성공 가능성이 높음에도 불구하고 이 프로그램의 효용성에 대해서는 많이 알려지지 않은 상태다(Gentry et al., 2002).

사례

5살 때 아버지가 돌아가시고 난 뒤, 완다^{Wanda}는 부모님이 돌아가신 아이들을 위한 상담가가 되겠다고 결심했었다. 35살이 된 그녀는 지금 그 일을 하고 있다. 완다는 5~17세의 사별아동을 대상으로 프로그램을 실시하고 있는 한 기관에서 사회복지사로 근무하고 있다. 완다가 담당하고 있는 25명의 아동 중 15명이 지역사회 내의 폭력으로 인해 가족 중 한 명 이상의 죽음을 경험한 아동들이다. 3년간 그곳에서 일하고 나자, 완다는 누군가를 도울 수 있다는 자신의 열정이 텅 빈 상태가 되었다는 것을 깨닫게 되었다. 슈퍼비전을 받으면서 그녀는 자신을 염려시키는 아동의 사례를 딱 집어 말하기보다, 말로 정확하게 규정할 수 없는 문제들과 무기력감을 호소했다. 완다는 자신의 자기비하적 사고에 놀라 금요일 밤마다 친구들과 놀았던 것을 취소하기 시작했다. 지난 3개월 동안 완다는 잠자는 것이 어려웠고, 식사도 자주 건너 뛰었다. 슈퍼바이저에게 "너무 바쁘다"는 핑계를 대며 정기적인 슈퍼비전도 받지 않고 있었다. 그녀는 이 지역사회가 바뀔 것이라는 희망을 포기했고, 어린 아이들이 겪는 고통을 더 이상은 함께 겪어 낼 자신이 없다고 여기게 되었다. 그녀는 치료팀 모임에서도 단조로운 목소리와 생기 없는 정서상태로 당사자들을 만나게 되었다. 이 장에서 읽은 내용을 바탕으로 지금 완다가 경험하고 있는 상황을 기술해 보자. 완다가 자신의 상황을 파악하고 자기돌봄 계획을 수립하도록 어떻게 도울 수 있을지 의논해 보자.

토론을 위한 질문들과 역할극 연습

토론을 위한 질문

1. 당신이 당신의 직업을 선택한 동기는 무엇이었는지 생각해 보자. 그 결정을 내리는 데 다른 사람들을 돕고 싶다는 마음도 포함되어 있었는지, 그 마음이 현재 일하고 있는 것에 어떤 영향을 미치는지 이야기 나누어 보자.
2. 당신이 하고 있는 일 때문에 가장 문제가 생기는 심리적 욕구와 인지적 측면(안전, 신뢰, 통제감, 친밀감, 정체성 등)은 무엇인가?
3. www.isu.edu/~bhstamm/tests.htm에서 전문적 삶의 질ProQOL 설문지를 다운받아 응답을 완료해 보자. 만족도, 연민피로감/이차적 외상스트레스, 소진의 점수를 확인하고, 개입이 필요한 영역은 무엇인지 살펴보자.(이 활동은 개인 혹은 집단으로 실시할 수 있음.)
4. <그림 17-1>의 자기돌봄 생태도를 활용하여 당신의 강점과 취약점을 확인해 보자. 강점을 유지하고 취약점을 감소시키기 위해 당신이 사용하고 있는 자기돌봄 전략은 무엇인지 이야기 나누어 보자.
5. <그림 17-3>의 자기돌봄 활동 점검표를 활용하여 당신이 현재 사용하고 있는 방법은 무엇인지, 앞으로 어떤 방법들을 사용할 수 있을 것인지 이야기 나누어 보자.
6. 생태적 예방 모델의 8단계 계획을 활용하여 당신 스스로를 위한 개입계획을 수립해 보자.

역할극

두 사람이 짝을 지어 다음의 사례를 역할극으로 진행한다. 첫 번째 역할극에서 사람 ①은 가족의 죽음을 목격한 이야기를 들려주는 당사자로, 사람 ②는 그 이야기를 들어 주는 사람으로 각각의 역할을 맡는다. 두 번째 역할극에서는 사람 ② 역할을 맡았던 사람이 그 이야기를 들으며 떠올랐던 감정을 사람 ①에게 전달하도록 한다.

14살 피터Peter는 아버지가 약물사용 합병증으로 서서히 죽어 가는 것을 보면서 느꼈던 감정과 생각들을 말하고 있다. "나는 화가 나기도 하고 슬프기도 해요. 그런데 아빠가 더 이상은 끔찍한 상황에 빠져 있지 않으니까 행복하기도 해요. 그래서 다른 사람들에게 아빠가 죽어서 행복하다고 말하기도 해요. 이상한 소리처럼 들리더라도 이해해 주셔야만 해요. 아빠는 고통 받고 있었어요. 아빠는 몇 시간 동안이나 꺼져 있는 텔레비전을 바라보고 있기도 했어요. 엄마가 "당신은 병원에 가야만 해."라고 말할 때마다 아빠는 "아니, 나는 병원에 안 가."라고 말했고, 아빠가 침대에서 소변을 보는 지경이 되자 엄마는 "더 이상 안되겠어. 병원에 입원해."라고 말했어요. 아빠의 피부에는 반점들이 많았는데 짙은 녹색이나 옅은 녹색이었어요. 더러운 바늘로 약물을 맞아서 그래요. 나는 아빠처럼 되지 않을 거예요. 나는 아빠 없이 자랐기 때문에 그런 기분이 어떤 건지 알아요. 나는 내 자식들이 그런 기분을 느끼지 않도록 할 거예요."

참고문헌

Adams, R. E., Boscarino, J. A., & Figley, C. R. (2006). Compassion fatigue and psychological distress among social workers: A validation study. *American Journal of Orthopsychiatry, 76*(1), 103-108.

Adams, S. A., & Riggs, S. A. (2008). An exploratory study of vicarious trauma among therapist trainees. *Training and Education in Professional Psychology, 2*(1), 26-34.

American Psychiatric Association. (2000). *Diagnostic and statistical manual of mental disorders* (4th ed.). Washington DC: Author.

Bell, H. (2003). Strengths and secondary trauma in family violence work. *Social Work, 48*(4), 513-522.

Bell, H., Kulkarni, S., & Dalton, L. (2003). Organizational prevention of vicarious trauma. *Organizational Prevention of Vicarious Trauma, 84*(4), 463- 470.

Bride, B. E. (2007). Prevalence of secondary traumatic stress among social workers. *Social Work, 52,* 63-70.

Bride, B. E., Radey, M., & Figley, C. R. (2007). Measuring compassion fatigue. *Clinical Social Work Journal, 35,* 155-163.

Bride, B. E., Robinson, M. M., Yegidis, B., & Figley, C. (2004). Development and validation of the Secondary Traumatic Stress Scale. *Research on Social Work Practice, 13,* 1-16.

Catherall, D. (1995). Preventing institutional secondary traumatic stress disorder. In C. R. Figley (Ed.), *Compassion fatigue: Coping with secondary traumatic stress disorder in those who treat the traumatized* (pp. 232- 248). New York: Routledge/Taylor & Francis.

Cho, C., & Cassidy, D. E. (1994). Parallel process for workers and their clients in chronic bereavement resulting from HIV. *Death Studies, 18,* 273-292.

Crestman, K. R. (1999). Secondary exposure to trauma and self-reported distress. In B. H. Stamm (Ed.), *Secondary traumatic stress: Self-care issues for clinicians, researchers, and educators* (pp. 29-36). Baltimore: Sidran Press.

Cunningham, M. (2004). Avoiding vicarious traumatization: Support, spirituality, and self-care. In N. B. Webb (Ed.), *Mass trauma and violence: Helping families and children cope* (pp. 327-346). New York: Guilford Press.

de Silva, T. L., Ravindran, L. N., & Ravindran, A. V. (2009). Yoga in the treatment of mood and anxiety disorders: A review. *Asian Journal of Psychiatry, 2*(1), 6-16.

Figley, C. R. (1995). Compassion fatigues as secondary traumatic stress disorder. In C. R. Figley (Ed.), *Compassion fatigue: Coping with secondary traumatic stress disorder in those who treat the traumatized* (pp. 1-20). New York: Routledge/Taylor & Francis.

_____ (1999). Compassion fatigue: Toward a new understanding of the costs of caring. In B. H. Stamm (Ed.), *Secondary traumatic stress: Self-care issues for clinicians, researchers, and educators* (pp. 3-28). Baltimore: Sidran Press.

Fredrickson, B. L. (1998). What good are positive emotions? *Review of General Psychology, 2,* 300-319.

Freud, S. (1959). The dynamics of the transference. In E. Jones (Ed.) & J. Riviere (Trans.) *Collected papers* (Vol. 2, pp. 312-322). New York: Basic Books.

Freyd, J. J. (1996). *Betrayal trauma: The logic of forgetting childhood abuse.* Cambridge, MA: Harvard University Press.

Gamble, S. J. (2002). Self-care for bereavement counselors. In N. B. Webb (Ed.), *Helping bereaved children: A handbook for practitioners* (2nd ed., pp. 346-362). New York: Guilford Press.

Gentry, G. E., Baranowsky, A. B., & Dunning, K. (2002). The Accelerated Recovery Program (ARP) for compassion fatigue. In C. R. Figley (Ed.), *Treating compassion fatigue* (pp. 123-138). New York: Routledge/Taylor & Francis.

Herman, J. (1992). *Trauma and recovery.* New York: Basic Books. 최현정 역. 2012. 『트라우마 가정폭력에서 정치적 테러까지』. 열린책들.

Hooyman, N. R., & Kramer, B. J. (2006). *Living through loss: Interventions across the lifespan*. New York: Columbia University Press.

Jenkins, S. R., & Baird, S. (2002). Secondary traumatic stress and vicarious trauma: A validational study. *Journal of Traumatic Stress, 15,* 423-432.

Lee, J. (2001). *The empowerment approach to social work practice* (2nd ed.). New York: Free PressLloyd, C., & King, R. (2002). Social work, stress and burnout: A review. *Journal of Mental Health, 11,* 255-265.

Maslach, C. (2003). *Burnout: The cost of caring.* Cambridge, MA: Malor Publishing.

Maslach, C., Jackson, S. E., & Leiter, M. P. (1996). *Maslach Burnout Inventory* (3rd ed.). Palo Alto, CA: Consulting Psychologists Press.

Maslach, C., Jackson, S. E., & Leiter, M. P. (1997). Maslach Burnout Inventory (3rd ed.). In C. P. Zalaquett & R. J. Wood (Eds.), *Evaluating stress: A book of resources* (pp. 191-218). Lanham, MD: Scarecrow Press.

Maslach, C., & Leiter, M. P. (1997). *The truth about burnout: How organizations cause personal stress and what to do about it.* San Francisco: Jossey-Bass.

Merriam Webster Dictionary. (2008). Compassion. Retrieved April 10, 2008, from www.merriam-webster.com/dictionary/compassion.

Meyers, T. W., & Cornille, T. A. (2002). The trauma of working with traumatized children. In C. R. Figley (Ed.), *Treating compassion fatigue* (pp. 39-56). New York: Routledge/Taylor & Francis.

Moran, C. C. (2002). Humor as a moderator of compassion fatigue. In C. R. Figley (Ed.), *Treating compassion fatigue* (pp. 139-154). New York: Routledge/Taylor & Francis.

Pearlman, L. A. (1999). Self care for trauma therapists: Ameliorating vicarious traumatization. In B. H. Stamm (Ed.), *Secondary traumatic stress: Self-care issues for clinicians, researchers, and educators* (pp. 51-64). Baltimore: Sidran Press.

_____ (2003). *Trauma and Attachment Belief Scale (TABS) manual.* Los Angeles: Western Psychological Services.

Pearlman, L. A., & Saakvitne, K. W. (1995a). *Trauma and the therapist.* New York: Norton.

_____ (1995b). Treating therapists with vicarious traumatization and secondary traumatic stress disorders. In C. R. Figley (Ed.), *Compassion fatigue: Coping with secondary traumatic stress disorder in those who treat the traumatized* (pp. 150-177). New York: Routledge/Taylor & Francis.

Radey, M., & Figley, C. R. (2007). The social psychology of compassion. *Clinical Social Work Journal, 35,* 207-214.

Rogers, C. R. (1980). *A way of being.* Boston: Houghton Mifflin. 오제은 역. 2007. 『칼 로저스의 사람 중심 상담』. 학지사.

Rothschild, B. (2006). *Help for the helper: Self-care strategies for managing burnout and stress.* New York: Norton.

Ryan, K., & Cunningham, M. (2007). Helping the helpers: Guidelines to prevent vicarious traumatization of play therapists working with traumatized children. In N. B. Webb (Ed.), *Play therapy with children in crisis: Individual, group and family treatment* (3rd ed., pp. 443-460). New York: Guilford Press.

Saakvitne, K. W., Gamble, S., Pearlman, L. A., & Tabor Lev, B. (1999). *Risking connection: A training curriculum for working with survivors of childhood abuse.* Baltimore: Sidran Press.

Saakvitne, K. W., & Pearlman, L. A. (1996). *Transforming the pain: A workbook on vicarious traumatization.* New York: Norton.

Stamm, B. H. (Ed.). (1999). *Secondary traumatic stress: Self-care issues for clinicians, researchers, and educators.* Lutherville, MD: Sidran Press.

_____ (2002). Measuring compassion satisfaction as well as fatigue: Developmental history of the Compassion Satisfaction and Fatigue Test. In C. R. Figley (Ed.), *Treating compassion fatigue* (pp. 107-122). New York: Routledge/Taylor & Francis.

_____ (2005) Professional Quality of Life Scale. Retrieved March 19, 2007, from www.isu.edu/~bhstamm/tests.htm.

Trippany, R. L., White Kress, V. E., & Wilcoxon, S. A. (2004). Preventing vicarious trauma: What counselors should know when working with trauma survivors. *Journal of Counseling Development, 82,* 31-37.

Valent, P. (2002). Diagnosis and treatment of helper stresses, trauma, and illnesses. In C. R. Figley (Ed.), *Treating compassion fatigue* (pp. 17-38). New York: Routledge/Taylor & Francis.

Webb, N. B. (Ed.). (2002). *Helping bereaved children: A handbook for practi- tioners* (2nd ed.). New York: Guilford Press.

_____ (2004). The impact of traumatic stress and loss on children and families. In N. B. Webb (Ed.), *Mass trauma and violence: Helping families and children cope* (pp. 3-22). New York: Guilford Press.

Weinstein, J. (2006). *Working with loss, death and bereavement: A guide for social workers.* Thousand Oaks, CA: Sage.

Wilson, J. P., & Lindy, J. (Eds.). (1994). *Countertransference in the treatment of PTSD.* New York: Guilford Press.

Yassen, J. (1995). Preventing secondary traumatic stress disorder. In C. R. Figley (Ed.), *Compassion fatigue: Coping with secondary traumatic stress disorder in those who treat the traumatized* (pp. 178-208). New York: Routledge/Taylor & Francis.

CHAPTER 18

사별아동의 부모와 교사를 돕기 위한 지침들

낸시 보이드 웹 *Nancy Boyd Webb*

　이 책의 목적은 사별을 경험한 아동과 청소년을 대상으로 일하는 학생 및 실천가들을 돕는 것에 있다. 하지만 사별을 경험한 아동과 청소년들이 살면서 만나게 되는 성인들은 더 다양하고, 그들로부터 지지와 돌봄을 받게 되기도 한다. 그 성인들이 아무리 공감해 주고 아동 및 청소년들의 마음을 알아준다고 하더라도 사별을 경험한 아이들을 어떻게 돕고 위로해 주어야 할지에 대해서는 잘 알지 못할 수도 있고, 심지어는 그런 상황을 불편하게 여길 수도 있다. 따라서 실천가들이 사별아동 및 청소년들을 매일의 삶에서 만나는 성인들을 대상으로 무엇을 말하고 무엇을 해야 할지에 대해 알려 주는 것이 필요하다. 이 장에서는 사별아동의 부모와 교사를 도우려는 실천가들을 위한 구체적인 지침들을 제시하고자 한다. 어떤 내용은 부모와 교사 모두에게 해당되는 내용이고, 또 어떤 내용은 가정과 학교에서 각각 활용할 수 있는 내용이다.

부모와 교사를 위한 이슈와 지침

죽음은 살면서 누구나 맞닥뜨리게 되는 어려운 현실이다. 죽음에 대해 배운 사람들의 반응은 죽은 사람과의 관계, 죽음의 상황, 죽은 사람과의 고유한 과거 등과 같은 다양한 요소에 따라 다르게 나타나는데, 이 세 가지 요소는 2장에 자세히 기록되어 있다. 구체적인 상황과 관계없이, 사별을 경험한 아동을 도우려는 사람이라면 다음의 원칙들을 숙지하고 있어야 한다.

- 어른들은 자신의 애도하고 싶은 욕구에 집중하고, 자신이 슬프다는 것을 인정해야 한다. 슬픈 감정을 숨기게 되면, 아동은 그것을 눈치채고 슬픔이라는 감정을 표현해서는 안 되는 감정이라고 인식하게 되기 때문이다. 어른들이 우는 것을 걱정하며 바라보는 아동에게는 "나는 슬퍼서 우는거야. 하지만 나는 너를 돌볼 수 있고 내가 해야 할 대부분의 일들을 하고 있단다."라고 말해 주는 것이 바람직하다. 아이들은 누가 자신을 돌봐 줄 것인지 걱정하기 때문이다.
- 죽음의 현실을 이해하는 아동의 능력은 연령에 따라 다양하다는 것을 기억해야 한다. 혼란스럽지 않은 간단한 언어를 사용하도록 노력한다. "돌아가셨다.", "영원한 안식에 들어가셨다."라는 표현보다 "죽었다."라는 표현을 사용하는 것이 좋다. 유치원생이나 초등학교 저학년 아동들은 죽음의 끝에 대해 이해하지 못하기 때문에 생일같은 특별한 날이 되면 죽은 사람이 돌아올 수 있다고 여기기도 한다. 따라서 어른들은 "사람이 죽으면 무슨 일이 있어도 다시 돌아오지 못해."라고 말해 주면서 인내심을 갖고 사실을 반복적으로 이야기해 주어야 한다. 그보다 높은 연령대의 아동들은 죽음에 대해 보다 잘 이해하지만 자신들이 한 행동 혹은 하지 않은 행동 때문에 누군가가 죽었다고 여길 수 있다. 따라서 "의사선생님들이 할 수 있

는 모든 것을 다 하셨어. 이건 누구의 잘못도 아니란다."라고 말해 주는 것이 좋다.

• 죽음의 원인에 대해 지나치게 자세한 것까지 알려줄 필요는 없지만 솔직하게 말해야 한다.

• 아동들에게 학교에 가거나 친구들과 놀아도 된다고 말해 주어야 한다. 아동들은 일반적으로 '짧은 슬픔 기간'(Webb, 2002)을 가지고 있기 때문에 오랜 시간 동안 앉아서 죽은 사람에 대해 계속 이야기를 나눌 수 있을 것이라고 기대해서는 안 된다.

• 아동이 죽음 이후의 의례에 어느 정도 참여할지 결정하게 되는 것은 문화적, 종교적 풍습에 따라 정해진다는 점을 이해해야 한다. 우리는 다양한 풍습을 배우고 받아들일 수 있어야 한다.

• 사별을 경험한 아동에게 그들의 친구들이 여전히 친구라는 점을 강조해 준다. 종종 아이들은 가족 중 누군가가 죽었기 때문에 자신은 친구들과 다르다고 여기고 그것을 고통스러워하거나 불편하게 여기기도 한다. 가족 중의 누군가가 죽었지만 친구들이 여전히 그 아이와 시간을 보내고, 놀고 싶어 한다는 것을 계속 확신시켜 주어야 한다.

• 아동들이 죽은 사람과 함께 했던 행복한 기억들을 간직하고 회상하면서 그것을 이야기할 수 있도록 도와준다.

• 아동이 죽음에 대해 느끼는 표현된 불안, 표현되지 않은 불안으로 인해 보일 수 있는 퇴행행동에 대해 준비하라. 수면장애, 매달림, 집중의 어려움, 학교성적 하락 등이 그 예이다. 이러한 행동들은 아동이 죽음에 대해 지속적으로 느끼는 불안, 두려움과 관계가 있으므로 민감하게 살펴보아야 한다. 이러한 행동들이 수 주간 계속된다면 사별상담을 전문으로 하는 전문가에게 상담을 받을 필요가 있다.

부모를 위한 이슈와 지침

사별을 경험한 아동의 부모가 마주하게 되는 현실은, 죽음이 발생하고 난 뒤 무엇을 어떻게 해야 할지 알려 주기를 기대하면서 그들을 바라보는 아이들을 돌보는 것에 앞서 자신의 슬픔에 대처해 가게 된다는 것이다. 부모 자신의 애도과정과 아동의 욕구를 충족시켜 줄 수 있는 능력은 서로 영향을 미치는데, 교사나 친구의 죽음에 비해 가족구성원의 죽음의 경우에 더욱 그러하다.

앞서 이야기한 바와 같이 부모들은 아이들에게 자신의 슬픔을 숨기거나 최소화하려 하지 말고 "할아버지가 돌아가셔서 모든 가족들이 슬퍼하고 있단다. 다같이 장례식장에 갈거고, 목사님이 설교도 하시고, 몇몇 사람들이 나와서 할아버지에 대해서 이야기를 할거야. 어른들이 그 이야기를 듣고 울텐데 누군가가 죽고 나면 어른들도 울 수 있어. 너도 울고 싶으면 울어도 괜찮아. 모든 사람들이 다 이해해 줄거야."라고 설명해 주어야 한다. 이렇게 이야기하면서 장례식장에서 어떤 일들이 벌어질 것인지에 대해 아동을 준비시켜 주어야 한다.

관을 열어둔 채로 장례식이 진행된다면 아동에게 이것에 대해서도 설명해 주어야 한다. "어떤 사람들은 할아버지가 돌아가셨지만 보고 싶어 하기도 해. 할아버지는 관이라고 부르는 특별한 상자에 가만히 누워 계실거야. 하지만 할아버지는 살아 있지 않고 숨도 안 쉬고 있어. 좀 다르게 보이기도 할거야. 어떤 사람들은 죽은 할아버지 몸 옆에 무릎을 꿇고 기도를 하기도 하고, 어떤 사람들은 앉아서 할아버지에 대해 이야기를 하기도 할거야."

사람이 죽으면 어떤 것도 느끼지 못하고, 모든 기능이 멈춘다는 것을 알려 주는 것도 중요하다. 더위나 추위, 배고픈 것을 느끼지 못하고 화장실에 가고 싶어 하지도 않는다는 것을 알려 주어야 한다. 아동들이 발인식에 참여하는 것도 고려해야 한다. 예를 들어, 유대인들은 랍비의 이야기와 기도가 끝나면 가족과 친구들이 한 사람씩 나와 관 위로 흙을 뿌린다. 아이들은 대부분 관이 땅 속 깊은 곳에 묻히는 것을 넋 놓고 지켜보는데, 관 속의 몸은 죽어서 아무 것도 느끼지 못한다는 것을 다시 한 번 강조해 주어야 한다.

죽음과 관련된 가정의 모든 의례들에 대해 이와 같이 설명해 줄 필요가 있다. 어떤 일이 벌어질지 미리 알고 있으면 아동들이 잘 참여할 수 있게 되기 때문이다. 모르는 이들이 집을 계속 찾아오는 것 역시 아동들에게 혼란스러운 상황이 될 수 있다. 이런 경우에도 가족과 친구들, 동료들, 이웃, 죽은 사람과 알고 지냈던 많은 이들이 유가족들에게 애도의 뜻을 전하기 위해 집을 찾아오는 것이고 때로는 꽃이나 음식을 들고 오기도 한다고 설명해 주도록 한다.

교사를 위한 이슈와 지침

학생 가족 구성원의 죽음

교사의 역할은 학생의 연령이나 학생과 하루에 어느 정도 만나게 되는지에 따라 달라진다. 예를 들어, 하루 종일 대여섯 시간을 함께 보내는 1학년 담임교사는 학생과 가까운 관계를 유지할 수 있지만, 일주일에 몇 시간 정도만 얼굴을 보게 되는 중고등학교 담임교사의 경우 상황이 달라진다.

아동의 연령이나 학년과 관계없이, 교사는 가장 먼저 유가족과 연락하여 애도의 뜻을 전하고, 아동의 가족 구성원이 사망했다는 것을 학급 친구들에게 알려도 되는지에 대해 허락을 받아야 한다. 일부 학교에서는 죽음을 알리는 내용의 문서를 작성해 두고, 사망한 학생이 있던 교실에서 교사가 그 문서를 읽어 주도록 지침을 주기도 하고, 일부 학교에서는 학교장이 모든 학생들 가정에 죽음을 알리는 편지를 보내기도 한다.

사별을 경험한 학생의 부모와 교사는 아동이 학교를 며칠간 결석하게 될 것인지, 반 친구들이 위로의 마음을 담은 글을 적어 해당 학생에게 보내도 될 것인지 등을 의논하게 된다. 가끔 어떤 아이들은 사별을 경험한 친구를 위로하기 위해 장례식에 참석하고 싶다는 이야기를 하기도 하는데, 실제로 9살짜리 아동의 어머니가 암으로 사망했을 때, 교사와 몇몇 친구들이 장례식에 참여한 사례를 한 번 접하기도 했다.

학생들은 사별을 경험한 자기 반 친구에게 무슨 말을 해 주어야 할지 모른다. 이때 교사는 학생들에게 자신들이 죽음에 대해 알고 있고, 그 일로 인해 마음이 아프다고만 말해 주어도 사별을 경험한 친구에게는 도움이 된다는 점을 알려 주어야 한다.

반 친구의 엄마나 아빠가 사망했다는 소식을 듣게 되면 몇몇 민감한 아동들이나 현재 부모님이 아파서 부모님이 죽을지도 모른다고 걱정하고 있는 아동들이 동요를 일으키기도 하는데, 이때 교사는 이러한 아동들에게 주의를 기울이고, 그들을 학교사회복지사나 학교상담가에게 의뢰할 필요가 있다. 의뢰를 받게 되는 전문가들은 아동의 부모와 연락을 취하고, 아동에게 상담이 필요한지의 여부를 결정하게 된다.

사별을 경험한 아동이 장례식 이후에 학교로 돌아왔을 때, 교사는 아동을 개인적으로 만나 죽음에 알고 있음을 이야기하고, 애도와 위로의 마음을 전한다. 반 친구들도 죽음에 대해 알고 있으며, 그중 몇몇은 개인적으로 이야기 나누기를 원하지만, 모든 아이들 앞에서 죽음에 대해서는 공식적으로 이야기하지 않고, 다만 모든 친구들이 그 아동이 학교로 돌아온 것을 환영한다는 이야기만 할 것임을 알려 준다.

모든 학생과 교사들에게 상담을 받을 수 있는 기회가 제공되어야 하고, 언제 어디서 상담을 받을 수 있는지도 알려 주어야 한다.

학생 혹은 교사의 죽음

모든 학교에는 학생 혹은 교사의 죽음이 발생했을 때 어떻게 대처해야 할지에 대한 방침이 마련되어 있어야 한다. 많은 학교는 그러한 상황을 다루기 위해 위기대응팀을 구성하여 운영하고 있기도 하다. 도카(2008)는 서로 다른 학급과 학교구성원들에게 동일한 정보를 제공하는 것이 소문이 발생할 수 있는 여지를 감소시키는 데 매우 중요하다고 지적한다. 더 많은 정보는 이 책의 9장에서 확인할 수 있다.

반 친구 혹은 교사가 말기질환으로 인해 죽음을 앞두고 있는 경우, 학생들과 알고 지내는 사람이 학생들과 집단을 구성하여 그들이 오랫동안 학교에 나오지 못하는 이유를 알려 준다. 학생들이 그 질환에 대해 조금 더 알고 있다면 이러한 의료적 상황을 다루는 데 심리적으로 보다 편안함을 느낄 수 있다. 이러한 정보들을 집단을 통해 제공하면 학생들은 자신들이 걱정하는 것이나 궁금해 하는 것을 직접 물어볼 수 있다. 학생들은 말기질환을 앓고 있는 사람이 죽게 될 것인지를 자주 묻는데, 이런 경우 "가능한 모든 치료를 하고 있다."라고 대답해 주고, 그들이 반 친구들이나 학생들로부터 카드나 그림을 받게 되면 매우 고맙게 여길 것이라고 말해 주는 것이 좋다.

학생이나 교사가 갑자기 사망한 경우, 이것은 모두에게 더욱 힘든 상황이 되는데, 그럼에도 불구하고 학생들에게도 이 사실이 전달되어야 하고, 많은 이들이 이 소식을 듣고 매우 불안해할 수도 있다. 죽음과 관련된 소식을 전하는 사람은 누군가 그렇게 갑작스럽게 사망할 수 있다는 것을 알게 되면 우리는 모두 염려하게 된다는 것을 학생들에게 알려 주어야 한다. 예기치않은 심장마비로 인한 사망이라면, 이 사실을 전달하는 사람은 이런 일이 젊은이들에게는 흔히 나타나지 않는다는 것을 강조할 필요가 있고, 교통사고나 기타 사고로 인한 사망이라면, 누구나 그 소식을 들으면서 생각지도 못한 충격을 받을 수 있음을 알려 주어야 한다. 이러한 유형의 죽음을 알려 주는 자리에는 종종 위기대응팀이나 학교사회복지사가 동석하여 외상적 상실 상황에서 벌어질 수 있는 일들에 대처하기도 한다.

참고

부모와 교사를 위한 자료들*

부모와 교사를 위한 자료들 중 일부를 다음에 기록해 두었다. 사망 이후뿐만 아니라 언제든 이 책들을 읽을 수 있도록 비치하는 것이 좋은데, 일반적으로 죽음을 경험하기 전에 관련 책을 읽었던 아동의 경우, 상실에 더 잘 대처하는 것으로 알려져 있다.

도서

일반 인용

Cassini, K., & Rogers, J. (1990). *Death and the classroom.* Cincinnati, OH: Griefwork of Cincinnati.

Doka, K. J. (2008). *Living with grief: Children and adolescents.* Washington, DC: Hospice Foundation of America.

Fitzgerald, H. (1992). *The grieving child.* New York: Simon & Schuster.

Goldman, L. (1994). *Life and loss. A guide to help grieving children.* Muncie, IN: Accelerated Development.

Grollman, E. (1967). *Explaining death to children.* Boston: Beacon Press.

Huntley, T. (1991). *Helping children grieve: When someone they love dies.* Minneapolis, MN:

---

* 아동 도서를 다루는 사서는 이 외의 많은 자료들을 알아내는 데 도움을 줄 수 있다.

Augsburg Fortress.

Webb, N. B. (Ed.). (2002). *Helping bereaved children: A handbook for practitioners* (2nd ed.). New York: Guilford Press.

유치원 아동용

Brown, M. W. (1955). *The dead bird.* Reading, MA: Addison-Wesley.

De Paola, T. (1998). *Nana upstairs and Nana downstairs.* New York: Putnam. 이미영 역. 2003. 『위층 할머니, 아래층 할머니』. 비룡소.

Fox, M. (1994). *Tough Boris.* New York: Harcourt Brace.

Gryte, M. (1988). *No new baby.* Omaha, NE: Centering Corporation. [Also available in Spanish]

Heegaard, M. E. (1988). *When someone very special dies.* Minneapolis, MN: Woodland Press.

Hodge, J. (1999). *Finding Grampa everywhere: A young child discovers memories of a grandparent.* Omaha, NE: Centering Corporation.

Krasny Brown, L., & Brown, M. (1998). *When dinosaurs die: A guide to understanding death.* Boston: Little, Brown.

O'Toole, D. (1988). *Ardy Aardvark finds hope.* Burnsville, NC: Compassion Books.

Woodson, J. (2000). *Sweet, sweet memory.* New York: Hyperion Books.

초등학생용

Alexander-Greene, A. (1999). *Sunflowers and rainbows for Tia: Saying good-bye to Daddy.* Omaha, NE: Centering Corporation.

Barron, T. A. (2000). *Where is Grandpa?* New York: Philomel Books.

Bunting, E. (1999). *Rud's pond.* New York: Clarion.

Buscsglia, L. (1982). *The fall of Freddie the leaf.* Thorofare, NJ: Charles B. Slack. 조병준 역. 2011. 『스프링 칸타타: 작은 나뭇잎 프레디의 여행』. 샘터.

Coerr, E. (1977). *Sadako and the thousand paper cranes.* New York: Putnam. 최수민 역. 2003. 『사타코와 천 마리 종이학』. 아이터출판사.

Copland, K. M. (2005). *Mama's going to heaven soon.* Minneapolis, MN: Augsburg Fortress.

Fassler, J. (1983). *My Grandpa died today.* Springfield, IL: Human Sciences Press.

Grollman, E., & Johnson, J. (2006). *A complete book about death for kids.* Omaha, NE:

Centering Corporation.

Johnson, J., & Johnson, M. (1982). *Where's Jess?* Omaha, NE: Centering Corporation.

Old, W. (2001). *Stacy had a baby sister.* Morton Grove, IL: Albert Whitman.

Smith, H. I., & Johnson, J. (2006). *What does that mean?: A dictionary of death, dying, and grief terms for grieving children and those who love them.* Omaha, NE: Centering Corporation.

중학생용

Dragonwagon, C. (1990). *Winter holding spring.* New York: Atheneum/Simon & Schuster.

Gignoux, J. H. (1998). *Some folk say: Stories of life, death, and beyond.* New York: Foulketale.

Krementz, J. (1983). *How it feels when a parent dies.* New York: Knopf.

Little, J. (1984). *Mama's going to buy you a mockingbird.* New York: Viking.

Paterson, K. (1977). *Bridge to Terabithia.* New York: Cromwell. 김영선 역. 2012. 『비밀의 숲 테라비시아』. 사파리.

Smith, D. B. (1973). *A taste of blackberries.* New York: HarperCollins.

Techner, D., & Hirt-Manheimer, J. (1993). *A candle for Grandpa: A guide to the Jewish funeral for children and parents.* New York: UAHC Press.

Traisman, E. S. (1992). *Fire in my heart, ice in my veins: A journal for teenagers experiencing a loss.* Omaha, NE: Centering Corporation.

White, E. B. (1952). *Charlotte's web.* New York: Harper. 김화곤 역. 2018. 『샬롯의 거미줄』. 시공주니어.

고등학생용

Craven, M. (1973). *I heard the owl call my name.* New York: Dell. 김민석 역. 2007. 『이 숲에서 우리는 행복했다』. 검둥소.

Grollman, E., & Malikow, M. (1999). *Living when a young friend commits suicide.* Boston: Beacon Press.

Guest, J. (1976). *Ordinary people.* New York: Viking.

O'Toole, D. (1995). *Facing change: Falling apart and coming together again in the teen years.* Burnsville, NC: Compassion Books.

Scrivani, M. (1991). *When death walks in.* Omaha, NE: Centering Corporation.

비디오

사별을 경험한 아동을 돕는 어른들을 위한 자료

Dougy Center. (1992). *Dougy's place: A 20-20 video.* Portland, OR: Author.

Ebeling, C., & Ebeling, D. (1991). *When grief comes to school.* Bloomington, IN: Bloomington Educational Enterprises.

Wolfelt, A. (1991). *A child's view of grief.* Fort Collins, CO: Center for Loss and Life Transition.

사별을 경험한 아동을 위한 자료

O'Toole, D. (1988). *Aarvy Aardvark finds hope.* Burnsville, NC: Compassion Press.

Rogers, F. (1993). *Mr. Rogers talks about living and dying.* Pittsburgh: Family Communications.

훈련 프로그램과 자격증

놀이치료

보스턴대학교 사회복지대학Boston University School of Social Work
아동 청소년 고급 심리치료 대학원 인증 프로그램Postgraduate Certificate Program in Advanced Child and
  Adolescent Psychotherapy

264 Bay State Road
Boston, MA 02215
Phone: 617-353-3756
Fax: 617-353-5612
Website: www.bu.edu/ssw/continue.html

Alliant University(알리안트 대학교) 캘리포니아전문심리대학California School of Professional Psy-
  chology

5130 East Clinton Way
Fresno, CA 93727
Phone: 559-456-2777, ext. 2273
Fax: 559-253-267
Website: www.cspp.edu/www. alliant.edu

노쓰 텍사스 대학University of North Texas 놀이치료센터Center for Play Therapy
P.O. Box 311337

Denton, TX 76203-1337
Phone: 940-565-3864
Website: www.coe.unt.edu/cpt

체서피크비치 전문가 세미나Chesapeake Beach Professional Seminars
3555 Ponds Wood Drive
Chesapeake Beach, MD 20732-3916
Phone: 410-535-4942
E-mail: cbps@sbpsseminars.com
Website: www.cbpseminars.com

뉴잉글랜드 모래놀이 연구 센터New England Center for Sandplay Studies
31 Boston Avenue
Medford, MA 12155
Phone: 978-342-6070
E-mail: JKneen@bu.edu

아동 놀이치료 국제 협회/국제놀이치료International Society for Child and Play Therapy/Play Therapy International
Fern Hill Centre, Fern Hill
Fairwarp, Uckfield
Sussex TN22 3BU, United Kingdom
Phone: 44-1825-712360
Website: www.playtherapy.org

치료놀이 기관Theraplay Institute
1137 Central Avenue
Wilmette, IL 60091
Phone: 847-256-7334
E-mail: theraplay@aol.com
Website: www.theraplay.org

놀이치료 훈련 기관Play Therapy Training Institute
P.O. Box 1435

Hightstown, NJ 08520

Phone: 609-448-2145

Website: www.ptti.org

아동 가족치료 석사후 인증 프로그램Post-Master's Certificate Program in Child and Family Therapy

New York University

Rockland Branch Campus

Sparkill, NY 10976-1050

Phone: 845-398-4120

Website: www.socialwork.nyu.edu/cft

비스타 델마 아동 가족 서비스Vista Del Mar Child and Family Services

3200 Motor Avenue

Los Angeles, CA 90034

Phone: 310-836-1223; Toll-Free: 888-22-VISTA

Website: www.vistadelmar.org

비전퀘스트 인투 심볼릭 리얼리티Vision Quest into Symbolic Reality

1946 Clemens Road

Oakland CA 94602

Phone: 510-530-1383

E-mail: gisela@vision-quest.us

Website: vision-quest.us/vqisr/trainings.htm

애도상담

죽음교육본부협회Association for Death Education Headquarters

60 Revere Drive, Suite 500

Northbrook, IL 60062

Phone: 847-509-0403

Website: www.adec.org

뉴로셀대학교 죽음학 인증 프로그램Certificate Program in Thanatology College of New Rochelle

29 Castle Place

New Rochelle, NY 10805-2339

Phone: 914-654-5561; 914-654-5418

E-mail: gs@cnr.edu

국제 아동 호스피스Children's Hospice International

1101 King Street, Suite 131

Alexandria, VA 22314

Toll-Free: 800-242-CHILD

사별아동을 위한 더기센터Dougy Center for Bereaved Children

P.O. Box 86582

Portland, OR 97286 Phone: 503-775-5683

Website: www.doughy.org

미국호스피스재단Hospice Foundation of America

2001 S Street, NE

Washington, DC 20002

Phone: 202-638-5419

Website: www.hospicefoundation.org

미국 메이크어위쉬재단Make-A-Wish Foundation of America

100 West Clarendon, Suite 2200

Phoenix, AZ 85013

Phone: 800-722-9474

마운트이다대학 죽음교육 센터National Center for Death Education Mount Ida College

777 Dedham Street

Newton Centre, MA 02459

Phone: 617-928-4649

Website: www.mountida.edu

트라우마/외상 정신건강 상담

미국 외상스트레스 전문가 학회American Academy of Experts in Traumatic Stress

368 Veterans Memorial Highway

Commack, NY 11725

Phone: 631-543-2217

Website: www.aaets.org

미국 자살학 협회American Association of Suicidology

5221 Wisconsin Avenue, NW

Washington, DC 20008

Phone: 202-237-2280

Website: www.suicidology.org

아동 트라우마 학회Child Trauma Academy

5161 San Felipe, Suite 320

Houston, TX 77056

Phone: 281-932-1375

Website: www.childtrauma.org

아동 트라우마 기관Child Trauma Institute

P.O. Box 544

Greenfield, MA 01302-0544

Phone: 413-774-2340

Website: www.childtrauma.com

EMDR 국제협회EMDR International Association

P.O. Box 141925

Austin, TX 78714-1925

Phone: 512-451-5200

Website: www.emdria.org

전국 아동 트라우마 및 상실 기관National Institute for Trauma and Loss in Children

900 Crook Road

Grosse Pointe Woods, MI 48236

Phone: 313-885-0390; Toll-Free: 877-306-5256

Website: www.tlcinst.org

놀이 재료 공급처

썬버스트 비주얼 미디어Sunburst Visual Media. Childswork/Childsplay
45 Executive Drive, Suite 201
P.O. Box 9120
Plainview, NY 11803-0760
Toll-Free: 800-962-1141
E-mail: info@guidancechannel.com
Website: www.sunburstvm.com

차일드크래프트 교육 협회Childcraft Education Corporation
P.O. Box 3239
Lancaster, PA 17604
Toll-Free: 800-631-5652
Website: www.childcrafteducation.com

크리에이티브 테라퓨틱스Creative Therapeutics
155 County Road
Cresskill, NJ 07626-0317
E-mail: ct39@erols.com;
drgardnersrescources@yahoo.com
Website: www.rgardner.com

매직캐빈Magic Cabin
3700 Wyse Road
Dayton, OH 45414
Phone: 800-247-6106
Website: www.magiccabin.com

로즈놀이치료Rose Play Therapy
3670 Travelers Court
Snellville, GA 30039
Toll-Free: 800-713-2252

Website: www.roseplay.com

학교 전문용품^{School Specialty}
W6316 Design Drive
Greenville, WI 54942
Toll-Free: 888-388-3224
Website: www.schoolspecialty.com

셀프이스팀샵^{Self-Esteem Shop}
32839 Woodward Avenue
Royal Oak, MI 48073 Toll-Free: 800-251-8336
E-mail: deanne@selfesteemshop.com
Website: www.selfesteemshop.com

토이스 투 그로우 온^{Toys to Grow On}
2695 East Dominguez Street
P.O. Box 17 Carson, CA 90895
Toll-Free: 800-874-4242
E-mail: toyinfo@toystogrowon.com
Website: www.lakeshorelearning.com/www.toystogrowon.com

미국 장난감 주식회사^{U.S. Toy Co., Inc.}
Constructive Playthings
13201 Arrington Road
Grandview, MO 64030
Phone: 816-761-5900 (Kansas City area only); Toll-Free: 800-832- 0572 or 800-448-
    4115
E-mail: ustoy@ustoyco.com
Website: www.constplay.com

서부 심리학 서비스^{Western Psychological Services}
12031 Wilshire Boulevard
Los Angeles, CA 90025-1251 Toll-Free: 800-648-8857
Website: www.wpspublish.com

사별 자원

미국 호스피스 재단American Hospice Foundation

2120 L Street, NW, Suite 200

Washington, DC 20037

Toll-Free: 800-447-1413

Website: www.americanhospice.org

※ 애도과정중에 있는 아동을 돕는 학교내 전문가 훈련 프로그램을 실시하며, 말기질환을 앓고 있거나 애도과정중에 있는 개인을 지원하는 프로그램을 운영한다.

죽음교육상담협회Association of Death Education and Counseling

60 Revere Drive, Suite 500

Northbrook, IL 60062

Phone: 847-509-0403

Website: www.adec.org

※ 죽어가고 있는 이들을 보살피거나 애도상담 및 죽음학 관련 연구를 실시하는데 관련된 정보, 지지, 자원을 제공하는 다학제적 전문가 조직이다.

국제아동호스피스Children's Hospice International

1101 King Street, Suite 360

Alexandria, VA 22314 Toll-Free: 800-24-CHILD

E-mail: info@chionline.org

※ 생명에 위협이 되는 정도의 상황에 처해있는 아동과 그들의 가족을 도울 수 있는 소아과적 돌봄과 훈련을 제공하여 호스피스와 가정돌봄 프로그램에 아동이 포함될 수 있도록 지원한다.

컴페션책과 컴페션책 목록(이전에는 레인보우 컬랙션으로 불리웠음)

7036 Highway 80 South

Burnsville, NC 28714

Toll-Free: 800-970-4220

Website: www.compassionbooks.com

※ 컴페션책은 우편으로 주문 가능한 목록이며, 아동과 성인이 생애주기 전반에 걸쳐 경험하게 되는 상실과 애도에 관한 전문적인 책, 비디오, 씨디를 포함한 전문적인 정보를 제공하는 인터넷 자원 센터이다.

애도하는 아동을 위한 전국 연합 National Alliance for Grieving Children

P.O. Box 1025

Northbrook, IL 60062 Phone: 866-432-1542

Website: www.nationalallianceforgrievingchildren.org

※ 죽음을 애도하는 아동과 청소년을 돕는 이들을 위한 자원과 교육을 제공하며, 검색가능
한 미국내 각 주 별 아동 애도센터와 관련 프로그램 정보를 보유하고 있다.

전국 죽음교육도서관 협회 National Center for Death Education Library

Mount Ida College

777 Dedham Street Newton Center, MA 02159

Phone: 617-969-7000, ext. 249

※ 죽어감, 죽음, 사별 등과 관련된 도서, 시청각자료를 보유하고 있으며, 해당 자료는 대출
도 가능하다. 더 많은 정보는 자원 코디네이터에게 문의 가능하다.

죽음과 관련된 종교적/문화적/인종적 실천에 대한 참고문헌

Berger, A., Badham, P., Kutscher, A. H., Berger, J., Perry, M., & Beloff, J. (1989).
(Eds.). *Perspectives on death and dying: Cross cultural and multidisciplinary view.* Philadel-
phia: Charles Press.

Coles, R. (1990). *The spiritual life of children* [Christian salvation, pp. 202- 224; Islamic
surrender, pp. 225-248; Jewish righteousness, pp. 249-276]. Boston: Hough-
ton Mifflin.

Corr, C. A., Nabe, C. M., & Corr, D. M. (2000). *Death and dying: Life and living* (3rd ed.).
Belmont, CA: Wadsworth. [See pp. 119-120, 508-519, and 521-523 for discus-
sion about different religious perspectives on death.]

Grollman, E. A. (Ed.). (1967). *Explaining death to children.* Boston: Beacon Press.

Johnson, C. J., & McGee, M. G. (Eds.). (1991). *How different religions view death and afterlife.*
Philadelphia: Charles Press.

Kastenbaum, R. J. (2008). *Death, society, and human experience* (10th ed.). Boston: Pear-
son. [See pp. 438-442 for a discussion about how different religions view the
topic of survival after death.]

McGoldrick, M., Almeida, R., Hines, P. M., Garcia-Preto, N., Rosen, E., & Lee, E. (1991). Mourning in different cultures. In F. Walsh & M. McGoldrick (Eds.), *Living beyond loss: Death in the family* (pp. 176-206). New York: Norton. [A list of references at the end of this chapter cites additional sources related to the following cultural/religious groups: Irish, Indian, African American, Jewish, and Puerto Rican.]

Ryan, J. A. (1986). *Ethnic, cultural and religious observances at the time of death and dying.* Boston: Good Grief Program.

낸시 보이드 웹 Nancy Boyd Webb

사회복지학 박사, 임상사회복지사, 공인 놀이치료 슈퍼바이저

웹은 임상사회복지사이자 공인 놀이치료 슈퍼바이저로, 상실과 외상적인 사별을 경험한 아동들을 대상으로 하는 놀이치료 분야의 주도적인 권위자다. 그녀의 저서는 아동을 대상으로 하는 기관과 학교에서 필독서로 꼽히고 있다. 『위기에 처한 아이들을 위한 놀이치료 Play Therapy with Children in Crisis』(3판), 『문화적으로 다양한 부모-아동 관계와 가족관계에서의 개인, 집단, 가족치료 Individual, Group, and Family Treatment, Culturally Diverse Parent–Child and Family Relationships』, 『외상과 폭력으로 인해 외상을 입은 청소년들과 일하기 A Guide for Social Workers and Other Practitioners, Working with Traumatized Youth in Child Welfare, Mass Trauma and Violence』, 『가족과 아동의 극복을 돕기 위한 아동과 함께하는 사회복지실천 Helping Families and Children Cope, Social Work Practice with Children』(2판), 『만성질환, 급성질환을 앓고 있는 아동과 청소년 돕기: 강점관점 접근으로 Helping Children and Adolescents with Chronic and Serious Medical Conditions: A Strengths-Based Approach』 등이 그녀의 저서다. 그녀는 이 외에도 많은 논문을 발표했고, 『놀이치료의 기술: 임상적 시연 Techniques of Play Therapy: A Clinical Demonstration』이라는 제목의 비디오를 제작하여 뉴욕영화제 비방송 매체 경쟁부분에서 동메달을 수상하기도 했다. 웹박사는 길포드 출판사 The Guilford Press에서 출판하는 『아동과 가족을 대상으로 하는 사회복지 실천』시리즈의 편집자로, 『아동과 청소년 외상학회지 Journal of Child and Adolescent Trauma』의 편집위원으로, 그리고 『외상과 상실: 연구와 개입 Trauma and Loss: Research and Interventions』의 편집자문위원으로 활동하고 있으며, 뉴욕놀이치료협회 이사를 역임했다.

웹 박사는 1979년부터 2008년까지 포드햄대학교 사회서비스 대학원 Fordham University Graduate School of Social Services에서 교수로 재직하였으며, 1997년에는 우수교수상을 수상하기도 했다. 뉴욕 지역에서 놀이치료 훈련에 대한 필요성이 높아지자 웹 박사는 1985년에는 포드햄 석

사 후 과정으로 아동과 청소년 치료 과정을 개설하였다. 2000년 4월에는 미국호스피스재단 Hospice foundation of America의 후원으로 진행된 「슬픔과 함께 살아가기: 아동, 청소년과 상실Living with Grief: Children, Adolescents, and Loss」이라는 주제의 컨퍼런스에 토론자로 참여하기도 했다. 코키 로버츠Cokie Roberts가 진행한 이 컨퍼런스는 영상을 통해 2,100곳 이상에서 동시에 진행되었다.

교육과 글쓰기, 자문활동 이외에도 웹 박사는 실천가들에게 슈퍼비전을 제공하고, 아동을 대상으로 하는 사회복지사들을 훈련시키고, 학교와 기관을 대상으로 자문활동을 하고 있다. 미국, 캐나다, 호주, 홍콩, 대만 등의 지역에서 놀이치료, 사회복지, 외상, 사별 등을 주제로 강연 및 워크숍을 진행하고 있다.

패티 호만 앤월트 Patti Homan Anewalt

박사, 죽음학 전문가. 랭카스터 카운티 호스피스Hospice of Lancaster County 내 애도와 상실을 위한 패스웨이 센터The PATHways Center for Grief & Loss의 대표. 그녀의 임상훈련과 실천, 글쓰기, 교육활동은 삶의 마지막, 연민피로감, 위기, 외상, 상실과 관련된 주제에 초점을 맞추고 있으며, 마을과 주, 국가 단위로 정기적인 발표를 하기도 한다. 앤월트 박사는 죽음교육과 상담협회에서 자격을 부여한 죽음학 전문가로, 전국호스피스완화의료전문가협의회에서 3년 임기의 사별 전문가 분과장을 맡고 있다. 앤월트 박사는 미국 적십자의 재난 정신건강 전문가로서 지역사회 위기팀에 소속되어 지역사회에서 비극적인 사건이 발생하고 나면 훈련과 디브리핑, 지지를 제공하고 있다.

제니퍼 베걸리 Jennifer Baggerly

박사, 정신건강상담사 슈퍼바이저, 공인 놀이치료사 슈퍼바이저. 사우스 플로리다 대학University of South Florida 상담교육 과정 부교수, 놀이치료 학위과정 담당자. 베걸리 박사는 놀이치료협회 이사, 정신건강상담사 슈퍼바이저, 공인 놀이치료 슈퍼바이저, 현장 외상학자다. 그녀의 연구주제와 저서는 집이 없는 아동을 위한 놀이치료의 효과성 검증, 외상을 경험한 아동을 위한 상담의 효과성 검증 등에 집중되어 있으며, 국내외에서 이러한 주제에 대해 발표를 하고 있다. 베걸리 박사는 플로리다에서 있었던 허리케인, 스리랑카에서 발생한 쓰나미, 허리케인 카트리나 이후, 아동을 대상으로 외상 개입을 실시하기도 하였다.

데렉 브라운 Derek Brown

의료사회복지사. 포드햄대학교Fordham University 사회서비스 대학원 박사 과정. 10여 년간 노숙인, 에이즈 감염 환자 등을 대상으로 하는 직간접적 서비스를 포함한 사회사업 실천을 해

왔다. 그는 필라델피아에서 공공보건 계획과 연구 업무를 담당하는 공무원으로 일하기도 했다. 건강 불평등, 억압, 요가 치료를 포함한 대체의학 등의 주제에 대해 흥미를 갖고 연구하고 있다.

록시아 블록Roxia Bullock

박사, 사회복지사. 포드햄 대학에서 사회복지 석사 과정을 가르치고 있고, 아동과 청소년을 대상으로 하는 석사 후 학위 과정 운영을 담당하고 있다. 뉴욕시의 교육부에서 가족 구성원의 죽음을 경험한 아동들을 만나 상담가로 수년간 일하였다. 현재 뉴욕의 오시닝Ossining에서 개인 사회사업가로 일하고 있다.

로이스 캐리Lois Carey

사회복지사, 공인 놀이치료사 슈퍼바이저. 뉴욕 나이액Nyack에 있는 모래놀이연구센터에서 모래놀이 훈련과 슈퍼비전을 제공하면서 개인 사회사업실천을 하고 있다. 미국, 캐나다, 영국, 아일랜드, 스위스, 남아프리카에서 모래놀이를 시연한 바 있다. 4권의 책을 쓰거나 공저하였으며, 많은 수의 논문을 쓰기도 하였다. 공인 놀이치료사 슈퍼바이저로도 활동 중이다.

데이비드 크렌셔David A. Crenshaw

박사, 공인 놀이치료사 슈퍼바이저. 뉴욕 라인백Rhinebeck 소재 라인백 아동가족센터 설립자. 임상심리학자이며 공인 놀이치료사 슈퍼바이저로, 『사별: 인생 주기에 따른 애도 상담Bereavement: Counseling the Grieving throughout the Life Cycle』의 저자이며, 아동의 애도 및 외상과 관련된 많은 글들을 썼다. 2004년부터 2008년까지 뉴욕놀이치료협회 전임 회장으로 역임한 바 있다.

베티 데이비스Betty Davies

간호사, 박사. 캐나다 빅토리아 대학University of Victoria 간호대학, 샌프란시스코 캘리포니아 대학University of California, San Francisco 가정 건강 돌봄 간호대학 교수. 형제자매 사별을 경험한 아동들을 대상으로 집중적인 연구를 진행하면서 집단세팅에서 그들을 만나고 있다. 캐나다 밴쿠버Vancouver에 북미 최초로 세워진 독립호스피스 카눅 플레이스Canuck Place 설립자 중 한 사람으로, 그곳에서 사별 프로그램을 개발한 바 있다. 「태양의 그림자: 아동기에 경험하는 형제자매 사별Shadows in the Sun: Experiences of Sibling Bereavement in Childhood」을 포함한 많은 연구 결과물들을 출판하였다. 그녀는 최근 아동 완화의료 돌봄에 대해 중점적으로 연구하고 있다. '죽음, 죽어감, 사별에 대한 국제 그룹' 전임 회장을 역임했고, 2008년에는 호스피스완화의료간호협회와 캐나다 간호사협회로부터 우수업적상을 수상하기도 했다.

케네스 도카 Kenneth J. Doka

박사. 뉴로셀대학교 The College of New Rochelle 노인학대학원 교수, 미국호스피스재단 선임 컨설턴트. 도카 박사는 『슬픔: 아동과 청소년 Grief: Children and Adolescents』, 『아동의 애도, 애도하는 아동 Children Mourning, Mourning Children』, 『슬픔과 살아가기』, 『아동과 청소년 그리고 상실 Living with Grief: Children, Adolescents, and Loss』 등을 포함한 많은 책들을 썼으며, 100편이 넘는 논문을 발표하였다. 현재 『오메가: 죽음과 죽어감 그리고 여정 Omega: The Journal of Death and Dying and Journeys』, 『사별을 돕기 위한 소식지 A Newsletter to Help in Bereavement』의 편집장이다. 1993년에는 죽음 교육과 상담협회 회장으로 선출되었고, 1997년부터 1999년까지 '죽음, 죽어감, 사별에 대한 국제그룹' 회장으로 활동하였다. 도카 박사는 루터교 목사 안수를 받았으며, 정신건강상담사 자격증을 가지고 있다.

제니퍼 리 Jennifer Lee

박사. 청소년과 가족들을 전문적으로 만나는 임상심리학자. 뉴욕 포킵시 Poughkeepsie에 위치한 마리스트 대학 Marist College에서 시간강사로 대학원생들에게 정신건강상담을 가르치고 있다. 마음 챙김에 기반을 둔 개입, 소수 민족 정체성 발달, 청소년 정신건강 등에 대해 주로 연구하고 있고, 이러한 주제에 대해 논문을 발표한 바 있다.

라나 림보 Rana Limbo

박사, 정신건강의학과 간호사. 위스컨신 라크로스 La Crosse, Wisconsin에 위치한 건덜슨 루터교 의료 재단 Gundersen Lutheran Medical Foundation에서 사별과 돌봄 계획 서비스를 책임지고 있다. 출산 전후 사별 프로그램 '나눔을 통한 해결'을 만들어낸 사람들 중 하나이다.

티나 마쉬 Tina Maschi

박사, 사회복지사. 포드햄대학교 사회서비스 대학원 조교수. 교정시설, 학교, 정신건강현장에서 외상을 입거나 사별을 경험한 아동과 청소년, 성인들을 대상으로 전문적인 실천을 하고 있는 임상사회복지사이다. 슬픔과 상실을 다루고 역량강화를 촉진하기 위해 창의적인 예술활동을 활용한다. 마쉬 박사는 청소년과 사법제도에 연루된 사람들의 외상과 적응유연성, 치료적인 개입전략으로 창의적인 예술활동을 사용하는 것에 대한 연구를 지역사회를 기반으로 진행하고 있다.

신시아 맥코맥Cynthia McCormack

사회복지학 석사. 로체스터정신건강센터Rochester Mental Health Center에서 성인들을 대상으로 심리치료를 실시하고 있는 치료사. 뉴저지 리지우드Ridgewood, New Jersey에 있는 지역사회정신건강센터에서 6개월간 근무하면서 심리치료 서비스를 제공하기도 했다. 미국자살예방재단American Foundation for Suicide Prevention에서 진행하는 '밤길 걷기로 어둠에서 벗어나기Out of the Darkness Overnight Walk' 프로그램에 참여하고 있다. 그녀는 전국사회복지사협회, 죽음교육과 상담협회의 멤버이다.

샤론 맥마혼Sharon M. McMahon

간호사, 교육학 박사. 캐나다 온타리오 윈저Windsor, Ontario, Canada의 윈저대학The University of Windsor 간호학부 부교수. 간호학과 학부 담당. 1980년대 말, 캐나다의 유나이티드웨이/센트라이드United Way Centraide의 후원으로 처음 시작된 에섹스 주Essex County의 반려동물 방문 프로그램과 반려동물 사별 지원 서비스를 공동 설립하였으며, 40년 동안 소아과병동에서 간호사로 일하면서 사별을 경험한 아동을 만나고 있다. 맥마혼 박사는 사람과 반려동물의 유대에 대한 주제로 많은 발표와 저술활동을 하고 있다.

케이틀린 네이더Kathleen Nader

사회복지학 박사. 로스앤젤리스 캘리포니아 대학University of California, Los Angeles '외상, 폭력, 갑작스러운 사별을 위한 평가 프로그램'의 전임책임자였으며, 현재 외상을 입은 아동과 청소년을 돕는 기관인 '두 개의 태양'의 책임자이다. 참사 이후 제공이 필요한 상담, 훈련, 특화된 개입 등에 대해 연구하고 있다. 미국, 유럽, 호주, 중동에서 심리학자, 상담사, 사회복지사 등을 대상으로 외상을 입은 청소년들을 선별하고 서비스를 제공하는 방법을 훈련시키고 있다. 청소년의 외상과 학교 개입에 필요한 사정도구와 개입방법에 대해 책을 쓰고, 영상을 촬영한 바 있다. 『다름을 존중하기: 외상과 상실을 다룰 때 고려할 문화적 이슈Honoring Differences: Cultural Issues in the Treatment of Trauma and Loss and Understanding and Assessing Trauma in Children and Adolescents』, 『아동과 청소년의 외상을 이해하고 사정하기: 측정, 방법, 맥락 살피기Measures, Methods, and Youth in Context』등의 저서를 통해 외상 이후의 아동들을 사정할 때 고려해야 할 중요한 주제들을 설명하고 있다.

도나 오툴Donna O'Toole

문학 석사. 상담자, 작가, 훈련가, 이야기하는 사람. 상실과 슬픔에 대한 다양한 문서와 전자자료를 공급하는 국제적 센터인 컴패션북스Compassion Books, Inc.의 창립이사이다. '죽음, 죽어감, 사별에 대한 국제 그룹'의 멤버이며, 사별에 대한 책과 훈련에 대한 기여로 수상을 하기도 했다.

프리실라 루핀Priscilla A. Ruffin

간호사, 정신과임상간호사. 뉴욕 웨스탬프턴 비치Westhampton Beach, New York에 위치한 이스트엔드호스피스East End Hospice의 창립자이자 대표이다. 이스트엔드호스피스는 말기돌봄을 목적으로 지역사회를 기반으로 독립적으로 운영되는 학제 간 프로그램이다. 그녀는 정신과임상간호사 자격증을 소지하고 있으며, 정서적 외상, 슬픔, 사별을 전공하였다. 루핀박사는 아동과 성인을 위한 획기적인 슬픔개입 프로그램을 고안해냈고, 사라 짐머만Sarah A. Zimmerman과 함께 슬픔을 겪고 있는 아동을 위한 책『제레미가 굿 그리프 캠프에 가요Goes to Camp Good Grief』라는 책을 펴낸 바 있으며,『아동의 슬픔을 위한 부모 지침서A Parent's Guide to Children's Grief』는 곧 출판될 예정이다. 학교, 전문기관, 지역사회에서 슬픔, 사별, 말기돌봄을 주제로 활발하게 강의도 하고 있다.

알리슨 살룸Alison Salloum

박사. 사우스 플로리다 대학University of South Florida 사회복지대학 조교수. 폭력과 죽음을 경험한 아동, 청소년, 가족과 함께 한 풍부한 임상경험을 갖고 있다.『폭력적인 죽음을 경험한 청소년 집단사회사업: 실천가들을 위한 지침서Group Work with Adolescents after Violent Death: A Manual for Practitioners and Reactions』,『반응: 슬픔과 외상을 경험한 아동을 위한 워크북A Workbook for Children Experiencing Grief and Trauma』을 저술하였다. 살룸 박사는 뉴올리언즈New Orleans에서의 실천경험을 바탕으로 아동을 위한 슬픔, 외상 개입방법을 개발하였고, 외상을 경험한 아동과 청소년, 가족을 효과적으로 돕기 위한 방법에 대한 연구를 계속하고 있다.

다이앤 엘 스캇Diane L. Scott

박사. 웨스트 플로리다 대학University of West Florida 사법 및 사회복지 학부 조교수. 프로그램 평가, 가정폭력, 참전용사 등의 주제에 관심을 갖고 있다. 스캇 박사는 범죄자 재활 저널, 사회복지와 가족법 저널, 정책실천 저널, 사회정책 저널, 사법정의 저널 등의 학술지에 논문을 발표한 바 있다. 국방부 소속 사회복지사로서 군인과 군인가족을 대상으로 일한 경험이 있으며, 군인 가정에서 자라, 군인의 아내로 살고 있다.

제닌 쉘비Janine Shelby

박사. 로스앤젤리스 캘리포니아 대학University of California, Los Angeles 약학대학 조교수, 대학 내 아동심리훈련센터, 아동 외상 클리닉 책임자. 어린 외상 생존자들을 돕기 위한 일에 힘쓰고 있으며, 많은 나라들에서 인도주의적 구호활동과 자문에 참여하고 있다. 쉘비 박사는 현장에서 얻어진 결과물들을 연구하여 어린 외상 생존자들을 위한 실질적인 개입방안을 마련하기 위해 노력하고 있다. 미국 적십자사와 놀이치료협회로부터 상을 받기도 했으며, 현재 전국 아동 외상스트레스 네트워크National Child Traumatic Stress Network와 오퍼레이션 유에스에이 Operation USA에 자문을 하고 있다.

패트리샤 밴 혼Patricia Van Horn

박사. 샌프란시스코 캘리포니아 대학University of California, San Francisco 정신건강학과 임상부교수, 아동외상연구 프로그램 부소장. 공저로는『아동기에 경험하는 부모의 사망: 영유아기 아동의 외상적 사별 개입을 위한 지침Losing a Parent to Death in the Early Years: Guidelines for the Treatment of Traumatic Bereavement in Infancy and Early Childhood』,『우리 엄마 때리지 말아요!: 가정폭력을 목격한 아동과 부모를 위한 심리치료 매뉴얼Don't Hit My Mommy!: A Manual of Child-Parent Psychotherapy with Young Witnesses of Family Violence』,『영유아기 아동을 위한 심리치료: 초기 애착에 영향을 미치는 스트레스와 외상의 영향 바로잡기Psychotherapy with Infants and Young Children: Repairing the Effects of Stress and Trauma on Early Attachment』가 있다.

낸시 보이드 웹Nancy Boyd Webb

사회복지학 박사, 임상사회복지사, 공인 놀이치료 슈퍼바이저. 엮은이 소개글을 참조할 것.

사라 짐머만Sarah A. Zimmerman

임상사회복지사. 뉴욕 웨스탬프턴 비치Westhampton Beach, New York에 위치한 이스트엔드호스피스East End Hospice에서 사별 코디네이터로 일하면서 아동사별프로그램을 개발하였다. 프리실라 루핀과 함께 상실로 고통받고 있는 사별을 경험한 아동들을 위한 굿 그리프 캠프Camp Good Grief를 만들었고,『제레미가 굿 그리프 캠프에 가요Jeremy Goes to Camp Good Grief』,『아동의 슬픔을 위한 부모 지침서A Parent's Guide to Children's Grief』를 저술하였다. 14년째 진행되고 있는 휴일 극복 프로그램을 개발하였으며, 교사와 시민단체를 대상으로 외상, 슬픔, 사별, 호스피스 등의 주제에 대해 강의를 하고 있다.

사별을 경험한 아이들과 함께하기
실천가들을 위한 지침서

초판 1쇄 발행 2020년 2월 28일

엮은이 낸시 보이드 웹
옮긴이 차유림
펴낸이 박정희

편집 이주연, 양송희, 이성목 **디자인** 하주연, 이지선
관리 유승호, 양소연 **마케팅** 김범수, 이광택 **웹서비스** 백윤경, 김설희

펴낸곳 도서출판 나눔의집
등록번호 제25100-1998-000031호
등록일자 1998년 7월 30일

주소 서울시 금천구 디지털로9길 68, 1105호(가산동, 대륭포스트타워 5차)
대표전화 1688-4604 **팩스** 02-2624-4240
홈페이지 www.ncbook.co.kr / www.issuensight.com
ISBN 978-89-5810-406-3(93330)

이 도서의 국립중앙도서관 출판예정도서목록(CIP)은 서지정보유통지원시스템 홈페이지
(http://seoji.nl.go.kr)와 국가자료종합목록 구축시스템(http://kolis-net.nl.go.kr)에서
이용하실 수 있습니다. (CIP제어번호: CIP2020006147)